Ägypten und Altes Testament

Band 33,3

ÄGYPTEN UND ALTES TESTAMENT

Studien zu Geschichte, Kultur und Religion Ägyptens
und des Alten Testaments

Herausgegeben von
Manfred Görg

Band 33

AKTEN DER ÄGYPTOLOGISCHEN TEMPELTAGUNGEN

Herausgegeben von
Horst Beinlich, Arno Egberts, Rolf Gundlach,
Dieter Kurth und Steffen Wenig

Teil 3

2002

HARRASSOWITZ VERLAG · WIESBADEN

5. ÄGYPTOLOGISCHE TEMPELTAGUNG

Würzburg, 23.–26. September 1999

Herausgegeben von

Horst Beinlich, Jochen Hallof,
Holger Hussy, Christianc von Pfeil

2002

HARRASSOWITZ VERLAG · WIESBADEN

Gedruckt mit Unterstützung der Deutschen Forschungsgemeinschaft.

Die Deutsche Bibliothek – CIP-Einheitsaufnahme
Ein Titeldatensatz für diese Publikation ist bei Der Deutschen Bibliothek erhältlich

Die Deutsche Bibliothek – CIP Cataloguing-in-Publication-Data
A catalogue record for this publication is available from Die Deutsche Bibliothek

e-Mail: cip@dbf.ddb.de

Gedruckt auf alterungsbeständigem Papier.
Druck und Bindung: Memminger MedienCentrum AG
Printed in Germany

ISSN 0720-9061
ISBN 3-447-04544-2

Vorwort

Wenn eine Tagung zum 5. Mal stattfindet, kann man sagen, dass sich die Grundideen, die am Anfang standen, bewährt haben. Von der Aufbruchsstimmung der ersten Tagung in Gosen (1990) führte der Weg über Mainz (1992), Hamburg (1994), Köln (1996) nach Würzburg und Iphofen (1999). Aus dem zweijährlichen Tagungs-Rhythmus wurde ein dreijährlicher; der nächste Tagungsort, Leiden / Niederlande im September 2002, bezeugt die Internationalität der Tagung, die sich durch die Herkunftsländer der Tagungsteilnehmer schon immer gezeigt hatte. Bei den ersten Tempeltagungen war von den Veranstaltern ein Thema vorgegeben, so wie es auch für Leiden geplant ist. In Würzburg waren wir zu der Überzeugung gekommen, dass eine Tagung über Probleme der Erforschung ägyptischer Tempel ohne weitere Spezifizierung nötig ist: angesichts der magischen Zahl 2000 und des bevorstehenden Jahrtausendwechsels solle sich das Schwergewicht der Vorträge in Perspektiven für die künftige Forschungsrichtung wiederspiegeln.

Jeder Veranstalter von Tagungen weiß, dass nicht alle Vorträge, die angekündigt sind, auch wirklich gehalten werden. Auch in Würzburg gab es aus unterschiedlichsten Gründen Absagen. Da wir in dem vorliegenden Band die „Akten der Würzburger Tempeltagung“ herausgeben, findet man am Ende des Bandes eine Aufstellung der gehaltenen Vorträge. Daraus kann jeder ersehen, welche Beiträge es gab und welche hier veröffentlicht wurden. Die übrigen Vorträge werden sich sicherlich in anderen Publikationen wiederfinden. Der Beitrag von Herrn Vörös wurde uns für die Tempeltagung zugesandt, aber nicht vorgetragen. Die Herausgeber haben sich jedoch entschlossen, ihn in den Tagungsakten abzudrucken.

Wenngleich die Tempeltagung 1999 wohl als „Würzburger Tagung“ in Erinnerung bleiben dürfte, haben einige Vorträge im nahegelegenen Iphofen stattgefunden. Der Dank der Tagungsteilnehmer an das Knauf-Museum Iphofen für die Einladung in diesen schönen Weinort mit all seinen Annehmlichkeiten sei hier nochmals ausgedrückt.

Den Freuden der Tagung folgt die Mühe der Publikation. Wir wollen nicht darauf eingehen, warum sich die Veröffentlichung eines Vortrages länger hinzieht, als es dem Autor lieb ist. Es sei nur darauf hingewiesen, dass in den meisten Fällen hinter der Publikation der Tagungsbeiträge ausschließlich freiwillige Arbeit außerhalb der dienstlichen Verpflichtungen steht. Viele Hände müssen helfen, bis eine Tagung beginnt und bis die Publikation druckfertig ist, stellvertretend seien hier Frau Dr.

Beinlich-Seeber, Frau Dr. Hallof und Frau Schips (M.A.) genannt. Ihnen und allen nichtgenannten Helfern gilt der Dank der Herausgeber.

Seit der 3. Tempeltagung in Hamburg hat Herr Prof. Dr. Manfred Görg die Tagungsakten in seine Reihe „Ägypten und Altes Testament“ aufgenommen. Ihm sei für diese freundliche Hilfe sehr herzlich gedankt. Dank gebührt auch der Deutschen Forschungsgemeinschaft, die die Publikation mit einer großzügigen Druckbeihilfe gefördert hat, und schließlich auch dem Verlag Otto Harrassowitz, dessen bewährte Hände aus dem Manuskript ein Buch machten.

Würzburg, im Dezember 2001

Horst Beinlich Jochen Hallof Holger Hussy Christiane v. Pfeil

Inhaltsverzeichnis

Vorwort .... V–VI

Hans-Georg Bartel
Funktionale Aspekte des Täglichen Rituals im Tempel Sethos' I.
in Abydos 1–16

Lanny Bell
Divine Kingship and the Theology of the Obelisk Cult in the
Temples of Thebes 17–46

Edith Bernhauer
Hathorkapitelle in Zypern – Eine eigenständige Variante? 47–56

Maria-Theresia Derchain-Urtel
Text- und Bildkonkruenz: Die Kronen der Götter als Objekte
der Forschung 57–69

Arno Egberts
Substanz und Symbolik: Überlegungen zur Darstellung und
Verwendung des Halskragens im Tempel von Edfu 71–81

Catherine Graindorge
Der Tempel des Amun-Re von Karnak zu Beginn der 18. Dynastie 83–90

Rolf Gundlach
„Ich gebe dir das Königtum der Beiden Länder" – Der ägyptische
Tempel als politisches Zentrum 91–108

Eleonora Kormysheva
Riten des Amun in den nubischen Tempeln von Ramses II. 109–135

Ludwig D. Morenz
Die Götter und ihr Redetext: Die ältestbelegte Sakral-Monumentalisierung
von Textlichkeit auf Fragmenten der Zeit des Djoser aus Heliopolis 137–158

Joachim Friedrich Quack
Die Dienstanweisung des Oberlehrers aus dem Buch vom Tempel 159–171

Andrea-Christina Thiem
Anmerkungen zur Analyse der architektonischen und
ikonographischen Konzeption des Speos von Gebel es-Silsileh 173–178

Martina Ullmann
Der Tempel Ramses' II. in Abydos als „Haus der Millionen an Jahren" 179–200

Győző Vörös
Hungarian Excavations on Thot Hill at the Temple of Pharaoh
Montuhotep Sankhkara in Thebes (1995–1998) 201–211

Verzeichnis der gehaltenen Vorträge 213–214

Index 215–221

Funktionale Aspekte des Täglichen Rituals im Tempel Sethos' I. in Abydos

Hans-Georg Bartel

Es wird mit den nachfolgenden Ausführungen ein erster Einblick in Forschungen versucht, deren eigentlicher Erfolg erst zukünftig erhofft wird. Das Objekt der Untersuchungen ist dabei das sogenannte Tägliche oder Morgendliche Ritual, dessen wohl frühestes Zeugnis in sechs der sieben Kapellen des Memorialtempels Sethos' I. in Abydos[1] zu finden ist, und die mit diesem und seinen Gründungsumständen verbundene Funktionalität.[2]

1. Zum historisch-politischen Aspekt

Dabei sollte beachtet werden, daß das der letzteren zugrunde liegende Wort „Funktion" in einem strengen, also mathematischen Sinn eine Abbildung bedeutet.[3] Hier ist das Urbild die Raum-Zeit-Spirale einer Umwandlung, welche die für die menschliche Gesellschaft wie für den Kosmos essentiellen Singularitäten Tod und Regeneration enthält, oder auch nur einen Teil derselben, der dann gewissermaßen für den gesamten Prozeß genommen werden kann. Als Bild ließ sich am besten und eindrucksvollsten die Veränderung der Sonne bzw. ihres Gottes verwenden, die Geschehnisse auf ihrer Bahn am Himmel und in der Unterwelt, die das Gestirn durchläuft, sowie die beiden diese Wegteile trennenden Abschnitte seines Untergangs und Aufstiegs, die in täglicher Wieder-

---

1 Zum Tempel Sethos' I. in Abydos s. D. ARNOLD, Die Tempel Ägyptens, Zürich 1992, S. 168-173 und die dort angeführte Literatur sowie PM VI, 9-19; R. A. DAVID, A Guide to Religious Ritual at Abydos, Warminster 1981; R. A. DAVID, Religious Ritual at Abydos (c. 1300 BC), Warminster 1973; KRI I, 129-199 und speziell zum Täglichen Ritual CALVERLEY - GARDINER, Abydos I, II wie auch G. ROEDER, Kulte und Orakel im alten Ägypten, Düsseldorf und Zürich 1998, S. 72-141.

2 Alle Ausführungen haben deshalb weitgehend den Charakter von Thesen, deren Aussagen und Richtigkeit in der Zukunft fundiert und nachgewiesen werden sollen. Da die 5. Ägyptologische Tempeltagung im Jahr des 250. Geburtstages von Johann Wolfgang von Goethe stattfand, sei es erlaubt, diese Anmerkung durch ein Zitat aus seinem Aufsatz „Der Versuch als Vermittler von Objekt und Subjekt" (1793) zu erläutern: „In wissenschaftlichen Dingen hingegen ist es schon nützlich, jede einzelne Erfahrung, ja Vermutung öffentlich mitzuteilen, und es ist höchst rätlich, ein wissenschaftliches Gebäude nicht eher aufzuführen, bis der Plan dazu und die Materialien allgemein bekannt, beurteilt und ausgewählt sind." (zitiert nach J. W. von GOETHE, Sämtliche Werke – Vollständige Ausgabe in 44 Bänden, Leipzig o. J., Bd. 40, S. 10).

3 Zu Einzelheiten, die bei den vorliegenden Ausführungen aber speziell nicht interessieren, s. beispielsweise L. GÖRKE, Mengen - Relationen - Funktionen, Berlin 1965 oder H.-G. BARTEL, Mathematische Methoden in der Chemie, Heidelberg, Berlin und Oxford 1996, S. 35. Es genügt hier, ganz allgemein unter einer Abbildung die Überführung eines Urbildes (oder Gegenstandes) U in ein Bild B zu verstehen: $U \rightarrow B$.

kehr Sterben und Wiedergeburt verdeutlichen und auf Grund ihrer steten Wiederholung in gewissem Sinn auch garantieren.[4]

Die bekannten Urbilder – nach ihrer im allgemeinen größer werdenden Länge geordnet – sind der Jahreslauf, die zumindest der Vorstellung nach in Abschnitte von 30 Jahren (Generationsdauer) eingeteilte Regierungszeit eines Königs und die Abfolge von derartigen Herrscherperioden. Sethos I. hatte offensichtlich aus persönlichen und politischen Gründen Anlaß, eine weitere, mitunter noch weitaus längere Periode auf die Abfolge von Tag_n-Nacht-Tag_{n+1} bzw. einen bestimmten Abschnitt des Sonnenlaufs, der das jeweilige Vorher und Nachher impliziert, abzubilden: die Abfolge von Ären oder Epochen.[5]

Eine solche Ära hatte nach der Ansicht Ramses' I., die durchaus der modernen entspricht, mit der Regierung von Ahmose I., dem Begründer des Neuen Reichs, begonnen. Er hatte daher seinen Thronnamen programmatisch und unmißverständlich an den dieses Königs angeschlossen:  (*Nb-pḥ.tj-Rꜥ*, Herr der Kraft des Re) wird zu 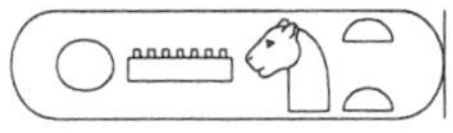 (*Mn-pḥ.tj-Rꜥ*, Es bleibt die Kraft des Re) umgewandelt. Derselben Formel  → 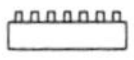 folgt sein Sohn 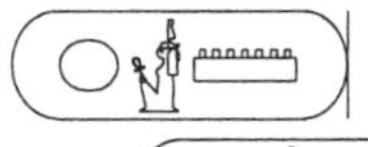 (*Mn-mꜣꜥ.t-Rꜥ*, Es bleibt die Maꜥat des Re), wobei er sich auf Amenophis III.  (*Nb-mꜣꜥ.t-Rꜥ*, Herr der Maꜥat des Re), den für ihn wohl letzten König der zurückliegenden Epoche, bezieht.

Ohne dem Vater die gebührende Ehre zu verweigern[6], sieht sich Sethos als der eigentliche Begründer der neuen Ära. Beinahe wie eine – und objektiv wohl auch zutreffende – Rechtfertigung klingt Sethos' Feststellung, die noch die Lebenszeit seines Vaters anspricht: *ṯz=j n=f nswy.t jm mj Ḥrw ḥr s.t Wnn-nfr / stp=j n=j mꜣꜥ.t hrw nb*[7]

---

4 Ein derartiges Zurückführen bzw. Abbilden von Komplizierterem auf Einfacheres, das anschaulicher und besser verständlich ist, gehört in der Mathematik und den Naturwissenschaften zu den durchaus nicht seltenen Praktiken. Es sei nur an die Abbildung von abzählbar unendlichen Zahlenmengen auf die Menge der natürlichen Zahlen erinnert.

5 Die Sothisperiode scheint für eine derartige Abbildung nicht als Urbild gedient zu haben. Vielmehr ist sie eher mit der Königsherrschaft oder einer Herrscherära in Zusammenhang gebracht worden. Die Bemerkung von Erik Hornung „Sethos I. ... fühlt sich als Begründer einer neuen Ära, ...; dazu mag beigetragen haben, daß mit dem Zusammenfall von Sothisaufgang und Neujahrsanfang ein Ereignis in seine Regierung fällt, das sich nur alle 1460 Jahre wiederholt." (E. HORNUNG, Grundzüge der ägyptischen Geschichte, Darmstadt 1988, S. 102) muß durch die Ergebnisse von Andrea-Christina Thiem (s. ihren Beitrag in diesem Band) dahingehend revidiert werden, daß dieses astronomische Ereignis bereits in die Zeit Haremhabs fällt.

6 Als Beispiel kann die Aussage Sethos' I. auf dem Denkstein für die Kapelle Ramses' I. in Abydos genannt werden: 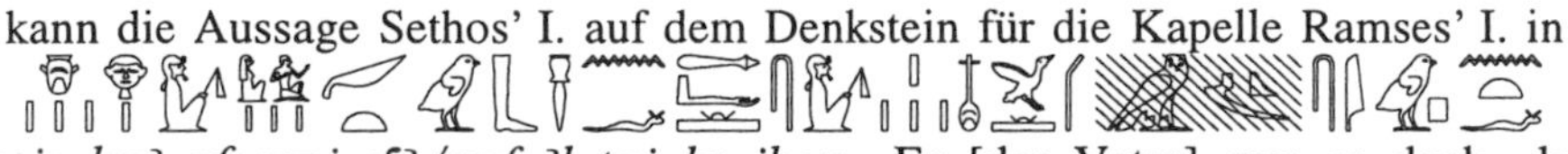 (KRI I, 111.5-6) (*ntf pw js ḳmꜣ nfr.w=j sꜥꜣ./n=f ꜣb.t=j ḥr jb.w*; „Er [der Vater] war es doch, der meine Vollkommenheit schuf. Er machte meine Familie in den Herzen (der Menschen) groß.").

7 Nach derselben Inschrift Sethos' I. (vgl. KRI I, 111.11-12). S. hierzu auch TH. SCHNEIDER, Lexikon der Pharaonen - Die altägyptischen Könige von der Frühzeit bis zur Römerherrschaft, Zürich 1994, s. v. Sethos I., S. 270-271.

(„Ich führte dort für ihn das Königtum wie Horus auf dem Thron des Wenennefer weiter. Ich wählte für ihn jeden Tag die Maꜥat aus.“).

Als dann der Vater nach kurzer Regierungszeit „den Himmel betrat“ (*ẖnm.n=f ḥr.t*), nimmt Sethos für sich in Anspruch: [8] (*jnk pw sꜥnḫ.w rn=f tw=j mj Rꜥ tp dwꜣy.t*; „Ich bin es, der seinen Namen leben läßt. Ich bin wie Re am frühen Morgen, ...“). Er übernimmt aber nicht nur einfach das Erbe des Königtums, um es würdig und angemessen fortzusetzen, vielmehr beginnt nun mit seiner Regierung eine Renaissance.[9] Man erkennt das an der Form 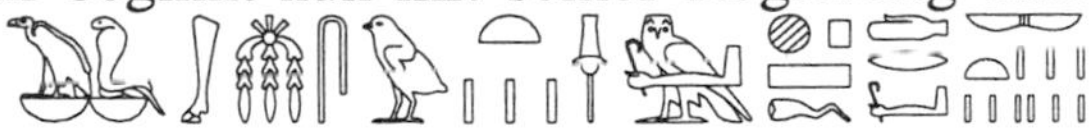 seines *nb.tj*-Namens [10]: *nb.tj Wḥm-msw.t sḫm-ḫpš dr-pḏ.t-9* („Die beiden Herrinnen: ‚Wiederholung der Geburt, mit mächtigem Arm, Austilgen der Neun Völker‘“) und an seinen Jahresangaben, von denen hier ein Beispiel aus seinem ersten Jahr wiedergegeben wird: [11].

Dabei ist wohl zu beachten, daß die ersten beiden Könige der XIX. Dynastie – und in erster Linie Sethos – unter dem äußeren wie inneren Zwang standen, ihre Herrschaft auf dem Pharaonenthron und ihre Rolle als Garanten der Maꜥat nachzuweisen und zu legitimieren, zumal sie ihre Abstammung weder auf Haremhab noch auf die Könige der XVIII. Dynastie direkt zurückführen konnten.[12] Der Anschluß konnte also nicht auf

8 KRI I, 111.15.

9 Eberhard Otto bemerkt in diesem Zusammenhang, indem er *wḥm msw* mit „Erneuerung der Weltschöpfung“ übersetzt und auf die wiederholte Einsetzung einer neuen Ära hinweist: „Der Ausdruck ‚Erneuerung der Weltschöpfung‘ enthält vielmehr ein politisches Programm; er findet sich noch zweimal in der ägyptischen Geschichte als Kennzeichnung einer neuen Epoche: nämlich bei Amenemhet I. als dem Begründer der 12. Dynastie und bei dem letzten Ramessiden, Ramses XI.“ (E. OTTO, Ägypten – der Weg des Pharaonenreiches, Stuttgart [u.a.] 1979, S. 169; s. auch R. STADELMANN, Sethos I., in: LÄ V, 911-912 und K. KOCH, Geschichte der ägyptischen Religion – Von den Pyramiden bis zu den Mysterien der Isis, Stuttgart, Berlin und Köln 1993, S. 372).

10 Hier wiedergegeben nach der Inschrift an der Decke der Königsgalerie seines Tempels in Abydos (vgl. KRI I, 176.16).

11 *rnp.t 1 wḥm msw nsw-bjtj nb tꜣ.wj (Mn-mꜣꜥ.t-Rꜥ)| dj ꜥnḫ* („Jahr 1 der Renaissance des Königs von Ober- und Unterägypten, des Herrn der beiden Länder (Men-maꜥat-Re)|, dem Leben gegeben ist.“). Es handelt sich um den Feldzug Sethos’ I. in Syrien, d. h. dessen Darstellung in Karnak (vgl. KRI I, 9.3 und WRESZ., Atlas II, 40).

12 Als eine vage Vermutung sei erwähnt, daß Sethos noch vor einem speziellen Problem stand: Sein Vater war auf den Thron gekommen, ohne königlicher Abstammung zu sein, gewissermaßen durch Adoption Haremhabs, möglicherweise wegen seiner Verdienste. Andererseits werden Hinweise deutlich, daß auch der spätere Ramses II. nicht von Anfang an als Nachfolger Sethos I. vorgesehen war. Als Indiz dafür ist eine recht zerstörte Inschrift auf den schon erwähnten Darstellungen des Syrienfeldzugs Sethos’ in dessen Jahr 1 in Karnak anzusehen (KRI I, 9.12-13): 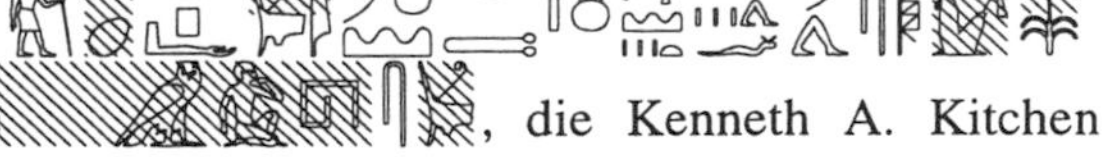 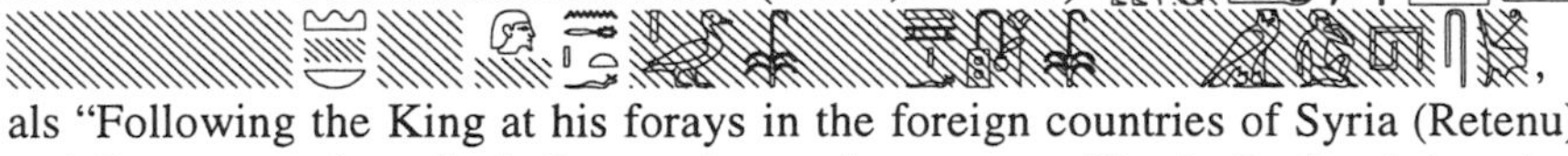, die Kenneth A. Kitchen als “Following the King at his forays in the foreign countries of Syria (Retenu), by the Hereditary Noble and Count, grandee of who[se nam]e one boasts, true King’s Scribe, beloved of him, [General??], bodily King’s Son, beloved of him, [Ramesses]s[1], [justified?].” mit der Anmerkung “[1]Replacing an earlier (non-royal) name and epithets: ‘[X, who traverses] foreign [count]ries [for] his lord’?” (KRI, Translations I, S. 8; WRESZ., Atlas II, 40). Joachim Willeitner leitet aus der zugehörigen Szene ab, daß am Ende der XVIII. und am Beginn der XIX. Dynastie bei der Thronnachfolge eventuell ähnliche Verhältnisse vorgesehen waren, wie sie später bei den römischen Adoptivkaisern angetroffen werden (J. WILLEITNER, An der Seite

verwandtschaftlich-erblicher Basis geschehen, jedoch auf der des übergeordneten und alles beherrschenden kosmischen und sozialen Rechts, der Weltordnung Maᶜat. Für Sethos blieb sie bestehen (*mn*), so wie sie zu der Zeit bestand, als sein rechtlicher – nicht sein leiblicher – Vorgänger deren Herr (*nb*) war, eben jener Maᶜat, die bei der Weltschöpfung bzw. der Geburt des Re entstanden war.[13] Nach eben jenem Neb-Maᶜat-Re begann nach der Auffassung von Sethos die „Nachtfahrt der Sonne" – um einen Ausdruck Erik Hornungs zu benutzen –,[14] ihr gefahrvolles Untertauchen in die Dunkelheit und Nacht der Amarnazeit.[15] Mit dem Eintreten der Sonne und der Weltordnung in die so verstandene Unterwelt war zugleich einer Ära ein Ende gesetzt worden.

Um Re und damit auch die Maᶜat wiederzuerwecken, sie aus dem Jenseits heraustreten zu lassen, war eine „Wiederholung der Geburt(en)", eine Renaissance der Weltschöpfung notwendig, die den Anfang einer neuen Epoche bedeutet. Sethos fühlte sich durch die Umstände dazu berufen – und das sehr wahrscheinlich mit ehrlich innerer Überzeugung –, die Wiederherstellung der Weltordnung herbeizuführen, wozu – im Sinne der oben geschilderten Abbildung – Re am Morgen, nachdem er zuvor das Stadium der Osiris-Re-Ganzheit durchlaufen hatte, zu erwecken und zu rüsten war, damit er und mit ihm die Maᶜat wieder über Ägypten und der Welt aufsteigen und herrschen können. Wenn Sethos das bewältigte, so war sein Königtum stärker und durch höhere Mächte legitimiert als durch Geburt und Abstammung, er war dann nicht nur der *ḥm-nṯr*, der den Gott aufweckte und für seinen diesseitigen Lauf ausstattete, sondern wurde bei und durch diesen Prozeß zugleich selbst zu „Re am frühen Morgen", der seinem Land den Glanz und die Ordnung wiedergab.

Das Ritual, das die ewige Dauer und Wirksamkeit dieser doch weiterhin stets bedrohten Wiedergeburt garantieren sollte, konnte diese Aufgabe hinsichtlich der Zeit nicht besser erfüllen als durch ständige, mit Hinblick auf das gewählte Bild deshalb

Ramses' II. - Zu Herkunft, Stellung und Lebensumständen Nefertaris, in: Antike Welt 25, 1994, S. 16; s. auch SCHNEIDER, Lexikon (Anm. 7), s. v. Ramses II., S. 229 und die dort genannte Literatur, nach welcher ursprünglich ein Offizier Mehi Nachfolger Sethos' I. werden sollte). Dann aber könnte es sein, daß auch die Erbschaft der Herrscherwürde für Sethos I. nicht selbstverständlich war, so daß es auch in dieser Hinsicht für ihn möglicherweise galt, sein Königtum zu legitimieren.

13 Es ist anzumerken, daß durch die Wiederkehr von Namensteilen angezeigte „Affinitäten zwischen einzelnen Dynastien" nicht auf den Beginn der XIX. Dynastie beschränkt ist. Vielmehr ist sie fast für die gesamte Zeit des pharaonischen Ägypten nachweisbar. Für diese Bezugnahme der XIX. auf die XVIII. Dynastie lassen sich 38 Belege finden (W. BARTA, Zur Konstruktion der ägyptischen Königsnamen VI, in: ZÄS 116, 1989, S. 135-137). Mit ihnen wird, wie bei Ramses I. und Sethos I., stets eine politische Aussage oder ein Programm impliziert.

14 E. HORNUNG, Die Nachtfahrt der Sonne – Eine altägyptische Beschreibung des Jenseits, Zürich und München 1991.

15 Wahrscheinlich hat Sethos I. auf dem Gedenkstein für die Kapelle seines Vaters in Abydos "Ills of the Amarna Period" (so KRI, Translations I, S. 93) formuliert (KRI I, 110.15-111,2). Hinsichtlich der Nekropole wird beispielsweise angeklagt:  (KRI I, 111.1-2), *ẖr.t-nṯr n wn mḥ=s mj mw pw ꜣs ḥr Wᶜr.t* („Die Nekropole, es gab keine Sorge um sie; wie das Wasser war es, das die Woret entlang fließt.")

„Täglich-Morgendliche" Wiederholung und hinsichtlich des Ortes durch seinen Vollzug an der Stätte des toten Osiris, der in der Tiefe der Nacht, wie es die Unterweltsbücher lehren, mit Re verschmolzen wird, um auf diese unbedingt notwendige Weise die Erneuerung der Sonne zu ermöglichen. Im Sinne eines Memorialtempels[16] des vergöttlichten Königs wurden auf diese Weise er und seine Tat potentiell verewigt.

2. Zu den Gottheiten, dem Komplementaritäts- und dem Polaritätsprinzip

Die sieben Kapellen im großen Tempel Sethos' I. in Abydos, von denen sechs Szenen und Texte des Täglichen Rituals aufweisen, bilden daher das Zentrum der 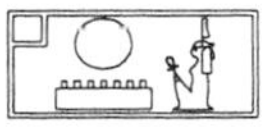 *Ḥw.t Mn-m3ʿ.t-Rʿ*. Nach den Weihinschriften sind die letzteren in der Abfolge von (örtlich) Süd nach Nord den Gottheiten Ptah, Re-Harachte, Amun-Re, Osiris, Isis und Horus zugeordnet, die siebente und südlichste, von der es zugleich heißt  ...[17] (*jr.n=f m mnw=f n jt.w=f nṯr.w ḥr-jb Ḥw.t Mn-m3ʿ.t-Rʿ* ...; „Er [Sethos] schuf (sie) als sein Monument für die Väter, die Götter, die im Tempel ‚Men-maʿat-Re' wohnen"), dem vergöttlichten Sethos selbst.[18] Auch wenn sich der König im sakralen Tempelbereich stets  (*Wsjr-Sty mr n Ptḥ*) unter Vermeidung des in Inschriften politischen oder historischen Inhalts durchaus üblichen Seththieres (etwa in der Form ) (*Sty mr n Jmn*)) schreibt, so kann doch vermutet werden, daß mit dieser besonderen Kapelle den anderen sechs (Nominal-)Gottheiten der Gott Seth beigesellt wird.[19]

Entsprechend dem Anliegen, die Neugeburt der Maʿat, deren wesentliche Züge sich mit denen der Voramarnazeit decken sollten, zu begehen und täglich zu garantieren, mußte besser der Erkenntnis Rechnung getragen werden, daß die der Ganzheit von sozialer und kosmischer Ordnung zugrunde liegenden fundamentalen und sie beherrschenden Prinzipien vor allen – wenn auch nicht ausschließlich – die Komplementarität und

---

16 Für  (*ḥw.t n.t ḥḥ.w m rnp.wt* s. beispielsweise KRI I, 109.11) wird in Anlehnung an den englischen Ausdruck "Memorial Temple" (z. B. KRI, Translations I, S. 92) das treffendere Wort „Memorialtempel" statt „Totentempel" verwendet.

17 Zitiert nach der Weihinschrift am rechten äußeren Türpfosten der Sethos-Kapelle (KRI I, 147,16). Die „Väter" meinen die Vorfahren, an die sich Sethos anschließt und welche die Vielzahl der Götter überhaupt sowie die in der Vergangenheit lebenden, nunmehr vergöttlichten Könige umfassen. Wer zu den letzteren, insgesamt 75 Throninhabern gehört bzw. nicht gehört, zählt die Königsliste im Tempel von Abydos auf (KRI I, 178-179). So fehlen von den Herrschern der XVIII. Dynastie natürlich die Amarnakönige zwischen Amenophis III. und Haremhab sowie Hatschepsut.

18 Obwohl die Sethos-Kapelle das Tägliche Ritual nicht enthält und eine gesonderte Funktion besitzt, ist ihre Betrachtung zum Verständnis der anderen sechs Sanktuarien von einigem Wert.

19 Durch die ungerade Zahl Sieben ist es möglich, daß genau eine Kapelle zum Mittelpunkt des Sanktuarienkomplexes wird. Sicher nicht zufällig handelt es sich dabei um diejenige des Amun-Re. Die Besonderheit des Gottes bzw. des mit ihm verbundenen Aspekts und Prinzips drückt sich auch in den Inschriften dieser Kapelle, der Ikonographie und Szenenfolge (vgl. H. ALTENMÜLLER, Die abydenische

die Polarität sind.[20] Eine Vereinfachung und Einschränkung des durch das Göttliche gegebenen Weltprinzips der Amarnazeit entsprach nicht genügend den Erkenntnissen und Traditionen von dessen holistischem bzw. komplementären Charakter.[21] Der zwar nie explizit ausgesprochene Gedanke von einem ganzheitlichen Gott oder göttlichen Grundprinzip verlangte nach einer möglichst großen Anzahl sich widersprechend-ergänzender Aspekte des zu komplettierenden „Einen", die bildlich bzw. symbolisch durch Gottheiten repräsentiert werden.

Dabei ist festzustellen, daß die oben genannten sechs Nominalgottheiten sich in zwei Triaden einteilen lassen, wobei zu beachten ist, daß „Drei als Grundlage der in der Ramessidenzeit vorherrschenden Theologie" anzusehen ist.[22] Die nördliche Dreiheit von Osiris, Isis und Horus stellt die Triade von Abydos dar. Von der südlichen dagegen gilt: „Unter den Ramessiden vertritt eine Reichstriade die ägyptische Götterwelt: Amun-Rê von Theben, Rê-Harachte von Heliopolis und Ptah von Memphis." [23], wobei Heliopolis für die religiöse und Memphis für die politische Seite steht. In dem Leidener Amunshymnus pLeiden I 350 aus der Zeit Ramses' II. ist deshalb in Kap. 300, IV,21–22 im Sinne von Komplementarität zu lesen:

Version des Kultbildrituals, in: MDAIK 24, 1969, S. 16-25) sowie Architektur (als Zugang eine Treppe statt der sonst üblichen Rampen, vgl. DAVID, Religious Ritual (Anm. 1), S. 88) aus.

20 Beide Begriffe wurden explizit erst in der Neuzeit geschaffen und gingen in deren Philosophie ein, obwohl sie bereits seit dem Altertum, vor allen auch dem ägyptischen, in impliziter Weise bekannt waren und angewendet wurden (H.-G. BARTEL, Zum komplementären Aspekt der ägyptischen Weltordnung Maʿat, in: Ordo et Mensura IV/V, 1998, S. 214-224; H.-G. BARTEL, Das polare Ordnungsprinzip in Ägypten und Griechenland, in: Ordo et Mensura VI, 2000, S. 22-36; H. PRIMAS, Ein Ganzes, das nicht aus Teilen besteht, in: Mannheimer Forum 92/93, Mannheim 1993, S. 81–111), der erstere durch den Physiker Niels Bohr und der andere durch Johann Wolfgang von Goethe, Friedrich Wilhelm Joseph von Schelling und Georg Wilhelm Friedrich Hegel. Im folgenden wird unter Komplementarität immer die Verallgemeinerung des Bohrschen Begriffs gemeint sein: „Komplementarität heißt die Zusammengehörigkeit verschiedener Möglichkeiten, das Objekt als Verschiedenes zu erfahren. Komplementäre Erkenntnisse gehören zusammen, insofern sie Erkenntnisse desselben Objekts sind; sie schließen einander jedoch insofern aus, als sie nicht zugleich und für denselben Zeitpunkt erfolgen können." (K. M. MEYER-ABICH, in: Historisches Wörterbuch der Philosophie, Basel 1967, s.v. Komplementarität, S. 933–934). Im Gegensatz zu dem hier betonten Nicht-Zugleichsein, wird das gerade für die Polarität gefordert: „Polarität ... – die Bestimmung von einem Unterschiede, in welchem die Unterschiedenen untrennbar verbunden sind" (G. W. F. HEGEL, Wissenschaft der Logik, Erster Teil, Die objektive Logik (= H. Glockner (Hrsg.), Jubiläumsausgabe, Bd. 4), Stuttgart 1958, S. 22). Dieser Unterschied wird nicht immer genügend beachtet (vgl. BARTEL, in: Ordo et Mensura VI, FN 7).

21 Es ist zu beachten, daß das Komplementaritätsprinzip in den Lehren von Amarna nicht verloren gegangen war. Selbst die „Dreieinigkeit" von Re-Harachte, Schu und Aton und sogar die Singularität des vergöttlichten Echnaton leugnen es nicht, weisen es vielmehr aus. Nur war es auf diese Weise zu stark vereinfacht, so daß es wohl den Erfahrungen kaum entsprach oder in seiner Abstraktion nicht verstanden und verwendet werden konnte. Ähnliches gilt für die Polarität. Da aber die Forschungen zum Wirken dieser Gesetzmäßigkeiten erst an ihrem Anfang stehen, muß auch hier auf den Hypothesencharakter dieser Äußerungen verwiesen werden.

22 S. VOß, Die heliopolitanische Neunheit als Schlüssel zum Dekorationsprogramm Sethos' I. in Qurna, in: SAK 24, 1997, S. 332, s. dort auch die Ausführungen zu den Kapellen von Abydos und der Bedeutung der Zahl Vier in der XIX. Dynastie.

23 H. KEES, Der Götterglaube im alten Ägypten, Berlin 1977, S. 379.

[24]

ḥw.t 300 ḫtm.w pw nṯr.w nb.w Jmn Rꜥ Ptḥ nn snnw=sn jmn rn=f m Jmn ntf Rꜥ m ḥr ḏ.t=f Ptḥ njw.wt=sn ḥr tꜣ smn r nḥḥ Wꜣs.t Jwnw Ḥw.t-kꜣ(-Ptḥ) r ḏ.t („Kapitel 300 Drei sind alle Götter: Amun, Re und Ptah. Sie sind ohne ihresgleichen.[25] Sein Name ist als Amun verborgen. Er ist Re als Gesicht/Sichtbares, sein Leib/Körperliches ist Ptah. Ihre Städte sind für ewig auf Erden errichtet: Theben, Heliopolis und Memphis, in Ewigkeit.") Zugleich ist auf diese Weise eine Fusion von drei Schöpfergottheiten und ihren Stätten gegeben,[26] wobei Re-Harachte für den mit ihm stets wegen ihrer gemeinsamen Heimat eng verbundenen Atum anzusehen ist.

Aber die Dreiheit konnte die Ganzheit noch nicht ausreichend erfassen, besonders nicht in der mit der XIX. Dynastie beginnenden Zeit. So setzt Hermann Kees das oben angeführte Zitat fort: „Gelegentlich gesellte sich dazu noch ein vierter, Seth, der Hausgott der Ramessiden, als Herr von Tanis, wo die neue ‚Ramsesstadt' entstand." Daß Sethos I. der Reichstriade in Form seiner Kapelle das Prinzip „Seth" hinzufügt, ist sicher aus solchen Gründen zu erklären. Außerdem wird damit der für den Beginn einer neuen Ära, der „Wiedergeburt der Schöpfung", im Sinne einer mit dem Bild der Zeitspirale verbundenen Neugestaltung bzw. Weiterentwicklung (s.o.) Rechnung getragen. Zudem ist 4 = 3 + 1, die um die Einheit erweiterte Vollendung, so daß gerade dieser Zahl in der Ramessidenzeit seit Sethos I. ein besonderer Wert zukommt.[27]

Die Gesamtanordnung der Kapellen

Sethos = **Seth** (?)	Ptah	Re-Harachte	**Amun-Re**	Osiris	Isis	**Horus**

entspricht dem im Zusammenhang mit der Maꜥat wichtigen Polaritätsprinzip. Bringt man den Götterkönig mit dem Königtum überhaupt in Verbindung, so wird hier offensichtlich „das Königtum zwischen seinen beiden Polen Seth und Horus"[28] symbolisiert.

24 Zitiert nach A. H. GARDINER, Hymns to Amon from a Leiden Papyrus, in: ZÄS 42, 1905, S. 35.

25 Günther Roeder übersetzt „es gibt keinen anderen neben ihnen" (G. ROEDER, Die ägyptische Götterwelt, Düsseldorf und Zürich 1998, S. 296), und Alan H. Gardiner kommentiert seine Übertragung "there is none like them" mit "This, rather than »there is none beside them«, is the accurate rendering of the well-known phrase." (GARDINER, a. a. O. (Anm. 24)).

26 S. H.-G. BARTEL und J. HALLOF, Der Aspekt der Selbstorganisation in altägyptischen Kosmogonien, in: Selbstorganisation 1, 1990, S. 209-215 und die dort aufgeführte Literatur.

27 S. zu dieser Problematik u. a. HORNUNG, Der Eine, S. 216–217 und VOß, a. a. O. (Anm. 22), S. 332 und der dort gegebenen Literatur sowie den Hinweis auf die von Ramses II. für Seth errichtete „Vierhundertjahrstele" (R. STADELMANN, in: LÄ VI, 1039–1043) als Beleg für die Bedeutung der Zahl Vier in der XIX. Dynastie im Zusammenhang mit der Sethverehrung.

28 I. MUNRO, Das Zelt-Heiligtum des Min, MÄS 41, München und Berlin 1983, S. 16–17. Die hier gegebene richtige Interpretation geht auf eine nicht ganz korrekte Lesung einer Inschriftenzeile zurück (mündliche Mitteilung von Ch. Loeben, Humboldt-Universität zu Berlin). Das Königtum zwischen Horus und Seth, d. h. zwischen den durch sie ausgedrückten polar-konträren Gegensätzen (BARTEL, in: Ordo et Mensura VI, 2000 (Anm. 20)), findet sich nicht selten in Krönungs- und Reinigungsszenen (für die

Im Hinblick auf diese polar-konträre Einheit ist das vielgestaltig-komplexe Prinzip „Amun-Re“ das dafür notwendige, trennende Neutralelement, so wie es etwa auch sonst der König oder das durch ihn versinnbildlichte Königtum zwischen den „beiden Mächten“ (*sḫm.wj*) darstellt. Obwohl die Inschriften in der Kapelle des Amun-Re diesen Gott stets mit *Jmn-Rᶜ* bezeichnen, ist er der Darstellung nach ebenfalls Ptah, Min[29] und Osiris. Diese komplementär-holistische Einheit erinnert teilweise an eine Anrufung im Amunshymnus des pCairo CG 58038 (= pBoulaq 17) aus der Zeit Amenophis’ II.:  (3,1) *rs{-}wḏꜣ Mnw Jmn nb nḥḥ jr ḏ.t* („{Erwache unversehrt, / Unversehrt Erwachender,} Min, Amun, Herr der Ewigkeit, der die ewige Dauer schuf!“).[30] Hier ist *rs-wḏꜣ* ein Beiname des Osiris (Wb II, 451,13.14), so daß die Dreiheit der Götter Osiris, Min und Amun angesprochen ist.

Wie die nachfolgende Zusammenstellung verdeutlicht, werden auch in den anderen Kapellen jeweils mehrere Gottheiten im Zusammenhang mit dem Täglichen Ritual dargestellt.

Nominalgott/Kapelle	***weitere, in Szenen dargestellte Gottheiten***
Ptah	Sachmet
Re-Harachte	Atum, [Chepri], Hathor-Nebet-Hetepet,  Jusaᶜas (*Jw=s-ᶜꜣ=s*)
Amun-Re	A.-Ptah, A.-Min, A.-Osiris
Osiris	O.-Wenennefer, O.-Chontamenti, Chontamenti, Upuaut, Isis, Thot, Horus(- Sohn des O.)
Isis	Harsiese
Horus	Harendotes, Harsiese, (H. - Sohn des Osiris), H.-Wenennefer, Isis,  *ᶜpr.t-ꜣs.t*

Sie können als komplementäre Aspekte der sonst ganzheitlichen Sonne verstanden werden und deuten das Bestehen komplexer Beziehungen zwischen ihnen an. Sieht man

---

ersteren s. NAVILLE, Deir el Bahari III, Tf. 64, weitere Beispiele in H. KEES, Horus und Seth als Götterpaar, 1. Teil, MVAeG 28, Leipzig 1923, S. 8–26). – Unter polar-konträren Gegensätzen versteht man „die (relativen) Enden einer linear geordneten Reihe ..., die grundsätzlich einer Vergleichsskala ... entstammen.“ (K. LORENZ, in: J. Mittelstraß (Hrsg.), Enzyklopädie Philosophie und Wissenschaftstheorie, Band 3, Stuttgart und Weimar 1995, s.v. polar-konträr, S. 285).

29 „Der ithyphallische Gott Min wird seit dem mittleren Reich auch als Horus der Sohn des Osiris angesehen.“ (ERMAN, Literatur, S. 183 (FN 1)). Auf diese Weise ergeben sich Beziehungen zwischen Amun-Re und Horus bzw. dem in der Übersicht erwähnten „Osirissohn“.

30 Die Ganzheitlichkeit wird treffend durch die Bezeichnung  (6,3) *wᶜ wᶜ.w jr wnn.w* („Einzigster, der das Seiende erschuf“) charakterisiert. Adolf Erman übersetzt sogar: „der Allereinzigste, der schuf, was existiert“ (ERMAN, Literatur, S. 355). Die hieroglyphischen Zitate sind der Verzettelung von pBoulaq 17 des „Altägyptischen Wörterbuchs“ der Berlin-Brandenburgischen Akademie der Wissenschaften entnommen: Mappe 18, Zettel 9 [3,1], Zettel 23 [6,3].

von dem nur in Verbindung mit Atum in dessen ihn bekrönender Sonnenscheibe dargestellten Chepri ab, der somit eher die Funktion eines Attributes ausübt, so läßt sich mit einiger Vorsicht das Vorhandensein einer „Doppelneunheit“ (*psḏ.tj*), also einer Einheit von 18 Gottheiten, formulieren: Amun-Re, *ꜥpr.t-ꜣs.t*, Atum, Chontamenti, Harendotes, Harsiese, Hathor-Nebet-Hetepet, Horus, Isis, Jusaꜥas, Min, Osiris, Ptah, Re-Harachte, Sachmet, Thot, Upuaut und Wenennefer.[31] Sie wäre dann eventuell das polare Gegenstück zum Götterkomplex der Sethos-Kapelle mit ihrem ganz andersartigen Inhalt: Sethos/Seth und die Gesamtheit aller vergöttlichten „Väter“. Die polar-konträren Merkmalspaare, die diesen beiden „Polen“ zugeschrieben werden könnten, sind zahlreich und zumindest zum Teil mit denen vergleichbar, die den Gegensatz von Horus und Seth kennzeichnen.[32]

3. Vorläufige Anmerkungen zu den Spruchtexten

Die vermuteten Beziehungen der am Täglichen Ritual teilnehmenden Gottheiten und die Art ihrer Verteilung auf die Kapellen (s. obige Übersicht) geben Grund zu der Annahme, daß Relationen zwischen den einzelnen Szenen innerhalb eines Sanktuars, aber vor allem auch zwischen den verschiedenen Kammern existieren, die die Ikonographie und in erster Linie die Inhalte und Aussagen der Texte, vornehmlich der Sprüche, betreffen. Hierbei ist zu beachten, daß diese abgesehen von denen der Osiris-Kapelle im wesentlichen synoptisch sind. Gerade aber aus dem Vergleich von Unterschieden und Übereinstimmungen ist ein Erkenntnisgewinn über das Dekorationsprogramm sowie die mit dem Ritual verbundenen Intentionen und dessen Funktionalität zu erwarten.[33]

---

31 Susanne Voß konnte aus den Dekorationen im Altarhof Sethos' I. in Qurna ebenfalls eine Neunheit benennen: Ahmes-Nefertari, Amun-Re, ityphallischer Amun-Re *ḫntj jp.t=f* [Beziehung zu Horus], Atum, Chons, Mut, Onuris-Schu, Re-Harachte und Thot, so daß sie schlußfolgerte, „daß die Neunheit im Altarhof Sethos' I. keine zufällige sondern eine ausgewählte Gemeinschaft darstellt.“ (VOSS, a. a. O. (Anm. 22), S. 331). Ob das auch für die 18 Gottheiten im Täglichen Ritual von Abydos der Fall ist, muß vorerst hypothetisch bleiben. Vollkommen fraglich ist es, ob sich aus dieser Göttergesamtheit sinnvoll zwei Neunheiten aus der Anzahl der möglichen $\binom{18}{9} = 48\,620$ Kombinationen ableiten lassen. Hierfür könnte allerdings die Neunheit von Qurna richtungweisend sein, zumal mehrere Gottheiten von Qurna mit denen von Abydos direkt übereinstimmen. Es ist allerdings nicht zu erwarten, daß es überhaupt eine eindeutige Zerlegung gibt oder daß sie beabsichtigt war.

32 Vgl. H. TE VELDE, Horus und Seth in: LÄ III, 26-27 und BARTEL, in: Ordo et Mensura VI, 2000 (Anm. 20) sowie die an diesen Stellen angeführte Literatur.

33 Wenn die Annahme von Günther Roeder, nach welcher die einzelnen Ritualtexte für die Nominalgottheiten in deren „Heimat“ gefertigt worden waren und erst in Abydos zusammengefaßt wurden (ROEDER, Kulte und Orakel (Anm. 1), S. 76), richtig wäre, so wäre ein solcher Vergleich in Hinblick auf das genannte Ziel nicht sinnvoll. Roeders Auffassung läßt sich aber nicht aufrechterhalten (s. etwa ALTENMÜLLER, a. a. O. (Anm. 19), S. 16, 20, 24, nach dem sich eine gemeinsame Vorlage sogar auf die sonst so unterschiedlich gestaltete Kapelle des Osiris bezieht).

Schon eine erste Betrachtung[34] lehrt, daß bei sonst weitgehender Übereinstimmung die Texte der Horus-Kapelle Eigenheiten aufweisen, die wahrscheinlich mit seiner Sonderstellung als Gegenpol zu Seth und hinsichtlich des Bezugs zum Königtum im Zusammenhang stehen. Es seien dazu zwei Beispiele angeführt. Beim ersten handelt es sich um die Passage „Der Finger des Seth trennt[35] sich vom Horusauge. Es fühlt sich wohl." (o. ä., vgl. aber die Variante bei Horus) aus dem „Spruch zum Fortziehen der/des Riegel(s)" (Szene 4)[36].

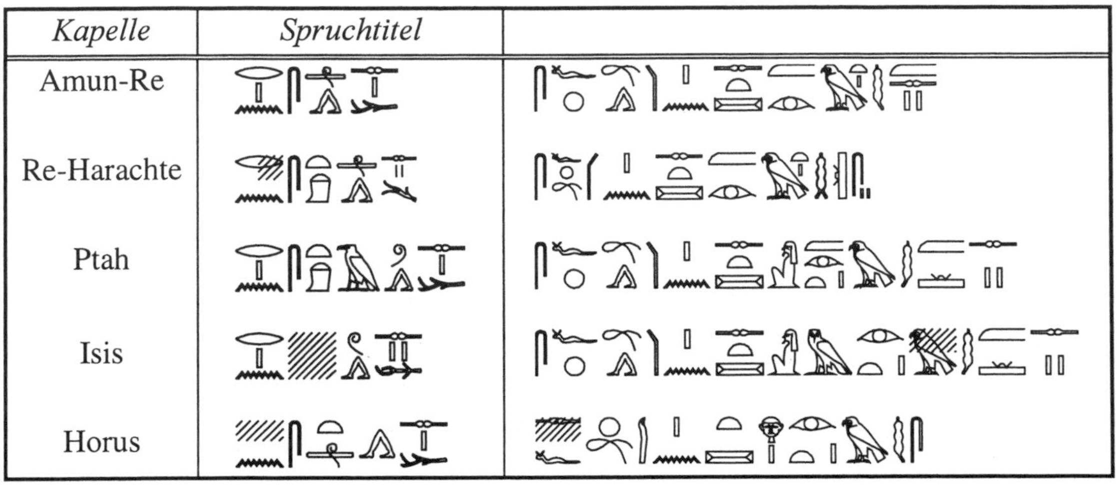

Kapelle	*Spruchtitel*		*Text nach*: Calverley
Amun-Re	*rꜣ n sṯꜣ z*	*sfẖ ḏbꜥ n Stš m jr.t Ḥrw nḏm sj*	Abydos II, Tf. 3
Re-Harachte	*rꜣ n sṯꜣ z 2*	dto.	Abydos II, Tf. 14
Ptah	*rꜣ n sṯꜣ z*	dto.	Abydos II, Tf. 22
Isis	*rꜣ n sṯꜣ z.wj*	dto.	Abydos I, Tf. 18
Horus	*rꜣ n sṯꜣ z*	*sfẖ ḏbꜥ n (S)tš/t(ꜣ)š? ḥr jr.t Ḥrw nḏm s(j)*	Abydos I, Tf. 26

Im zweiten Beispiel (Szene 6) besitzt die Horus-Kapelle einen Text, der vollkommen verschieden von dem der anderen vier ist. Der sonst mit  (nach Amun-Re) *rꜣ n wn ꜥꜣwj* („Spruch zum Öffnen der Tür(flügel)") betitelte Spruch ist bei Horus durch einen anderen substituiert, dessen Überschrift  [37] *rꜣ n jn ꜥnḫ ḥr nṯr* („Spruch beim Darreichen/Herbeibringen von Leben für den Gott") lautet. Sonst sind die Texte auch hier recht übereinstimmend, wie der folgende Ausschnitt *wn ꜥꜣ.wj p.t wn*

34 Im Folgenden wird vorerst die Kapelle des Osiris wegen ihrer Besonderheit nicht in die Gegenüberstellungen einbezogen.
35 „*šfẖ* … sich trennen von … (mit *m*)" (Wb IV, 116,9).
36 Zu dieser Szene 4 bzw. diesem Spruch ist eine Publikation in Vorbereitung: BARTEL, ROSENOW, GM.
37 CALVERLEY - GARDINER, Abydos I, Tf. 26.

ꜥꜣ.wj tꜣ zn.w ꜥꜣ.wj Ḳbḥw („Geöffnet sind die Türflügel des Himmels, geöffnet sind die Türflügel der Erde, aufgetan wurden die Türflügel des Qebeḥu.*"*) zeigt:

Kapelle		*Text nach*: Calverley
Amun-Re		Abydos II, Tf. 4
Re-Harachte		Abydos II, Tf. 14
Ptah		Abydos II, Tf. 22
Isis	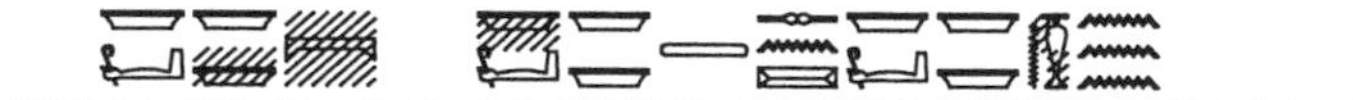	Abydos I, Tf. 18

Mit diesen Beispielen kann auf zwei weitere Gegebenheiten hingewiesen werden, aus deren Untersuchung wiederum Hinweise auf die Funktionalität des Täglichen Rituals gewonnen werden sollen. Die eine von ihnen betrifft die von Gerhard Fecht in der „Lehre das Ptahhotep" nachgewiesene Amphibolie, bei welcher eine „zunächst verständliche, gleichsam an der Oberfläche des Textes liegende Deutung auch die harmlosere, weniger tief gehende Auffassungsmöglichkeit gegenüber der verborgen liegenden zweiten" ist.[38] In den hier vorliegenden Texten gibt der Obersinn etwa eine Aussage wieder, die direkt mit dem Ritualgeschehen im Zusammenhang steht, während sich der tiefere Untersinn auf das abgebildete Anliegen des Rituals, auf dessen weiterreichende Funktion bezieht. So verweist der oben genannte Spruchtitel *rꜣ n sṯꜣ z 2*, wie er bei Re-Harachte und Isis gelesen werden kann, „oberflächlich" auf das tatsächliche Fortziehen der Riegel, eine Handlung, die für das anschließende Öffnen der Naostür notwendig ist. Andererseits ist unter Beachtung von  „zwei Parteien" (Wb III, 405,5)[39] und „*šṯꜣ* ... herbeiführen, einführen" (Wb IV, 353,1) auch „Spruch zum Herbeiführen der beiden Parteien" als untergelegter Sinn ableitbar, womit gemäß dem nachfolgenden Text selbstverständlich auf Seth und Horus hingewiesen wird, die herbei- oder eingeführt werden, um die lähmende und blindmachende nächtliche Vereinigung von Sethfinger (Gewalt) und Horusauge (Recht, Vernunft) zu lösen oder aufzutrennen (*sfḫ, sṯꜣ*). Ohne ein solches Trennen ist aber die im Sinne der Regeneration eines Maꜥat-gerechten Königtums notwendige Herstellung der polaren Vereinigung oder Einheit „Horus/Seth" nicht realisierbar. Vielleicht gilt ja auch nach vollzogener Auflösung der quälenden

38 FECHT, Habgierige, S. 18–20.

39 Diesen Hinweis verdanke ich Frau Daniela Rosenow (Humboldt-Universität zu Berlin). – Die Bedeutung von „Partei" schließt sich hier dem Ursprung des deutschen Wortes an, der in dem substantivierten Partizip des lateinischen Verbs *partiri* („teilen") bzw. dem mittellateinischen Begriff *partita* („Abspaltung, Abteilung") zu suchen ist (vgl. F. KLUGE, W. MITZKA, Etymologisches Wörterbuch der deutschen Sprache, Berlin 1963, S. 532).

Verbindung: „Beide Parteien/Männer fühlen sich wohl.“ *nḏm z.wj* wie man  und  eventuell lesen darf.[40]

Hier und an vielen anderen Stellen liegt die Bezugnahme einer Textstelle auf sich selbst vor, während der oben angedeutete synoptische Vergleich eine Beziehung zwischen entsprechenden Textabschnitten innerhalb des Täglichen Rituals in Abydos bedeutet. Es wird aber auch nützlich sein, Relationen zu Texten herzustellen, die nicht in den hier interessierenden sechs Kapellen vorkommen. Das betrifft in erster Linie solche, die älter sind als die des Rituals und deren Gehalte für dessen Aussagen und Intentionen tradiert wurden.

Da Sethos I. – wie eingangs erläutert – offensichtlich in Hinblick auf das wiederum neu zu etablierende Königtum und die Wiedergeburt der Schöpfung überhaupt auf die ältesten Zeiten zurückgreifen muß und will, um dem absoluten „Ersten Mal“ möglichst nahe zu kommen, ist es erklärlich, daß gewisse Aussagen der Pyramidentexte im Täglichen Ritual aufgenommen wurden. Das ergibt sich schon daraus, daß diesen der dem Ritual ähnliche Gedanke zugrunde liegt: eine Auferweckung und Auferstehung aus der Erde, aus einem tödlichen, ungeordneten und dunklen Zustand, um eine Auffahrt zum Himmel, zu Licht und umfassender Ordnung zu ermöglichen und zu gewährleisten.

Für das Heraustreten aus dem Grab oder der Unterwelt und den Eintritt in den Himmel müssen Türen geöffnet werden. Daher finden sich in den Pyramidentexten Parallelen zu der oben zitierten Aussage des *r3 n wn ꜥ3wj*, so etwa PT 873c[N] 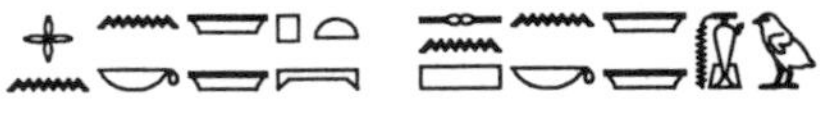 *wn n=k ꜥ3.wj p.t sn n=k ꜥ3.wj Ḳbḥw* („Geöffnet sind für dich die Türflügel des Himmels, aufgetan wurden für dich die Türflügel des Qebeḥu.“). Ebenfalls mit dem Vorgang des Türöffnens beschäftigen sich die beiden gedanklich ähnlichen Textstellen PT 907a[P] und PT 908c,d[P] aus dem PT-Spruch 469 einerseits und die Spalten 7–11 des *r3 n sfḫ.t ḏbꜥw.t* („Spruch zum Lösen des Siegels“) (Szene 3) in der Ptah-Kapelle[41]:

---

40 Zu beachten ist die in der XIX. Dynastie belegte Schreibung 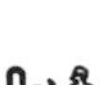 für *z* „Mann“ (Wb III, 404) und die gewissermaßen duale Schreibung  (ob aber richtig gelesen?).

41 CALVERLEY - GARDINER, Abydos II, Tf. 22. – Interessanterweise benutzt der Text in Abydos die veraltete feminine Form *ḏw.t* des Pyramidentextes bzw. der Zeit vor der XVIII. Dynastie statt der maskulinen neuägyptischen *ḏw* (s. Wb V, 547 bzw. 548), auf dessen grammatisches Geschlecht aber das Attribut *nb* hinweist. Andererseits wird für das Wort *ḏbꜥ.t* eine Schreibung benutzt, die erst seit der XVIII. Dynastie verwendet wurde.

Pyramidentext

PT 907a 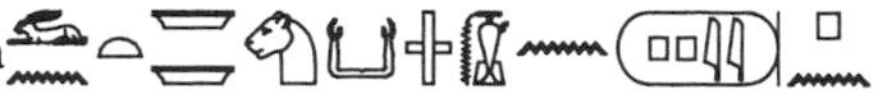 *wn.t ꜥꜣ.wj Bꜣ-kꜣ jmj Ḳbḥw n Ppy pn*

„Die Türflügel des Baka, das sich in dem Qebeḥu befindet, sind für diesen Pepi geöffnet."

PT 908c  *ẖsr=f ḏw.t tp.t-ꜥꜣ.wj Ppy*

„Er [der Ka des Pepi] vertreibt das Böse vor Pepi."

PT 908d  *sḥr=f ḏw.t jmj.t -ẖt Ppy*

„Er entfernt das Böse, das hinter Pepi ist."

Tägliches Ritual

(7–9)  *sfẖ(=j) ḏbꜥ.t r sn ꜥꜣ pn*

„... ich löse das Siegel, um diese Tür zu öffnen."

(10–11)  *jw(=j) dr(=j) ḏw.t nb(.t) jrj(.t)=j r tꜣ*

„Ich beseitige jegliches Böse, das an mir ist, (Wb I, 104,18) vollständig."

Der gemeinsame Gedanke beider Textstellen ist der, daß das Schlechte und Unrechte, das „Böse", welches selbst dem Göttlichen unvermeidlich anhaftet, wenn es mit dem „Nichtsein" in Berührung gekommen ist, im Prozeß der Neugeburt vor dem Durchschreiten einer zum Himmel führenden Tür vollkommen ausgetilgt werden muß. Das Tägliche Ritual setzt hierbei das Schicksal des Sonnengottes in der Unterwelt voraus, wie es die Jenseitsliteratur schildert. Die Feinde des Re, des Osiris und der Maꜥat werden derart vernichtet, daß sie zu „Nichtseienden" werden. Zum einen nimmt Re an dieser Auslöschung teil, zum anderen verschmilzt er – für seine Regeneration notwendig – mit Osiris, der als „Größter der Nichtseienden" seinerseits unmittelbar mit dem Schlechten verbunden ist.[42] Das „Böse" nimmt im Ritualspruch sicherlich auch Bezug auf das Unrechte, das aus der Amarna-Vergangenheit in das Dunkel der Nacht gelangt ist. Die „Feinde" sind dort zwar völlig vernichtet worden, aber Sethos, der den Spruch offensichtlich rezitiert, hatte doppelten Grund, sich durch Austilgen alles Bösen, das an ihm ist, für seine Regeneration zu rechtfertigen: als König, der seine Ursprünge in der Amarnazeit hatte, und als das mit Osiris und Re identifizierte göttliche Prinzip. Für eine

42 S. hierzu die Ausführungen und die entsprechenden Literaturhinweise in E. HORNUNG, Schwarze Löcher von innen betrachtet: Die altägyptische Hölle, in: T. Schabert / E. Hornung (Hrsg.), Strukturen des Chaos (= Eranos, Neue Folge, Bd. 2), München 1994, S. 247–249. 252–257. Diese Erwähnungen mögen zugleich deutlich machen, wie wichtig die Auswertung der Unterweltsliteratur für das Verständnis des Täglichen Rituals von Abydos in Zukunft sein wird, eine Tatsache, die hier vorläufig nur angedeutet werden kann.

solche Darstellung waren die parallelen, ehrwürdigen Aussagen der Pyramidentexte außerordentlich geeignet.

Ein zweites Beispiel derartiger Parallelität findet sich im Spruch 373 (PT 675b–d), wie auch im Spruch 355 (PT 572c) und an anderer Stelle in den Pyramidentexten. Hier ist von der Wiederherstellung der Ordnung der in der Erde zerstörten Körperlichkeit die Rede, wobei es Ähnlichkeiten zum Ritualspruch *r3 n sfḫ.t mḏ.t*  [43] („Spruch zum Abwischen der *mḏ.t*-Salbe") (Szene 14) gibt.

Pyramidentexte

(Spruch 355)

PT 572c[T] 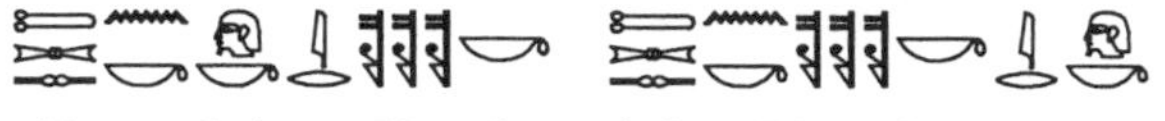 *ṯz n=k tp=k ṯz n=k ḳs.w=k*

„Füge deinen Kopf an deine Knochen! Füge deine Knochen an deinen Kopf."

(Spruch 373)

PT 675b[M]  *šzp n=k tp=k jnḳ n=k ḳs.w=k*

„Empfange deinen Kopf! Füge deine Knochen zusammen!"

PT 675c[M]  *s3ḳ n=k ᶜ.wt=k*

„Setze deine Glieder zusammen!"

PT675d[M]  *wḫ3 n=k t3 jr jwf=k*

„Schüttle die Erde von deinem Fleisch ab!"

Tägliches Ritual

(6–7)  *ṯz=s ḳs.w=k dmḏ=s ᶜ.wt=k s3ḳ=s jwf=s*

„Möge sie [die Salbe/Flüssigkeit, die aus dem Horusauge kommt] deine Knochen zusammensetzen, deine Glieder vereinigen und dein Fleisch zusammenfügen."

In den Pyramidentexten sowie in dem das Unterweltsgeschehen voraussetzenden Täglichen Ritual gilt hinsichtlich des Zerfalls und der Verwesung des Körpers: „aber in solcher Auflösung entsteht das neue Leben!" [44].

An einer späteren Stelle des Spruchs 373 heißt es, nachdem Chentimentef aus einer Himmelstür zum toten König herausgetreten ist und ihn dorthin empor zu Geb fortgeführt hat,  (PT 656b[M,N]) *sn=f ṯw rnn=f ṯw* („Er [Geb

43 Hier zitiert nach der Kapelle des Amun-Re (CALVERLEY - GARDINER, Abydos II, Tf. 5).

44 HORNUNG, Schwarze Löcher (Anm. 42), S. 255.

oder Chentimentef] küßt dich, er liebkost dich.“). Im Ritualspruch *r3 n m33 nṯr* („Spruch zum Schauen des Gottes“) (Szene 8) wird ebenfalls eine Begegnung zwischen der Gottheit und dem König durch eine Tür hindurch geschildert, die der König öffnet, damit ihm erlaubt werde zu passieren (*sw3*), und auch hier kommt es zu einer gewissen Intimität mit den göttlichen Aspekten, indem der König sagt: [45] *sn=j t3 ḥpt=j Gbb* („Ich küsse die Erde, ich umarme Geb.“).

Diese Beispiele mögen dem hier angestrebten Ziel genügen, die zukünftigen Forschungen zu umreißen. Es soll dieser Abschnitt der Darlegungen nicht beendet werden, ohne wenigstens an zwei Beispielen aufzuzeigen, daß das eingangs genannte Hauptanliegen des Täglichen Rituals auch direkt in seinen Texten erkennbar ist. Dafür erscheinen einige Aussagen im auszugsweise wiedergegebenen Text der Eröffnungsszene (Szene 1) in der Kapelle des zentralen Gottes Amun-Re,[46] d. h. aus dem *r3 n ꜥḳ r wn ḥr* …  … („Spruch zum Eintreten, um das Gesicht [47] zu enthüllen …“), hierzu besonders geeignet. König Sethos konstatiert unter anderem:

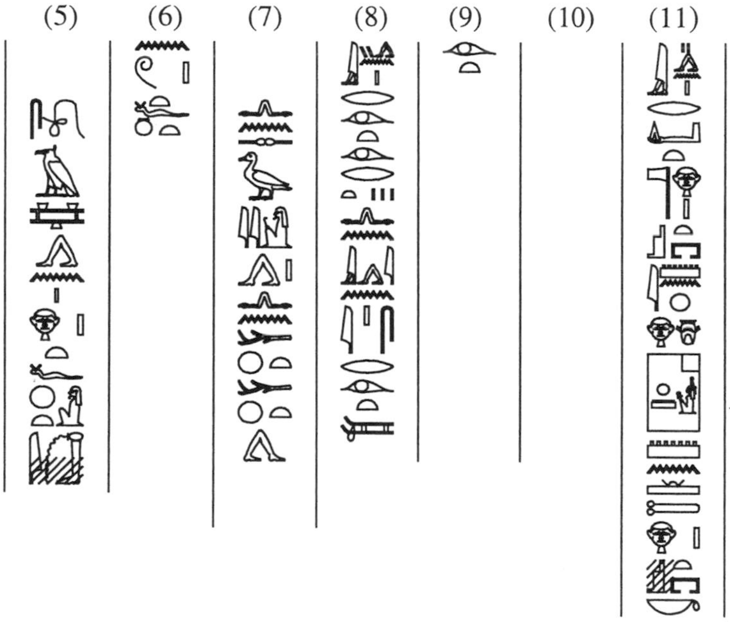

45 Nach dem Text in der Kapelle des Amun-Re zitiert (CALVERLEY - GARDINER, Abydos II, Tf. 4).
46 CALVERLEY - GARDINER, Abydos II, Tf. 3.
47 *wn ḥr* meint vordergründig das „Enthüllen des Götterbildes“ (Wb I, 313,4), aber auch die Absicht, die Gottheit und das mit ihr verbundene Prinzip wieder sichtbar zu machen. Hier liegen analoge Bedeutungen vor, wie sie Friedrich Kluge für das deutsche Wort beschreibt: „Gesicht … zu sehen; mhd. gesiht(e), ahd. gisiht, ags. gesihþ ‘das Sehen, Anblick, Traum, Gesicht als Sinn’.“ (KLUGE - MITZKA, Etymologisches Wörterbuch (Anm. 39), S. 253).

(5–6) *swꜣ.n=j ḥr Tfn.t j-wꜥb.n wj Tfn.t* ... („Ich ging an Tefnut vorüber, wobei Tefnut mich gereinigt hat. ...“)[48], (7) *nn zꜣj=j nn ẖtẖt(=j)* ... („Ich schleiche nicht weg, ich weiche nicht zurück. ...“), (8–9) *jj.n=j r irj.t jry.t nn jj.n=j js r jrj(.t) tm jrj.t* ... („Ich bin gekommen um zu tun, was zu tun ist. Ich bin nicht gekommen um zu tun, was nicht zu tun ist. ...“), (11) *jj.n=j r rdj.t nṯr ḥr s.t Jmn-Rꜥ ḥr-jb Ḥw.t Mn-mꜣꜥ.t-Rꜥ mn ṯ(w) ḥr s.t=k* („Ich bin gekommen, um den Gott auf den Thron zu setzen. Oh, Amun-Re – zu Gast im Tempel ‚Men-maꜥa.t-Re‘ –, mögest du auf deinem Thron bleiben!“).

Im Zusammenhang mit dem Herausziehen der Riegel, also in der im Gesamtgeschehen des Täglichen Rituals sehr bedeutenden Szene 4, da das erneute Erscheinen der Gottheit ermöglicht wird, bezeichnet sich Sethos in den Kapellen des Amun-Re, des Re-Harachte und der Isis unmittelbar als des Prinzip der ersten und nun wiederholten Schöpfung:  [49] *jnk Bnw pwy ꜥꜣ ntj m Jwnw* („Ich bin dieser große Phönix, der in Heliopolis ist.“).

48 Bezugnehmend auf CT IV, 280t.u (Sargtextspruch 660), ordnet Winfried Barta das „kosmische Element Wasser (*mw*) / Urwasser (*Nwn*)“ der Göttin Tefnut zu (W. BARTA, Untersuchungen zum Götterkreis der Neunheit, MÄS 28, München und Berlin 1973, S. 91). Am tiefsten Punkt der nächtlichen Sonnenbahn herrscht, wie etwa das Amduat (6. Stunde) lehrt, die Wassertiefe Nun, in welche die Sonne verlöschend eintaucht, um so gereinigt zu neuem Licht zu erwachen (vgl. HORNUNG, Schwarze Löcher (Anm. 42), S. 252 und die dort gegebenen Belegstellen). Ursula Verhoeven übersetzt *Tfn.t* als „Die sich Verformende“, wobei sie von dem eine Deformation von Metallgegenständen bezeichnenden Terminus *tfn* ausgeht, und verbindet somit Tefnut mit den Prinzipien „Wandel“ und „Ergänzung“ (U. VERHOEVEN, Tefnut, in: LÄ VI, 300). Auch diese Sinnbestimmung paßt gut zum Prozeß der Reinigung des Königs in Hinblick auf dessen Intentionen.

49 Zitiert nach der Textstelle im *rꜣ n sṯꜣ z.wj* in der Kapelle des Re-Harachte (CALVERLEY - GARDINER, Abydos II, Tf. 14).

Divine Kingship and the Theology of the Obelisk Cult in the Temples of Thebes

Lanny Bell

This research developed out of an independent study course[1] which I taught at Brown University in 1997.[2] Some time ago I observed that all colossal anthropomorphic and theriomorphic statues represent the divine king, i. e., the union of humanity and divinity on earth in the person of the king. Now I am prepared to describe all colossal monolithic rose granite obelisks as likewise statues of the deified king, all the more so since they often complement other nearby statues of the king, as at Luxor Temple.[3] The central inscription on the forward-facing side of the obelisk normally contains the dedication of the monument to the king's Father, the Sun God. But the central columns of inscription on all sides of the shaft, consisting largely of elaborate royal titularies, and identifying the king as the "beloved of" a particular sun god, convey the impression that the monument is actually a statue of the king himself. In addition, a whole series of Ramesside[4] scarabs[5] represents a king,[6] sometimes named as Thutmose III,[7] adoring a

---

1 This course, entitled "New Kingdom Monumental Hieroglyphic Inscriptions: The Obelisks of Thebes", was taught at the request of an undergraduate student, Theodore Romanoff. Together we examined all the texts and representations of the Unique Obelisk, the standing obelisk of Hatshepsut, and the bases of the obelisks of Ramesses II at Luxor Temple. For the second semester we were joined by a graduate student, Jonathan Keiser.

2 I wish to thank my colleagues, Leonard H. Lesko, Wilbour Professor of Egyptology and Chairman of the Department of Egyptology, and Martha S. Joukowsky, Professor in the Center for Old World Archaeology and Art and the Department of Anthropology, who were instrumental in securing my appointment as Adjunct Professor of Egyptology and in helping to arrange for this course to be taught.

3 Such an equation is explicitly rejected by K. MARTIN, Ein Garantsymbol des Lebens, HÄB 3, Hildesheim 1977, p. 40.

4 For the dating, see E. HORNUNG and E. STAEHELIN, Skarabäen und andere Siegelamulette aus Basler Sammlungen, Mainz 1976, pp. 189-190; B. JAEGER, Essai de classification et datation des scarabées Menkhéperrê, OBO 2, Fribourg - Göttingen 1982, §§ 1374-1376; cf. O. KEEL, Corpus der Stempelsiegel-Amulette aus Palästina/ Israel, OBO 10, Fribourg - Göttingen 1995, § 644.

5 JAEGER, Essai (n. 4), §§ 70, 182, 259, 320, 334, 342, 408; cf. §§ 272, 275, 300, and n. 393; C. DESROCHES-NOBLECOURT, in: ASAE 50, 1950, pp. 263-265; IDEM, in: RAr 37, 1951, pp. 7-10, 13; L. HABACHI, The Obelisks of Egypt: Skyscrapers of the Past, London 1978, p. 10; KEEL, Corpus (n. 4), § 644.

6 Other beings, such as baboons, a fecundity figure, or a Bes figure, may appear in place of the king.

7 HORNUNG and STAEHELIN, Skarabäen Basel (n. 4), p. 189, specify that no other royal name appears in these scenes.

single obelisk,[8] which frequently also has this king's prenomen, *Mn-ḫprw-Rꜥw*, engraved on it; a solar barque may also appear in the composition. In any case, the fact remains that Thutmose I erected the first pair of obelisks at Karnak in front of a pylon, in a way which is considered normal for colossal statues. Karl Martin observes that the reign of Thutmose I marks a turning point in the history of the usage and signification of obelisks.[9] As the first Egyptian World Ruler, whose empire stretched well into Western Asia and deep into the Sudan, he essentially broke the former self-imposed isolation of Egypt and introduced the Egyptian gods to a dramatically expanded realm. It was under Thutmose I that Amun-Re became associated with obelisks and that the groundwork was laid for him to become the Universal God.[10]

The solar associations of obelisks are taken for granted, but their deep meaning still requires much elucidation. Erik Iversen[11] goes some distance toward achieving this goal when he says of the obelisk: "The immanent presence of the Sun God imbued the monument with his magic, vital force, which revealed itself in the aura of light reflected from the apex and in its thermogenetic, 'animating', effect on the stone. When raised as free-standing, open-air cult objects in the sun-temples the aim of the obelisks was consequently to guarantee and effect the bodily presence of the sun in his sanctuary." Martin[12] further refines this vision by direct reference to the Dynasty V Solar Temples at Abu Ghurab ("Abusir"), which provide the precedent for this New Kingdom solar form of the king. He concludes that the obelisk links heaven (specifically the Sun) with the earth in the functionally reciprocal relationship between king and god (in the guise of the World God Re), symbolizing the fundamental role of the king in guaranteeing life and prosperity.

At least 8 pairs of obelisks helped define the sacred landscape of Karnak; in addition, the Unique Obelisk was venerated in the Amun-Re-Harakhty Temple there.[13] The term

---

8 Desroches-Noblecourt and Habachi identify this as the Unique Obelisk at Karnak. A very different interpretation is proposed in HORNUNG and STAEHELIN, Skarabäen Basel (n. 4), pp. 175, 189-190.

9 Garantsymbol (n. 3), pp. 134-135; R. GUNDLACH, in: ÄAT 1, 1979, pp. 192-194, expands on Martin's formulation.

10 GUNDLACH, in: ÄAT 1, 1979, pp. 192-226, presents a detailed analysis of the texts on all four sides of the shaft of the standing obelisk of Thutmose I at Karnak, carefully noting their placement and orientation, as well as their arrangement and interrelationships, while deducing the subtleties of the King-God complex, especially in terms of both the internal and external worlds (i. e., within Egypt and in the Egyptian Empire), and the ways in which they reflect and effect the status of Thutmose I as World Ruler and Amun-Re as World God. The unity of King, Creator, and Realm is manifestly expressed in the theology of this obelisk.

11 Obelisks in Exile I. The Obelisks of Rome, Copenhagen 1968, p. 17.

12 Garantsymbol (n. 3), pp. 24, 201.

13 The published researches of the Centre Franco-Égyptien d'Études des Temples de Karnak have yielded the following catalogue of obelisks: Thutmose I (2), Thutmose II/Hatshepsut (2; see L. GABOLDE, in: Cahiers de Karnak VIII: 1982-1985 [1987], pp. 143-158), Hatshepsut (4) Thutmose III (4), Thutmose III/IV (1), Amenhotep III (2: in the Montu-Re Temple at Karnak North), and Ramesses II (2: before the Temple of the Hearing Ear at Karnak East – see further infra). At Tanis, for comparison, the remains of

bnbnt, "pyramidion", clearly associates obelisks with the *bnbn*-stone[14] of Heliopolis. Some obelisks are connected specifically with the *ḥb-sd*, which celebrated the "union", "merging", or "fusion" (*ẖnm*)[15] of the king with the Universal Solar Creator.[16] The word for "obelisk" is *tẖn* "piercer" or "poker"[17], appropriate to its role in establishing a link between heaven and earth; this word is also applied to colossal royal statues.[18] One of Hatshepsut's four obelisks, largely intact – except for the gold which sheathed its upper half[19] – still stands in its original place. Through it her ever-resourceful theologians pursued the legitimating themes of her inseparability from her Divine Father, Amun-Re,

---

some 23 obelisks have been recovered, probably all removed anciently from the great Amun-Re Temple at Pi-Ramesse. Unfortunately, the utterly destroyed condition of the site of Heliopolis prevents us from knowing how many obelisks may once have graced the chief national temple to the Sun.

14 This most sacred symbol early came to represent the Primaeval Mound of Creation. For the iconography of the development of the primitive *bnbn*-stone into the obelisk, see B. J. KEMP, Ancient Egypt: Anatomy of a Civilization, London - New York 1989, fig. 30.

15 For the solar implications of this word in this context, see R. B. FINNESTAD, Image of the World and Symbol of the Creator: On the Cosmological and Iconological Values of the Temple of Edfu, Studies in Oriental Religions 10, Wiesbaden 1985, pp. 80, 84, 102, specifically in reference to the rite of *ẖnm-ỉtn*; cf. IDEM, in: Shafer, B. (ed.), Temples of Ancient Egypt, London - New York 1997, p. 221. The fusion of separate divine entities also releases tremendous quantities of cosmic energy back into the World.

16 See GUNDLACH, in: ÄAT 1, 1979, pp. 218, 220: the celebration of the jubilee is a "precondition" (Vorbedingung) or "prerequisite" (Voraussetzung) for World Rulership, symbolized in the installation of obelisks.

17 Wb V, 327.1-7; FAULKNER, CD, 301, 6*; L. H. LESKO, A Dictionary of Late Egyptian IV, Providence 1989, p. 97; R. VAN DER MOLEN, A Hieroglyphic Dictionary of Egyptian Coffin Texts, PÄ 15, Leiden 2000, p. 741. Proposed by Sethe, MARTIN, Garantsymbol (n. 3), pp. 36-37, explicitly rejects this derivation of the word "obelisk." At the same time, he also rejects, as improbable, any possible connection with two other words attested only beginning from the Greek Period: *tẖn*, "hide, be hidden" (Wb V, 327.8-18), and *tẖn*, "protect" (Wb V, 327.19; P. WILSON, A Ptolemaic Lexikon: A Lexicographical Study of the Texts in the Temple of Edfu, OLA 78, Leuven 1997, p. 1152, suggests that this *hapax* is perhaps a sculptor's mistake for *nḫ*). For the late derivation of these related words from the full range of semantic associations of obelisks, as explained in this presentation, see infra.

18 See L. HABACHI, in: BIFAO 73, 1973, pp. 115-116, and fig. 1.1. MARTIN, Garantsymbol (n. 3), pp. 40-41, explicitly rejects the reading *tẖn* for the word spelled **tnẖ* in a rock inscription of Seti I in the Aswan region. However, in another rock inscription of Seti I in the same area, "obelisk" is spelled **tẖ*, which Habachi (p. 122, and fig. 2.8), citing parallels, explains as a defective writing for *tẖ*(*n*). Martin accepts this identification. Nevertheless, these strange forms are nothing other than two different unetymological spellings of *tẖn*, possibly even written by the same scribe. The problem results from the Ramesside scribe's deficient training, and the fact that the final *n* had already lost the value /-n#/ in his spoken dialect; this is clearly reflected in the spelling *tẖ*(*n*). In the apparently more garbled spelling, the scribe's faulty memory misled him into sticking the *n* in the wrong place. We do not have to look far for a parallel for this phenomenon precisely in the reign of Seti I. LESKO, Dictionary (n. 17), IV, p. 99, cites several texts in which *tkn*, "approach", is written *tk*(*n*); actually, this spelling is documented three times alone in the Epigraphic Survey's The Battle Reliefs of King Sety I, pls. 15.26, 17A.4, 31.1. For the use of *tẖn* to refer to both obelisks and anthropomorphic colossi, see C. LOEBEN, in: R. Hillinger and C. Loeben (ed.), Obelisken (Ausstellung im italienischen Saal der Landshuter Stadtresidenz vom 23.5. bis 2.6.1992), pp. 7/6, who, in a completely different context, notes that a "monolithic seated statue of Ramesses II in front of the temple of Luxor has a back pillar in the form of an obelisk" – for the statue in question, see PM II, 304 (8). In light of all the foregoing, the application of *tẖn* to both a monumental gateway (WB V, 327.3) and the leaves of a monumental double door (VAN DER MOLEN, Hieroglyphic Dictionary (n. 17), p. 741) seems most appropriate.

19 P. LACAU, in: ASAE 53, 1955-1956, pp. 241-247.

and her earthly father, Thutmose I.[20] The central inscriptions on the sides of the shaft are surpassed in importance by the series of scenes uniquely flanking them and filling the pyramidia.[21] Here are depictions of the divine coronation and the *sḥtp-ib* embrace. Of utmost importance, however, are the 32 lines of text which cover the base, where we encounter two complex theological terms, *bsi* and *ḏt;* each adds significantly to the meaning of the obelisk. The contexts indicate that *bsi* is the "emergent" or primordial form of Amun,[22] while *ḏt* denotes the Cosmic God's Mystical Body, his complete, timeless, eternal and infinite, physical and spiritual immanent Presence in the World.[23] Analysis of the textual and iconographic data available from this and other sources indicates that the obelisk expressed an abstract[24] (rather than "aniconic") pantheistic[25] conception of the God/King as manifest in the densely compact Monad[26] at the brink of Creation.

Hatshepsut's standing obelisk belongs to a pair which she deliberately situated in the golden[27] Coronation Chamber (*wṯs-ḫꜥiw*) in the "Pillared Hall" (*wꜣḏyt* or *iwnyt*), which her father Thutmose I constructed between his 4th and 5th Pylons, and before which he

20 When Hatshepsut assumed the throne, she adopted the epithet *Ḫnmwt-Imnw*, thereby deliberately stressing her union with Amun. Thutmose I is both represented and referred to several times in the decoration of the obelisks. Hatshepsut also established the cult of Amun-Re-Thutmose I in her temple at Deir el-Bahari, where her father appears in the guise of Amun-Re in a coronation scene. For the shrine of Thutmose I, immediately adjacent to her own cult chapel, see PM II, 361; G. HAENY, in: Shafer, B. (ed.), Temples of Ancient Egypt, London - New York 1997, pp. 95, 109, and n. 127 (p. 277); cf. 89, 112-115. For the coronation scene, see NAVILLE, The Temple of Deir el Bahari III, pl. 61; the drawing of the naos is reproduced in V. G. CALLENDER, in: KMT 6.4, Winter 1995-1996, p. 18. Both Hatshepsut and Thutmose I are depicted inside a naos. Thutmose's cartouches clearly identify him as the king – accompanied by the usual epithets – but he is here represented in a genre of scene which is otherwise attested only for Amun-Re; cf. L. BELL, in: Shafer, B. (ed.), Temples of Ancient Egypt, London - New York 1997, p. 173, and n. 155 (p. 298), with figs. 48, 50, 54 (discussed further infra).

21 LD III, 22-24 (= Abb. 1-3); MARTIN, Garantsymbol (n. 3), fig. 15; E. A. W. BUDGE, Cleopatra's Needles and other Egyptian Obelisks, London 1926, pp. 106-109 (reproduced from I. ROSELLINI, Monumenti dell'Egitto e della Nubia I, pls. 31-34); HABACHI, Obelisks (n. 5), pls. 13-16; J. LAUFFRAY, Karnak d'Égypte: Domaine du divin, Paris 1979, fig.12.

22 WILSON, Ptolemaic Lexikon (n. 17), pp. 329-332. The reference is to the image of the newly emergent Sun bursting forth from the depths of the waters of Nun, the Abyss or Primordial Ocean, at the Beginning of Time; cf. J. ZANDEE, De Hymnen aan Amon van Papyrus Leiden I 350, in: OMRO 28, 1947, pp. 67, 140.

23 J. ASSMANN, Egyptian Solar Religion in the New Kingdom: Re, Amun and the Crisis of Polytheism, London - New York 1995, pp. 94, 95, 144, 160; cf. WILSON, Ptolemaic Lexikon (n. 17), pp. 1249-1250. So the temple, which is a microcosm, or "Image of the World" (the title of the book by Ragnhild Finnestad cited above, n. 15), is also construed as the body of God: see FINNESTAD, in: Shafer (ed.), Temples (n. 15), pp. 215, 217; cf. Shafer, p. 8.

24 So described by MARTIN, Garantsymbol (n. 3), pp. 24, 40.

25 ZANDEE, De Hymnen aan Amon (n. 22), p. 142; IDEM, Der Amunhymnus des Papyrus Leiden I 344, verso, Leiden 1992, I, p. 168; cf. ASSMANN, Solar Religion (n. 23), pp. 154-155. None of these works considers the obelisk of Hatshepsut in the context of this development. For the general question of pantheism in Egypt, cf. E. HORNUNG, Conceptions of God in Ancient Egypt, London 1983, pp. 127-128.

26 Cf. J. P. ALLEN, Genesis in Egypt, Yale Egyptological Studies 2, New Haven 1988, p. 17.

27 Cf. LACAU, in: ASAE 53, 1955-1956, pp. 231-233.

set up the first pair of colossal monolithic obelisks ever erected at Karnak. It is the contention of this presentation, based primarily on the offering scenes and inscriptions on the shaft, pyramidion, and base of Hatshepsut's standing obelisk, that already by her reign the obelisk was understood to symbolize two interrelated concepts, namely, that it represents: 1) the primordial form of the Solar Creator, who brought the Universe into being from himself, and 2) a statue of the Divine King conceived as united with Amun-Re, whose Presence pervades the Cosmos.

Hatshepsut's obelisks in central Karnak were dedicated in time for the celebration of the jubilee festival held in her year 16. Both of them depict: 1) the laying on of hands, a gesture by which the royal *ka* was transmitted from God to King (from Father to Son) at the beginning of every reign and at subsequent royal renewal festivals,[28] and 2) the *sḥtp-ib* embrace – lit., "(ful)filling the heart" – essentially the merging of King and God through divine "inspiration", or the infusion of divine breath.[29] The intact base of the standing obelisk is covered with the inscription in which the two somewhat overlapping technical terms *bsỉ* and *ḏt* occur. In line 8, Hatshepsut says of her father Amun (*ỉtỉ.ỉ Ỉmnw*) that she was "initiated in (the matter of) his primordial *bsỉ*-image,[30] and well-versed in his effective mystical power" (*ꜥḳ.kw ḥr bsỉ.f ny sp tpy šsꜣ.kw ỉm bꜣw.f mnḫw*). In lines 11-12, she speaks of Karnak as the site of the 'Big Bang': "I know that Ipet-sut is the horizon on earth, the august high ground of the Primordial Event" (*ỉw.ỉ rḫ.kw ntyt ꜣḫỉt pw Ỉpt-swt tp tꜣ ḳꜣỉỉ špsỉỉ ny sp tpy*), having already stated, in line 7, that "the sun disk rises between" her two obelisks (*wbn ỉtn ỉmywtỉ ỉny*).[31] As for the word *ḏt* – a *hapax* in the description of any stone monument – the dictionaries betray no hesitation

28 The supreme importance of this representation is indicated by its placement on every face, and closest to heaven, at the very pinnacles of the obelisks, their piramidia.

29 The Two have become One. Note that the spirit of God resides in the human heart; see ASSMANN, Solar Religion (n. 23), pp. 193-195. The relative importance of this representation, second only to that of the transfer of the *ka*, which ranks above it, is indicated by its placement at the top of the vertical shafts of the obelisks on their east and west faces. Crucial for our understanding of the import of this gesture is the observation that, of the eight scenes on each of the four faces of both shafts, these are the only ones which show offerings being presented to a 'couple', i. e., the king merged with the god. In every other case, a king makes a presentation before Amun-Re alone. It is as though Amun-Re has emerged from his sanctuary precisely to unite with the king in this highly visible setting. This is a favorite depiction in the monuments of Hatshepsut. From the Chapelle Rouge at Karnak, see P. LACAU and H. CHEVRIER, Une Chapelle d'Hatshepsout à Karnak, Le Caire 1977-1979, p. 426, for complete references. This ritual pose also occurs eight times in still unpublished scenes from the core sanctuary of the Small Temple at Medinet Habu: in Room I, at MHB. 29 (H), and 24, 26, 32 (all TIII); in Room III, at MHB. 69 (H), 68 (TIII); in Room IV, at MHB. 36 (H), 38 (TIII). Cf. PM II, 470-471. It would seem logical that the *sḥtp-ib* rite should result in the king enjoying the condition of *ꜣwỉt-ib*, "being expanded of heart" – so commonly attested in royal epithets – i. e., full of the divine breath which supports the sky and prevents the collapse of the heavens onto the earth, with the consequent destruction of the Whole of Creation. Both the action of *sḥtp-ib* and the condition of *ꜣwỉt-ib* are divine gifts presented in response to a royal offering, in this case the dedication of a pair of obelisks.

30 In our textual reference no. 1.a.x, Hatshepsut also claims to know the gods' secret *bsỉ*-images, in conjunction with her adoration of the rising sun.

in their concrete rendering "body (of obelisk)"[32], apparently assuming it means simply "shaft"[33] in this context. Nevertheless, the incongruity of the employment of such an otherwise abstract and complex theological term should immediately set off alarms in our heads and lead us to search for the deeper meaning intended here. The full reference in line 26 reads as follows: "It was truly (all) over their *ḏt*-bodies that I overlaid their sides" (*w3ḥ.n.i is gs.sn ḥr ḏt.sn*). In line 15, the obelisks are referred to as being made "of electrum" (*im ḏʿmw*); in line 27, "finest electrum" (*ḏʿmw ny ḳn*) is mentioned as the material used for them; and in line 18, they are called "a mountain of pure gold" – lit., "a mountain entirely of gold" (*ḏw im nbw im 3wiw.f*). In line 22, it is reported more precisely that the obelisks had been worked with electrum (*p3 ṯḫnwy wrwy b3kw.n ḥm.i im ḏʿmw*), while in lines 6-7 their "upper halves" specifically are described as being "of the very finest electrum" (*gs.sn ḥry im ḏʿmw ny tpw ẖ3swt nbwt*). In lines 25-26, Hatshepsut recounts her desire to dedicate two obelisks "cast in electrum" (*nbii im ḏʿmw*), and the remarkable fact that she actually succeeded in "sheathing their (upper) halves" (*w3ḥ.n.i is gs.sn*). In line 5, Hatshepsut herself is styled the "electrum of the kings" (*ḏʿmw ny nyw-swt*). In line 15, the pyramidia are also said to have "merged with Heaven" (*bnbnt.sn 3bẖw im ḥrit*). In the text on block no. 302 of the reconstructed Chapelle Rouge of Hatshepsut at Karnak,[34] this same pair of obelisks is described as having been "worked very extensively with electrum" *(b3kw im ḏʿmw ʿ3ii wrt)*, and it is further related that "their pinnacles pierced Heaven" (*ḳ3ii.sn dm.ny ḥrit)*.

There is great insistence in Hatshepsut's texts on gold and gilding. Gold represents the radiance[35] of both the God and the Divine King. Gold was thought to have creative power, and the *ḏt*-body of the Creator is referred to as fashioned of gold.[36] Was there a conceptual link between gold and the glistening quartz crystals in the rose granite which was the preferred material for colossal monolithic obelisks? Did that constitute a symbolic reality for claims that obelisks were made of solid gold? Obelisks were normally erected in pairs, which satisfied the Egyptians' traditional sense of the duality of the universe, as well as their obsession with symmetry and balance. But paired obelisks are always slightly different in size. Practically, this must be due to technical reasons related to the difficulty of quarrying these gigantic monoliths, but there must also have been an accompanying religious explanation. Each obelisk in a pair had a

---

31 This could be the intended reference of the scarab of Hatshepsut cited below, n. 107.

32 Wb V, 504.10; FAULKNER, CD, 317; R. HANNIG, Großes Handwörterbuch, Mainz 1995, p. 991; WILSON, Ptolemaic Lexikon (n. 17), p. 1249.

33 So rendered by C. DESROCHES NOBLECOURT, in: RdE 8, 1951, p. 56, and n. 2 (p. 57).

34 LACAU and CHEVRIER, Une Chapelle d'Hatshepsout (n. 29), §§ 369-375, and pl. 11; cf. Urk. IV, 374.12-14.

35 Cf. the later importance of *ṯḫn*, "be dazzling" or "gleam like the sun", especially under Amenhotep III and Akhenaten.

separate identity:[37] in the inscriptions on the shafts and bases of the obelisks of Ramesses II at Luxor, it is said that the eastern one represents the king as Amun/Re-Harakhty, while the western one displays him as Atum. Inscriptions on one of the obelisks of Thutmose III from Heliopolis mention Harakhty, while the other mentions Atum.[38] When Hatshepsut's obelisks were desecrated by Akhenaten, Seti I made more alterations, and proclaimed his restoration more obviously, on the southern one than on the northern one.[39]

The Unique Obelisk of Thutmose III and IV in the Amun-Re-Harakhty Temple at Karnak East is a striking exception. It was intended to be alone, not one of a pair of obelisks. This single obelisk served as the cult image of the particular form of the Solar God worshiped at Karnak East. Its very singularity serves to stress the uniqueness of the God who encompasses everything within him/her/itself. The sheer size of the obelisk, the largest ever erected at Karnak, precludes the possibility that it could ever have been hidden from view in the normal kind of roofed and darkened holy of holies. Moreover, the god of Karnak East is not known to have had a movable image or a barque. It may be that, in some extraordinary way, the Sun itself traversing the sky was conceived of as the actualization of the movement of the terrestrial solar barque, perhaps even through the shadow which the obelisk cast across the ground from dawn to dusk, oscillating from the West back to the East. But this temple must have been a Mansion of Millions of Years, though this attribution is not yet attested for it in any text.[40] Undoubtedly the living king could have constituted the god's moveable cult image on earth. In any case, Ramesses II renovated a popular (oracular) shrine of Amun there, which he named Amun-Re/ Ramesses II Who Hears Prayer,[41] adding a kind of monumental entrance and forecourt[42] at the site of the later Eastern Gateway, placing a pair of obelisks before it. Hatshepsut had already set up her second pair of full-sized obelisks nearby, flanking the monolithic "alabaster" (calcite) naos,[43] still found in place today against the middle of

---

36 ASSMANN, Liturgische Lieder, pp. 129-130; MDAIK 27, 1971, p. 16; Solar Religion (n. 23), pp. 94-95.

37 GUNDLACH, in: ÄAT 1, 1979, pp. 194-196.

38 HABACHI, Obelisks (n. 5), p. 11.

39 See MARTIN, Garantsymbol (n. 3), fig. 15.

40 I was pleased to be able to discuss this issue with Martina Ullmann following her presentation at the Würzburg Tempeltagung.

41 C. F. NIMS, in: BeiträgeBf 12, 1971, pp. 107-111. For the exchange of the names Amun-Re and Ramesses II at Luxor Temple, cf. BELL, in: Shafer (ed.), Temples (n. 20), n. 134 (p. 297).

42 Not unlike his Courtyard at Luxor Temple in this regard; cf. BELL, in: Shafer (ed.), Temples (n. 20), pp. 163-170.

43 The dyad it enshrines probably originally represented Hatshepsut and Thutmose III deified as different aspects of the god of the Eastern Temple: cf. R. TEFNIN, La Statuaire d'Hatshepsout, MonAeg 4, Bruxelles 1979, pp. 31-33 (this reference obtained from Meeks, Année Lexicographique 1979).

the back of the stone enclosure wall of the Amun-Re Temple proper.[44] Thus the contra-temple at Karnak East must have been dedicated to the cult of one of the divine alter egos of Amun-Re. Since this temple is oriented toward the rising sun, the god of Eastern Karnak can be none other than a form of Re-Harakhty, or, more precisely, the divine king in the guise of this god.[45] The god's identity would be revealed fully as Amun-Re-Harakhty-Atum.[46] In scenes on the pyramidion of the Unique Obelisk, the god holds the king's hand while offering life to his nostrils.[47] On the east and west sides,[48] the god is called *ỉmnw-ỉtmw*, and is depicted wearing the double crown. On the north and south sides, he is called *ỉmnw-Rʿw*, and is depicted with tall double plumes; on the north he has the epithet *ny-swt nṯrw*, and on the south it is said of him that *sḥtp.f* [*ỉb*]. Finally, on the east face of the obelisk, at the very apex of the pyramidion, Thutmose IV has added a small inscription identifying himself with Amun-Re as "the Beloved of Amun-Re, Lord of the Thrones of the Two Lands."

One further detail derived from this remarkable monument deserves to be mentioned. In the shaft inscriptions on the north side (side 2), Thutmose IV is referred to as *sḥtpw Rʿw ỉm mʿnḏit dwꜣw ỉtmw ỉm mskiwtit*,[49] "one who lulls Re to sleep (lit., causes to set) in the Day Barque, and who awakens (lit., adores at first light) Atum in the Evening Barque." At first glance, the king's worshipful gestures towards these gods seem strangely inappropriate: is it the wrong time of day, or are the gods in the wrong

---

44 This shrine stands to the west behind the sanctuary of the obelisk, just as the *Akhmenu*, the Mansion of Millions of Years associated with the Temple of the Universal Amun, is located to the east of the destroyed holy of holies of the Amun-Re precinct.

45 It is useful to recall here that, according to the famous Dream Stele in the chapel between the paws of the Great Sphinx at Giza (cf. L. BELL, in: BdÉ 97.1, 1985, p. 33), Thutmose IV had come to the throne unexpectedly, by an Act of God: the death of his elder brother Amenhotep. Thutmose IV was the son of a minor queen, though he seems to have been named after his grandfather Thutmose III. He attributed the miracle of his accession to the intervention of the god whom he identified in the Great Sphinx, namely the Universal Sun God Haremakhet-Khepri-Re-Atum, also called by him simply Khepri and Haremakhet. Thutmose IV's motivations for undertaking to erect the Unique Obelisk must have included his desire to further associate himself not only with the God of the Eastern Horizon, but also with his illustrious namesake, the deified Thutmose III.

46 For the special connection between Atum, as Creator, and the obelisk, see GUNDLACH, in: ÄAT 1, 1979, pp. 217-218.

47 L. UNGARELLI, Interpretatio Obeliscorum Urbis, Rom 1842, pl. 1; drawings reproduced partially in BUDGE, Cleopatra's Needles (n. 21), p. 145 (= Abb. 4); E. DONDELINGER, Der Obelisk: Ein Steinmal ägyptischer Weltanschauung, Graz 1977, fig. 102. The photographs published in O. MARUCCHI, Gli Obelischi Egiziani di Roma, Roma 1898, do not show the pyramidion scenes sufficiently clearly; but the Ungarelli drawings seem to be relatively accurate, judging by comparison with Marucchi's descriptions of the scenes and the text copies he gives in pp. 12-31 of his book. For confirmation of Ungarelli's rare book as the source for the Budge reproductions, cf. B. BRYAN, The Reign of Thutmose IV, 1980, p. 177, and n. 204 (p. 229).

48 Sides 1 and 3, according to the way they are numbered in Urk. IV, 583-585. Judging from the distribution of texts on the obelisk, these were originally the east and west sides, respectively. The Ungarelli drawings reproduced by Budge and Dondelinger show only sides 1 (lt.= original east) and 2 (rt.= original north).

49 Urk. IV, 1549.3-4.

barques? But a similar reversal occurs in the columned transverse hall (Room XVII)[50] in the hidden sanctuary of Amenemopet at Luxor Temple:[51] *dw3.f Rˁw im mskiwtit sḥtp.f sw im mˁnḏit*, "as he (re)awakens Re in the Evening Barque, and lulls him (back) to sleep in the Day Barque"[52]. A third such aberration is attested in the decoration of the foot end of a Dynasty XXVI sarcophagus: *ḫˁit im mskiwtit ḥtp im mˁnḏit*, "rising (lit., appearing in glory) in the Evening Barque, and setting in the Day Barque"[53]. These three texts are concerned with the sun's daily movements around the earth over the course of 24 hours, especially at the pivotal moment of transfer of the sun from one barque to the other to mark the transition from setting to rising (dusk to dawn, death to rebirth, etc.), and vice versa – as well as the continuous cycle of worship which accompanies it. These examples fall into one category with the depictions of "solar barks prow to prow"[54]. By deliberately switching the barques, emphasis on the perpetual motion of the sun in an endless continuum is intensified.[55] In the case of the Unique Obelisk, which had to comprehend in itself the symbolism which was usually realized in a pair of obelisks, the reference was clearly to oneness (as once more the Two become One), in a clear allusion to the universality of the Unique God.

All of this intense activity at Karnak East was certainly enough to justify the claim of Thebes to be the 'New Heliopolis'[56]. This is probably the real message of the Ramesside scarabs showing the adoration of a single obelisk.[57] All these features must have been extremely attractive to Akhenaten's theologians;[58] and early in his reign he constructed a *Ḥwt-bnbn* as part of his temple complex a little further to the east,[59] where he also set up a well-known series of colossal sandstone figures of himself as merged with a new conception of God in Heliopolitan form, the Aten, manifest in sunlight.[60] Nevertheless, Akhenaten does not seem to have hesitated to deface the Unique Obelisk in his usual

---

50 For the cultic function and cosmic significance of this room, see H. BRUNNER, Die südlichen Räume des Tempels von Luxor, AV 18, Mainz 1977, pp. 79-82.

51 See BELL, in: Shafer (ed.), Temples (n. 20), pp. 174-178.

52 BRUNNER, Die südlichen Räume (n. 50), pl. 66.35.

53 E. THOMAS, in: JEA 42, 1956, p. 73 (Eh), 76, and n. 2.

54 The title of Elizabeth Thomas' article in: JEA 42, 1956, pp. 65-79.

55 For a N (=W)/S (=E) reversal of this type in *CT* I, 184g, see ASSMANN, Liturgische Lieder, pp. 131-132 (9): *ḫntii.k im mskiwtit ḫdii.k im mˁnḏit.*

56 Thebes was called the Upper Egyptian Heliopolis (*Iwnw Šmˁw*) at least since the reign of Hatshepsut. What seems to be the first occurrence is found in line 4 of the inscription on the base of her standing obelisk: Urk. IV, 361.16. For the certainty of the identification of Thebes as the Upper Egyptian Heliopolis, see R. STADELMANN, in: MDAIK 25, 1969, pp. 173-174.

57 Already cited above.

58 Cf. the comments of Lefebvre, quoted by DESROCHES-NOBLECOURT, in: RAr 37, 1951, pp. 6-7, on the subject of the cult of the Unique Obelisk as precursor to the cult of the Aten at Karnak East.

59 Cf. the comments of D. REDFORD, Akhenaten: The Heretic King, Princeton 1984, pp. 74-75, on the relationship between the *Ḥwt-bnbn* at Karnak East and the Unique Obelisk sanctuary.

fashion. However, it should be noted that the three occurrences of the name Atum in the shaft inscriptions[61] apparently were not defaced, a pattern which is typical of the limited objectives of Akhenaten's iconoclasm. The Marucchi photographs do not show the pyramidion scenes sufficiently clearly to allow any conclusions to be drawn.

COMPARATIVE TEXTS: MAJOR SOURCES UTILIZED IN THIS PRESENTATION[62]

1. The nature of the god's *bsi*-image

a. its inscrutability and its multiplicity of form

i. *št3w iriw [sš]t3w sw nn rḫ.tw bsi.f* (STG 17.7-8; cf. 186.7-8)

ii. *št3w msiit ʿš3w ḫprww nn rḫ.tw bsi.f* (Neskhons I, 4 = CG 58032: GOLÉNISCHEFF, Papyrus hiératiques)

iii. *ini gmi.tw bsi.f* (Edfou V, 9.2)[63]

iv. *ir smnḫ bsw.f št3 im dʿmw* (SETHE, Lesestücke, S. 70.17-18)

v. [...] *nn rḫw bsi.s/sn in itiw imyw-ḥ3t* (Urk. IV, 1411.9)

vi. *ʿḳ.k im.i ḳni.i sšmw.k miwt.k im.i sḫ3pwt* [64] *bsi.k* (ASSMANN, in: MDAIK 28, 1972, fig. 1.3-4 = KRI IV, 68.7-8: sarcophagus lid of Merneptah)

vii. *snṯi.n.f i3t in Wsir im ḏb3t ir-gs wnmy ny Msn ir sšt3 bsi ny Skr im.s* (Edfou I, 179.14-16)[65]

viii. *ḏsrw sšt3w im ḏw št3 imnw rn.f ir nṯrw rmṯw št3w bsi.f ir 3ḫw špsiiw mwtww* (Edfou I, 173.7-8)

ix. *imnwt bsi ḫnt psḏt* (Dendara I, 59.12-60.1)[66]

---

60 Cf. BELL, in: Shafer (ed.), Temples (n. 20), p. 181, and n. 172 (pp. 300-301). Moreover, it should not be forgotten that, just as had happened to his grandfather Thutmose IV, so Akhenaten had also come to the throne by a similar portentous event, the death of his elder brother Thutmose.

61 Urk. IV, 1548.11, 1549.4.9; cf. the Marucchi photos. All these references are clustered on side 3, originally the west side.

62 These citations – mostly New Kingdom in date – have been extracted primarily from various works by Jan Assmann and Jan Zandee, to whom I am deeply indebted for opening my eyes to their meaning. For ASSMANN, the most helpful references have been: Liturgische Lieder; „Zwei Sonnenhymnen der späten XVIII. Dynastie in thebanischen Gräbern der Saitenzeit", in: MDAIK 27, 1971, pp. 1-33; Sonnenhymnen in thebanischen Gräbern, Theben 1, Mainz 1983 (abbreviated STG in the following); Solar Religion (n. 23). For ZANDEE, the most helpful references have been: De Hymnen aan Amon (n. 22); Amunhymnus (n. 25). The present full transliterations – with Late Egyptian orthographic elements normalized in terms of Middle Egyptian etymology and grammar – are based on collation of the published texts.

63 This reference obtained from WILSON, Ptolemaic Lexikon (n. 17).

64 The line is crowded, and the hieroglyphs have been arranged in such a way as to take maximum advantage of the available space. ASSMANN, in: MDAIK 28, 1972, p. 48, and textual note a, reads *ḥ3pt.s*; on p. 49, he translates „dein Sargkasten bin ich, daß er deine geheime Gestalt verberge".

65 This reference obtained from WILSON, Ptolemaic Lexikon (n. 17).

x. *iw Wsir NN rḫw bsi.sn ḫprww.sn* (STG 37.18, with 10 parallel texts – the earliest being from the Solar Court of the Temple of Deir el-Bahri, temp. Hat.)

b. its priority at the Creation

š3ʿw ḫprw[67] *im sp tpy ỉmnw ḫprw im-ḥ3t nn rḫw bsi.f nn ḫpr nṯr ḫr-ḥ3t.f nn kii nṯr ḥnʿ.f iḏdw.f ḳi.f* (pLeiden I 350, IV, 9-10)

c. its association with Heliopolis

bsi ḏsr imy Ḥwt-Bnw/bnbn (STG 72.8; 236.6; ASAE 42: pl. 4.2-3 = Tura Amun Hymn)[68]

2. The nature of the *ḏt*-body

a. its multiplicity of form

i. *ʿš3w msiwt wʿii wʿiwty ḏt.f im ḥḥw* (pLeiden I 344, vs. iii, 2-3)

ii. *ḥḥw pw nn rḫ.tw ḏrww.f ... nn rḫ.tw ḏt.f* (Leiden V 70 = Beschr. VI, 26: pl. 14)

iii. *št3w ḫprw ṯḥnw iriw nṯr bi3iity ʿš3w ḫprww ...*
Rʿw ḏs.f sm3w im ḏt.f (pLeiden I 350, IV, 12-13)

iv. *psḏt dmd.ti im ḥʿw.k tit.k nṯr nb sm3w im ḏt.k* (pLeiden I 350, IV, 1)

v. *ntk Rʿw ḏt.f ḏt.k* (KRI II, 329.3)[69]

vi. *imn rn.f im ỉmnw ntf Rʿw im ḥr ḏt.f Ptḥ* (pLeiden I 350, IV, 21-22)

vii. *ntf Rʿw ḏt.f itn* (Urk. IV, 2178.1)

b. its hiddenness

i. *pt ḫr b3.k ḥr sṯsi i3ḫw.k dw3t ḫr ḫ3wt.k ḥr sḥ3p ḏt.k* (STG 17.37-38; cf. 186.37-38)

ii. *iriw in.f [pt] ir s[ḳ]3i b3.f dw3t ir sḥ3p ḏt.f* (STG 256.3-4)

iii. *iriw t3 ir sḥ3p ḏt.f ʿḫii pt in b3.f* (pTurin 146.8 = Cat. 1967)

iv. *ḏsr in*[70] *Ḥwt-bnbn ir sḥ3p ḏt.k* (pBerlin 3049, xv, 1-2 = Hierat. Pap. II)

---

66 This reference obtained from S. CAUVILLE, Dendara I: Traduction, OLA 81, Leuven 1998.

67 For the implications of the combination *š3ʿw ḫprw*, cf. I. E. S. EDWARDS, in: JEA 41, 1955, p. 97 (see n. 1, especially).

68 J. K. HOFFMEIER, Sacred in the Vocabulary of Ancient Egypt: The Term *ḏsr*, with special Reference to Dynasties I-XX, OBO 59, Freiburg - Göttingen 1985, p. 167, translates this passage: "the holy cult image which is in the Mansion of the Benben." In his commentary, he remarks: "it is probably [the god's] cult statue or fetish that is called *bs ḏsr*. Since the name of the temple of Re is *ḥwt bnbn*, it might be expected that the benben stone itself is *bs ḏsr*."

69 This reference obtained from MEEKS, Année Lexicographique 1979.

v. *sḥ3pw ḏt.f* (KRI II, 597.7= BOURIANT, in: Rec Trav 13, 1890, p. 163)
vi. *ỉmnw ỉmn.f sw ỉm ḏt.f* (Hibis, pl. 33.6-7)[71]
vii. *tḫnw*[72] *ḏt.f ỉr ḫftyw.f* (Edfou I, 173.10)[73]
viii. *ỉr št3w ḏt.s ỉr tpyw-ʿ* (Dendara III, 59.12)[74]
ix. *tḫnw ḏt.s ỉr tpyw-t3* (Dendara II, 214.18)[75]
x. *tḫn.n.f ḏt.f ỉr nṯrw rmṯw* (Edfou V, 9.1-2)
xi. *ỉrỉỉ dw3t kk.tỉ ḥḥ.tỉ ỉr sšt3 ḏt.f ỉm.s* (Urk. VIII, 12b = Wb V, 505.6 Belegst.)
xii. *dw3t nyt ḏt.k sšt3.tỉ ỉr ḫfty.k* (Edfou I, 78.10-11)[76]
xiii. *sšt3w sḏsrw ḏt.sn...ḏsr st ỉr ḫprwt ỉm pt ḥ3pw st ỉr sḫrw dw3t* (Urk. IV, 99.12-16)
xiv. *sšt3w.n m3wt.f ḏt.f* (Neskhons II, 17)
xv. *sšt3w ḏt.k m-m wrww ỉmn.tỉ ỉm ỉmnw ỉm-ḥ3t nṯrw* (pLeiden I 350, III, 23-24)
xvi. *ṯ3sw myw.f ḥnʿ ḏt.f ỉr sḫpr swḥt.f ỉm-ḫnw št3w* (pLeiden I 350, II, 27)
xvii. *ntf p3 nty ỉm dw3t ḫnty ỉ3btyt b3.f ỉm pt ḏt.f ỉm ỉmntyt* (pLeiden I 350, IV, 16)
xviii. *sḫnỉ Wsỉr ỉm ḥk3 ỉgrwt ḥr sm3wỉ ḏt.f ỉm wḥm* (R. A. PARKER et al., The Edifice of Taharqa by the Sacred Lake of Karnak, Providence 1979, p. 74, pls. 28A, 42)

c. its inscrutability[77]

i. *ỉw.f ỉm ḥr.n bw r[ḫ].n.n ḏt.f* (DAVIES, Amarna VI, pl. 25; cf. SANDMAN, Texts from Akhenaten, p. 89, 14-15)
ii.(a) *nṯr ntry ḳm3w sw ḏs.f msỉỉ sw ỉnỉ rḫ.tw ḏt.f* (STG 59a.3-4)
ii.(b) *msỉỉ sw ḏs.f ỉnỉ rḫ.tw ḏt.f* (KRI III, 293.1 = CG 42156)
ii.(c) *ỉnỉ gmỉ.tw ḏt.f ỉm sš3w* (STG 86.10)
iii.(a) *ỉnỉ rḫw ḏt.f* (Urk. VIII, 126m = Wb V, 505.12 Belegst.)
iii.(b) *ỉnỉ rḫw ḏt.s* (Dendara III, 65.3)[78]
iii.(c) *ỉnỉ rḫw ḏt.k* (Dendara III, 102.9)[79]

---

70 My translation of *ḏsr ỉn* is: "is/has been consecrated". Cf. HOFFMEIER, Sacred (n. 68), pp. 146-165, for *sḏsr* in the sense of "consecrate". For the grammar, see GARDINER, EG, § 141. The usage is attested in Wb V, 613.5; but the Belegst. cites only Pfortenbuch II 10 = E. HORNUNG, Das Buch von den Pforten des Jenseits I, Aegyptiaca Helvetica 7, Genève 1979, p. 223 (6th Hour, middle register, scene 37).

71 This reference obtained from E. CRUZ-URIBE, Hibis Temple Project I, San Antonio 1988.

72 Wb V, 327.8-18; cf. above, n. 17.

73 This reference obtained from WILSON, Ptolemaic Lexikon (n. 17).

74 This reference obtained from S. CAUVILLE, Dendara III: Traduction, OLA 95, Leuven 2000.

75 This reference obtained from S. CAUVILLE, Dendara II: Traduction, OLA 88, Leuven 1999.

76 This reference obtained from A. EGBERTS, In Quest of Meaning: A Study of the Ancient Egyptian Rites of Consecrating the Meret-Chests and Driving the Calves, EU 8, Leiden 1995, I, p. 356.

77 These references are arranged here according to the particular negation employed.

78 This reference obtained from CAUVILLE, Dendara III: Traduction (n. 74).

79 This reference obtained from CAUVILLE, Dendara III: Traduction (n. 74).

iv. *wbnw tw in.n nn rḫ.n sšmw.k di.k tw im ḥr.n nn rḫ.n ḏt.k* (pBerlin 3050, viii, 9 = Hierat. Pap. II)

v.(a) [*msii*] *sw ḏs.f km3w sw nn rḫ.tw ḏt.f* (STG 52.39-40)

v.(b) *p3 nbii sw nn nbw im.f dii sw im ḥrit nn rḫ.tw ḏt.f* (Leiden K 11 = Beschr. IV, pl. 26, 4 c.1 = KRI III, 175.2-3)

v.(c) *Ỉwnwy ḫˁii im ḥbbt msii sšmw.f nn rḫ.tw ḏt.f* (Copenhagen A 74 = BAe VI, pp. 5-7: 584)

v.(d) *nn rḫ.tw ḏt.f* (Leiden V 70; Berlin, ÄI, No. 7270)

vi. [*n*]*n rḫw ḏt.f wttw sw im ḫprww.f ḏs.f* (Urk. IV, 1829.18-19)

vii. *grg sšmw.f ny nḥḥ smnḫ sšt3w wrt ini m33 ini ptr nn rḫ ḏt.f* (Urk. IV, 97.13-17)[80]

viii. *iw.f im ẖrd ini rḫt.f ḏt.f* (Beni Hasan I, pl. 41c)[81]

3. The relevance of gold and gilding

i. *nbii*[82] *sw ḥr ḏt.f* (STG 17.10)

ii. [*nṯr*] *nb msiw im ḏt.f im ḏˁmw* (JEA 32: pl. 6.6 = Speos Artemidos, temp. Hat.)

iii. *twt Rˁw wˁii/wˁiwty iri.n.f sw im ḥḥw T3-ṯnn ḫprw im-ḥ3t*
twt nbii ḏt.f im ˁˁwy.fy ḏs.f im ḫprw nb ny 3bi.f
(PARKER et al., Edifice of Taharqa, pp. 73-74, pls. 28, 42)

iv. *nbii nbiiw nbii ḏt.f im ˁˁwy.fy* (Urk. VIII, 137k = Wb V, 505.1 Belegst.)

v. *iḳdw ḫˁw.f nbii /nbiw ḏt.f* (STG 224.3; cf. pLeiden I 344, vs. i, 3)

vi. *nbii ḏt.f* (KRI III, 383.2)

vii. *šspw.k m3wt itn ẖnmw ḥr wnmy.k i3by.k ˁˁwy ḥ3.k im db3t*
iwii in.k sš ny ṯ3w ir fnd.k mi p3 rsw-wḏ3w
ḏt.k im ḥḏ wˁb iwf.k ˁrfw im nbw ...
Wnnw-nfrw nhsiw.k ḥr wnmy.k
ˁḥˁw b3.k ir swtwtw.k m33.k ḏt.k rnpi.ti
(ASSMANN, Grab der Mutirdis, Mainz 1977, pp. 99-100, cols. 27-31)[83]

---

80 For the use of the negative *ini* in this construction, see GARDINER, EG, § 307.1 (ref. n. 1 on p. 232).

81 Although *ḏt* has the meaning "self" here, this passage has been included for the sake of grammatical completeness.

82 The old word *nbi* is a technical metalworking term, with a range of meanings: "melt, smelt, cast, gild"; in Dynasty XVIII it was extended to mean "form, fashion, model, create". However, even in its abstract usages, it is certain that the original connotations were not lost; for this word was utilized consciously to nuance the meaning of this and related passages.

83 This reference obtained from MEEKS, Année Lexicographique 1978.

4. Newly expressed Ramesside conceptions of the nature of the Universal Amun(-Re)

a. Amun-Re's all-pervasive *kꜣ*

i. *ny-swt bity Ỉmnw-Rꜥw nḥḥ rn.f ḏt sšmw.f*[84] *kꜣ.f wnnwt nbt* (JEA 60, p. 144, §1B = KRI II, 346.8)

ii. *nḥḥ wnn.k ḏt sšmw.k kꜣ.k ḫprwt nbt* (STG 186.43-45; 17.43-45)

iii. *kꜣ.f wnnwt nbt imyt ri.f* (pLeiden I 350, V, 17)

b. his omnipresence as the wind

Ỉmnw/swḥ imnw im iḫwt nbwt (PARKER et al., Edifice of Taharqa, p. 71 and n. 27; pls. 27, 40)

c. his omnipresence in the Cosmos

nbw pt tꜣ dwꜣt mw ḏww (Wb V, 415.10)[85]

THE USE OF  WITH THE PHONETIC VALUE *mn*

Karl Martin[86] cites the usage of  (O 25) as equivalent to 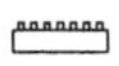 (Y 5) to represent the phonetic value *mn* in writings of the words *mn, mnw,*[87] *Ỉmnw, imn*, as well as *mnḳb,*[88] *mnst,*[89] *Mnṯw, mnḫ, ḫtmn*; in addition, the obelisk occurs as a determinative in other words containing the phonetic element *mn*. This phenomenon is attested as early as the New Kingdom. Let us briefly examine the first four words in Martin's list. To begin with *mn*, "to remain or endure", the obelisk appears in numerous writings of the prenomen of Seti I, *Mn-mꜥꜣt-Rꜥw*, in the Seti I Temple at Abydos. However, this does not seem to have been considered appropriate for cartouche-names, except for the great extended cartouches which sometimes fill the whole height of the available wall space in the thicknesses of doorjambs. In 4 of 5 cases in the chapel of the divine Osiris-Seti, and the adjacent chapels of Horus and Isis, the king's programmatic name is also

84 Cf. J. ASSMANN, in: JEA 65, 1979, p. 75, quoting from the Opening of the Mouth Ritual, Scene 72 B: *ḏt.k pw ḏt*.

85 With varr.: cf. Belegst.

86 Garantsymbol (n. 3), pp. 135-136.

87 Wb II, 71.9-10, goes so far as to list a word *mnw*, "obelisk", deduced from late writings of *mnw*, "monument", and *mn*, "remain or endure."

88 Already in the Seti I Temple at Abydos: CALVERLEY – GARDINER, Abydos I, pl. 36; II, pl. 40; and in the chapel which Seti I built for Ramesses I in his own Temple at Old Qurna: KRI I, 115.16.

89 Already in the Amun-Re chapel (East wall) of the Triple Barque Shrine of Ramesses II in the Courtyard of Luxor Temple: F. W. von BISSING, in: AcOr 8, 1930, pp. 144-145, nos. 5-6 = Shu/Tefnut *im mnst ḥryt/ḫryt im Ỉwnw*.

surmounted by a sun disk, placed inside the cartouche.[90] Otherwise, this spelling is nearly restricted to the name of Seti's Mansion of Millions of Years at Abydos, *Ḥwt-Mn-mꜥꜣt-Rꜥw*, where *Mn-mꜥꜣt-Rꜥw* is written inside the *ḥwt*-sign (= O 6).[91] Since temples of this type are dedicated to the cult of a king who is united with a god, the use of the obelisk in this case would seem to be one way of further stressing the king's divine status.[92] The few remaining exceptional usages of the obelisk elsewhere in conjunction with the king likewise occur when the name *Mn-mꜥꜣt-Rꜥw* is not enclosed in a cartouche,[93] a sure sign of the king's divinity (i. e., as recipient of offerings and honors, not as their donor).[94] The obelisk is later extended to writings of the Horus-name of Ramesses V, *Mn-mꜥꜣt*.[95] The combination *ỉmnw*[96]*-mnww*, "enduring of monuments", is found at Abydos in the name of the *st-wrt* chapel of Isis. On the outer doorjambs, *ỉmnw* is written with , whereas in the thicknesses of the outer doorways is used.[97] The epithet *ỉmnw-mnww* is attested already on scarabs of Hatshepsut and Thutmose III.[98] On scarabs of Thutmose III a new formula appears, which displays two obelisks. The rendering *ỉmnw-ṯḫnw*,[99] "enduring of obelisks", was first proposed for this group, which is augmented by the phrase *ỉm pr Ỉmnw*, "in the house of Amun". Historical questions inevitably arose, particularly in regard to scarabs of Amenhotep II and Horemheb, for

---

90 CALVERLEY – GARDINER, Abydos III, pl. 47; IV, pl. 37.

91 Inconsistently, since spellings of the temple's name with also appear commonly; see CALVERLEY – GARDINER, Abydos I-IV, passim; KRI I, 129-198.

92 The solar symbolism of this writing has already been remarked upon by H. SCHÄFER, in: OLZ 32, 1929, p. 724, n. 1.

93 CALVERLEY – GARDINER, Abydos III, pl. 13; H. FRANKFORT, The Cenotaph of Seti I at Abydos, EES 39, London 1933, pl. 74 (twice). Especially telling are the rebus writings which combine the elements of the name *Mn-mꜥꜣt-Rꜥw* directly with other solar references: CALVERLEY – GARDINER, Abydos II, pls. 3, 38. Just inside the entrance of the barque shrine of Amun-Re, the name is placed in the solar barque, suspended majestically beneath the sun disk above the king's head; on the lunette over the door, the name is represented beneath the winged sun disk. On the corresponding lunette in the barque shrine of Re-Harakhty, the name is also placed in a solar barque beneath a winged sun disk.

94 See BELL, in: BdÉ 97.1, 1985, p. 42, n. 6.

95 LD III, 223 a-b = KRI VI, 223.7.8, 224.10.12; GAUTHIER, LdR III, pp. 192 (VII.C), 193 (XIV.A); J. von BECKERATH, Handbuch der ägyptischen Königsnamen, pp. 95, 247; cf. M. ABD EL-RAZIQ, in: JEA 61, 1975, p. 134, n. 68. For a possible Ramesside usage in writing the prenomen of Thutmose III, see JAEGER, Essai (n. 4), §§ 46 (71), and n. 40; 1380, and n. 883; cf. HORNUNG and STAEHELIN, Skarabäen Basel (n. 4), no. B 65. This spelling of the prenomen of Thutmose III is cited in GAUTHIER, LdR II, p. 266 (LIII), and is surely taken from one of these or another Ramesside scarab of the same type.

96 For the prothetic *ỉ-* in participial forms of bi-literal verbs, see EDEL, Altägyptische Grammatik, § 630 aa.

97 CALVERLEY – GARDINER, Abydos IV, pl. 15; KRI I, 157.13.14, 158.3.4.

98 JAEGER, Essai (n. 4), §§ 146; 1088, and nn. 404, 406; 1560 (f), and n. 1071.

99 L. KEIMER, in: ASAE 39, 1939, p.115 (h); C. DESROCHES-NOBLECOURT, in: ASAE 50, 1950, pp. 258-259; cf. IDEM, in: RAr 37, 1951, p. 7; R. HARI, in: JEA 60, 1974, pp. 137-138.

whom no obelisks are known at Karnak.[100] As a result, *ỉmnw-mnww* has also been advanced as the reading for these writings.[101] However, still another proposal is possible, which seems to be a more satisfying alternative. The description *mnwy ỉm pr Ỉmnw*, "monumental (i. e., having many and/or great monuments) in the house of Amun", is first attested in one of the central inscriptions of Thutmose III on the shaft of the Unique Obelisk.[102] There is one additional monumental occurrence of *mnwy ỉm pr Ỉmnw*.[103] Therefore, I would hypothesize that this is the intended text on the scarabs with the two obelisks, providing both a solution to the historical problem posed by **ỉmnw-tẖnw*, and, at the same time, some evidence for the chronology of the use of the obelisk to write the word *mnw*, "monument". Nisbes are not infrequently written as though duals, due to the similarity of their phonetic structures.[104] Thus, the dual of *mnw*, "monument", would be, fully etymologically, *mnwwy* or *mnwỉỉ*,[105] which could easily be substituted for *mnwy*, the adjective in *-y* based on *mnw*. If I have speculated correctly in this matter, the use of the obelisk to write both *mnw*[106] and *mnwy* can be dated back to the reign of Thutmose III.[107] Although no such early date can yet be confirmed for the use of the obelisk to write *Ỉmnw*[108] – especially as "Amun-Re" – and *ỉmn*, "be hidden", this would seen to be merely an extension of the innovation of writing phonetic *mn* with , reinforced by the associations of the obelisk – the quintessential "enduring monument" – with Amun-Re, as demonstrated above, combined with the god's epithet

---

100 MARTIN, Garantsymbol (n. 3), p. 165, and n. 2; JAEGER, Essai (n. 4), pp. 271-272 (§ 147, n. 107); HARI, in: JEA 60, 1974, pp. 137-138; DESROCHES-NOBLECOURT, in: ASAE 50, 1950, pp. 258-259; cf. KEEL, Corpus (n. 4), § 726.

101 JAEGER, Essai (n. 4), §§ 147, and n. 107; 1078, and n. 320; 1578.

102 Urk. IV, 584.16.

103 Wb III, 71.12, Belegst.: Luxor <229> is Urk. IV, 1702.1; BRUNNER, Die südlichen Räume (n. 50), p. 74, fig. 36. Two other occurrences of *mnwy* , without the addition of *ỉm pr Ỉmnw*, date to the reigns of Hatshepsut (Urk. IV, 369.15, from the base of her fallen obelisk in central Karnak; here she is called *mnwyt*), and Thutmose III (Urk. IV, 554.1, from the *Akhmenu* at Karnak).

104 GARDINER, EG, §§ 79, 77.1; EDEL, Altägyptische Grammatik, §§ 344, 344N. This would be all the more so since obelisks were normally erected in pairs.

105 EDEL, Altägyptische Grammatik, §§ 287, 289; R. O. FAULKNER, The Plural and Dual in Old Egyptian, Bruxelles 1929, § 27.

106 This would also be true even if the correct reading of the scarabs is *ỉmnw-mnww*. Wb II, 70, mentions New Kingdom playful spellings of *mnw* as 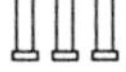, although, unfortunately, no example of this is specifically cited in the Belegst. Clearly such a writing of the singular of *mnw* would have been influenced by the triple *nw*-pots (W 24; cf. the Greek Period spelling cited in Wb II, 70) which customarily accompany this 'false-plural'; cf. GARDINER, EG, § 77.1.

107 HORNUNG and STAEHELIN, Skarabäen Basel (n. 4), p. 60, and n. 58, also read the two obelisks flanking the prenomen on scarabs of Hatshepsut (cf. HARI, in: JEA 60, 1974, p. 137, fig. 11) as *ỉmnw-mnww*; if correct, this would fix the reign of Hatshepsut as the date for the development of the use of the obelisk to write both *mn*, "remain or endure", and *mnw*, "monument". For this motif on a scarab with the name of Thutmose III, see Hornung and Staehelin's no. B 34.

108 KEEL, Corpus (n. 4), § 644, finds this writing already in the Saite Period.

imnw im iḫwt nbwt, "enduring in all things"[109], and the etymology of the name Amun, itself meaning "The Hidden One"[110]. Much of this word play would normally be disguised from our view, owing to the common scribal predilection for not writing out *i* and *w*.

THE HOROLOGIUM AUGUSTI[111]

During the Renaissance, as many as 48 obelisks could be enumerated in Rome.[112] With the defeat of Antony and Cleopatra in 30 BC, Augustus, as heir to the Pharaohs and the Ptolemies, was recognized as de facto divine in Egypt – as had been also his illustrious predecessor Alexander the Great. By 10 BC, Augustus had transported two colossal monolithic obelisks originally from Heliopolis;[113] these he erected singly in the Campus Martius and the Circus Maximus. In duplicate Latin inscriptions on their bases,[114] designating himself the son of the divine Julius Caesar, he dedicated each of them to the Sun, in explicit commemoration of Egypt's having come into the orbit of Rome – due presumably to the favor bestowed upon him by the Sun God Apollo, to whom he attributed his decisive success at Actium. Even before these two obelisks had been taken for installation in Rome, his agents in Egypt had already removed two additional obelisks from Heliopolis and set them up before the Caesareum in Alexandria, where, besides that of Caesar, Augustus' own cult was celebrated.[115] Under Constantine, the Unique Obelisk of Karnak was prepared for shipment; and during the reign of his son Constantius it came to join the Augustan obelisk which was then still standing in the Circus Maximus. Subsequent to the death and deification of Augustus in AD 14, two more obelisks were installed flanking the entrance to the Mausoleum Augusti, where stood two bronze tablets recording the text of his *Res Augusti*, a testament "by which he placed the whole world under the sovereignty of the Roman people"[116]. In light of the emperors' clear fascination with obelisks, their architectural prominence in the city of Rome, and their possible associations with the divinity of the emperor, one may

---

109 Our textual reference 4.b.
110 Whose true *ḏt*-body might even be "hidden" or "concealed" in the obelisk.
111 I have benefited from discussions with Peter Nulton on this subject.
112 IVERSEN, Obelisks in Exile (n. 11), I, p. 178. Besides this reference work for the history of the obelisks in Rome, see HABACHI, Obelisks (n. 5); HILLINGER and LOEBEN (ed.), Obelisken (n. 18).
113 Just as the reign of Thutmose I represents a watershed in the history of the obelisk, at the transition from Egyptian isolationism to empire, when the the king acquired the status of World Ruler (MARTIN, Garantsymbol (n. 3), pp. 134-135; as discussed above), so the use of the obelisk finds new realms of expression in the burst of creative energy witnessed in the reign of Augustus, precisely at the transition from the Roman Republic to the Roman Empire.
114 IVERSEN, Obelisks in Exile (n. 11), I, pp. 65, 142. HABACHI, Obelisks (n. 5), pp. 8-9, recalls that the Pharaohs themselves used obelisks to proclaim their might and victories.
115 Cf. HILLINGER and LOEBEN (ed.), Obelisken (n. 18), p. 20.
116 Res Gestae Divi Augusti (Loeb edition, ed. F. Shipley), pp. 344-345.

properly ask just how much Egyptian theology regarding the signification of the obelisk the Roman emperors (from Augustus to Constantine) really understood.[117]

The first of the obelisks of Augustus in Rome, that of the Campus Martius, was intended to serve as the pointer, or gnomon, of a gigantic horologium designed around it.[118] A golden orb was affixed atop the pyramidion for both practical and symbolic reasons.[119] Much more than a mere solarium, or sundial, this great clock also indicated the movements of the sun, moon, and constellations, as well as seasonal wind shifts, throughout the course of the year. In terms of city planning, this construction seems to have been a focal point in the Augustan city of Rome,[120] which itself constituted the Center of the Empire and, consequently, of the World – with its ruler being the World Ruler.[121] "Each day, the sun god Apollo brought the Horologium Augusti to life"[122]. As the sun traversed the heavens, one by one its shadow pointed to some of the most important features of the cityscape. The main elements it thus helped tie together symbolically in a chorus of "divine approbation"[123] of the Augustan family were: the Mausoleum Augusti, the Agrippan Pantheon, the world map in the Porticus Vipsania, and the Ara Pacis. The Mausoleum was to be the burial place for all the members of the emperor's family. The Pantheon was the temple where all the gods were honored, including the Divine Caesar; but Augustus had specifically declined to permit the establishment of a cult of his own divinity there during his lifetime. The Vipsania map, showing the territories under Augustus' control, displayed publicly the full extent of Rome's power and domination over the world. The Ara Pacis in itself was a monument to Augustus' victories in Spain and Gaul – i. e., the West – but it also perfectly complemented and balanced his great triumph in the East – i. e., Egypt, represented in the obelisk.[124] Perhaps most suggestive of all, on the 23rd day of September, the birthday of Augustus – which coincided with the autumnal equinox[125] – the shadow of the obelisk actually fell across the open-air inner altar of the Ara Pacis. Included in the detailed reliefs of the exterior of this exquisite shrine were further references to

---

117 S. DONADONI, S. CURTO, and A. M. DONADONI ROVERI, Egypt from Myth to Egyptology, Milano 1990, p. 30, venture that "Augustus was well-informed as to [the obelisk's] significance to the Egyptians".

118 E. BUCHNER, Die Sonnenuhr des Augustus, Mainz 1982 (reprinted from: Römische Mitteilungen 83, 1976, pp. 319-365; 87, 1980, pp. 355-373; with Nachtrag) – this work was first called to my attention by Labib Habachi; D. FAVRO, The Urban Image of Augustan Rome, 1996, pp. 260-261.

119 IVERSEN, Obelisks in Exile (n. 11), I, pp. 142-143; BUCHNER, Sonnenuhr (n. 118), p. 37; HILLINGER and LOEBEN (ed.), Obelisken (n. 18), p. 21.

120 BUCHNER, Sonnenuhr (n. 118), pp. 10, 34-38, 55, and figs. 13-14, 19; FAVRO, Urban Image (n. 118), pp. 129-130, 153, 170, 174, 261-262, 264-265, 269, and figs. 105, 108-109.

121 For the universal Roman emperor called *Kosmokrator*, see A. D. NOCK, Essays on Religion and the Ancient World, 1972, pp. 663, 675, n. 120 (reprinted from: JRS 37, 1947, pp. 102-116).

122 FAVRO, Urban Image (n. 118), p. 130.

123 FAVRO, Urban Image (n. 118), p. 130.

124 BUCHNER, Sonnenuhr (n. 118), p. 10.

125 FAVRO, Urban Image (n. 118), p. 130.

Apollo.[126] In this coherent decorative program, the birth, deeds, and death of Augustus were clearly associated with the Sun, imbuing his whole life with celestial significance.

Augustus was connected to the Sun in a variety of other ways;[127] and at his funeral, an eagle, "the messenger of the Sun"[128], was released to fly up to heaven. Subsequent emperors also tied their fortunes closely to the Sun. One facet of the horologium obelisk, not directly attested in conjunction with Augustus, is indicated by its use to identify the Genius of the Campus Martius, recognizable by the obelisk which he holds pointing heavenward – once more fulfilling the obelisk's ritual function of linking heaven and earth – in the Vatican representation of the apotheosis[129] of Antoninus Pius and his wife Faustina.[130] Nor should it be overlooked that the placement of Augustus' second obelisk, at one end of the central *spina* of the Circus Maximus, was likewise pregnant with cosmic significance. For the horses and men who raced around the track were symbolically tracing out the course of the heavenly phenomena – especially Apollo in his golden chariot – across the sky.[131] Constantine continued to honor the supremacy of the Sun in highly significant ways;[132] medallions and coins of his represent jugate busts – with interchangeable or indistinguishable profiles – of Invictus Constantinus (wearing a laurel wreath, and once carrying a shield depicting the sun chariot) and Sol Invictus, the Unconquerable Sun, who is identified as the emperor's *comes*, his divine companion or partner, even his alter ego, clearly portrayed here as his double.[133]

---

126 Swans, sacred to Apollo, were represented in the acanthus panels; and laurels, likewise associated with Apollo, were either grown or represented at the Ara Pacis, the Mausoleum Augusti, and the Porticus Vipsania; see FAVRO, Urban Image (n. 118), pp. 224-225, 266.

127 Apollo was depicted on the breastplate of his statue at the Prima Porta. For this and other details of Augustus' relationship with the Sun, see J. FERGUSON, The Religions of the Roman Empire, 1970, pp. 45-46, 90-96.

128 FERGUSON, Religions (n. 127), p. 96.

129 For an ancient description of the process of apotheosis, see FERGUSON, Religions (n. 127), pp. 96-98.

130 From the marble base of the Egyptian rose granite Antonine Column, which once stood near the obelisk in the Campus Martius in the *ustrinum*, or funerary temple, of the emperor: IVERSEN, Obelisks in Exile (n. 11), I, ill. 130, and pp. 154-155; FERGUSON, Religions (n. 127), pl. 49, and p. 96; BUCHNER, Sonnenuhr (n. 118), pl. 111.1, and p. 19; HILLINGER and LOEBEN (ed.), Obelisken (n. 18), pp. 23, 59.

131 IVERSEN, Obelisks in Exile (n. 11), I, p. 65; HILLINGER and LOEBEN (ed.), Obelisken (n. 18), p. 20. Augustus was responsible for building the Temple of Apollo Palatinus, atop the roof of which was placed a representation of Sol-Apollo in his chariot; see FERGUSON, Religions (n. 127), p. 46.

132 In Constantinople a statue of him as Apollo-Helios was dedicated, bearing the inscription "To Constantine who shines like the sun." For this and other details of Constantine's relationship with the Sun, especially Apollo, see FERGUSON, Religions (n. 127), pp. 55-56. Sol and Sol Invictus are also found on the Arch of Constantine; see NOCK, Essays (n. 121), pp. 656, n. 20; 670.

133 E. KANTOROWICZ, Selected Studies, 1965, pp. 114-116, and pl. 30, fig. 29 a-b (reprinted from: Art Bulletin 29, 1947, pp. 73-85); IDEM, The King's Two Bodies, 1957, pp. 503-504, and fig. 32 d-f; NOCK, Essays (n. 121), pp. 653-675; FERGUSON, Religions (n. 127), pp. 51, 55-56.

CONCLUSIONS

In a brief time, we have followed a tortuous path toward our goal of better understanding obelisks. Much of the time we have been pursuing two illusive terms, *bsi* and *ḏt*, whose theological significance seems to have been completely overlooked in prior discussion of obelisks. The first of these, *bsi*, applied to the god's "emergent form", relates well to the symbolism of the obelisk shape. The companion term *ḏt*, has a dauntingly large number of interrelated translations: "body" (Wb V, 503.10-504.10), "(whole) person" or "self" (Wb V, 504.11-505.9), "nature" or "(very) being" (Wb V, 505.10-15), (god's) "image" or "bodily form" (Wb V, 505.16-18), and various combinations (Wb V, 505.19-506.6). Now *ḏt* is only one of the words used for "body" in ancient Egypt; among the others are: *ḥꜥw/ḥꜥwt*, "flesh" or "frame"; *ꜥiwt* (plur.), "(body) parts" or "members"; *iwf*, "flesh" or "corpse"; *ẖꜣwt*, "corpse"; *sꜥḥ*, "transfigured body" or "mummy"; and *ḥm*, "(physical) presence" or "embodiment". Of these, *ḥꜥw/ḥꜥwt*, *iwf*, and *ꜥiwt* may occur, less precisely, in many of the same contexts as *ḏt*. Past semantic misclassification of the *ḏt* on the base of the standing obelisk of Hatshepsut has impeded progress in understanding the full signification of *ḏt* and its applicability to an obelisk. Being so vast – infinite in pervading everything which exists in the World – the full extent of the Universal God's mystical *ḏt*-body is practically inconceivable; the All-Encompassing God is essentially cloaked in his *ḏt*-body.[134] The divine *ḏt*-body may be exposed to the view of the many in the form of an obelisk, but the real mystery remains safe, since only the few have been initiated into the secret knowledge which concerns its true signification. The attempt to elucidate *ḏt* has shed more light in the following areas: 1) the theology of Hatshepsut's reign, especially the role played by the obelisk in justifying her claim to the throne through links with Amun-Re and Thutmose I; 2) the history and theology of the Re-Harakhty Temple at Karnak East, and the complex merging of divine/royal personae there; and 3) the early years of Akhenaten at East Karnak. We have brought our study from the prehistoric *bnbn*-stone down through the reigns of the Roman Emperors Augustus (27 BC-AD 14) and Constantine (306-337 AD).[135] And you can imagine my excitement at 'discovering' Würzburg's own obelisk during the conference![136]

---

134 Cf. explicitly our textual references nos. 2.c.i and 2.c.iv.

135 Following my presentation at the Würzburg Tempeltagung, David Warburton reminded me of a letter of the Emperor Julian 'the Apostate' (360-363 AD), in which he describes the obelisk as a solar symbol. For Julian's interest in obelisks, particularly in regard to the transport of the one which is now in Constantinople, see M. AZIM and J.-C. GOLVIN, in: Cahiers de Karnak VII: 1978-1981, 1982, pp. 209-210.

136 Standing in the Marktplatz since 1808, a momento of the post-Napoleonic Egyptomania which swept over Europe, it was part of a monumental central well. Designed by the architect Johann Andreas Gärtner,

Our textual reference no. 3.vii attributes to Osiris (*Wnnw-nfrw*) a *ḏt*-body of silver, with his flesh/corpse enwrapped or sheathed in gold.[137] Already by Dynasty XXI, Osiris was also associated with the obelisk.[138] These facts, taken together with our new understanding that the obelisk can be construed as a god's *ḏt*-body – "hidden" by its very nature – now permit us to more fully appreciate the signification of the late lexical derivatives of *tḫn*, "obelisk": *tḫn*, "hide, be hidden", and *tḫn*, "protect (by hiding or concealing)"[139], as well as *tḫn*, "obelisk-shaped casket or coffer (for hiding something protectively)"[140]. There is much more that needs to be said on this topic; but this is a subject for later, perhaps even for another Ägyptologische Tempeltagung.

Let me end with just a note on methodology. I began with a hypothesis, developed out of a preliminary examination of a problem, and some of the data pertaining to it, representational as well as textual. Then I tested and refined the hypothesis in a detailed analysis of the full range of available relevant data. Important dimensions were added to the study by extending it well beyond the narrow chronological confines of the New Kingdom, my usual area of activity. Throughout the whole process, I benefited greatly from teaching, lecturing to professional[141] and public audiences with broad backgrounds and interests, and even conducting tours in Egypt. To the extent that my conclusions are incorrect, I fully expect them to be modified by colleagues. To the extent that my conclusions are correct, I expect them to serve as a basis for future progress in comprehending the complexities and subtleties of the ancient Egyptian temple.

---

its base is decorated with reliefs by the artist Martin von Wagner. This information was kindly provided to me by Christine Beinlich-Seeber.

137 Temp. Saite Period.

138 PIANKOFF and RAMBOVA, Mythological Papyri, p. 92, and pl. 7: the Papyrus of Tent-diu-Mut in the Cairo Museum. Cf. M. LEHNER, The Complete Pyramids, London 1997, ill. on p. 35. Several Egyptologists have commented on Osiris' connections with the obelisk: HABACHI, Obelisks (n. 5), pp. 8, 13; HILLINGER and LOEBEN (ed.), Obelisken (n. 18), pp. 7/6, 15; cf. DONADONI, CURTO, and DONADONI ROVERI, Egypt from Myth to Egyptology (n. 117), p. 34. The importance of the Osiris obelisk for my work was called to my attention by Christian Loeben during the discussion which followed my presentation at the Würzburg Tempeltagung.

139 Cf above, n. 17.

140 WILSON, Ptolemaic Lexikon (n. 17), pp. 1150-1152.

141 Of special importance to the successful completion of this paper have been the great help and encouragement graciously extended to me by my fellow participants in the 5. Tempeltagung held on 23-26 September 1999, and hosted by the Institut für Ägyptologie der Üniversität Würzburg. I also wish to express my great appreciation to Jochen Hallof for his patience and understanding as this essay became longer and more complicated in the course of actually writing it up for publication in the Akten der ägyptologischen Tempeltagungen.

APPENDIX

ANCIENT EGYPTIAN PERSONHOOD (ANTHROPOLOGY/PSYCHOLOGY): the nature of humankind, individuality, and self-identity

From the mystery of birth to the mystery of death, and through all the transformations which occur in between, the ancient Egyptians sought to answer the fundamental question "Who am I?". During the New Kingdom (1570-1070 BCE), a complex of somewhat vaguely defined and partially overlapping components (both natural and supernatural) were thought to make up the whole human being, as follows:[142]

1. The name (*rn*) or reputation = the essence of a being. Consistent with the magical power of the word in ancient Egypt, a person could be categorized – hence controlled or conjured, created or destroyed – by the assignment or manipulation of his/her name. The divine King and the other gods had innumerable names, which helped designate their complex natures. Like the names of the other gods, the divine King's (pre)nomen could be written without the cartouche, just as his Horus name (the *ka*-name) could be written without the *serekh*. Since the King's very name stood for Truth, Justice, Proper Order, and Right Behavior (*Maꜥat*), his (pre)nomen, written without the cartouche, could alternate with the icon of *Maꜥat* in the *maꜥat*-offering. The name and the *ka* were especially closely connected in the first millennium BCE.

2. The heart (*ib* or *ḥ3ty*) = one's temperament or essential being; the mind as seat of thought and intelligence, passions or feelings, conscience, and will. The heartbeat, and adrenalin's effect on the pulse, were taken as signs of sentience – the heart was said to "speak"; as a physical organ, it was connected with breathing and the breath of life. (The spirit of) God seems to have dwelt in the human heart. When someone lost consciousness or became irrational, it was understood that his heart had left his body. At the judgment, the heart – typically shown weighed in the balance against the *maꜥat*-feather – was associated with good behavior and its rewards, or with sin and damnation.

3. Several different words were commonly used in reference to the body. The living, physical body = *ḥꜥw/ḥꜥwt*, "flesh or frame"; *ꜥiwt* (plur.), "(body) parts or members"; and *iwf*, "flesh" – also used in the sense of "(dead) body or corpse". The corpse was most commonly called *ẖ3wt*; and the new, imperishable, post-mortem body (i. e., the

142 This synthesis is the most recent outcome of my ongoing attempts to understand the full range of ancient application, representation, and description of these abstract cultural concepts, their distinctions and interconnections, and the subtleties of their meanings, and to present them in terms comprehensible to the Twenty-First Century. The first published version of this listing appears in my chapter in: Shafer (ed.), Temples (n. 20), pp. 130-132. Preliminary versions have been circulated for more than ten years at public lectures and professional meetings, and for classes and tours; one such handout is cited in LEHNER, The Complete Pyramids (n. 138), p. 246.

mummy – perhaps as united with the *ba*, or in the shadow of the *ba*) = *sꜥḥ*, "dignified, ennobled, noble". The symbolic reintegration of the corrupt flesh of the dead body was achieved through mummification, which arrested decay; thus, at death, the deceased attained a state of timelessness or changelessness. In practical terms, the body then functioned as a simulacrum or statue of the deceased; however, since form or shape was equated with substance and reality, the body, which *looked* like the person, really *was* that person. The word *ẖt*, "belly(ful)", is used to mean "gut feeling" or "inner self", as well as describing a "generation" of beings (as though they were all born from the same "womb"). A specialized term applied to bodies engaged in labor or service – even the king – was *ḥm*, "(physical) presence, embodiment". A particularly abstract theological concept underlies the word *ḏt*, signifying the "full extent" of the Universal God's "total, intact, and perfect body". Re and Osiris, alter egos or complementary opposites, united nightly in the Netherworld, combining to form the *ḏt*-body of the Creator, with Re construed as the *ba* regularly filling and animating the lifeless corpse of Osiris. The Cosmic God was all-embracing and omnipresent, pervading the whole World, which was seen as his (mystical) Body; all Creation, and all creatures, were manifestations of his diversity. Composed of countless millions of parts, he was Everything which Exists; and yet, the Whole (i. e., God) was greater than the sum total of these constituent parts. The term *ḏt* may also be used in reference to a person's "whole personality, entire self, or complete and integrated being (both physical and spiritual)" – i. e., the Ego – especially in the ability to successfully survive death. In this way death was incorporated safely into the life cycle. A still murky expression, *šnbt*, "breast or chest", seems to have been used in descriptions of a dead person being revived by the regenerating rays of the Sun, and in the process of merging with the Sun, or materializing in the Sun's rays and being drawn out of the tomb (or the Nun, the Primaeval Ocean or Abyss) and into the solar barque. Perhaps this term designated the chest or breast as the case or container for the heart; it may have been represented by the mummy's face mask and associated (gilt) pectoral ("breastplate").

4. The *ba* (*bꜣ*, "mystical power, empowered") = the single most important spiritual factor defining a person's unique *individual* identity. Essentially an alter ego, it represented the *spiritual* body – with all the same appetites and needs as the physical body. With increasing emphasis on the individual during the New Kingdom came a greater sense of personal guilt and sin, and the *ba* might attend the judgment before Osiris; the *ba*s of the wicked, the Sun's enemies, were devoured or consumed by flame. Tied to a specific physical body with which it needed to maintain constant and close contact, both in life and in death, the human *ba* could not survive if its physical counterpart, the corpse, were not preserved; *ba*s separated from their bodies were condemned to a wretched existence in eternal darkness. Special provision was made for

the blessed drowned, those whose bodies were not recovered for burial; identified with Osiris, they were thought to be conveyed directly to the restorative Waters of the Netherworld, where they came into the life-giving presence of the Sun God every night. The *ba* could be represented simply as a saddlebill stork, the hieroglyph used to write its name; but the human *ba* was most commonly depicted as a human-headed bird, while the *ba* of the Netherworld Sun had a ram's head (*bꜣ* was the name of the Egyptian hairy thin-tailed ram). The human *ba* lived in the trees of the tomb garden. Unlike the stiffened mummy, it remained mobile, flitting between Heaven and the Underworld, the human and divine worlds, or the realms of the living and the dead. When someone's *ba* left his body, he lost the ability to move by himself; dreams or visions were probably attributed to the *ba*'s out-of-body experiences. The *ba* represented a god's ability to unite with, or assume, a variety of physical forms. The Universal Demiurge had 10 (var.: 7) abstract *ba*s, representing his major attributes, one of which was the Royal *Ka*. The *ba* in the Netherworld was especially closely associated with the individual's shade or shadow, sometimes being identified as a species of divine shade.

5. The shade or shadow (*šwyt*) = a person's existence as a reflection, projection, emanation, or manifestation of divine light. Sometimes drawn as a darkened silhouette of the body, the presence of the shade could also be indicated hieroglyphically by a flabellum, the *bht*-fan, placed directly above, or otherwise near, the individual or thing to whom it was ascribed. The shade symbolized temporary divine occupation of a living being or an inanimate object, the indwelling of the spirit of God, a kind of possession or incarnation. In the Middle Kingdom, a deceased individual's plurality of shades might occasionally be referred to. Inasmuch as a dead body could be symbolically (re)animated through its (re)union with a *ba*, the *ba* constituted a divine life-giving force (effectively functioning as equivalent to the Sun); hence the reanimated corpse (the *sꜥḥ*-mummy) could be represented as a shade. Although the shade might occasionally find its way out of the tomb, the body always sank back into the gloomy darkness of the Netherworld, or tomb, when the Sun, or *ba*, left it. Like the *ba*, the shade might attend the judgment before Osiris; the shades of the Sun's enemies were punished by being devoured or consumed in flame.

6. The *akh* (*ꜣḫ*, "effective, enabled"; cf. *sꜣḫ*, "reconstitute, transfigure") = an expression for the (short-term) personal awareness or consciousness which survived an individual's death. The *akh*-spirits were worshipped in private household shrines, as the dematerialized ghosts of recently deceased relatives, whose psychic presence on earth was still felt in the memories of their loved ones, often expressed in terms of a guilty conscience. The *akh* could be depicted as a hermit ibis, the hieroglyph used to write its name. Liberated from the restraints of their earthly bodies, and in a liminal state, in transition between this world and the Afterworld – on the way to ancestorhood – the

*akh*s could also be represented as disembodied heads ("ancestor busts"). When an *akh* successfully reached the Netherworld, it exercised much more effective power than it had on earth; the *akh*s were able to act magically on earth for some time, either interceding on a person's behalf or interfering in his/her affairs. The transformation of these newly released spirits could be facilitated by initiation rites (*s3ḫw*) or spells known under the title *sikr 3ḫ*, "improving (the lot of) an *akh*-spirit", which were aimed at preparing them for the achievement of their ultimate objective, entitlement to full participation with the Sun in the rewards and privileges of the Next World. The *3ḫ iḳr* ("worthy or illustrious *akh*"), or *3ḫ mnḫ* ("excellent or splendid *akh*"), was a beneficent spirit; but the angry *akh*-spirit of a person who had been badly treated in life, or who had been buried improperly, could become a vengeful demon.

7. The *ka* (*k3*, "vital power, progenitor") = the symbol of the fertility or generative power of the divine Ancestors (the mythical heads of lineages), and the continuity of creation and the life force through sexual generation across countless consecutive generations, back to the beginnings of time. It corresponds to the Roman *genius*. Unlike the human or private *ba* – but like the divine or god's *ba* – the *ka* was associated only temporarily with a particular body, from which it was separated by death. The primary spiritual element defining a person's identity as a member of a patrilineal family group, lineage, or clan, it was the family component of that person's total being, representing his ancestry, bloodline, or pedigree. It was both genetic and generic within a kin group, being shared by all blood relatives on the father's side (the corresponding feature inherited from the mother's side was the still rather obscure *ḥmwst*). The *ka*, inherited by birth, determined and justified one's rights, rank, and standing in the extremely hierarchical society of ancient Egypt. The *ka* was associated with food or sustenance, and could be represented as equivalent to an offering table, implying that the individual's ultimate survival might be dependent on his identification with the *ka*: flesh is perishable, life is brief, and the memory of an individual fleeting; but the family lives on, and the life force is immortal through it. The Royal *Ka* was the creative spirit of divine Kingship, symbolizing the legitimacy of the King's inheritance from his Heavenly Father, by whom he was engendered or begotten. Possession of this *ka* constituted proof of his divine origins and established his membership in the fictive royal clan – an artificial family which provided an unbroken link to every one of his predecessors on the throne – regardless of who his actual earthly father had been. The Royal *Ka* resided in, or possessed, each king, but it did not die when he did; rather it returned to heaven to merge again with the material, stuff, or energy of the Universal Creator. So the Royal *Ka* was endless or limitless, being recycled, reformed, and reincarnated with each new reign. The *ka* was rendered abstractly as a pair of upraised arms or fully anthropomorphically as a figure with *ka*-arms perched hieroglyphically on

its head. The *ka* is actually to be understood as embracing a person protectively from behind (our impression that the arms are upraised results from the problem of reading 'perspective' in Egyptian art). Characteristically shown following the king, the *ka* was conceptually united with him; the doubling is merely visual, an illusion: the two, in fact, were one. Still often translated "double", the word *k3* refers correctly to doubling or twinning only in the sense of the reproduction of a life form through sexual generation. The Universal Solar Creator had 14 abstract *ka*s, representing his major attributes; his *ka* was said to include "everything which exists" or "everyone who comes into existence". In the late Old Kingdom and early Middle Kingdom, a private person's possession of a plurality of *ka*s (*k3w*) was occasionally referred to. The *ka* had long been connected with the concepts of Fate, Fortune, and Destiny, which became increasingly important in the Late Period. But during the first millennium BCE, the private *ka* was practically eclipsed by the *ba*. This phenomenon is consistent with the emergence and spread of Personal Piety and the associated development of individualism, with greater importance being attached to the individual and personal achievement and responsibility (*ba*), at the expense of family ties (*ka*), undoubtedly coloring the ancient Cult of the Ancestors, and significantly affecting the basis for the Old Social Order; but the details of this development have yet to be assessed.

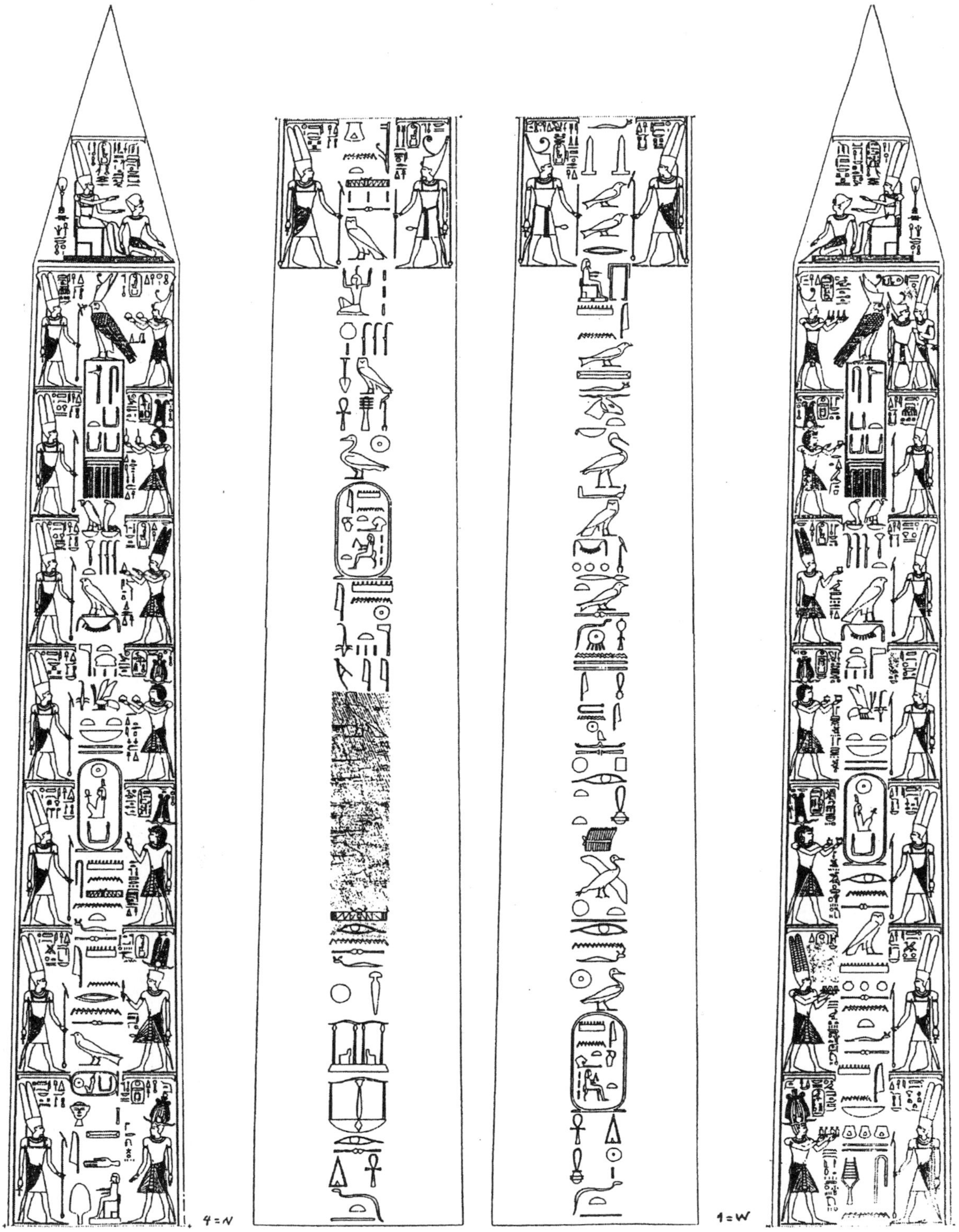

Abb. 1 (LD III, 22)

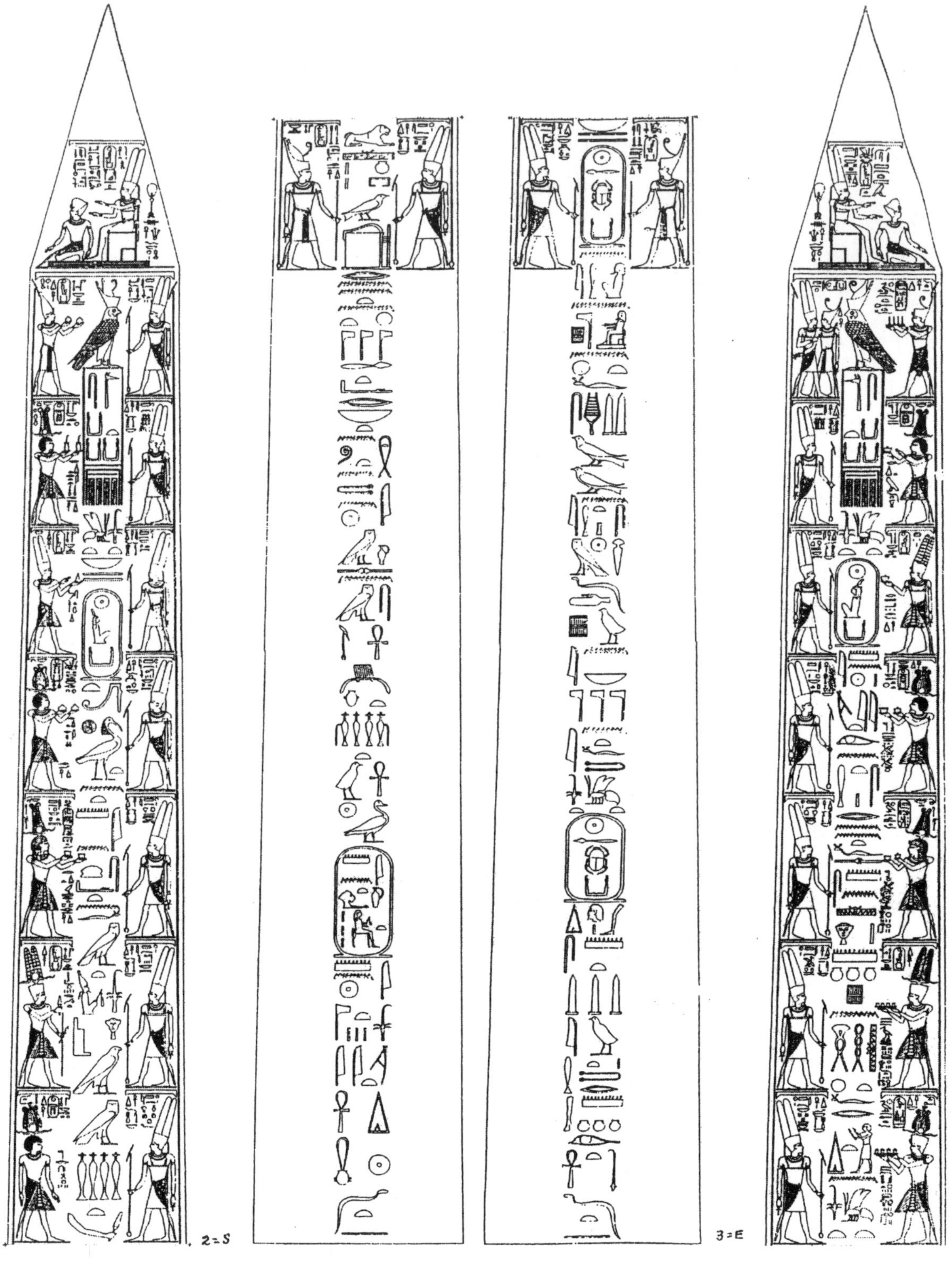

Abb. 2 (LD III, 23)

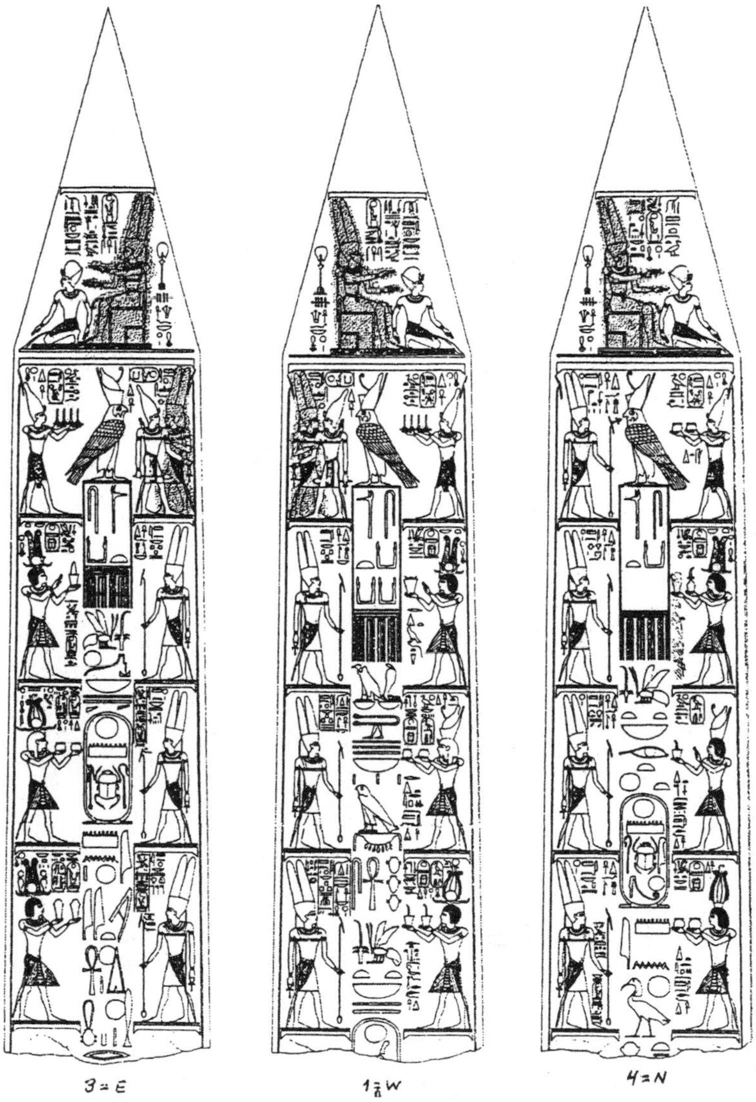

Abb. 3 (LD III, 24)

The obelisk of Thothmes III in the Piazza of St. John Lateran showing the Vignettes in which the god Amen-Rā is presenting "life" to the king and Thothmes III is making offerings to the god. At A, B, C, D, E, F, are the cartouches and inscriptions of Thothmes IV.

Abb. 4 (BUDGE, Cleopatra's Needles, p. 145)

Hathorkapitelle in Zypern – eine eigenständige Variante?

Edith Bernhauer

An mehreren Fundorten der Insel Zypern wurden Hathorkapitelle eines wenig bekannten Typs gefunden. Dabei stellt sich die Frage nach dem ägyptischen Einfluß, bzw. inwieweit eine eigenständige Entwicklung vorliegt. Im Gegensatz zu Ägypten, wo Hathorstützen ab der 18. Dynastie bis zur römischen Epoche bekannt sind, treten sie in Zypern nur in einer relativ kurzen Phase von etwa 90 Jahren auf.

Die ersten zyprischen Hathorstützen können etwa um 530 v. Chr. datiert werden; das ist die Endphase der Regierungszeit des Amasis (570-526 v. Chr., gegen Ende der 26. Dynastie), der Teile Zyperns besetzt hatte. Dieser Stützentyp verschwindet schließlich um 440 v. Chr., zu einem Zeitpunkt, an dem der griechische Einfluß auf Zypern zunimmt. Interessanterweise treten sie in einer Periode auf, in der es zu heftigen, kriegerischen Auseinandersetzungen zwischen Griechenland und dem Perserreich kam, in der Zypern kurzfristig dem griechischen, aber im wesentlichen dem persischen Machtbereich zuzuordnen ist.

Die geographische Lage Zyperns und die vielfältigen Handelsbeziehungen, vor allem bedingt durch den Kupferabbau auf der Insel, brachten verschiedenste kulturelle Einflüsse in das Land. Dabei vermengen sich u.a. in Architektur und Plastik eigene und fremde Motive. Griechische, phönizische, assyrische und natürlich auch ägyptische Einflüsse sind belegt.

Möglicherweise war für die Entwicklung der zyprischen Hathorstützen auch die Nähe der Insel zu Byblos, das enge Kontakte zu Ägypten pflegte, von Bedeutung. Zur Zeit Thutmosis' III. wurde in Byblos ein Hathorheiligtum gegründet. Mit großer Wahrscheinlichkeit besaß es, wie im Neuen Reich üblich, Hathorsäulen oder Hathorpfeiler.

Die Göttin Hathor wurde in Byblos als „Herrin von Byblos“ verehrt und ist dort, wie im gesamten syrisch-palästinensischen Raum üblich, mit lokalen Göttinnen verschmolzen. Dies entspricht einem häufigen Vorgang bei Mutter- und Fruchtbarkeitsgöttinnen, die gemeinsame Eigenschaften aufweisen. In Zypern kann Hathor dementsprechend Aphrodite oder auch Astarte gleichgesetzt werden.

Verweise auf Hathor werden im syrisch-palästinensischen Raum durch ihre Kuhohren deutlich, die sich aber im Laufe der Zeit zu Menschenohren wandeln.[1] Ein anderes Kennzeichen des Hathorkopfes, die Schneckenperücke, dürfte dagegen ein üblicher Kopfschmuck gewesen sein, der sich bei vielen Göttinnen des betrachteten Gebietes findet, so daß sein Ursprung kaum auszumachen ist.

Die Verhältnisse zwischen Ägypten und Zypern sind, abgesehen von engen Handelsbeziehungen und einigen diplomatischen Kontakten, nur durch wenige Fakten belegt. Zur Zeit Thutmosis' III. (1479-1425 v. Chr.) geriet Zypern in politische Abhängigkeit von Ägypten und war tributpflichtig.[2] Für die 26. Dynastie können Versuche einer Besetzung nachgewiesen werden. Ein Eroberungsversuch unter Apries (589-570 v. Chr.) scheitert zwar, aber unter Amasis (570-526 v. Chr.) werden Teile Zyperns besetzt.[3] Schließlich gehört Zypern von 295-58 v. Chr. zum ptolemäischen Herrschaftsbereich.[4]

Die bestehenden Veröffentlichungen zu den zyprischen Hathorkapitellen heben bisher vornehmlich die Gesichtspunkte der klassisch-griechischen Archäologie hervor.[5] Im vorliegenden Artikel soll dies mit Untersuchungen, die mehr die ägyptischen Einflüsse betrachten, ergänzt und verknüpft werden. Dabei steht die Frage, ob es sich um eine eigenständige zyprische Variante oder nur um eine ägyptische, bislang in der ägyptischen Architektur nicht belegte Hathorstützenform handelt, im Vordergrund.

Von den zyprischen Hathorkapitellen sind auf jeden Fall sieben sowie einige weitere kleinere Fragmente bekannt.[6] Das Material ist immer Kalkstein. Schäfte und Basen wurden nicht gefunden. Die maximalen bzw. minimalen Maße betragen:

Höhe = 0,81 m bis 1,33 m
Breite = 0,44 m bis 0,75 m
Tiefe = 0,24 m bis 0,37 m

Vergleicht man die Maße dieser Kapitelle mit Tempeln aus Ägypten, kann man daraus erschließen, daß es sich um Anlagen mittlerer Größe handelt, die eine Höhe von 3 m bis 4 m hatten. Die wichtigsten zyprischen Fundorte sind Kition (eine phönizische Stadt), Amathus, Paphos und Vouni, womit eine beachtliche Verbreitung nachgewiesen ist. Da *in-situ*-Funde wie auch Schäfte fehlen, denn die zyprischen Hathorkapitelle sind zumeist wiederverbaut gefunden worden, gibt es über die Art der Aufstellung nur

1 Lexicon Iconographicum Mythologiae Classicae IV, 1, Zürich und München 1988, S. 451f. und M. Fortin (Hrsg.), Syrien – Wiege der Kultur (Sonderausstellung), Québec 1999, S. 274, Nr. 273 u. 274.

2 T. Schneider, Lexikon der Pharaonen, Zürich 1994, S. 294.

3 Schneider, op. cit. (Anm. 2), S. 81, 51.

4 G. Hölbl, Geschichte des Ptolemäerreiches, Darmstadt 1994, S. 25, 199f.

5 Ausführlich zusammengefaßt bei A. Hermary, Un nouveau chapiteau hathorique trouvé à Amathonte, in: BCH 109, 1985, S. 629ff.

6 Hermary, a. a. O.; A. Hermary, Amathonte II, Paris 1981, S. 70ff.; P. Aupert, Guide d'Amathonte, Paris 1996, S. 117, Fig. 41.

hypothetische Annahmen. So wird entweder das Sanktuar der Aphrodite- bzw. Astarte-Heiligtümer oder der Palastbereich vorgeschlagen. Die erhaltenen Tempelreste ergeben dabei kein einheitliches Bild. In Amathus sind nur römische Reste des Aphrodite-Heiligtums vorhanden, aus Kition ist ein Astarte-Heiligtum, dessen Anfänge im 9. Jh. v. Chr. liegen, bekannt, und in Paphos sind noch keine Tempelreste nachgewiesen worden. In Vouni, dessen Palast man zu Beginn des 5. Jh. v. Chr. zu errichten begann, wird der Hofbereich als Aufstellungsplatz angenommen[7], eine Hypothese, die auch für Amathus vorgeschlagen wurde[8]. Dagegen ist der Ort der Aufstellung in Ägypten eindeutig bestimmt. Hathorsäulen und Hathorpfeiler sind ausschließlich in sakralen Bauten belegt, wobei sie zunächst nur in Tempeln und nach der bisherigen Fundlage ab der 26. Dynastie auch in Gräbern vorkommen[9]. Die Tempelanlagen sind ausschließlich Göttinnen, wie Hathor, Bastet und Satet, in der Spätzeit häufig Isis, geweiht.

Um Aufbau und Einordnung der zyprischen Hathorkapitelle besser zu verstehen, soll hier zunächst ein kurzer Abriß der Entwicklung und der Typen der in Ägypten heimischen Hathorstützen gegeben werden.[10] Hathorsäulen und Hathorpfeiler sind erstmals in der Zeit der Hatschepsut, Neues Reich, 18. Dynastie, in der Hathorkapelle von Deir el-Bahari als doppelgesichtige Hathorsäulen und eingesichtiger Hathorpfeiler belegt (Abb. 1 u. 2). Im Laufe des Neuen Reiches wird das Spektrum um mehrgesichtige Pfeiler[11] und Sonderformen z. B. auf dem Sinai (Tempel von Serabit el-Chadim) erweitert. Nach bisheriger Fundlage werden diese Varianten ab der 26. Dynastie um die viergesichtige Hathorsäule[12] und ab der 30. Dynastie um die Kompositsäule mit viergesichtigem Hathorabakus[13] ergänzt. Mit dem Auftreten der viergesichtigen Hathorsäule wird die zweigesichtige Variante schrittweise verdrängt.

Die ägyptische Hathorsäule ist die Umsetzung des Naossistrums für die Anwendung als Architekturelement und hat den üblichen Aufbau einer Säule mit Basis, Säulenschaft, Kapitell und Abakus. Der Säulenschaft wird als Stab des Sistrums gedeutet. Das Kapitell besteht aus zwei diametral angelegten Hathorköpfen, die über einem Kalathos einen ebenso diametral angelegten Kronenaufbau tragen. Zu den ikonographischen Elementen zählen das dreiecksähnliche Menschengesicht mit Kuhohren, umgeben von

---

7 HERMARY, op. cit. (Anm. 5), S. 673.

8 T. PETIT, Objets égyptisants et idéologie royale à Amathonte, in: Transeuphratène 9, 1995, S. 131ff.

9 Z. B. Grab des Ibi; vgl. K. P. KUHLMANN und W. SCHENKEL, Das Grab des Ibi, AV 15, Mainz 1983, S. 56ff.

10 Für eine ausführliche Darstellung vgl. E. BERNHAUER, Hathorsäulen und Hathorpfeiler in der altägyptischen Architektur, Aegyptiaca et Nubica Humboldtiana 1, Leipzig 2001 (z. Zt. in Druck).

11 Z. B. im Tempel der Bastet von Bubastis befinden sich zweigesichtige Hathorpfeiler; vgl. J. L. HAYNES, Redating the Bat Capital in the Museum of Fine Arts, Boston, in: Studies in Honor of William Kelly Simpson, Vol. 1, Boston 1996, S. 399ff.

12 Z. B. viergesichtige Hathorsäule aus Sais, 26. Dynastie; vgl. D. WILDUNG und S. SCHOSKE, Nofret – Die Schöne (Sonderausstellung), Mainz 1984, Nr. 90.

13 Z. B. Eingangshalle in Philae, Zeit Nektanebos I.

einer Strähnenperücke. Oberhalb des Kalathos befindet sich der Naos, der von zwei nach innen gewandten Voluten flankiert wird. Den unteren Abschluß des Gesichts bildet ein Halskragen. Die Strähnenperücken der beiden Hathorköpfe werden durch eine Papyruspflanze seitlich getrennt, deren Dolde auf dem Kalathos anliegt. Im Naoseingang sind außer Schild und Kopf der Uräusschlange[14] auch andere Motive anzutreffen, wie z. B. drei Kartuschen[15], die aber in der Spätzeit nicht mehr auftreten. Seitlich oberhalb der Papyrusdolde erscheinen traditionell auch Schild und Kopf der Uräusschlange. Dieser klassische Aufbau kann in der Spätzeit variieren. Im Laufe der Zeit, insbesondere bei der viergesichtigen Hathorsäule, geht der Bezug zum Naossistrum immer mehr verloren. Der Hathorpfeiler zeigt im wesentlichen die gleichen Elemente, wobei sich Darstellungen mit der Papyrusdolde am Kalathos auf das Neue Reich beschränken.[16] Das Naossistrum ist lediglich halbplastisch an den Pfeiler vorgeblendet. Bei ihm wird die Schneckenperücke gegenüber der Strähnenperücke bevorzugt verwendet.

Beim Vergleich mit dem zyprischen Kapitell stellt man fest, daß die wichtigsten ägyptischen Elemente der Hathorsäule (diametral angelegtes Gesicht, Kronenaufbau bestehend aus Naos, Voluten und Papyrusdolde) übernommen wurden (Abb. 6-9). Den unteren Abschluß des Kapitells bildet aber als Erweiterung gegenüber dem ägyptischen Hathorkapitell eine große Papyrusdolde. Darauf ruht das diametral angelegte Gesicht mit Schneckenperücke oder natürlichen Haaren, teilweise auch mit einer Kopfbedeckung, sowie der Kronenaufbau. Gegenüber dem doppelgesichtigen Hathorkapitell Ägyptens fehlt nur der Kalathos. Weitere Unterschiede beziehen sich auf die ikonographischen und stilistischen Ausführungen. Die Kuhohren werden durch Menschenohren ersetzt, das dreiecksähnliche Gesicht bekommt die normale, d. h. ovale Form. Als Perücke wird die Schneckenperücke, die weit verbreitet war, so beispielsweise auch bei Astarte, verwendet. Der Kronenaufbau zeigt eine sehr große Ähnlichkeit mit der ägyptischen Gestaltung. Im Naoseingang befinden sich Schild und Kopf der Uräusschlange mit der Sonnenscheibe, flankiert von jeweils einer Volute. Jedoch wird in einigen Fällen die Rückseite ohne Naos und mit anderen Motiven, z. B. einem Jüngling zwischen zwei geflügelten Pferden[17] oder durch eine Sphinx[18] mit verschiedenen Ornamenten, gestaltet. Hervorzuheben ist die Papyruspflanze, die in Zypern nicht als seitliches Trennelement der beiden Köpfe dient, sondern den Unterteil des Kapitells bildet, aber auch mehrfach in kleiner Ausführung an den Voluten vorhanden ist. Im

---

14 Kann mit der Sonnenscheibe bekrönt sein.

15 Z. B. doppelgesichtige Hathorsäule von Sedeinga; vgl. M. SCHIFF-GIORGINI, in: Kush 13, 1965, S. 112f. und LD III, 82i.

16 Z. B. eingesichtiger Hathorpfeiler von Deir el-Bahari; vgl. W. POLOCZANIN, Z. WYSOCKI, The Temple of Hatshepsut, Vol. 3, Warszawa 1985, S. 77, Tf. 8.

17 HERMARY, op. cit. (Anm. 5), S. 668f., Fig. 14.

18 HERMARY, op. cit. (Anm. 5), S. 666, Fig. 8-9.

Gegensatz zu Ägypten befindet sich oberhalb des Naos die geflügelte Sonnenscheibe, bekrönt von drei Federn und flankiert von zwei Uräen.

Die zyprischen Hathorkapitelle zeigen zumindest zwei verschiedene Typen[19], die sich vorwiegend durch die Gesichtsstilistik und die Haartracht unterscheiden.

- Kopf und Gesicht zeigen stilistisch keine griechische Beeinflussung, die Schneckenperücke ist durch Haarbänder unterteilt (Abb. 6/7).
- Kopf und Gesicht zeigen einen spätarchaischen oder frühklassischen griechischen Einfluß. Der Kopfschmuck besteht aus Haaren mit Buckellocken oder strähnigem, gescheiteltem Haar mit einer Stefane. Die Ohren tragen Schmuck. Die beiden Voluten fehlen oder sind zu einer Doppelvolute verändert (Abb. 8/9).

Vom zuerst erwähnten Typus gibt es vier, vom zweiten bisher nur drei Belege.

Vergleicht man die zyprische mit den aus der Architektur bekannten ägyptischen Hathorstützen, fällt die große Übereinstimmung mit der doppelgesichtigen Hathorsäule auf. Der markanteste Unterschied im Aufbau ist aber die große Papyrusdolde, auf welcher die diametral angelegten Köpfe aufsitzen. Da fast alle entscheidenden Elemente von dem ägyptischen Kapitell der Hathorsäule abgeleitet sind, ist nicht anzunehmen, daß die große Dolde unter dem Kapitell eine eigene zyprische Entwicklung ist. Daher liegt es nahe, nach einer ägyptischen Entsprechung für die zyprischen Hathorkapitelle zu suchen.

Aber es muß berücksichtigt werden, daß aus Amathus Gefäße (550-530 v. Chr.) belegt sind, die ein Gesicht mit Schneckenperücke auf einer Papyrusdolde zeigen.[20] Umstritten ist dabei jedoch, ob es sich um eine eigenständige zyprische Darstellungsweise handelt.[21]

Bisher wurden nur die architektonischen Belege größerer Bauten der ägyptischen Hathorstützen erörtert. Jedoch sind auf Spiegeln[22] der 25. und 26. Dynastie, also kurz vor dem Entstehen der zyprischen Hathorstützen bzw. gleichzeitig, entsprechend gestaltete Stützen belegt (Abb. 3). Auf den Spiegeln ist die Göttin Mut, die von einer Person verehrt wird, im Inneren eines Heiligtums zu erkennen. Das mehrräumige Heiligtum wird im äußersten Raumbereich von Säulen mit Kapitellen, bestehend aus Papyrusdolde, diametral angelegtem, dreiecksähnlichem Gesicht mit Kuhohren, Kalathos und üblichem Kronenaufbau, getragen.

---

19 Ein Fragment verweist auf einen dritten Typus, der in seinem Aufbau dem ägyptischen Kronenaufbau der doppelgesichtigen Hathorsäule genau entspricht; vgl. PETIT, op. cit. (Anm. 8), Tf. VII, 1-2.

20 Vgl. HERMARY, op. cit. (Anm. 5), S. 679, Fig. 26 und A. T. REYES, Archaic Cyprus, Oxford 1994, S. 79ff., Fig. 21.

21 Die unterschiedlichen Meinungen hierzu sind zu finden: HERMARY, op. cit. (Anm. 5), S. 673; REYES, op. cit. (Anm. 20); AUPERT, op. cit. (Anm. 6), S. 37f.

22 Vgl. P. MUNRO, in: ZÄS 95, 1969, S. 92ff.

Die Kapitellform mit großer Dolde ist vor allem im Flachbild auch bei Mutbarken oder Barken anderer weiblicher Gottheiten[23] nachweisbar. Die Anfänge dieser Darstellungen gehen bis ins Neue Reich, erstmalig belegt in der Zeit Ramses' II., zurück und finden sich bis in die Spätzeit wieder. Diese Hathorstützen sind z. B. auf den Mutbarken in Medinet Habu[24] (Abb. 4), im Chons-Tempel von Karnak[25] und an einem Schrein mit Hathorbarke auf einem Schlitten des Sanktuars von Edfu[26] (Abb. 5) dargestellt.

Man erkennt, daß der Aufbau dieser Kapitelle, ohne Berücksichtigung des Kalathos, mit den zyprischen identisch ist. Stilistische und ikonographische Unterschiede liegen selbstverständlich bei der Ausführung des Gesichts, des Naos, der Kuhohren und der Perücke vor. Vermutlich wurde dieser Stützentypus in Ägypten vorwiegend aus vergänglichem Material für Baldachine hergestellt und hat sich daher nicht in der ägyptischen Architektur erhalten und der näheren Betrachtung bisher entzogen. Seltene Belege z. B. aus der Spätzeit zeigen auch kleinformatige Kapitelle mit diesem Aufbau aus Hartgestein.[27]

Ungeklärt muß die Frage nach der Ausführung des Schaftes in Zypern bleiben. Die ägyptischen flachbildlichen Darstellungen wie z. B. bei den Mutbarken weisen Säulenschäfte auf, die sich nach unten verjüngen, wie es bei Papyrussäulen oder Papyrusbündelsäulen ebenso in der Architektur belegt ist. Dies läßt auf einen kreisförmigen Querschnitt schließen. Dagegen ist eine Aussage über den Schaft des zyprischen Kapitells auf Grund seines annähernd rechteckigen unteren Querschnitts mit leicht konvexer Breitseite (Gesichtsseite) nur schwer möglich. Auch sind die zyprischen Kapitelle im Gegensatz zu den ägyptischen wesentlich breiter als tief.

Faßt man die Betrachtungen zusammen, kommt man zu folgenden Ergebnissen:
Die zyprischen Hathorkapitelle, die etwa von 530 bis 440 v. Chr. auftreten, entsprechen in ihrem Grundaufbau den seit der 19. Dynastie belegten doppelgesichtigen Hathorsäulen mit offener Papyrusdolde, die von Baldachinen, insbesondere auf Barken weiblicher Gottheiten, aus dem ägyptischen Flachbild bekannt sind. Sie lehnen sich sehr nahe, auch in Details, an das ägyptische Vorbild an. Da sie in Ägypten fast ausschließlich für Baldachine verwendet wurden, kann man eine ähnliche Verwendung in Zypern ebenfalls vermuten. Sie dürften im Sanktuar benutzt worden sein. Die Verwendung als Stütze für eine Abdeckung einer Götterstatue wird bestärkt durch den

---

23 Vgl. Grab des Kiki, Theben-West, Zeit Ramses II.; M. ABDUL-QADER MUHAMMED, in: ASAE 59, 1966, S. 162ff., Tf. LXI.

24 Medinet Habu, Vol. IV, Chicago 1940, Tf. 229 und Tf. 231.

25 The Temple of Khonsu, Vol. 2, OIP 103, Chicago 1981, Tf. 166 und Tf. 185; Mutbarke.

26 Edfou I, Tf. XIV; Schrein mit Hathorbarke auf einem Schlitten im Sanktuar.

27 L. M. BERMAN, Catalogue of Egyptian Art, New York 1999, S. 473, Nr. 366.

merkwürdig flachen Querschnitt des Kapitells. Unverkennbar zeigen sich bei einem Teil der zyprischen Hathorkapitelle die griechischen Einflüsse, die in der Gesichtsstilistik sowie der Haartracht zum Ausdruck kommen. Der Beginn ihres Auftretens liegt aber am Ende der Regierungszeit des Amasis, der Teile Zyperns besetzt hatte.

Für Ägypten von Bedeutung ist, daß sich diese Hathorkapitelle auf Zypern erhalten haben, während wir aus dem Niltal im wesentlichen auf flachbildliche Darstellungen beschränkt sind. Da die Kapitellform in Ägypten jedoch früher belegt ist und in Zypern auffälligerweise in einer Zeit auftritt, in der Ägypten politischen Einfluß auf die Insel hat, wird dieser Stützentyp nach Zypern ausgestrahlt haben. Eine derartige Ausbreitung legt aber nahe, daß diese Hathorstützenform auch im Ursprungsland von großer Bedeutung war. Bisher hat die Hathorsäule mit den auf der Papyrusdolde aufsitzenden zwei Köpfen zu wenig Beachtung gefunden. Sie ist als Variante der doppelgesichtigen Hathorsäule in Ägypten einzuordnen.

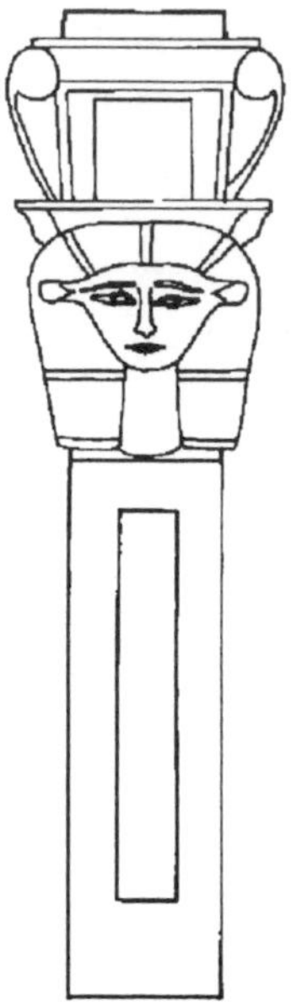

Abb. 1 Hathorsäule (Darstellung skizziert nach W. POLOCZANIN, Z. WYSOCKI, The Temple of Hatshepsut, Vol. 3, Warszawa 1985, S. 77, Tf. 8 von M. Bürgle. Doppelgesichtige Hathorsäule, Hathorkapitell von Deir el-Bahari, 18. Dynastie, Hatschepsut.)

Abb. 2 Hathorpfeiler (Darstellung skizziert nach CH. DESROCHES-NOBLECOURT und CH. KUENTZ, Le Petit Temple d'Abu Simbel, Bd. 2, Le Caire 1968, Tf. LX, LXIII von M. Bürgle. Eingesichtiger Hathorpfeiler im Kleinen Tempel von Abu Simbel, 19. Dynastie, Ramses II.)

Abb. 3 Spiegel mit mehrräumigem Heiligtum und Variante der doppelgesichtigen Hathorsäule (Nach: G. HÖLBL, Ägyptisches Kulturgut im Phönikischen und Punischen Sardinien, Leiden 1986, S. 358, Abb. 62. Spiegel mit Darstellung eines mehrräumigen Heiligtums und der Göttin Mut. Britisches Museum, EA 51067, 25./26. Dynastie.)

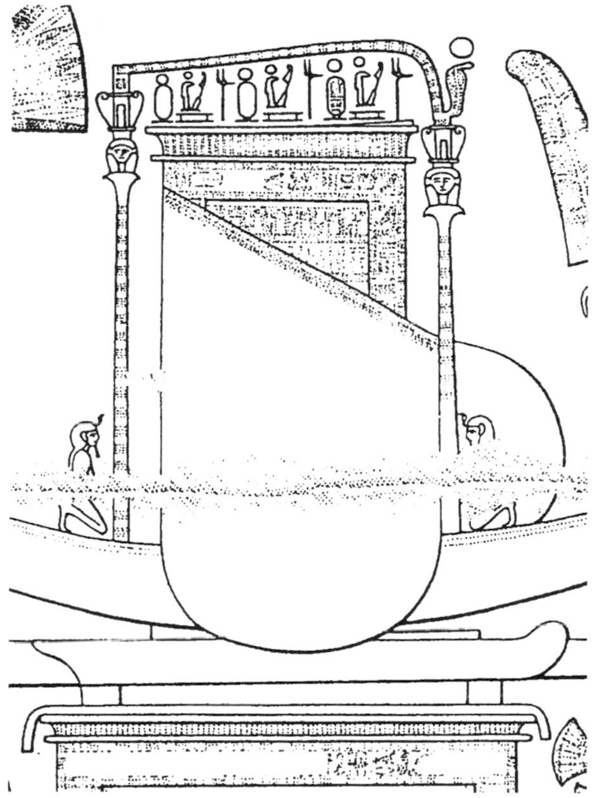

Abb. 4 Medinet Habu, Mutbarke mit Variante der doppelgesichtigen Hathorsäule (Nach: Medinet Habu, Vol. IV, Tf. 44. Mutbarke, 19. Dynastie, Ramses III.)

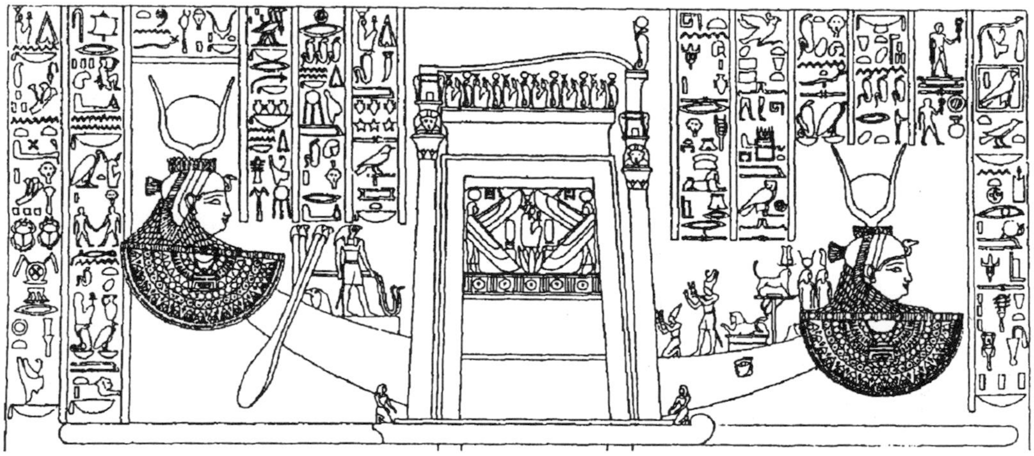

Abb. 5 Edfu, Hathorbarke auf Schlitten mit Variante der doppelgesichtigen Hathorsäule (Nach: Edfou I, Tf. XIV. Schrein mit Hathorbarke auf einem Schlitten, ptolemäisch.)

Abb. 6 Typus 1, Vorderseite (Nach: A. HERMARY, Un nouveau chapiteau hathorique trouvé à Amathonte, in: BCH 109, 1985, S. 666, Fig. 8.)

Abb. 7 Typus 1, Rückseite (Nach: A. HERMARY, op. cit., S. 666, Fig. 9.)

Abb. 8 Typus 2 (Nach: A. HERMARY, op. cit., S. 659, Fig. 1.)

Abb. 9 Typus 2 (Nach: A. HERMARY, op. cit., S. 668, Fig. 13.)

Text- und Bildkongruenz: Die Kronen der Götter als Objekte der Forschung

Maria-Theresia Derchain-Urtel

Da die diesjährige 5. Tempeltagung am Ende des Jahrtausends eher Perspektiven in der zukünftigen Tempelforschung eröffnen als bereits ausgearbeitete Ergebnisse präsentieren soll, erlaube ich mir, in der Art eines „workshop“ etwas eher Unfertiges vorzulegen, wobei aber mit Sicherheit wichtige weiterführende Ergebnisse zur Bearbeitung und dem Verständnis der Götter- und Königskronen in den Tempeln der griechisch-römischen Zeit zu erwarten sind.

Das in den Tempelreliefs der griechisch-römischen Zeit vorliegende ikonographische Material ist Grundlage und Ausgangspunkt der hier anzustellenden Überlegungen.

Die Kronen der Götter und Könige nehmen in dieser Zeit immer reichere Formen an, die oft nicht durch Namen gedeckt sind. Als Beispiele seien hier sechs Abbildungen aus dem Tempel von Esna angeführt. Diese wurden gewählt, weil dieser Tempel sowohl mittelptolemäisch unter Ptolemaios VI. als auch aus römischer Zeit reiches Bildmaterial liefert; der gleiche Befund wäre für die ptolemäische Zeit auch auf Edfu oder Dendera übertragbar. Römische Bildzeugnisse könnten nur aus Dendera, in erheblich geringerer Zahl, angeführt werden.

Abbildung 1 (Esna 4, Ptolemaios VI.) und Abbildung 2 (Esna 8, Ptolemaios VI.) zeigen Kronen für Götter *und* Könige, die von griechischer bis römischer Zeit häufig bezeugt sind. Es handelt sich dabei (Abb. 1) um die gängige Form der sogenannten Atefkrone und (Abb. 2) um eine erweiterte Form der bekannten *ṯnj*-Krone (s. auch Abb. 7)[1].

Die Relation Krone ↔ Handlung ist dabei aber nicht eindeutig auszumachen und muß hier ausgeklammert werden.

---

1 M.-TH. DERCHAIN-URTEL, Die Krone  und ihre Nebenformen, in: Die Inschriften des Tempels von Edfu, Begleitheft 1, 1990, S. 1ff.

Für Abbildung 3 mit dem auf halber Höhe der Federn angebrachten geflügelten Skarabäus kenne ich nur sehr wenige Belege, so aus Esna 6 (Ptolemaios VI.) und Kalabsha (Augustus)[2].

Die Abbildungen 4 bis 6 bieten dazu kaum neue Elemente, gelegentlich aufgerichtete Blüten (Abb. 4) oder einen „eingebauten" Skarabäus mit nach oben gerichteten Flügeln (Abb. 5). Abbildung 4 ist Septimius Severus zuzuordnen (Esna 476), Abbildung 5 Geta (Esna 489) und Abbildung 6 Nero (Esna 502). Diese Kronen, dieses Mal nur den Kaisern und nicht den Göttern zugehörig, nehmen dabei immer gewagtere Kompositformen an.

Zahlreiche weitere Beispiele könnten zur Bereicherung der Dokumentation noch beitragen. Die Bände der Tempelpublikation Esna II-VI liefern dazu reichstes Anschauungsmaterial.

Die einzelnen Elemente der hier gezeigten Kronen sind bekannt und in der Realität auch meist nachvollziehbar, d. h. das waagrecht als Stütze aller weiteren Aufbauten dienende Widdergehörn [3]; die aufgerichtete Doppelfeder, zumeist die glatte Falkenfeder neben der Straußenfeder [4]; der Uräus in Form von , die Sonnenscheibe entweder als einfacher Kreis oder aber eingebettet in das Kuhgehörn , welches auch als Schriftzeichen für *itn* verwendet werden kann.

Offen bleibt dabei die Frage nach der Beschaffenheit von als Bestandteil der Atefkrone, welcher ich hier aber nicht nachgehen kann.

Dazu tritt natürlich sehr oft die Doppelkrone , d. h. die Einzelteile und , wobei auch hier die Frage nach ihrer Beschaffenheit ausgeklammert bleiben muß. Sie sind aber in ihrer Eigenschaft als „Basiskrone", d. h. unmittelbar auf dem Kopf aufsitzend, durchaus real denkbar.

Betrachtet man nun alle diese Gebilde Abbildung 3 bis Abbildung 6 und die zahllosen anderen Kronenreliefs der Tempelwände, so kommt man unweigerlich zu dem Schluß, daß diese in ihrem komplexen Aufbau *nicht* zu tragen gewesen waren. Zu den Abbildungen 1 und 2 sowie der bekannten damit zusammenhängenden *ṯnj*-Krone (Abb. 7) habe ich diesbezüglich sehr große Zweifel.

Eine jeweils eindeutige inhaltliche Beziehung von Kronen – auf dem Kopf eines Gottes oder eines Königs – und der Gabe selbst konnte ich bisher nur für die *ṯnj*-Krone sowie die

---

2 H. STOCK / K. G. SIEGLER, Kalabsha. Der größte Tempel Nubiens und das Abenteuer seiner Rettung, Wiesbaden 1965, Bildteil Abb. 20 (eventuell Ptolemaios XII., s. S. 61).

3 M.-TH. DERCHAIN-URTEL, op. cit. (Anm. 1), S. 2f.

4 S. dazu I. GRUMACH-SHIRUN, *Federn und Federkrone, in: LÄ II, 142ff.

ḥptj-Krone , also in sehr begrenztem Rahmen herstellen[5]. Diese inhaltlichen Aussagen bestätigen aber nicht ihre Realität, wobei meines Erachtens die *ḥptj*-Krone noch eher als die *ṯnj*-Krone die Bedingungen der Tragbarkeit erfüllt.

Hier stellt sich nun die Aufgabe, den relativ einfachen Kronen, konstruiert auf der Grundlage von  und , mit den anderen genannten Systembausteinen nachzuspüren und ihren Platz in der Realität (oder nur auf der Ebene der Fiktion, als eine theologische Projektion?) herauszufinden. Die Frage nach ihrer Machtsymbolik (Augen, Licht, Stärke, u. a.), die oft sehr differenziert benannt wird, muß hier unberücksichtigt bleiben.

Zu Hilfe kommen uns dabei die überaus zahlreichen und reichhaltigen Ritualszenen. Sieht man einmal z. B. den Gesamtindex von Edfou VIII nach Kronenopfern durch, aber auch andere, so stellt man mit Erstaunen fest, daß nur die *sḫmtj*-Krone und ihr Derivat *ḥptj* oder aber die einzelnen Systembausteine selbst, z. B. *šwtj* „die beiden Federn" oder *wꜣḏtj* „die beiden Uräen", auch als Synonym für *mrtj* „die beiden Augen" verwendet (so z. B. Edfou III, 119,1), als Opfergabe in Frage kommen. Nur diese wurden „gehandelt", als Realia betrachtet, neben anderen durchaus als real anzusehenden Opfern wie Wasserspende, Speiseopfer, Blumen und anderen mehr. Ihnen wurden natürlich auch Metaphern wie die  „Maat" als Opfer zur Seite gestellt, wobei das äußere Erscheinungsbild, d. h. das konkretisierende Relief, für alle Gaben gleich ausfällt und es dabei dem eingeweihten „Leser" überlassen bleibt, zwischen der einen und der anderen Ebene kundig zu unterscheiden.

So stehen sich im Bild die auf durchaus real zu denkenden, da auf einfachen Elementen basierende *sḫmtj*-Krone und ihre Varianten sowie die anderen oben gezeigten Gebilde gegenüber, die auch gar nicht aus den Texten heraus zu benennen sind und die somit viel eher eine „Situation" als Fiktion denn eine immer wiederholbare Realität verkörpern.

Von besonderem Interesse sind nun hier für uns eben diese ausdrücklich als Opfergaben benannten Kronen bzw. Kronenteile, die in- und aneinander gefügt erscheinen. Diese Texte aus griechisch-römischer Zeit bieten eine breite Palette von „Beschreibungen" dieser Objekte, die weit über das bis zu dieser späten Zeit Bekannte hinausgehen.

Die Textzeugen des Mittleren Reiches und des Neuen Reiches stellen sich in relativ einförmiger Weise dar. Meist handelt es sich um Beschreibungen von Götterbildern, so neben vielen anderen möglichen Beispielen in einer Hymne an Osiris (MR): „Herr der beiden Hörner, hoch an Atefkronen, dem die *wrrt*-(Schlange) gegeben ist *nb ꜥbwj ḳꜣ ꜣtfw rdjj n.f wrrt*"; dazu aus der 18. Dynastie aus einer anderen Osirishymne: „Horus, der ge-

5 M.-TH. DERCHAIN-URTEL, Die *ḥptj*-Krone  in Edfu und ihre Varianten, in: Die Inschriften des Tempels von Edfu, Begleitheft 4, 1994, S. 25ff.

krönt/umwunden (*mḏḥw*) erscheint ... die Weiße bleibt auf seinem Kopf *Ḥḏt mntj m tp.f*"; Stele des Haremhab (an die Sonne gerichtet): „Schöner Jüngling, gekrönt an der Stirn, die beiden Schlangen vereinigen sich auf deinem Kopf *ḥwn nfr ṯs m wpt* (*sšd* „das Diadem" wird hier vorausgesetzt) *snsn wꜣḏtj m tp.k*"; dazu aus dem Hibistempel: „Der große Falke ... Herr der beiden Federn *nb šwtj*", und viele andere mehr[6].

Die wohl ausführlichste Beschreibung eines Götterbildes im Neuen Reich, nämlich des Amon, im Papyrus Boulaq 17, III,1 kann hier nicht in voller Länge wiedergegeben werden und stellt wohl eher auch eine Ausnahme dar.

All dies betrifft das ideale Götterbild insgesamt, wie es im Tempel als Kultbild existiert haben mag. Ausschließliche Beschreibungen von Kronen spielen dabei entgegen den Aussagen aus griechisch-römischer Zeit nur eine sehr geringe Rolle.

Sehen wir uns nun die Kronenopfer im engeren Sinne an, d. h. als Gabe im Ritual. Was wurde tatsächlich dargebracht, gleichwertig zu Speisen, Wein oder Blumen? Wie eingangs kurz erwähnt, werden nur die *sḫmtj*-Krone, also der Pschent (eine Bezeichnung, die in den Tempeltexten als *pꜣ-sḫmtj* übrigens nur höchst selten erscheint) als auch seine Einzelteile, benannt als *Šmꜥ* und *Mḥw*, sowie ihr Derivat *ḥptj* dargebracht, neben den einzelnen Systembausteinen, die in- und aneinander gefügt erscheinen.

Bei den oben genannten Kronen sowie deren Einzelteilen machte man sich nun daran, deren Position zueinander genau zu definieren. Kamen dazu, wie oben gesehen, im Mittleren und im Neuen Reich und noch in der späteren Zeit wenige Termini dafür in Frage wie *mḏḥ, mn m tp.f, ṯs m wpṯ* oder *snsn ... m tp.k* und wenige andere, so ist demgegenüber ab Edfu, d. h. ab der frühen Ptolemäerzeit und dann durchgängig bis zu Ptolemaios XII. in Dendera eine dynamisch anwachsende Zahl neuer Termini zur „Lagebeschreibung" festzustellen, die es erlauben, die Realität dieser Kronen in manchmal ungewöhnlichen, ja gewagten sprachlichen Bildern als gesichert anzusehen. Die Texte aus Esna fügen diesem Befund nichts Neues hinzu, noch weniger ist dazu den Texten aus Deir Chelouit zu entnehmen.

Verwendet werden zu diesen Beschreibungen bekannte transitive oder wenige intransitive Verben im Imperativ, als finite Verbform, Pseudopartizip oder Partizip Passiv neben ergänzenden adverbialen Ausdrücken. Die bekanntesten Opfertermini wie *rdj, sꜥr, ỉnj, mn* oder *ḥnk* (dies mit einer Ausnahme) finden bei der folgenden Aufzählung keine Berück-

6 P. PIERRET, Recueil d'inscriptions inédites du Musée Egyptien du Louvre II, Paris 1878, S. 60, C 30; A. MORET, La Légende d'Osiris à l'époque thébaine d'après l'hymne à Osiris du Louvre, in: BIFAO 30, 1931, S. 745, 18f.; Stele an Horus, Thot und Maat (British Museum 551): R. HARI, Horemheb et la reine Moutnedjemet, Genf 1964, S. 94, Abb. 26, Z. 12f.; N. DE GARIS DAVIES, The Temple of Hibis in El Khargeh Oasis, Part III, New York 1953, Tf. 30.

sichtigung, da sie nichts zur allgemeinen Beschreibung der Positionen selbst der einzelnen Elemente beitragen.

- *(s)mn* „befestigen“: *smn ḫptj.f m tp.f* „der seine *ḫptj*-Krone auf seinem Kopf befestigt“ (Dendara II, 85,12f.); *smn.j ntj m wpt.k* „ich befestige die Rote auf deinem Scheitel“ (Edfou XV, 42,5); *w3ḏtj mn m ḥ3t.k* „die beiden Uräen bleiben (befestigt) an deiner Stirn“ (Dendara VIII, 135,16);

- *(s)ṯnj* „erheben/erhöhen“: *sṯnj ḥ3t.f m nṯrtj* „erhaben ist seine Stirn mit den beiden Göttinnen (= Uräen)“ (Edfou IV, 255,2); *ḥr ṯnj ḥ3t.f m sḫmtj* „um seine Stirn mit den beiden Mächtigen (= Uräen) zu erhöhen“ (Edfou III, 119,1);

- *dmḏ* „vereinigen“: *(mn n.ṯ) Ḥḏt dmḏ r ntj* „(nimm dir) die Weiße, vereinige sie mit der Roten“ (Dendara II, 123,1); *3ḫtj.k dmḏ m šwtj m tp.k* „deine *3ḫtj*(-Augen) sind als (?) die beiden Federn mit deinem Kopf vereint“ (Dendara IX, 87,4); *Šmꜥ Mḥw dmḏ ḥr šwtj.ṯ itn imitw ꜥbwj.ṯ* „die oberägyptische und die unterägyptische Krone sind mit deinen beiden Federn vereint, die Sonnenscheibe (befindet sich) zwischen deinen Hörnern“ (Dendara IX, 87,14f.);

- *mḏḥ* „umwinden“: *sšd ... mḏḥ.n.f ḥꜥt.ṯ* „das Diadem ... es umwindet deine Stirn“ (Dendara II, 113,1); *irt.k tn ... mḏḥ.tw r tp.k* „dein Auge (= Uräus) ... es ist um deinen Kopf gewunden“ (Edfou IV, 89,4f.); *ḥr mḏḥ ḥnwt.f m Ḥrjt.tp ... mḏḥ tp.s m nfrw* „um seine Herrin mit der Stirnschlange zu umwinden ... umwunden ist ihr Kopf mit Schönheit“ (Dendara II, 113,5);

- *sm3* „zusammenfügen“: *w3ḏtj pw . . sm3* (Imp.) *sn m tp.k* „es sind die beiden Uräen ... füge sie zusammen auf deinem Kopf“ (Dendara IV, 75,2); *Šmꜥ.s ... Mḥw.s šm3.j st m wꜥ sḫmtj ḥr wpt.k* „die oberägyptische ... und die unterägyptische Krone ... ich füge sie als die eine *sḫmtj*-Krone auf deinem Scheitel zusammen“ (Edfou Mam. 97,12);

- *snsn* „aneinanderfügen“: *ntj sṯnj snsn.sn m ḥ3t.ṯ šwtj dmḏ r-gs.sn* „die Rote und die Hohe fügen sich auf deiner Stirn aneinander, die beiden Federn sind an ihren Seiten vereint“ (Dendara II, 113,2); *Nfrt Ntj snsn wꜥt r snw.s* „die Schöne und die Rote sind, die eine mit ihrer anderen, ineinander gefügt“ (Dendara IX, 87,3f.);

- *ḫnm* „verbinden“: *Ḥrjt-tp ḫnm.tw m wpt.ṯ* „die Stirnschlange ist mit deinem Scheitel verbunden“ (Dendara II, 113,1); *w3ḏtj ... ḫnm* (Imp.) *st m ḥ3t.k* „die beiden Uräen ... verbinde sie mit deiner Stirn“ (Dendara IV, 75,1);

- *sḫn* „umfassen“: *sḫn tp.k m-ḫt wnwtj* „umfaßt ist dein Kopf mittels der beiden Ringelschlangen“ (Edfou VIII, 142,1); *w3ḏtj ... sḫn.k st ḥr tp n s3.k* „die beiden Uräen ... du umfaßt sie (setzt sie) auf den Kopf deines Sohnes“ (Edfou VII, 283,3);

- *w3ḥ* „legen“: *šwtj... w3ḥ(.j) s(w) ḥr ḥn.k* „die beiden Federn ... (ich) lege sie auf deinen Kopf“ (Edfou IV, 89,13); *wꜥḥ.j sḫmtj r-imitw wpt.k* „ich lege die Doppelkrone zwischen deinen Scheitel“ (Dendara VI, 127,5);

- *ṯs* „knüpfen“: *w3ḏtj ... ṯs.tw r ḏ3ḏ3.k* „die beiden Uräen ... sie sind geknüpft an deinen Kopf“ (Edfou VIII, 141,13);

- *inḳ* „umfassen“: *inḳ* (Imp.) *n.k Ntj* „umfasse die Rote für dich“ (Dendara III, 89,14);

- *rmn/tw3* „herbeibringen/erheben“: *ḥr rmn Ḥrjt-tp ḥr tw3 Mḫnt* „die Stirnschlange herbeizubringen, die Ringelschlange zu erheben“ (Edfou V, 177,2f.).

Die hinzugefügten Präzisierungen *ṯnj m tp.s* sowie *ḥr Ntj* weisen dabei auf den „aufgerichteten Kopf“ der Uräusschlange wie auch die Position der Ringelschlange vorne „an der Roten“ hin.

Diese zwölf aufgeführten Verben stehen im normalen transitiven Gebrauch und sind im einzelnen als Handlung nachvollziehbar. Dazu treten weitere, auch transitive Verben, die aber den bekannten Sprachgebrauch erheblich ausdehnen:

- *iṯj* „ergreifen“: *šwtj ... iṯj.n.k r tp.k* „die beiden Federn ... die du auf deinen Kopf ergriffen hast“ (Dendara II, 181,1); *iṯj nbtj m wpt.f* „(Horus) der die beiden Herrinnen auf seinen Scheitel ergriffen hat“ (Dendara II, 181,5);

- *mḥ* „füllen“: *mḥ ḥ3t.f m sḫmtj* „angefüllt ist seine Stirn mit der Doppelkrone“ (Dendara III, 89,8);

- *itḥ* „ziehen“: *itḥ* (Imp.) *šwtj.k m ḥrt* „ziehe deine beiden Federn nach oben“ (Dendara II, 85,8; s. dazu u.);

- *ꜣbḫ* „vermischen“: *wnmjt ꜣbḫ.tw r iꜣbjt* „das rechte Auge ist mit dem linken vermischt“ (Edfou VIII, 141,16); *ij Nfrt ... ꜣbḫ* (Imp.) *n.s Ntj* „es kommt die Schöne ... vermische sie mit der Roten“ (Edfou V, 176,13f.);

- *ꜥn* „zurückwenden“: *ḥptj ... ꜥn.j s(w) r tp.k* „die *ḥptj*-Krone... ich wende sie zurück/um auf deinen Kopf“ (Edfou IV, 246,5);

- *ḥnk* „(be)schenken“: *tp.k ḥnk m sḫmtj* „dein Kopf ist beschenkt mit der Doppelkrone“ (Edfou XV, 42,3);

- *swꜣš* „(ver)ehren“: *Ḥḏt Ntj ... swꜣš ḥꜣt.f m sḫmtj* „die Weiße und die Rote ... seine Stirn mit der Doppelkrone (ver)ehren“ (Edfou XV, 148,12).

Gerade diese letzten sieben Beispiele zeigen, welch großer semantischer Wandel in einzelnen Fällen von der klassischen Zeit bis zur griechisch-römischen Zeit stattgefunden hat. Dies zu verdeutlichen erscheinen diese Verben hier in ihrer seit alters geläufigen Bedeutung, wobei die vorgelegten Übersetzungen hier reinen Arbeitscharakter haben, d. h. daß für eine zeitgemäße und inhaltlich adäquate Wiedergabe andere Formulierungen gefunden werden müßten, die aber im vorliegenden Fall die Dynamik und die Kreativität, auch die Sorge um die Präzision des Ausdruckes, verschleiern würden, die es ja gerade hier zu zeigen gilt.

Neben diesen transitiven werden auch einige wenige intransitive Verben verwendet, um die Positionen der einzelnen Systembausteine der Kronen zueinander darzulegen:

- *tis* „sich niederlassen“: *šwtj ... tis.sn /// m wrt-ḥkꜣw* „die beiden Federn ... sie lassen sich nieder als (?) die Große Zauberreiche“ (Edfou II, 295,10f.); *Ḥḏt dmḏ r Ntj ... imi-ḫt wꜥt ḥnꜥ wꜥt im.sn tis.sn ḥr tp.k m sḫmtj* „die Weiße und die Rote sind vereinigt ... nachdem die eine mit der einen (= anderen) ineinander (sind), lassen sie sich auf deinem Kopf als Doppelkrone nieder" (Edfou V, 101,6f.);

- *snḏm* „sich niederlassen“: *ḥr twꜣ Ntj ... ḥr snḏm Nfrt m-ḫnt.s* „die Rote zu erheben ... die Schöne vor ihr (= auf ihrer Stirn) niederzulassen“ (Edfou VII, 126,2f.).

Der Bezugspunkt auf dem Kopf des Trägers ist dabei also in folgender Weise benannt: *tp* „Kopf", *wpt* „Scheitel/Mitte", *ḥ3t* „Stirn", *hn* oder auch *ḏ3ḏ3* ebenfalls „Kopf" sowie (*m-*) *ḫnt* „vor" bzw. „vorn".

Dabei ist die gegenseitige Abgrenzung von *tp*, *wpt* und *ḥ3t* sowie der anderen Termini nicht immer klar zu scheiden. Nehmen wir z. B. *smn*, so erscheint hier *tp* „der Kopf" allgemein als der Ort, auf welchem die *ḥptj*-Krone befestigt werden soll. Handelt es sich um die „Rote", d. h. um den unteren Teil dieser *ḥptj*-Krone, sitzt sie präziser „auf dem Scheitel" *wpt*, was ja auch der Realität entspricht, da nur die unterägyptische Krone in direkten Kontakt mit dem Kopf tritt. Die *w3ḏtj* „Uräen" sind entsprechend ihrer bekannten Stellung „an der Stirn" *ḥ3t*, nämlich vorne an der Krone, befestigt.

Nun sind aber nicht alle Lagebeschreibungen immer in dieser Weise deutlich gekennzeichnet, da die *w3ḏtj* auch auf dem „Kopf" *tp* „zusammengefügt" sein können (*sm3*; s. dazu auch *sḫn*), und die Doppelkrone *sḫmtj* ist „zwischen deinen Scheitel" plaziert (*w3ḥ*), was die präzisierende Aussage *r-imitw wpt.k* nahe zu legen scheint.

Ohne Angabe des Ortes kann auch nur das Verhältnis der ober- und unterägyptischen Krone zueinander verdeutlicht werden, so mit den Worten: „Die Schöne und die Rote sind, die eine mit ihrer anderen, ineinander gefügt", d. h. tatsächlich ineinander gesteckt (*snsn*), so wie auch „die Schöne mit der Roten vermischt" werden soll (*3bḫ*).

Eine Ausweitung der Lagebeschreibung mit einer weiterreichenden und überraschenden Präzisierung liegt ebenfalls vor mit der Aussage, „die Rote und die Hohe fügen sich auf deiner Stirn aneinander, die beiden Federn sind an ihren Seiten vereint" *r gs.sn* (*snsn*), d. h. daß dieser Text ganz deutlich auf die Position der Federn rechts und links der „Stirn" *ḥ3t* hinweist.

Die hier vorgelegten Textbeispiele sind aus der Fülle des Materials herausgegriffen und keinesfalls als erschöpfend anzusehen. Auch sind dies nur kurze Texte, die von den sprachlichen Bemühungen Zeugnis ablegen, in griechisch-römischer Zeit über die aus früheren Epochen bekannten Möglichkeiten der örtlichen Zuordnung der einzelnen Kronenelemente, ausgedrückt mittels *smn*, *dmḏ* oder *snsn*, hinauszugehen.

Auf diesem Wege gelangten dann die gelehrten Tempelschreiber dazu, immer präzisere Aussagen zu formulieren, von denen einige höchst bildhafte, fast poetisch zu nennende, hier angeführt werden sollen:

- *ij Ḥḏt r bw ḫr Ntj dmḏ m bw wꜥ 3bḫ pḫ3 m-ꜥb snw.s* „es kommt die Weiße an den Ort, wo die Rote ist, vereinigt an einem Ort, der eine Teil vermischt sich mit seinem zweiten" (Edfou IV, 254,12f.);

- *Ḥrjt-tp mḏḥ.n.s wpt.ṯ ir.s st.s imitw inḥwj.ṯ* „die Stirnschlange umwindet deinen Scheitel, sie bereitet (sich) ihren Platz zwischen deinen Augenbrauen" (Dendara Mam. 194,9);

- *psḏ m Šmꜥ.s Mḥw.s dmḏ wpt m tp.s šwtj itn*  *imitw.sn* „erscheinen mit der ober und der unterägyptischen Krone, verbinden deren Scheitel/Mitte mit ihrem (= Hathors) Kopf, die beiden Federn und die Sonnenscheibe sind mitten darin" (Dendara VIII, 83,8).

Hier sei besonders auf die Schreibung  für *itn* hingewiesen, d. h. eine Kompositschreibung der Sonnenscheibe und des Kuhgehörns, als neue Einheit begriffen. Die Tafel Dendara VIII, 806 links bietet eine weiterführende Illustration dazu, da diese neue graphische Einheit  *itn* in ein als bekannter Einzelbaustein der Krone zu bewertendes weiteres Kuhgehörn  eingefügt erscheint und so die Darstellung  entsteht.

- *sšd mḏḥ.n.f ḥ3t.ṯ Ḥrjt-tp ẖnm.tw m wpt.ṯ Ntj sṯnj snsn.sn m ḥꜥt.ṯ šwtj dmḏ r-gs.sn* „das Diadem umwindet deine Stirn, die Stirnschlange ist vereint mit deinem Scheitel/Mitte(lpunkt), die Rote und die Hohe fügen sich auf deiner Stirn aneinander, die beiden Federn sind an ihren Seiten vereint" (Dendara II, 113,lf.). Die dazugehörige Tafel 117 bietet dazu die perfekte Illustration mit dem Diadem und der Uräusschlange, die sich um die Doppelkrone winden; siehe dazu auch Tafel Dendara VIII, 806 rechts.

- *Ḥḏt dmḏ r Ntj ... šwtj itn*  *ꜥbwj pḏ ḥntj dmḏ r-ḥnꜥ.sn* „die Weiße und die Rote sind vereint ... die beiden Federn, die Sonnenscheibe, die ausgestreckten Hörner (= Rinderhörner) und die Widderhörner sind mit ihnen zusammen vereint" (Dendara II, 123,lf.). Auch hier wird *itn*  im Bild (Tf. 121) mit der erweiterten Form  geschrieben, d. h. folgerichtig erscheint es wiederum in ein zweites Kuhgehörn versetzt (s.o.).

Den Abschluß all dieser Texte soll folgende Beschreibung einer *ḥptj*-Krone bilden:

- (an Horus): *mn n.k Šmꜥ.s ẖnm.k Mḥw.s itḥ šwtj.k m ḥrt ꜥbwj pw pḏ im.sn m3ꜥt m-ḥ3 Mḥw.s* „nimm dir die oberägyptische Krone, verbinde sie mit der unterägyptischen Krone, ziehe deine Federn nach oben (= richte sie auf), die beiden Hörner sind es, die zwischen ihnen ausgestreckt sind, und die Maatfeder befindet sich hinter der unterägyptischen Krone" (Dendara II, 85,7-10). Die Darstellung Tafel 114 entspricht genau dieser Positionsbeschreibung der einzelnen Elemente, besonders hinsichtlich der tatsächlich hinter der unterägyptischen Krone in voller Höhe aufgerichteten Feder der Maat, auch als „Feder des Schu“ benannt, wie sie als wesentlicher Bestandteil zur *ḥptj*-Krone gehört[7].

Wir haben hier eine vollständige, am Material direkt nachzuvollziehende Kongruenz von Wort und Bild vorliegen, die offensichtlich die Absicht verfolgt, Realitäten wiederzugeben, die man erst einmal gar nicht geneigt wäre, den abgebildeten Objekten, d. h. den Kronen zuzubilligen, sondern sie eher pauschal wie die anderen eingangs gezeigten komplizierten Kompositkronen als Fiktion abtun möchte. Die Sprache aber in ihrer Präzision zieht hier eine Trennungslinie und läßt erkennen, daß diese „Mitteilungen“ dem kundigen Leser einer Tempelwand signalisieren, welche Kronen auf dem Kopf zumeist der Götter mit der allergrößten Wahrscheinlichkeit tatsächlich als konkrete Gabe im Ritual oder aber als Götterschmuck begleitend zu allen anderen Ritualthemen betrachtet werden können, vielleicht sogar müssen, welche anderen komplizierten Kompositkronen dagegen nur vordergründig, auf der Ebene des für alle gleichen Reliefs, dem Leser entgegen treten, ohne aber je eine „gelebte“ Realität vorweisen zu können.

Dazu sei aber festgehalten, daß nicht eine reale Krone oder auch nur ein Kronenfragment bisher je erhalten und überliefert worden ist. Kein einziges Museum bewahrt ein solches reales Zeugnis auf, was bei dem unendlichen Reichtum aller archäologischen Zeugnisse, die auch Szepter, Kleider und Ritualgegenstände einschließen, höchst erstaunen läßt und so sehr nachdenklich stimmt. Hat es diese Kronen denn nun tatsächlich gegeben?

Nicht Spekulationen, nur Tatsachen in Form entscheidender und eindeutiger Funde können vielleicht eines Tages diese Frage beantworten.

Exkurs:

Die Rückwand der inneren Umfassungsmauer des Tempels von Kalabsha bietet eine sehr auffällige Darstellung der Doppelkrone „in Frontansicht“ (Abb. 8)[8]. Der untere Teil dieser Krone, d. h. die rote unterägyptische Krone  sitzt auf einer noch konventionell gezeichneten Lockenperücke in Seitenansicht auf; die Krone selbst weist eine nach oben verbreiterte Form auf, mit einem in die Mitte eingefügten Oval, welches wohl die Uräusschlange in der Kronenmitte über der Stirn anzeigen soll.
Darüber erhebt sich die bekannte, sich nach oben verjüngende Form der oberägyptischen Krone, dahinter in voller Kronenhöhe ein nach oben ausladender, von Ecke zu Ecke eingewölbter Teil, dessen Natur und Funktion ich nicht erklären kann, der aber mit Sicherheit

7 M.-TH. DERCHAIN-URTEL, op. cit. (Anm. 5), S. 60f.
8 H. STOCK / K. G. SIEGLER, op. cit. (Anm. 2), Abb. 21.

den steil nach oben weisenden hinteren Teil der roten Krone, sonst nur in Seitenansicht bekannt, darstellen soll.

Liegt hier nun in dieser Darstellung tatsächlich eine Frontalansicht einer Doppelkrone vor, wie H. Stock / K. G. Siegler dies durchaus einleuchtend vermuten, so kann dies nur darauf hinweisen, daß zur Zeit des Augustus der Versuch gewagt wurde, eine „moderne“ Wiedergabe eines bekannten Objektes zu bieten, da diese Darstellung in keiner Weise primär den bei allen anderen bekannten und tausendfach wiederholten Kronendarstellungen vermittelten Symbolgehalt dieser Doppelkrone thematisiert, sondern dem Betrachter unmittelbar ein Bild bietet, welches ihm sofort verständlich, da geläufig ist.

So kann dieses Zeugnis durchaus auf der Habenseite einer möglichen Existenz zumindest dieser Doppelkrone verbucht werden, wenn davon auch die oben aufgeworfene grundsätzliche Frage nach der Realität aller Kronen weder eine Einschränkung noch eine Bestätigung erfährt.

Abschließend eine letzte Überlegung: Eine ägyptische Krone, und besonders auf dem Kopf des Königs, muß als Zeichen, als eine Botschaft begriffen werden. Wir alle kennen die Darstellungen von Heiligen auf mittelalterlichen Altarbildern, mit ihrem goldenen Heiligenschein, der ihnen in den Augen des Betrachters (und nur dafür sind sie gedacht) sofort ihre herausgehobene Stellung aus ihrer Umgebung verleiht, Zeichen eines Sterblichen unter anderen Sterblichen, welches diesen aber dennoch über die anderen erhebt.

Der Betrachter dieser Altarbilder begreift diese Botschaft sofort, er versteht sie, er „liest“ sie und versetzt diese Person sogleich in eine andere Sphäre, die Sphäre des Göttlichen, selbst wenn er vielleicht die entscheidenden Details in der Vita dieses Heiligen nicht kennt. Ohne wirkliche Existenz sind diese Heiligenscheine doch „wahr“ in dem Maße, in dem man die Ebene des Zeichens zuläßt, auf welcher sich jegliche Botschaft bewegt.

Ägyptische Krone oder christlicher Heiligenschein – die Absicht der Darstellung – unabhängig vom kulturellen und historischen Kontext – ist die gleiche, nämlich eine präzise Information in einem gegebenen religiösen Kontext, eine Ideenübertragung, auf den „Leser“ der Botschaft gerichtet, um noch besser die Mittlerrolle des Königs (oder aber des Heiligen) zu betonen zwischen der diesseitigen Welt, zu welcher er unleugbar gehört, und jener der Unsterblichen, der Götter, zu denen nur er, der König, selbst sterblich, Zugang hat.

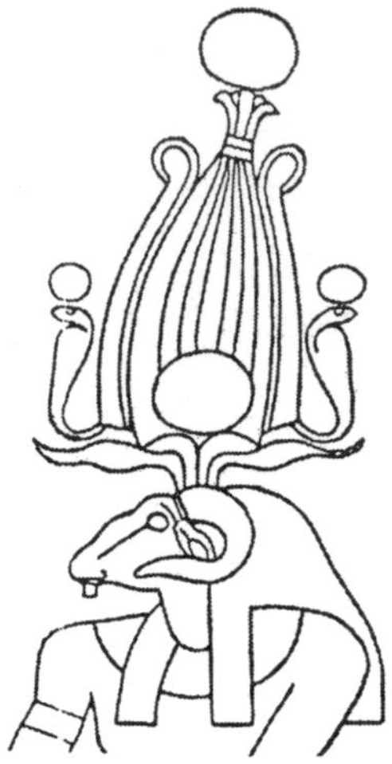

Abb. 1 (Esna 4)

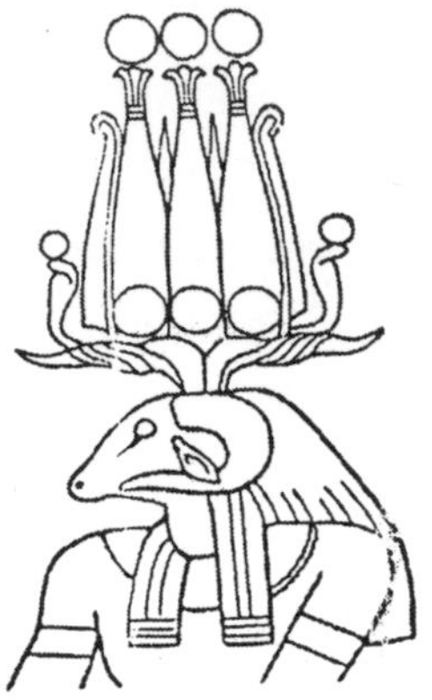

Abb. 2 (Esna 8)

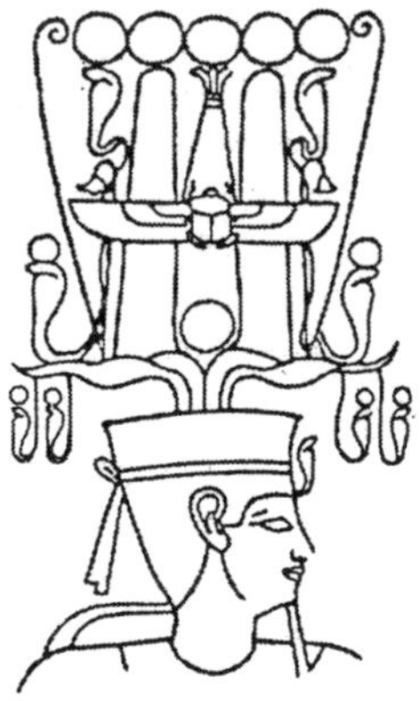

Abb. 3 (Esna 6)

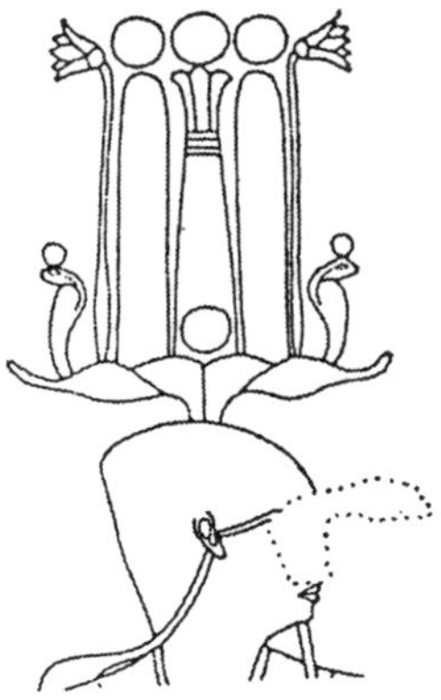

Abb. 4 (Esna 476)

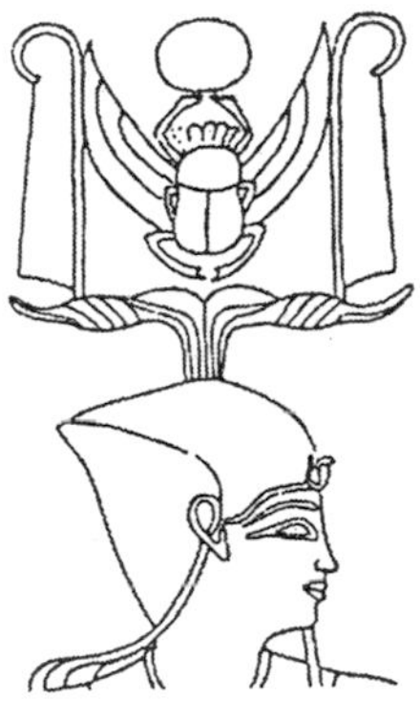

Abb. 5 (Esna 489)

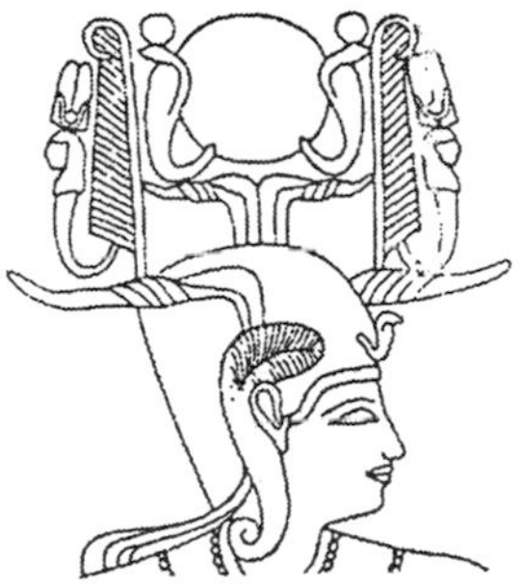

Abb. 6 (Esna 502)

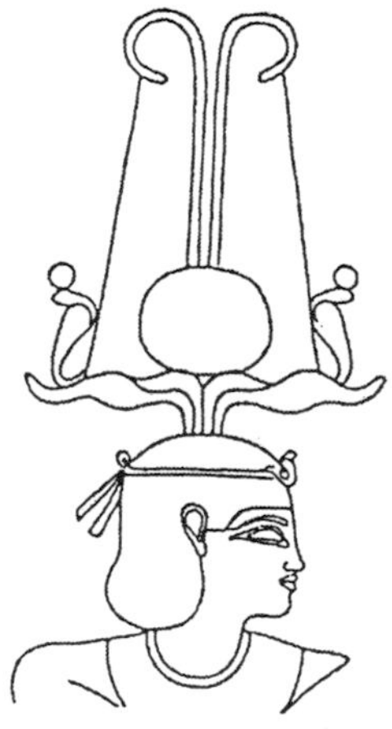

Abb. 7 (Esna 495)

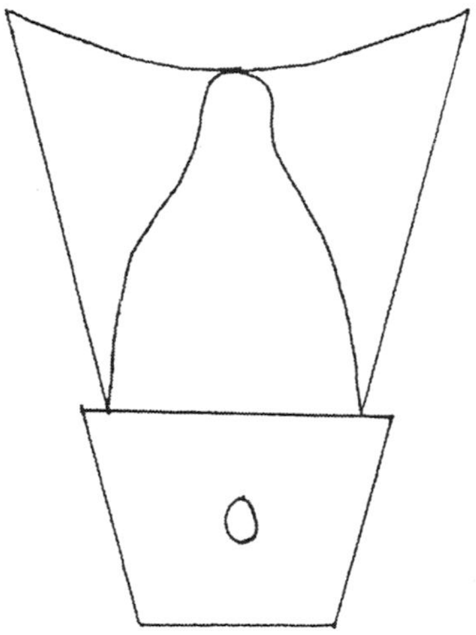

Abb. 8 (nach: H. STOCK / K. G. SIEGLER, Kalabsha. Der größte Tempel Nubiens und das Abenteuer seiner Rettung, Wiesbaden 1965, Bildteil Abb. 21)

Substanz und Symbolik. Überlegungen zur Darstellung und Verwendung des Halskragens im Tempel von Edfu[1]

Arno Egberts

Der Ritus des Darreichens des Halskragens hat in den letzten zwanzig Jahren das Interesse verschiedener Ägyptologen erregt. Es sind zu diesem Thema unter anderem Studien von Tohfa Handoussa, Richard Beaud und Erhart Graefe erschienen. Der Artikel von Handoussa bezieht sich auf die Ritualszenen des Neuen Reiches[2], während Beaud in seinem Artikel einige Szenen im Tempel von Dendara behandelt[3]. Graefe hat in seinem Beitrag zur Festschrift für Philippe Derchain die Verarbeitung von Spruch 600 der Pyramidentexte in den Texten des Halskragenopfers untersucht[4]. In dem folgenden Beitrag werde ich mich auf den Tempel von Edfu beschränken. Ich tue dies mit Absicht, weil ich überzeugt bin, daß die Dekoration eines einzelnen Tempels als ein selbständiges System aufgefaßt werden sollte. Dieses System ist zum Teil von der rituellen Praxis abhängig. Weil es in der rituellen Praxis der unterschiedlichen Tempel viele Übereinstimmungen gibt, haben die verschiedenen Dekorationssysteme auch viele Elemente gemeinsam. Dennoch wird die Bedeutung eines Elementes in hohem Maße von seinem Kontext, also von seinem Platz innerhalb eines Systems bedingt. Wenn wir die Ritualszenen als Wörter betrachten, dann formen die Tempelwände die Sätze und die gesamten Tempel die Texte, welche von mehreren Autoren geschrieben wurden. Und wie wir ja wissen, können unterschiedliche Autoren denselben Wörtern verschiedene Bedeutungen zumessen.

In den Ritualszenen des Tempels von Edfu gibt es drei verschiedene Objekte, die im ägyptologischen Sprachgebrauch Halskragen genannt werden. Erstens der Blätterkragen, bei dem es sich eigentlich um eine Leiterkette aus Blättern handelt (Abb. 1A[5]). Wenn wir nach den vorhandenen Zeichnungen urteilen, die leider nicht immer

---

1 Der vorliegende Text ist eine überarbeitete Fassung meines Vortrages auf der 5. Tempeltagung in Iphofen am 25. September 1999. Ich danke Chris Reintges für die Korrektur meiner Vorlage.

2 T. HANDOUSSA, Le collier *ousekh*, in: SAK 9, 1981, S. 143-150.

3 R. BEAUD, L'offrande du collier-*ousekh*, in: S. Israelit-Groll (Hrsg.), Studies in Egyptology Presented to Miriam Lichtheim I, Jerusalem 1990, S. 46-62.

4 E. GRAEFE, Über die Verarbeitung von Pyramidentexten in den späten Tempeln (nochmals zu Spruch 600 (§1652a-§1656d: Umhängen des Halskragens)), in: U. Verhoeven u. E. Graefe (Hrsg.), Religion und Philosophie im alten Ägypten. Festgabe für Philippe Derchain zu seinem 65. Geburtstag am 24. Juli 1991, OLA 39, Leuven 1991, S. 129-148.

5 Edfou X, Tf. 119 = V, 169.16-170.8. Weitere Beispiele: Edfou IX, Tf. 11 = I, 38.5-13; IX, Tf. 18 = I, 97.6-16; IX, Tf. 26a = I, 243.4-12; IX, Tf. 40b = II, 53.3-12; IX, Tf. 63 = III, 183.8-184.2; X, Tf. 85 = IV, 109.9-111.2; X, Tf. 91 = IV, 265.9-267.5; X, Tf. 107 = IV, 377.5-18; X, Tf. 119 = V, 169.16-170.8; X,

ganz zuverlässig sind, schwankt die Zahl der Stränge von fünf bis zehn, wobei der Blätterkragen mit neun Strängen am häufigsten vertreten ist. Von den Strängen hängen Blätter herab. In den zugehörigen Texten wird dieser Halskragentypus öfters *wsḫ n g3b.t psḏ.t*, „Neunblätterkragen", genannt. Die neun Blätterreihen stellen eine partielle Erklärung für die Symbolik dieses Gegenstandes dar, welcher in den Texten mit der Neunheit von Heliopolis gleichgesetzt wird. Die Phraseologie ist stark von Spruch 600 der Pyramidentexte beeinflußt, in dem die heliopolitanische Kosmogonie dargelegt wird[6].

Der Name „Neunblätterkragen" findet sich nicht in den Titeln der Ritualszenen, in denen gewöhnlich vom Darreichen oder Umhängen eines *wsḫ* ohne weitere Zusätze die Rede ist. Es gibt allerdings drei Ausnahmen, deren Titel einen *wsḫ n ib.w*, d. h. einen „Halskragen aus *ib*-Pflanzen" erwähnen[7]. In den Texten dieser Szenen werden neben den *ib*-Pflanzen auch *tḫ*-Pflanzen als Material des Halskragens genannt[8]. Diese Pflanzenarten lassen sich aber nicht mit Sicherheit identifizieren. Im Unterschied zu den gewöhnlichen Blätterkragen betonen die Texte zum Darreichen des *ib*-Blätterkragens den Wohlgeruch dieses Schmuckes. Folglich bezeichnen die Wörter *ib* und *tḫ* wohlriechende Pflanzen.

Wie der gewöhnliche Blätterkragen hat der *ib*-Blätterkragen neun Stränge[9]. Darum gibt es keine Unterschiede zwischen den Darstellungen des *ib*-Blätterkragens und denen des gewöhnlichen Blätterkragens. Auffällig ist jedoch, daß das Darreichen des *ib*-Blätterkragens nur für Hathor aufgeführt wird, während das gewöhnliche Blätterkragenopfer in Edfu auf Horus, Amun und die große und kleine Neunheit beschränkt ist.

In einem der Texte wird vermeldet, daß das Darreichen des *ib*-Blätterkragens am 5. Paophi stattgefunden hat[10]. Den Untersuchungen von Wolfgang Waitkus verdanken wir die Erkenntnis, daß die Göttin Hathor von Dendara an diesem Tag aus ihrer Stadt fuhr, um nach einem Aufenthalt in Theben am 18. Paophi in Edfu anzukommen[11]. Der kultische Kontext des *ib*-Blätterkragenopfers läßt sich also mit Sicherheit erschließen. Wegen der Unterschiede in der Phraseologie der Texte und den Rezipienten des Opfers ist es daher angebracht, das *ib*-Blätterkragenopfer und das gewöhnliche Blätterkragenopfer trotz ihrer äußerlichen Ähnlichkeit auseinander zu halten.

Tf. 131 = V, 223.13-224.7; X, Tf. 134 = V, 299.7-18; XIV, Tf. 623 = VII, 120.10-121.7; Edfou Mam., Tf. 13 = 13.15-14.8; Tf. 41:4 = 158.10-18.

6 Siehe oben, Anm. 4.

7 Edfou IV, 377.5; V, 169.16; V, 223.13.

8 W. WAITKUS, Eine Fahrt der Hathor von Dendera nach Edfu im Monat Paophi?, in: GM 135, 1993, S. 109, Anm. 23.

9 Edfou IV, 377.7.

10 Edfou V, 223.16.

11 WAITKUS, in: GM 135, 1993, S. 105-111; ID., Zur Deutung von zwei Besuchsfesten der Göttlichen Stätte (*j3t-nṯrjt*) von Edfu, in: R. Gundlach u. M. Rochholz (Hrsg.), 4. Ägyptologische Tempeltagung, Köln, 10.-12. Oktober 1996: Feste im Tempel, ÄUAT 33/2, Wiesbaden 1998, S. 158-164.

Der zweite Halskragentypus in den Ritualszenen von Edfu ist der Hathorkragen, der gleich wie der Blätterkragen eigentlich eine Kette ist (Abb. 1B[12]). Der Hathorkragen verdankt seinen Namen den Hathorköpfen, welche einen Bestandteil seiner Dekoration darstellen. Es gibt aber auch einige Beispiele, in denen dieses Element fehlt[13]. Der Hathorkragen wird öfters *bb.t* genannt[14]. Eine andere Andeutung desselben Objektes ist *iry-ḫḫ*. Im Tempel von Edfu wird der Hathorkragen niemals als *wsḫ* bezeichnet, wie umgekehrt *bb.t* und *iry-ḫḫ* auch nicht als Termini für den Blätterkragen verwendet werden. Im Tempel von Dendara ist aber *wsḫ n nbw*, „Goldkragen", als Bezeichnung des Hathorkragens belegt[15].

Der dritte Halskragentypus in den Ritualszenen von Edfu ist der Falkenkragen, so genannt wegen der Falkenköpfe an seinen Enden (Abb. 1C[16]). In einigen Fällen ruht der Falkenkragen auf einem Untersatz. Wie der Hathorkragen wird der Falkenkragen in Edfu als *bb.t* oder *iry-ḫḫ* und niemals als *wsḫ* bezeichnet. Nicht nur in ihrem Namen, sondern auch in den verwendeten Materialien stimmen der Falken- und der Hathorkragen überein. Den Texten der Ritualszenen zufolge sind beide Halskragentypen aus Gold, Silber und kostbaren Steinen hergestellt. In diesen Texten wird der Glanz der Falkenkragen und Hathorkragen mehrmals mit dem Licht der Sonne und des Mondes verglichen. Die Symbolik dieser Gegenstände ist also durch ihre Substanz bedingt. Eine andere Übereinstimmung zwischen Hathor- und Falkenkragen betrifft die Rezipienten des Opfers in den Ritualszenen von Edfu. Im Falle des Hathorkragens ist dies immer eine Göttin (fünfmal Hathor, einmal Nephthys). Im Falle des Falkenkragens dominieren ebenfalls Göttinnen (siebenmal Hathor, einmal Nephthys), aber in dem Kleidergemach des Tempels von Edfu gibt es auch ein Beispiel eines Falkenkragenopfers für den Gott Horus[17]. Wenn wir diese eine Ausnahme außer Betracht lassen, lassen sich die Übereinstimmungen und Unterschiede zwischen Blätter -, Hathor- und Falkenkragen etwa so zusammenfassen:

Typus	**Name(n)**	**Material**	**Symbolik**	**Rezipient**
normaler Blätterkragen	*wsḫ*	Pflanzen	Neunheit	Gott (besonders Horus)
ibw-Blätterkragen	*wsḫ*	Pflanzen	Neunheit; Wohlgeruch	Hathor
Hathorkragen	*bb.t* und *iry-ḫḫ*	Metall	Licht	Göttin (besonders Hathor)
Falkenkragen	*bb.t* und *iry-ḫḫ*	Metall	Licht	Göttin (besonders Hathor)

12 Dendara III, Tf. 226 = 152.9-153.5. Beispiele im Tempel von Edfu sind: Edfou IX, Tf. 12 = XI, Tf. 228 = I, 46.12-17; IX, Tf. 45a = II, 297.7-15; X, Tf. 105 = IV, 359.10-18; X, Tf. 137 = V, 335.20-336.3; XIV, Tf. 655 = VIII, 2.4-13; Edfou Mam., Tf. 42:1 = 159.6-11.

13 Z. B. Edfou XI, Tf. 228.

14 Vgl. D. BUDDE u. D. KURTH, Zum Vokabular der Bände Edfou V – VIII, in: Die Inschriften des Tempels von Edfu, Begleitheft 4, 1994, S. 10, Nr. 38.

15 Dendara IV, 39.15.

16 Dendara IX, Tf. 900 = 178.10-179.3. Beispiele im Tempel von Edfu sind: Edfou IX, Tf. 17 = I, 69.19-70.9; IX, Tf. 21b = I, 134.8-16; IX, Tf. 40c = II, 84.2-10; IX, Tf. 63 = III, 190.14-191.7; IX, Tf. 64 = III, 175.8-176.2; X, Tf. 88 = IV, 96.8-97.7; X, Tf. 89 = IV, 252.9-253.6; X, Tf. 107 = IV, 391.4-14.

17 Edfou I, 134.8-16.

Bis jetzt erscheint alles ziemlich übersichtlich, aber nur deshalb, weil ich eine bestimmte Szene im Tempel von Edfu bei meinen Ausführungen beiseite gelassen habe, die mein schönes Schema in Unordnung bringen würde. Diese Szene ist auf der nördlichen Innenseite der Umfassungsmauer angebracht (Abb. 3, rechts oben). Der dargereichte Gegenstand ist ein Rundkragen, der auf einem gewölbten Untersatz ruht (Abb. 1D[18]). Die Kombination dieser Objekte gleicht vielleicht absichtlich der -Hieroglyphe. In den zugehörigen Texten wird der Rundkragen *wsḫ* genannt, eine Bezeichnung, die, wie wir gesehen haben, in anderen Halskragenopferszenen nur für den Blätterkragen verwendet wird. Außerdem wird der Rundkragen, wie im Falle eines Blätterkragenopfers gebräuchlich, mit der Neunheit von Heliopolis gleichgesetzt. Der Rezipient ist Horus, und auch dies stimmt mit einem Blätterkragenopfer überein. Name, Symbolik und Rezipient weisen also auf einen Blätterkragen hin; nur die Darstellung des Kragens ist abweichend.

Der Rundkragen von Edfu ähnelt den Halskragen in einigen Ritualszenen des Neuen Reiches[19]. In diesen Szenen ist der Halskragen zweifellos aus Metall und kostbaren Steinen hergestellt. Aus den Grabdarstellungen des Neuen Reiches und Funden aus dem Grab des Tutanchamun sind aber auch Pflanzenkragen in derselben Form bekannt[20]. Wir wissen daher nicht, ob der einzige Rundkragen, der im Tempel von Edfu dargereicht wird, aus Metall oder Pflanzen hergestellt war. Wohl ist deutlich, daß die Texte dieser Szene für einen Blätterkragen kennzeichnend sind. Warum hat man dann einen Rundkragen dargestellt? Meiner Meinung nach wird die Antwort auf diese Frage durch den dekorativen Kontext gegeben.

Bekanntlich steht die Dekoration der nördlichen Innenseite der Umfassungsmauer ganz und gar im Zeichen des sogenannten Festes des heiligen Falken am 1. Tybi[21]. Die Liturgie dieses Festes ist im unteren Register der Westhälfte beschrieben[22]. Es stellt sich heraus, daß nach der Wahl des heiligen Falken im sogenannten Falkenhaus eine Prozession zum Tempel stattfand, in der der Falke nach dem Wortlaut der Inschrift „das Königtum aus der Hand seines Vaters Horus empfing". Es folgt eine Aufzählung der aufgeführten Riten: Salbe darbringen, einen Halskragen umbinden, ein Heh-Symbol aus

---

18 Edfou X, Tf. 154 = VI, 333.10-334.7.

19 Z. B. A. M. CALVERLEY u. A. H. GARDINER, The Temple of King Sethos I at Abydos II, London 1935, Tf. 27.

20 R. GERMER, Die Pflanzenmaterialien aus dem Grab des Tutanchamun, HÄB 28, Hildesheim 1989, Tf. III; vgl. S. 10: „Ein großes Stück Papyrus, in Kragenform zurechtgeschnitten, diente als Unterlage. Darauf aufgenäht waren in kreisförmiger Anordnung Reihen von Pflanzenelementen: Blätter, Blüten, Blütenblätter und Früchte. Reihen von aufgefädelten Fayencescheiben waren ein weiteres dekoratives Element."

21 A. EGBERTS, Mythos und Fest: Überlegungen zur Dekoration der westlichen Innenseite der Umfassungsmauer im Tempel von Edfu, in: R. Gundlach u. M. Rochholz (Hrsg.), 4. Ägyptologische Tempeltagung, Köln, 10.-12. Oktober 1996: Feste im Tempel, ÄUAT 33/2, Wiesbaden 1998, S. 23-24.

22 Edfou VI, 102.3-103.3; D. KURTH, Treffpunkt der Götter: Inschriften aus dem Tempel des Horus von Edfu, Zürich u. München 1994, S. 232-233.

Gold darbringen, die Anch- und Was-Amulette geben und Zweige geben. Nach diesem Ritual gab es eine Prozession zurück zum Falkenhaus, in dem ein großes Speiseopfer dargebracht wurde. Diese Riten sind dargestellt im unteren und mittleren Register der Nordwand (Abb. 3-4).

Das obere Register kann man als die symbolische Ausdeutung des Festrituals auffassen. Der heilige Falke verkörpert nicht nur den König, sondern auch den Urfalken des Schöpfungsmythos' von Edfu[23]. Deshalb enthält das obere Register einerseits Krönungsszenen und andererseits kosmogonische Szenen. In der Westhälfte steht die Kosmogonie von Edfu im Mittelpunkt. In der Osthälfte werden mittels des Lotos- und Halskragenopfers die Schöpfungsmythen von Hermopolis und Heliopolis in Erinnerung gebracht. Dabei fungiert das Halskragenopfer als ein Scharnier zwischen Kult und Mythos, wurde ja dieser Ritus laut des liturgischen Textes zum Fest des heiligen Falken tatsächlich aufgeführt. Wenn wir diesen Text ernst nehmen – und das sollte man mit liturgischen Texten immer tun –, dann bedeutet dies, daß dem Falken auch tatsächlich ein Halskragen umgehängt wurde. Meiner Meinung nach liefert dies die Erklärung für die abweichende Form des Halskragens in der Szene der Nordwand. Der Kragen, welcher für den Falken benutzt wurde, war ein kleiner Rundkragen, der vielleicht aus Metall hergestellt war, aber die gleiche symbolische Funktion wie der Blätterkragen hatte.

Heilige Vögel, die mit Halskragen geschmückt wurden, sind ja auch in einer bekannten Szene des ptolemäischen Tores vor dem Chonstempel in Karnak belegt[24]. Über den dort abgebildeten Falken, Geier und Ibis wird in den dazugehörigen Texten gesagt, daß sie „den Himmel mit einem Kranz um ihren Hals erreichen, während ihre Köpfe mit Myrrhenöl gesalbt sind". Auch wird hierin mitgeteilt, daß sie „ihre Köpfe salben und einen Kranz um ihren Hals binden". In Karnak ist dieses Ritual der heiligen Vögel in das Thotfest vom 19. Thot eingebettet. Das zentrale Thema des Thotfestes ist die Rechtfertigung des Gottes Horus gegenüber seinem Widersacher Seth. So wird dann auch der Blätterkragen in den Texten der einzigen Halskragenopferszene auf dem Tor als ein Kranz der Rechtfertigung betrachtet[25]. Der Kranz der Rechtfertigung ist normalerweise für das Haupt bestimmt, aber es gibt auch Belege, wo dieser Gegenstand mit dem Hals und der Brust assoziiert wird[26].

Das Ritual der heiligen Vögel ist ein Bestandteil des *smn iwꜥw* Rituals, d. h. des Rituals der „Feststellung des Erben", dessen Text auf einem Papyrus im Brooklyn Museum überliefert ist[27]. Übrigens handelt es sich dabei nur um die Salbung der Vögel,

---

23 Siehe oben, Anm. 21.
24 P. CLERE, La porte d'Évergète à Karnak, MIFAO 84, Le Caire 1961, Tf. 41.
25 IBID., Tf. 29.
26 P. DERCHAIN, La couronne de la justification: Essai d'analyse d'un rite ptolémaïque, in: CdE 30, 1955, S. 225, Anm. 1.
27 J.-C. GOYON, Confirmation du pouvoir royal au nouvel an [Brooklyn Museum Papyrus 47.218.50], BdE 52 u. Wilbour Monographs 7, Le Caire u. Brooklyn, 1972-1974.

und das Umhängen mit Kränzen wird nicht erwähnt. Das Ritual des Brooklyner Papyrus bezieht sich auf den Neujahrstag und die umliegende Periode. In Edfu ist aber das Ritual in das Fest des heiligen Falken am 1. Tybi eingebettet. Die Salbung der Vögel ist auch im Tempel von Edfu dargestellt, und zwar im Durchgang des Tores, welches vom Pronaos zum Naos leitet[28], sowie im Durchgang des Pylontores[29]. Im Gegensatz zu der ähnlichen Szene in Karnak enthalten jedoch die Szenentexte in Edfu keine Anspielungen auf das Tragen von Kränzen.

Meiner Meinung nach ist die wahrscheinlichste Rekonstruktion der rituellen Praxis in Edfu, daß nur der heilige Falke gesalbt und mit einem Halskragen behangen wurde. Der Kranz sah aus wie in der Darstellung auf der Nordwand der Umfassungsmauer. Seine symbolische Funktion war aber identisch mit der eines Blätterkragens. Vielleicht wurde der Falke nicht mit einem echten Blätterkragen versehen, weil dieser zu groß für einen Vogel war. Meine Behauptung lautet also, daß die Darstellung des Halskragens in diesem Fall eine realistische Wiedergabe der rituellen Praxis ist. Ich vermute, daß dies auch für die anderen Darstellungen des Halskragens in Edfu zutrifft, und daß die Blätter-, Hathor- und Falkenkragen Realia des Tempelkultes gewesen sind. Diese Vermutung wird durch die materiell belegten Leiterketten des griechisch-römischen Ägyptens bestätigt, welche genauso aussehen wie die Blätterkragen im Tempel von Edfu[30].

In den Texten der Halskragenopferszenen gibt es einige Indizien, daß außer dem Rundkragen des heiligen Falken auch die Leiterkette bei Prozessionsfesten in Edfu verwendet wurde. Der deutlichste Hinweis hierauf ist eine häufige Formel der Szenentexte, die auf eine Stelle in Spruch 600 der Pyramidentexte zurückgreift (Abb. 2): „Du (d. h. Atum) hast deine Arme um sie (d. h. Schu und Tefnut) gelegt in *ʿ-kꜣ* (d. h. „Umarmung“ o.ä.)“. In den Varianten der Ritualszenen wird der Ausdruck *ʿ-kꜣ* immer in solcher Weise geschrieben, daß auch die Lesung *mk* mit der Bedeutung „Fest“ möglich ist[31]. Dies ist ein schönes Beispiel der absichtlichen Ambiguität, welche der ptolemäischen Orthographie gelegentlich zu eigen ist. Diese Zweideutigkeit läßt sich nur mit der Annahme erklären, daß die Leiterketten während Prozessionsfesten zum Schmuck der Götterbilder verwendet wurden.

Nach dieser synchronen Betrachtung des Halskragenopfers im Ritualsystem von Edfu möchte ich auch dem diachronen Aspekt einige abschließende Bemerkungen widmen. Bei den Halskragenopferszenen des Neuen Reiches handelt es sich immer um einen Rund- oder Halbrundkragen mit oder ohne Falkenköpfe. Wo die Farben erhalten sind, ist der Kragen gelb bemalt, was auf einen Metallkragen hinweist. Die Falkenkragen der Ritualszenen im Tempel von Edfu sind die Nachfolger dieser Metallkragen.

---

28 Edfou XII, Tf. 368.
29 Edfou XIV, Tf. 662.
30 S. SCHOSKE, B. KREIẞL u. R. GERMER, »Anch« – Blumen für das Leben: Pflanzen im alten Ägypten, München 1992, S. 239.
31 Vgl. aber J. F. QUACK, in: OLZ 91, 1996, Sp. 153-154.

Im Neuen Reich wird der Metallkragen immer *wsḫ* genannt. Die Bezeichnung seines Äquivalentes in der griechisch-römischen Epoche ist aber *bb.t* oder *iry-ḫḫ*, während der Name *wsḫ* in dieser Zeit für den Blätterkragen reserviert ist. Ferner ist das Halskragenopfer des Neuen Reiches mit dem Spruch 600 der Pyramidentexte verbunden, da hier die Begriffe Umarmung und Schutz im Mittelpunkt stehen und das Umhängen eines Halskragens ja eine Umarmung impliziert. In der griechisch-römischen Zeit ist diese Assoziation jedoch auf die Blätterkragen- und nicht auf die Falkenkragenopfer übertragen worden.

Wo die Substanz die gleiche geblieben ist, ändert sich die Symbolik. Und wo die Symbolik die gleiche ist, ändert sich die Substanz. Dies ist ein merkwürdiges Phänomen, wofür wir eine Erklärung suchen sollten, auch wenn sich die Rekonstruktion des rituellen Denkens der Ägypter niemals mit Sicherheit beweisen läßt. Ich möchte hierbei zwei Faktoren hervorheben. Erstens waren Metallkragen im griechisch-römischen Ägypten im Gegensatz zu den leicht und billig anzufertigenden Blätterketten, die für alle Schichten der Bevölkerung, ägyptisch wie griechisch, ein bekanntes Festsymbol darstellten[32], vermutlich eine Seltenheit, und es lag darum auf der Hand, das graphische Spiel mit dem Ausdruck *ꜥ-kꜣ* und dessen Festkonnotation auf den Blätterkragen zu beziehen und das Blätterkragenopfer dem Bestand der Ritualszenen hinzuzufügen. Zweitens dürften in den Augen der Ägypter Blätter ein geschickteres Symbol für die heliopolitanische Kosmogonie dargestellt haben als Metall. Dies läßt sich anhand des oberen Registers der nördlichen Innenseite der Umfassungsmauer des Tempels von Edfu veranschaulichen (Abb. 3-4). Wie gesagt enthält dieses Register drei kosmogonische Szenen, welche alle in irgendeiner Weise auf Pflanzen Bezug nehmen. Der Lotos evoziert die Kosmogonie von Hermopolis, das Rohr die Kosmogonie von Edfu und der virtuelle Blätterkragen die Kosmogonie von Heliopolis.

Am Beispiel des Halskragenopfers habe ich zu zeigen versucht, daß die Ritualszenen in den Tempeln des griechisch-römischen Ägyptens keine erstarrten und inhaltslosen Kopien ihrer Vorläufer im Neuen Reich sind. Damit behaupte ich aber gar nichts Neues. Dennoch hoffe ich, daß meinen Überlegungen anläßlich der Würzburger Tempeltagung nicht nur symbolische, sondern auch einige substantielle Bedeutung zukommen dürfte.

---

32 Vgl. S. OPPERMANN, „Kranz“, in: Der Kleine Pauly: Lexikon der Antike III, München 1975, Sp. 324-325.

Abb. 1A: Blätterkragen

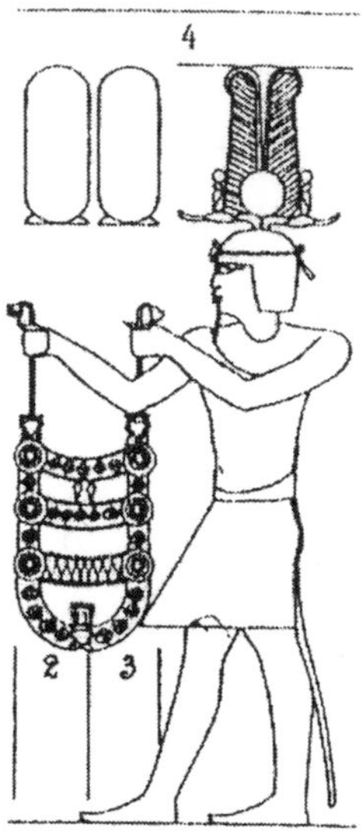

Abb. 1B: Hathorkragen

Abb. 1C: Falkenkragen

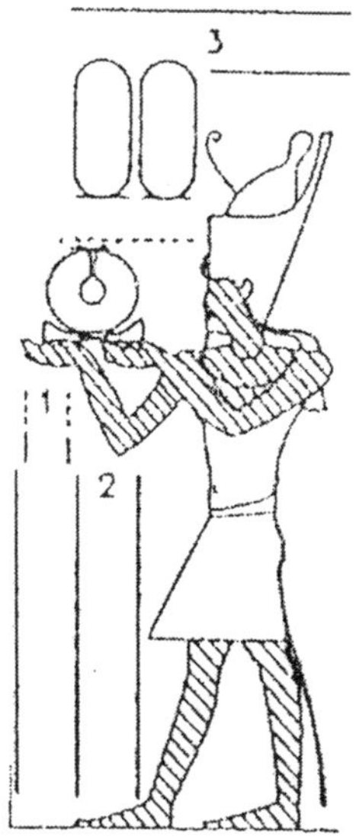

Abb. 1D: Rundkragen

d.n=k ꜥ=k ḥꜣ=sn m ꜥ-kꜣ (PT 1653a)

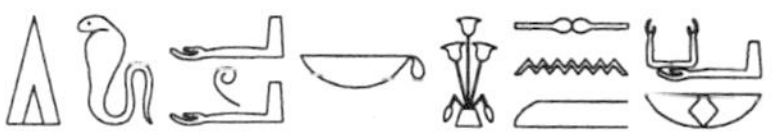

di=k ꜥ.wy=k ḥꜣ=sn m ꜥ-kꜣ/mk (*Dendara* I, 47.8)

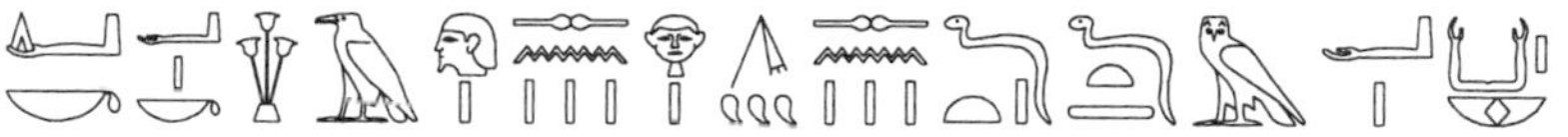

di=k ꜥ=k ḥꜣ=sn ḥr ḫw ḥꜥ.w=sn ḏ.t ḏ.t m ꜥ-kꜣ/mk (*Edfou* IV, 265.12-14)

di=f ꜥ=f ḥꜣ=k m ꜥ-kꜣ/mk (*Edfou* VII, 120.11-12)

ḫw=f ḏ.t=k m ꜥ-kꜣ/mk (*Edfou* VII, 147.9-10)

Abb. 2: Hieroglyphentexte

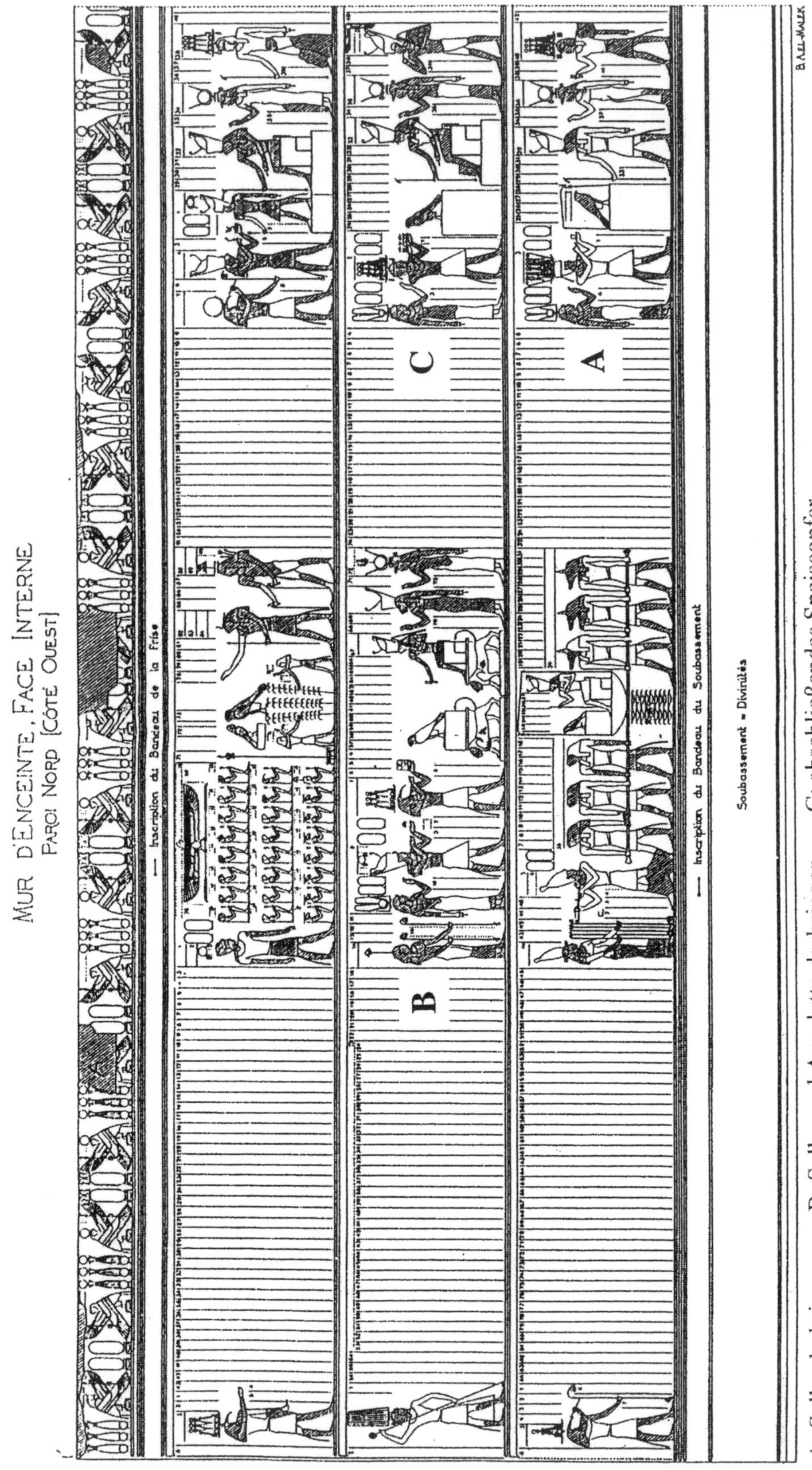

A: Salbe darbringen B: Salbe und Amulette darbringen C: abschließendes Speiseopfer

Abb. 3: nach Edfou X, Tf. 154

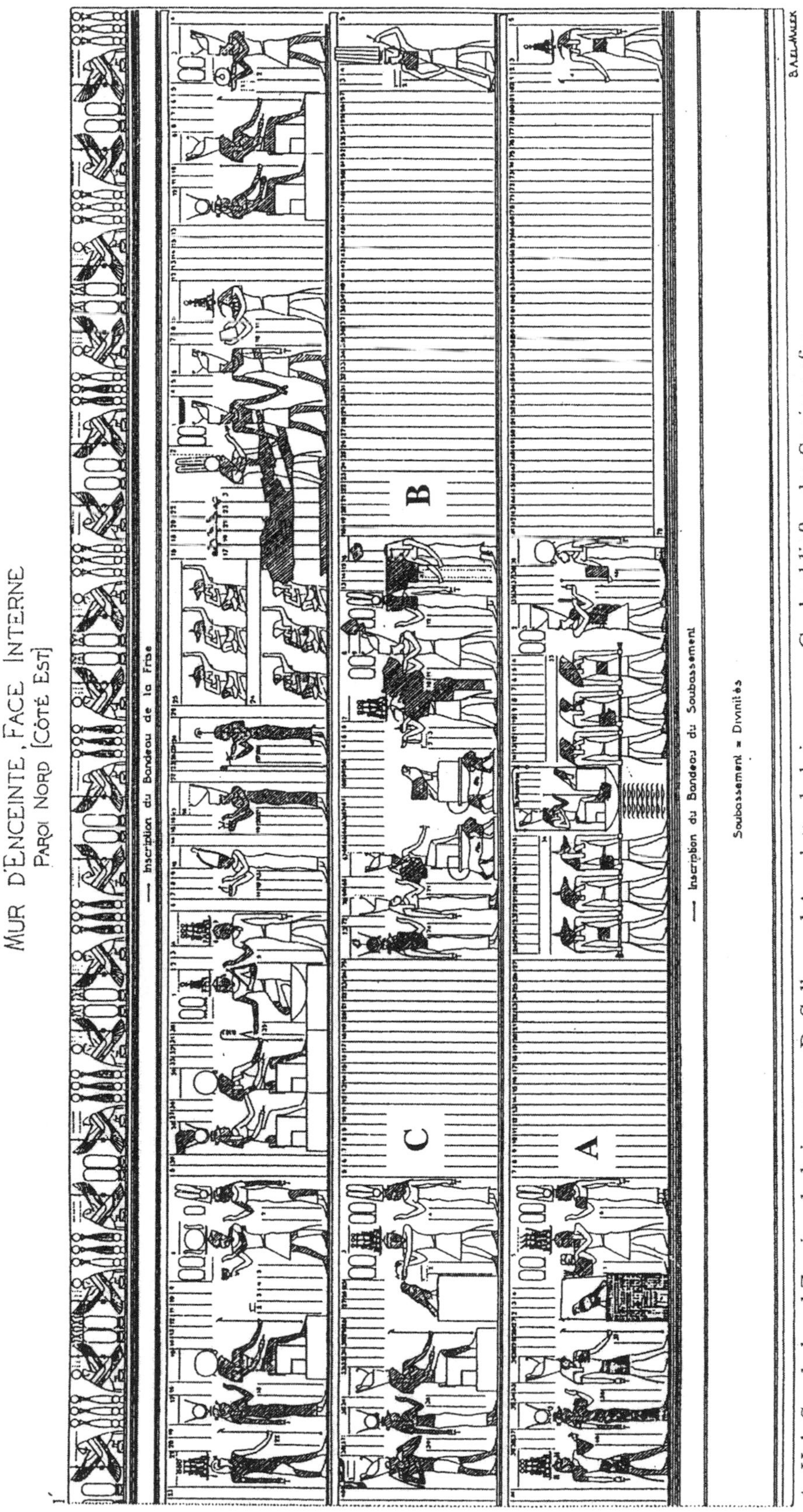

A: Heh-Symbol und Zweige darbringen B: Salbe und Amulette darbringen C: abschließendes Speiseopfer

Abb. 4: nach Edfou X, Tf. 149

Der Tempel des Amun-Re von Karnak zu Beginn der 18. Dynastie

Catherine Graindorge

In den Steinmagazinen von Karnak, vor allem im *Musée de Plein Air* und im *Magazin Cheikh Labib*, befinden sich über 800 dekorierte Blöcke und 500 Blockfragmente aus Gebeleiner Kalkstein, die aus der Tempelanlage Amenhoteps I. stammen[1]. Daß sie den Kalköfen der Neuzeit nicht zum Opfer gefallen sind, verdanken wir der Tatsache, daß sie bereits in der Antike von den Nachfolgern Amenhoteps I. abgetragen und als Füll- und Fundamentmaterial wiederverwendet worden sind.

Die Wiederentdeckung der Blöcke erstreckt sich in vier Phasen von 1902 bis 1999: zu Beginn des Jahrhunderts durch Legrain im Hof des 7. Pylons[2], durch Pillet und Chevrier in den Türmen des 3. Pylons[3], durch Robichon und Varille in den Fundamenten der Bauten Amenhoteps III. in Karnak-Nord[4], und zuletzt in den Fundamenten im Bereich zwischen dem 4. Pylon und dem Achmenu[5].

Die Untersuchung und epigraphische Aufnahme der Blöcke und ihre zeichnerische Zusammenstellung[6] haben eine groß angelegte Tempelanlage wieder auferstehen lassen,

---

1 Die Bauten Amenhoteps I. sind – bis auf die Ziegelkonstruktionen – ausschließlich aus Gebeleiner Kalkstein errichtet worden; zu diesem Material s. TH. DE PUTTER & C. KARLSHAUSEN, Les pierres utilisées dans la sculpture et l'architecture de l'Égypte pharaonique, CEA 4, Bruxelles 1992, S. 64, 67-68, 152; TH. DE PUTTER, Géologie de l'Égypte et matériaux de l'art pharaonique, in: Cl. Obsomer & A.-L. Oosthoek (Hrsg.), Amosiadès. Mélanges offerts au Professeur Claude Vandersleyen par ses anciens étudiants, Louvain-la-Neuve 1992, S. 101-103.

2 S. ASAE 4, 1903, S. 1-40, 193-226 und ASAE 5, 1904, S. 1-43, 265-280.

3 S. ASAE 22, 1922, S. 235-260; 23, 1923, S. 99-138; 24, 1924, S. 53-88; 26, 1926, S. 119-130; 28, 1928, S. 114-128; 29, 1929, S. 133-149; 31, 1931, S. 81-97; 32, 1932, S. 97-114; 33, 1933, S. 167-186; 34, 1934, S. 159-176; 35, 1935, S. 97-121; 36, 1936, S. 131-157; 37, 1937, S. 173-200; 38, 1938, S. 567-608; 39, 1939, S. 553-570; 46, 1947, S. 147-161; 47, 1947, S. 161-183; 49, 1949, S. 1-15, 241-267; 50, 1950, S. 429-442; 51, 1951, S. 549-572; 52, 1954, S. 229-242; 53, 1956, S. 7-19, 21-42.

4 S. FIFAO 19, 1943, S. 16, Tf. XLI-XLIV; FIFAO 25, 1954, S. 23-25, 62.

5 Die Resultate dieser letzten Untersuchungen sind noch nicht publiziert; s. aber die Bemerkungen bei J.-CL. GOLVIN & S. A. EL-HAMID, Les travaux du Centre Franco-Égyptien d'Étude et de Restauration des Temples de Karnak de 1981 à 1986, in: ASAE 72, 1993, S. 4, 19 mit Anm. 7.

6 Diese Untersuchung wird im Rahmen des Centre Franco-Égyptien d'Études et de Restauration des Temples de Karnak (Mission permanente C.N.R.S.) unter der Leitung von Prof. Dr. Nicolas Grimal und François Larché durchgeführt. Ihre Ergebnisse sollen von der Autorin als *Les monuments d'Amenhotep Ier à Karnak*, 3 Bde, vorgelegt werden; s. auch bereits C. GRAINDORGE & P. MARTINEZ, Karnak avant Karnak: les constructions d'Aménophis Ier et les premières liturgies amoniennes, in: BSFÉ 115, 1989, S. 36-64. Die letzten Arbeitsschritte wurden durch ein Forschungsstipendium der Alexander von Humboldt-Stiftung und ein Habilitationsstipendium der Freien Universität Berlin ermöglicht, beide unter der wissenschaftlichen Betreuung von Prof. Dr. Jürgen Osing, FU Berlin. Die Ergebnisse der architektonischen Untersuchungen verdanke ich der Zusammenarbeit mit Dr. Jean-François Carlotti,

die dem Heiligtum des Mittleren Reiches[7] vorgelagert war. Die Rekonstruktionen lassen zwar größere Lücken, die eine eindeutige Verbindung der einzelnen architektonischen Einheiten nicht immer eindeutig machen, man kann aber erkennen, daß die Anlage sich unmittelbar an ältere, heute verlorene Bauten wie die Sesostris' I. angelehnt haben muß, und daß Amenhotep I. selbst in mehreren Bauphasen eigene Bauten durch neuere ersetzt hat[8].

In der ersten Bauphase wird auf der Südseite des Hofes vor dem Sanktuarkomplex des Mittleren Reiches[9] (Abb. 1.1) ein Teil von dessen geböschter Umfassungsmauer (Abb. 1.2) durch eine Reihe von elf großen Kapellen ersetzt, die sich – ebenfalls mit geböschter Außenseite – bis auf Höhe des heutigen 6. Pylons erstrecken (Abb. 1.3). Sie haben jeweils eine Höhe von 3,10 m, eine Breite von 2,60 m und eine Tiefe von 4,15 m. Auf ihren Seitenwänden sind in erhabenem Relief Opferhandlungen vor einer Königsstatue und dem königlichen Ka abgebildet, die von mehreren Priestern auf zwei Registern ausgeführt werden[10].

In der Mitte des Hofes, unmittelbar vor der Fassade des MR-Heiligtums, werden in der Achsrichtung zwei Schirmmauern (Abb. 1.4) um ein wahrscheinlich aus Holz gefertigtes Barkensanktuar errichtet[11]. Zu diesem Zeitpunkt ist die Ziegel-Umfassungsmauer aus dem Mittleren Reich zumindest teilweise noch erhalten.

Die zweite Bauphase zeichnet sich durch weitaus größere Ambitionen aus. Von den elf Kapellen auf der Südseite des Hofes wird ein Teil durch eine Reihe kleinerer Kapellen ersetzt (Abb. 2.1) – mit gleicher Dekoration, aber ohne königlichen Ka –, sowie eine größere Kapelle für Amun (Abb. 2.2), in der der König mit Vasen und Nemset vor dem thronenden Amun gezeigt wird. Auf der gegenüberliegenden Seite wird nun ebenfalls eine Reihe von Kapellen dieser mittleren Größe errichtet, die in ihrer Dimension genau den Magazinräumen entsprechen, die sich heute an dieser Stelle befinden[12]: 3,10 m in

Architecte permanent de la mission C.N.R.S. des temples de Karnak, der nun auch seine Dissertation zur architektonischen Entwicklung des Tempels von Karnak vorgelegt hat: J.-F. CARLOTTI, Les modifications architecturales du temple d'Amon-Rê à Karnak du Moyen Empire au règne d'Amenhotep III, Diss. Paris IV-Sorbonne 1998 (unpubl.).

7 S. jetzt L. GABOLDE, Le „grand château d'Amon" de Sésostris Ier à Karnak, MAIBL 17, Paris 1998.

8 Diese Bauphasen sind allein durch die architektonische Analyse nachzuvollziehen und daher auch nicht absolut zu datieren; relevante zeitgenössische oder spätere Inschriften sind nicht erhalten. Die stilistische Analyse der Reliefs zeigt keine eindeutige zeitliche Entwicklung, wie sie – auf der Basis der wenigen bisher publizierten Elemente – manchmal postuliert worden ist; s. z. B. CL. VANDERSLEYEN, L'Égypte et la vallée du Nil II. De la fin de l'Ancien Empire à la fin du Nouvel Empire, Paris 1995, S. 245.

9 S. L. GABOLDE, op. cit. (Anm. 7), S. 23f., Tf. I-II.

10 Dieses Kapellenensemble wird später von Thutmosis III. in identischer Weise nachgebaut, wobei auf der jeweils rechten Wand einer jeden Kapelle Amenhotep I. als Ahnherr der Ka-Kapellen abgebildet ist.

11 Zu diesem Barkensanktuar gibt es keine direkten Informationen; eventuell handelt es sich um eine ältere Konstruktion. Daß es sich um eine Konstruktion aus Holz handeln muß, zeigen die Abbildungen und eine Inschrift auf den Schirmmauern der zweiten Bauphase (s.u.).

12 S.o., Anm. 10.

der Höhe, 2,60 m in der Breite und 3,65 m in der Tiefe. Ihre Dekoration zeigt ebenfalls Opfer vor dem König, wiederum ohne dessen Ka. Beide Kapellenreihen werden jetzt außerdem durch kleine Mauerzungen (Abb. 2.3) direkt an die Fassade des Mittleren Reiches angebunden, deren Dekoration sie fortführen[13].

Die Schirmmauern um das Barkensanktuar werden durch größere mit 9 m Länge und 6 m Höhe ersetzt[14] (Abb. 2.4) und durch zwei Reihen von je acht Nischenkapellen mit den Hofseiten verbunden (Abb. 2.5). Diese sind mit 1,75 m Höhe, 1,10 m Breite und 1,30 m Tiefe nur von kleiner Dimension. Sie waren wahrscheinlich nach Osten ausgerichtet und enthielten Königsstatuen, die wie in den seitlichen Kapellen auch auf den Seitenwänden Opferhandlungen erfahren, welche hier aber nur von einem Priester durchgeführt werden. Auf der Rückwand ist jeweils ein Opfer vor Amun abgebildet.

Die Ziegelmauer aus dem Mittleren Reich, die noch den hinteren Bereich des Tempels umgab, wird durch eine neue Umfassungsmauer aus Kalkstein ersetzt (Abb. 2.7).

Außerdem wird hinter der südlichen Kapellenreihe, zwischen der Steinmauer und der äußeren Umfassungsmauer, ein Schlachthof errichtet (Abb. 2.10), der als großer, teilweise offener Hof angelegt war und mit einer Breite von 10,50 m (Abb. 2.11) und derselben Höhe wie die Kapellen von 3,10 m rekonstruiert werden kann. Wie seine Dekoration zeigt, war er noch als realer Schlachthof konzipiert, bei dem auf der einen Seite das lebende Vieh hineingetrieben und auf der anderen die zerteilten Fleischstücke in die Tempelräume getragen werden konnten.

Im Westen wird der Komplex zunächst von einer 7 m hohen Mauer mit einem zentralen Torbau abgeschlossen, der den Vorgängerbau des heutigen 6. Pylons darstellt (Abb. 2.8). Er hat die Form einer Antenportikus mit zwei Bündelsäulen, deren Dekoration die der Portikus Sesostris' I. wiederaufnimmt. Von der Nordseite der Mauer mit Rundstab und Hohlkehle sind Teile einer Bauinschrift auf der Außenseite und Szenen aus dem täglichen Ritual für Amun-Re auf der Innenseite erhalten (Abb. 2.9). Von der Südseite, die auf über 10 m Länge rekonstruiert werden kann, sind ebenfalls ein Inschriftenband mit einer Bauinschrift auf der Außenseite sowie Szenen von verschiedenen Kalenderfesten für Amun-Re in Karnak erhalten (Abb. 2.6).

Außerdem läßt Amenhotep I. alle restlichen Strukturen von Ziegelmauern aus dem Mittleren Reich abtragen, die sich noch westlich dieses Torbaues befunden haben, und setzt mit einem weiteren großen Tor in der Höhe des heutigen 4. Pylons den westlichen Abschluß des Tempelbezirks (Abb. 2.12). Dieses Tor war über 10 m hoch und wurde seitlich von zwei starken Mauerblöcken aus Ziegeln eingefaßt; seine Dekoration zeigt in einem Doppelbildfeld Szenen des Sed-Festes.

---

13 S. L. GABOLDE, op. cit. (Anm. 7), Tf. III-VII.

14 Dies deutet darauf hin, daß auch das hölzerne Barkensanktuar selbst durch ein größeres ersetzt worden ist (vgl. Anm. 11).

Mit diesem Tor werden alle Elemente aus dem Mittleren Reich, die sich in diesem Bereich befunden haben, in die Bauten Amenhoteps I. integriert, darunter ein gewaltiger Türsturz Sesostris' I.[15]. Einen anderen Türsturz Sesostris' I.[16] verwendet Amenhotep I. für die Errichtung eines weiteren Torbaues in Höhe des heutigen 5. Pylons (Abb. 2.13) und läßt eine Inschrift darauf gravieren, die besagt, Amenhotep I. habe von diesem Tor an Ipet-Sut wieder hergestellt. Er sieht dort also den Beginn des Tempelbezirks, den er geschaffen hat.

Dies ist allerdings keineswegs das Ende seiner Bautätigkeit. Noch weiter im Westen läßt er eine exakte Kopie der *Chapelle Blanche* Sesostris' I. anfertigen, allerdings im Gegensatz zu dieser nicht mit monolithischen, sondern mit blockweise errichteten Pfeilern.

Auch im Süden des Tempels hinterläßt Amenhotep I. seine Spuren. So spricht die Widmungsinschrift auf dem Bildfeld mehrerer Blöcke vom Errichten eines südlichen Torbaues von zwanzig Ellen Höhe. Die erhaltenen Teile dieses Tores sind zwar lange Zeit als zugehörig zum anderen großen Tor im Westen angesehen worden; heute steht die Existenz eines weiteren großen Tores von über 10 m Höhe auf der Süd-Nord-Achse als Vorgängerbau des heutigen 8. Pylons außer Frage (Abb. 3.1).

Dieser Torbau war von einer Ziegelmauer von ca. 8 m Stärke eingefaßt, die den Tempel im Süden abzuschließen scheint. Darauf weist die Lage der Priesterwohnungen hin (Abb. 3.2), die sich nicht über die Höhe des heutigen 8. Pylons hinaus erstrecken und nach Norden ausgerichtet sind[17]. Spolien aus der 2. Zwischenzeit in diesem Torbau lassen übrigens vermuten, daß auch vor Amenhotep I. bereits eine Süd-Nord-Achse mit eigenem Eingang existiert hat, ebenso wie andernorts verbaute Türstürze aus der 17. Dynastie (Kamose) und dem Beginn der achtzehnten Dynastie (Ahmose), sowie das Barkensanktuar Sesostris' I.[18] vor dem heutigen 8. Pylon.

---

15 S. F. LE SAOUT et al., Le Moyen Empire à Karnak: Varia 1, in: Cahiers de Karnak VIII, 1987, S. 302-305, 319, Tf. VI.

16 Unpubliziert; s. C. GRAINDORGE, Les monuments d'Amenhotep Ier à Karnak (in Vorbereitung).

17 S. J. LAUFFRAY, Rapport sur les travaux de Karnak, in: Kêmi 21 (= Cahiers de Karnak IV), 1971, S. 71-72; ID., Rapport sur les travaux de Karnak, activités du Centre Franco-Égyptien en 1970-1972, in: Cahiers de Karnak V, 1975, S. 29-30; ID., Le rempart de Thoutmosis III à l'est du lac sacré, in: Cahiers de Karnak X, 1995, S. 257-299; M. AZIM, La fouille de la cour du Xe pylône, in: Cahiers de Karnak VI, 1980, S. 153-165; J. JACQUET, Le Trésor de Thoutmosis Ier. Installations antérieures ou postérieures au monument, Karnak-Nord 7, in: FIFAO 36, 1994, S. 9-16, Tf. I.

18 S. CL. TRAUNECKER, Rapport préliminaire sur la chapelle de Sésostris Ier découverte dans le IXe pylône, in: Cahiers de Karnak VII, 1982, S. 121-126, und jetzt L. COTELLE-MICHEL, Présentation préliminaire des blocs de la chapelle de Sésostris Ier découverts dans le IXe pylône de Karnak, mit einem Beitrag von J.-L. FISSOLO, Note additionnelle sur trois blocs épars remployés dans le secteur des VIIe et VIIIe pylônes, in: Cahiers de Karnak XI (im Druck). Beiden Autoren sei für die Überlassung des Ms. herzlich gedankt.

In der dritten Bauphase schließlich geht Amenhotep I. mit der Errichtung der sogenannten Alabasterkapelle (Abb. 4.1) noch einen Schritt weiter nach Westen[19]. Diese Barkenkapelle wird später von Thutmosis I. fertiggestellt und von Thutmosis II. in seinen Festhof integriert[20].

Außerdem ersetzt Amenhotep I. ein weiteres Mal ein eigenes Bauwerk durch ein neues: Ein Teil der Mauer, die den proto-6. Pylon (Abb. 4.4) mit der Nordseite des Hofes verbindet, wird eingerissen und ein zweiter Durch- beziehungsweise neuer liturgischer Eingang geschaffen. Dieser wird von zwei 6,50 m hohen Mauern eingefaßt, welche sich etwas versetzt direkt an die Enden der ersten Mauer anlehnen. Auf der der Mittelachse zugewandten Außenseite (Abb. 4.2) befindet sich eine Bauinschrift sowie eine Szene des Erschlagens asiatischer Feinde. Der König ist dabei auf die neue Tür ausgerichtet und dreht somit seinen Rücken dem Durchgang der Zentralachse zu[21].
Auf der Innenseite desselben Mauerstückes sind die Priester beim Betreten des Tempels abgebildet. An der Seite des Königs und der Gottesgemahlin Ahmes-Nefertari reinigen sie sich zuerst in flachen Wasserbecken, bevor sie – begleitet von Thot – im Hof Lieder vor der Götterneunheit anstimmen[22].

Das zur Hofseite liegende Mauerstück (Abb. 4.3) zeigt auf der Außenseite neben einer weiteren Bauinschrift den König beim Kultlauf vor Amun-Kamutef und anschließend seine Krönung durch Amun. Die Innenseite ist mit Szenen des Sedfestes und der Königseinführung dekoriert.

Den Bauten Amenhoteps I. war keine lange Lebenszeit beschieden. Bereits unter Thutmosis III. werden ihre Blöcke im *Cachette*-Hof als Füllmaterial wiederverwendet, etwas später unter Amenhotep III. im 3. Pylon und in den Fundamenten des Month-Tempels in Karnak-Nord. Dem geht aber natürlich der Abriß voraus, der sich in mehreren Phasen über die Regierungszeiten Thutmosis' II. und Hatschepsuts erstreckt haben muß:

Das große Tor im Westen mußte dem Festhof Thutmosis' II. weichen, so wie die Kopie der *Chapelle Blanche* dem Obeliskenpaar der Hatschepsut[23].

---

19 Zur Plazierung in der Süd-West-Ecke des später von Thutmosis II. angelegten und von Thutmosis IV. mit einem Peristyl versehenen Hofes s. B. LETELLIER & F. LARCHÉ, La cour à péristyle de Thoutmosis IV à Karnak (in Vorbereitung).

20 L. GABOLDE, La „cour de fêtes" de Thoutmosis II à Karnak, in: Cahiers de Karnak IX, 1993, S. 1-100.

21 Interessanterweise übernimmt später Thutmosis III. beim Bau des 6. Pylons diese Szene mit ebendieser Ausrichtung. Da der heutige 6. Pylon aber keinen Seitendurchgang mehr hat, erscheint die Ausrichtung des Königs mit dem Rücken zur Tür unlogisch, ist aber vor dem Hintergrund der Wiederherstellung der Strukturen aus der Zeit Amenhoteps I. unter Thutmosis III. nachzuvollziehen (s.u.).

22 Auch in der heute bestehenden Tempelstruktur bildet der 6. Pylon Thutmosis' III. den Beginn des Liturgieweges.

23 L. GABOLDE, À propos de deux obélisques de Thoutmosis II dédiés à son père Thoutmosis Ier et érigés sous le règne d'Hatshepsout-Pharaon à l'ouest du IVe Pylône, in: Cahiers de Karnak VIII, 1987, S. 143-158.

Die zentrale Gruppe mit dem Barkensanktuar, den Nischenkapellen, den mittelgroßen Kapellen und den größeren Ka-Kapellen wurde zwar zunächst anscheinend übernommen und nur teilweise in der Dekoration geändert – so wie bei den beiden kleinen Nischenkapellen, die das zentrale Barkensanktuar flankierten[24] –, schließlich aber für die Errichtung der Opfersäle der Hatschepsut vollständig abgetragen.

Der gesamte Komplex Amenhoteps I. zeichnet sich durch eine hierarchische Struktur von mehreren offenen, durch Mauern voneinander getrennten Höfen aus. Im Zentrum steht das Barkenheiligtum und das monumentale Kultensemble für den Ka des lebenden Königs. Kapellen mit einem ähnlichen Konzept finden sich zwar bereits unter Mentuhotep Nebhepetre in Dendera[25], unter Amenhotep I. aber bilden sie den Knotenpunkt der Barken- und Opferliturgie, die sich nun auf die gesamte Fläche vom heutigen 3. Pylon bis hin zum Achmenu erstreckt. Dazu kommt die Südachse, die eine Statuenliturgie mit einem Prozessionsweg manifestiert, welcher mindestens in Höhe des heutigen 8. Pylons begonnen haben muß und zu den beiden weißen Kapellen geführt hat.

Die Gründerzeit nach der Wiedervereinigung des Landes durch die thebanische Dynastie zieht eine grundlegende Kultreform in Verbindung mit einem innovativen Bauprogramm mit sich. Amenhotep I., auf seine Legitimität bedacht, respektiert den Kern des bestehenden Heiligtums aus dem Mittleren Reich und stellt sich in dessen architektonische Tradition. Gleichzeitig erschafft er aber den ersten Tempel, der den Götterkult – jetzt vor allem in Gestalt des Barkenkultes – und den Königskult mit Hilfe eines Architekturprogramms miteinander verbindet, welches sich vor allem auf zwei Elemente stützt: Königsstatue und königlicher Ka.

Diese Elemente sind es auch, die die weitere Geschichte der Tempelarchitektur prägen, auch wenn die Bauten Amenhoteps I. selbst nicht lange überdauern. Dies zeigt sich vor allem unter Thutmosis III., der soweit wie möglich die hierarchische Struktur aus der Zeit vor Hatschepsut wiederherstellt, aber auch schon unter Hatschepsut selbst, und zwar in der Bedeutung, die sie der Darstellung des königlichen Kas auf den Blöcken der *Chapelle Rouge* zumißt, in der Art der Raumaufteilung ihrer Opfersäle im Herzen von Ipet-Sut, aber auch in der Konstruktion der dritten Terrasse von Deir el-Bahari, die ebenfalls Barkensanktuar und Statuennischen vereint.

Schließlich wird Amenhotep III. aus den theologischen Konzepten schöpfen, die unter Amenhotep I. für den Tempel von Karnak etabliert worden sind, um mit dem Bau des Tempels von Luxor die Ideologie des königlichen Kas zu entwickeln.

---

24 Publikation in Vorbereitung durch L. GABOLDE.

25 L. HABACHI, King Nebhepetre Menthuhotp: His Monuments, Place in History, Deification and Unusual Representations in the Form of Gods, in: MDAIK 19, 1963, S. 19-28.

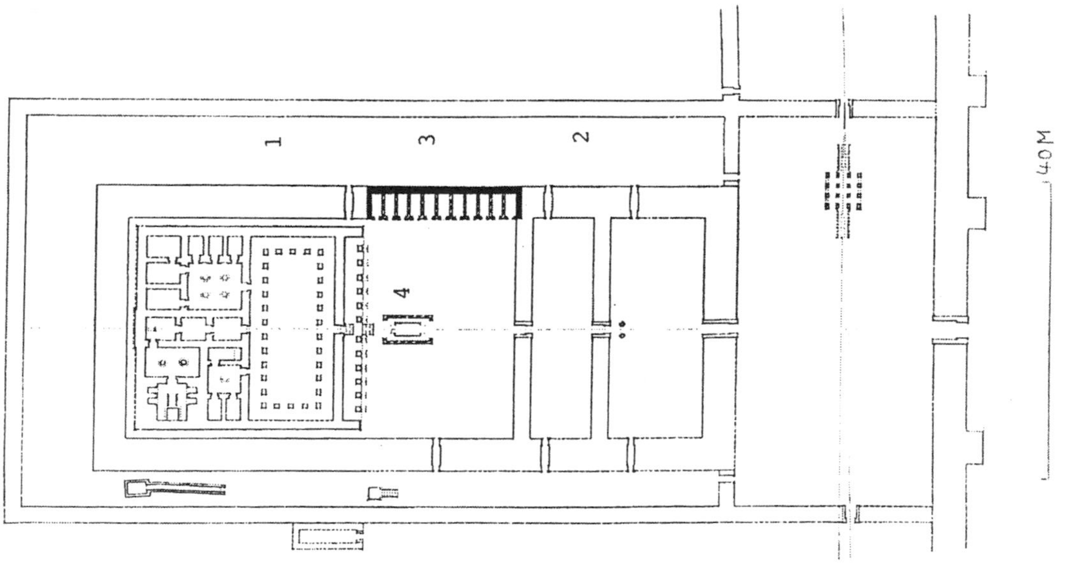

Abb. 1: Tempel des Amun-Re von Karnak. Erste Bauphase Amenhoteps I. (Zeichnung Jean-François Carlotti).

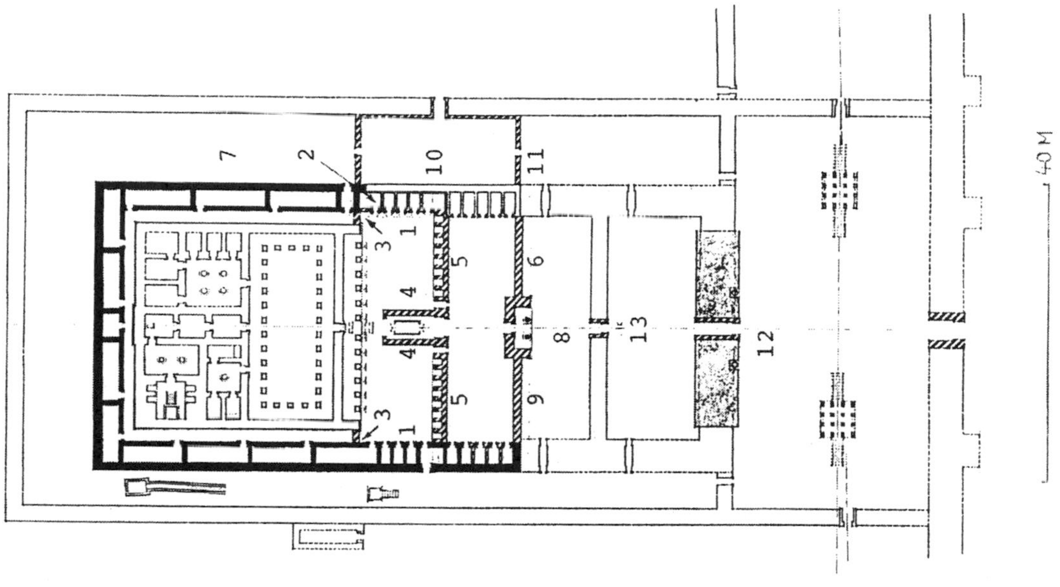

Abb. 2: Zweite Bauphase (Zeichnung Jean-François Carlotti).

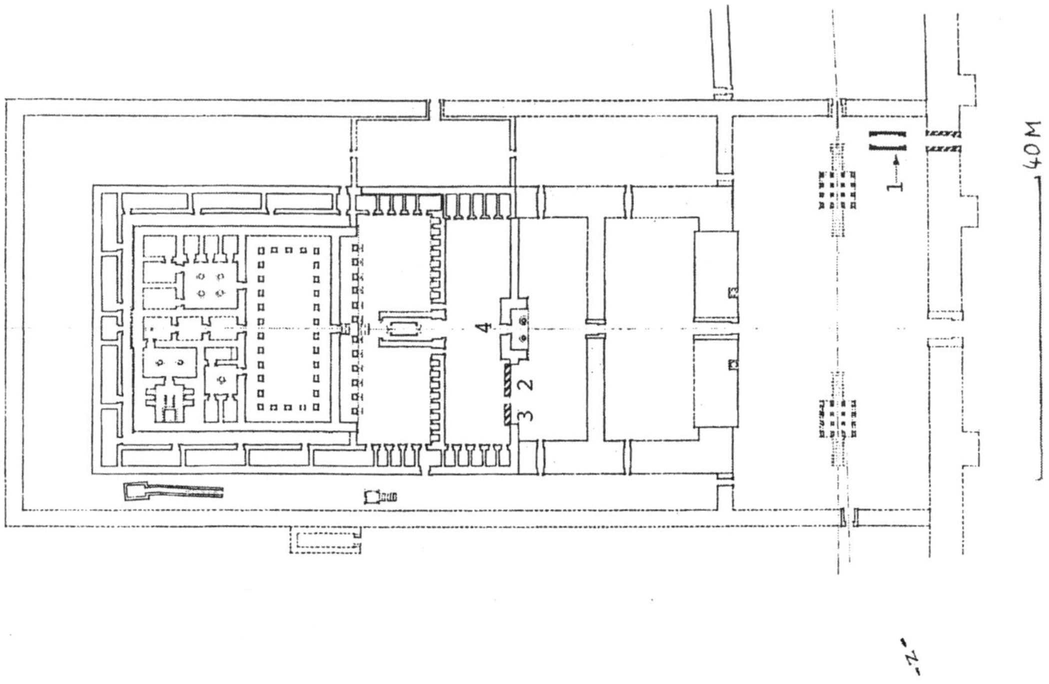

Abb. 4: Dritte Bauphase (Zeichnung Jean-François Carlotti).

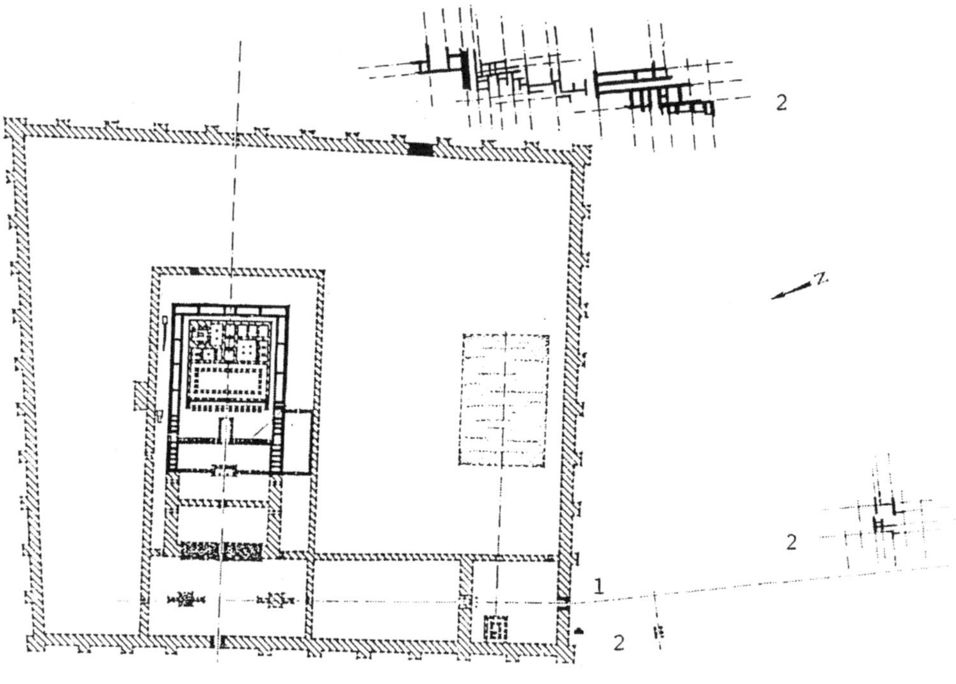

Abb. 3: Süd-Nord-Achse des Tempels nach der zweiten Bauphase Amenhoteps I. (Zeichnung Jean-François Carlotti).

„Ich gebe dir das Königtum der Beiden Länder“ – Der ägyptische Tempel als politisches Zentrum[1]

Rolf Gundlach

Die Verbindung zwischen Tempel und Politik im pharaonischen Ägypten ist schon sehr früh bezeugt. Sie ist ein Wesensmerkmal der altägyptischen Staatlichkeit bis zum Ende der ägyptischen Kultur geblieben, also bis in das 6. Jahrhundert n. Chr. Wenn auch die ältesten Hinweise erst aus dem späten 4. Jahrtausend greifbar sind, müssen wir m. E. bereits zu Beginn des pharaonischen Staates, d. h. in der ersten Hälfte des vierten Jahrtausends, damit rechnen.

Als erste Belege dürfen wir die Prunkkeulen und Prunkpaletten aus der Zeit der Dynastie 0 ansehen, z. B. die bekannte Palette des Königs Narmer (ca. 3100 v. Chr.). Sie enthält auf ihren beiden Seiten die typologisch abgefaßte Schilderung eines Sieges des Königs über unterägyptische Feinde (Rückseite) mit anschließendem Triumphzug zum Tempel des Falkengottes „Horus des Harpunierers“, der sich im Deltagebiet befunden haben muß (Vorderseite)[2]. Die Palette enthält unterhalb der Triumphdarstellung eine Reibmulde, deren kreisrunde Form auf die Sonne hinweist. Die Darstellungen beider Seiten lassen sich in eine Abfolge bringen, deren Ziel eben diese Sonnendarstellung ist[3]. Wir können also eine Ausrichtung der Palette auf die Sonne annehmen. Es ist schon erwogen worden, daß in der Reibmulde Schminke zerrieben worden ist, mit der das Auge eines Kultbildes bestrichen wurde[4]. Da die Palette durch ihre Größe (ca. ½ Meter) und Schwere (sie ist aus Stein gefertigt) jedoch für den praktischen Gebrauch nicht in Frage kommt, muß sie eine andere Funktion haben. Auf jeden Fall aber dürfte diese im kultischen Rahmen gesucht werden. Der Fundort der Palette gibt den notwendigen Aufschluß: Das Gerät war unter dem Horustempel des Mittleren Reiches in Hierakon-

---

1 Dieser öffentliche Vortrag zum Auftakt der 5. Ägyptologischen Tempeltagung in Würzburg richtete sich an ein z. T. fachfremdes Publikum. Daher enthielt er allgemein-ägyptologische Informationen und Erklärungen. Für die Publikation wurden diese auf ein notwendiges Mindestmaß beschränkt.

2 Grundsätzlich zur historischen Rolle der Narmer-Palette vgl. W. KAISER, Einige Bemerkungen zu ägyptischen Frühzeit, III. Die Reichseinigung, in: ZÄS 91, 1964, S. 86-125, speziell S. 89-91.

3 Vgl. R. GUNDLACH, Der Pharao und sein Staat, Darmstadt 1998, S. 73-84.

4 So W. WESTENDORF, Das Alte Ägypten, Baden-Baden 1968, S. 18/19 und 24.

polis/Oberägypten vergraben[5]. Da ein Vorgängerbau aber wohl schon spätestens Ende des 4. Jahrtausends existiert hat[6] und Hierakonpolis zu dieser Zeit die Hauptstadt Ägyptens war, können wir davon ausgehen, daß die Palette (wie auch andere Prunkgeräte dieser Zeit) im alten Horustempel in Hierakonpolis niedergelegt, also „geopfert", wurde[7]. Horus war aber der „am Himmel wandernde" Sonnengott, als dessen irdisches Äquivalent der König angesehen wurde[8]. Die Ausrichtung der Palettendarstellungen auf die Sonne, die theologische Beziehung des Königs mit dem Sonnengott und die Form als Kultgerät läßt den Schluß zu, daß es sich bei der Palette um einen Bericht des Königs an den Sonnengott Horus handelt. Durch die Niederlegung des Berichtes im Tempel[9] wurde die königliche Tat gleichsam „verewigt".

1. Zu Struktur und Funktion eines ägyptischen Tempels

Frühe ägyptische Tempel sind archäologisch nicht erhalten. Aber Zeichnungen geben zwei bauliche Merkmale wieder, die sich die ganze ägyptische Geschichte hindurch erhalten haben: architektonische Abgrenzung und Kultbild. Als Beispiel soll die Wiedergabe auf einem Täfelchen des Königs Aha dienen[10]. Aus ihr läßt sich ein Grundriß erschließen:

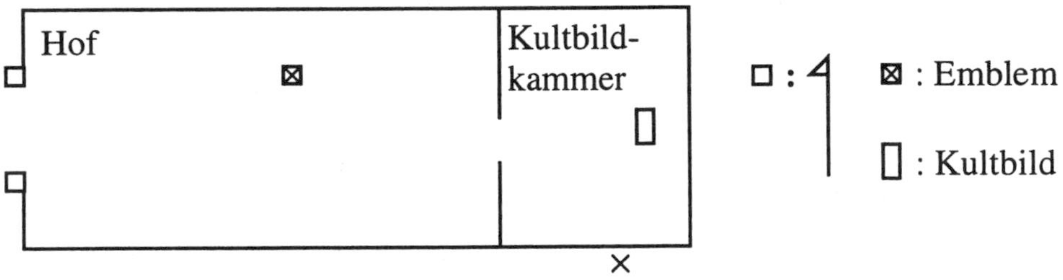

Grundriß-Schema eines frühgeschichtlichen Tempels

5 S. z. B. PM V, 193.

6 Zur Frage der Frühdatierung archäologisch fassbarer Reste im Tempelgebiet von Hierakonpolis s. D. O'CONNOR, The Status of Early Egyptian Temples: An Alternative Theory, in: R. Friedman and B. Adams (Hrsg.), The Followers of Horus (Studies M. A. Hoffman), Oxford 1992, S. 83-98.

7 Es existierte außerhalb der sog. Temple Enclosure ein sehr früher Tempel (im Fundort HK29A), möglicherweise in den Perioden Negade IIb-d; s. hierzu D. L. HOLMES, Chipped Stone-Working Craftsmen, Hierakonpolis and the Rise of Civilization in Egypt, in: Friedman / Adams, a. a. O. (Anm. 6), S. 37-44, speziell S. 37 (Rekonstruktion), sowie V. DAVIES / R. FRIEDMAN, Unbekanntes Ägypten, Stuttgart 1999, S. 26/27 (Grabungsphoto und farbige Rekonstruktion). Ob dieser Tempel allerdings der frühe zentrale Horustempel war, also letztlich der oder ein Vorläufer des Frühzeittempels innerhalb der Temple Enclosure, ist nicht sicher.

8 Hierzu vgl. zuletzt GUNDLACH, a. a. O. (Anm. 3), S. 140.

9 Da nach D. O'Connor der Frühzeittempel innerhalb der Temple Enclosure auf jeden Fall für die 1. Dynastie angenommen werden sollte (s. Zitat Anm. 6) und die Prunkgeräte hier vergraben wurden, glaube ich, dass die Datierung des Frühzeittempels in die Dynastie 0 hinaufgeschoben werden müsste.

10 RT II, Tf. 10, Nr. 2; W. HELCK, Untersuchungen zur Thinitenzeit, ÄA 45, Wiesbaden 1987, S. 148.

Kommentar: Das Emblem ist das machtgeladene Zeichen der Gottheit (auf dem Täfelchen des Aha das der Göttin Neith); es ist in dieser Rekonstruktion des Grundrisses aus der Achse geschoben, ebenso wie der Eingang zur Kultbildkammer (nach dem Vorbild der Rekonstruktion des „frühesten ägyptischen Tempels“ in Hierakonpolis)[11]*. Ein Seiteneingang zur Kultbildkammer (Stelle „X“), wie ihn A. Badawy gemäß der Zeichnung auf dem Täfelchen des Aha postuliert (vgl. LÄ I, 400, Abb. 1b), halte ich nicht für wahrscheinlich (die Rekonstruktion des Tempels in Hierakonpolis enthält auch einen solchen Seiteneingang nicht)*[12]*. Dieses Merkmal der Zeichnung stellt m. E. entweder den in die Fläche verschobenen Eingang zur Kultbildkammer vom Hof her dar oder deutet das Kultbild an.*
Die beiden Masten mit Wimpeln (Urbild des späteren nṯr-Zeichens) dienen dem magischen Schutz des Tempeleinganges.

So differenziert und reichhaltig die Raumprogramme ägyptischer Tempel im Laufe der Jahrtausende auch wurden, die Grundstruktur aus architektonischer Abgrenzung und Kultbild wurde nicht geändert. Diesen beiden Merkmalen entsprechen deren theologisch-kultische Bedeutungen: Durch die Abgrenzung wurde ein Bezirk geschaffen, in dem das „Heilige“ manifest werden konnte[13]. Das sog. „Heilige“ ist als körperlose Kraft zu verstehen, die magisch wirken und auch so beeinflußt werden konnte. Diese „körperlosen Kräfte“ „beseelten“ körperliche Erscheinungsformen wie die Sonnenscheibe und wurden in diesem Falle als „Sonnengott“ angesehen. Auch das Kultbild (als Flachbild oder Skulptur oder auch als Emblem) war nur der kultisch vorgesehene Aufenthaltsort dieser „heiligen Kraft“. Durch kultische Belebung (qua Opfer) des Kultbildes wurde die „heilige Kraft“ veranlaßt, in ihm Platz zu nehmen und für die kultische Kommunikation zur Verfügung zu stehen. Es handelt sich hier um einen Vorgang, den man wegen der zugrunde liegenden Denkart einen „mythischen Mechanismus“ nennen kann.

Das Bild des frühen Tempels zeigt aber schon den Ansatz eines dritten Merkmals: Die Abgrenzung zwischen Kultbildkammer und Hof weist auf die innere Strukturierung ägyptischer Tempel hin, die im Prinzip schalenförmig angelegt war (von innen nach außen mit abnehmender Heiligkeit und umgekehrt von außen nach innen mit zunehmender Heiligkeit)[14].

Das Tempelzentrum war also der Ort, in den die „heilige Kraft“ „gerufen“ und in dem mit ihr kommuniziert wurde. Die räumliche Herkunft dieser „heiligen Kräfte“ zu bestimmen, ist schwierig; mir erscheint die Bezeichnung „Jenseits“ angemessen zu sein:

---

11 S. D. L. HOLMES, Chipped Stone-Working Craftsmen, Hierakonpolis and the Rise of Civilization in Egypt, in: Friedman / Adams, a. a. O. (Anm. 6), S. 37-44, speziell S. 37, Abb. 1.
12 S. Anm. 7 und 11.
13 Die gängigen ägyptischen Termini sind *ḏsr* in der Grundbedeutung „abgrenzen“ und *wꜥb* „rein, heilig“.
14 Zum Gedanken der Schalenstruktur vgl. J. ASSMANN, Ägypten – Theologie und Frömmigkeit einer frühen Hochkultur, Stuttgart [u.a.] 1984, S. 39-40.

Es handelt sich um einen Bereich, der von lebenden Menschen (vor ihrem Tode) körperlich nicht betreten werden konnte[15]. Damit kann das Kultbild als Durchgangsstelle zwischen Diesseits und Jenseits bezeichnet werden und der Tempel als Durchgangsort bzw. Kommunikationsort. Eine solche „Stelle“ kann auch aufgespalten konstruiert sein: An der Rückwand einer Kultbildkammer kann sich eine sog. „Scheintür“ befinden, durch die die gerufene „heilige Kraft“ hindurchtreten und anschließend im Kultbild Platz nehmen kann[16].

Die Funktion eines ägyptischen Tempels als Ort der Kommunikation mit heiligen Kräften erklärt sich m. E. nicht aus einer persönlichen Verbindung zwischen „Gläubigen“ und „Göttern“, sondern aus dem Bewußtsein, daß heilige Kräfte nicht nur überall sein können, was einer Verbindungsaufnahme Schwierigkeiten bereitet, sondern daß sie „ungeregelt“ vielleicht Schaden anrichten[17]. Kultisch geregelte Kommunikation stellt die heiligen Kräfte in den „Dienst“ der Menschen, auch wenn theologisch das Verhältnis umgekehrt gesehen wird. Namen, Titel und Kultbildgestaltung „definieren“ die heilige Kraft als „Gottheit“[18] und machen sie kommunikationsfähig. Die Abgrenzung der Manifestationsstelle hat nicht nur den Zweck, eine Gottheit zu „schützen“, sondern mehr noch, die örtliche Umgebung einer Kommunikationsstelle „abzuschirmen“[19].

Die politische Rolle der Tempel basiert darauf, daß der einzig berechtigte Kommunikator auf menschlicher Seite der König war (bzw. „Priester“ in Vertretung des Königs) und daß die Kommunikation zwischen König und Gottheit Grundlage und Inhalt der königlichen Herrschaft betraf. Eine Skizze ausgewählter Elemente des ägyptischen „Weltbildes“ mag dieses verdeutlichen:

---

15 Der Schwierigkeit mit dieser „Definition“ bin ich mir wohl bewusst; es ist auch nur eine hilfsweise „Bestimmung“; zu der ägyptologischen Problemlage vgl. U. RÖßLER-KÖHLER, Jenseitsvorstellungen, in: LÄ III, 252-267.

16 An der Rückwand der Kultstelle des Grabes befindet sich normalerweise eine ebensolche Scheintür, um dem Toten die Möglichkeit zu geben, die Opfer in der Kultstelle zu erreichen.

17 Man denke z. B. an Überschwemmungen durch „hohen Nil“ (vgl. W. SCHENKEL, Überschwemmung, in: LÄ VI, 831-833, speziell Abschnitt C) oder allgemein an Gefährdungen unterschiedlichster Art (vgl. hierzu W. GUTEKUNST, Schutz, in: LÄ V, 746-749, sowie Schutzgott, -göttin, in: LÄ V, 749-754).

18 Beschrieben mit Namen und Titel („*rn*“), „geistigem“ Wesen („*ḫpr.w*“) und (Kult-)Bild („*jrj.w*“); s. hierzu J. ASSMANN, Gott, in: LÄ II, 756-786, speziell 765-766, und auch E. HORNUNG, Der Mensch als ‚Bild Gottes‘ in Ägypten, in: O. Loretz, Die Gottebenbildlichkeit des Menschen, München 1967, S. 123-156, speziell S. 126-128 (zu *jrw*), S. 131-134 (zu *ḫprw*).

19 Vgl. z. B. ASSMANN, a. a. O. (Anm. 14).

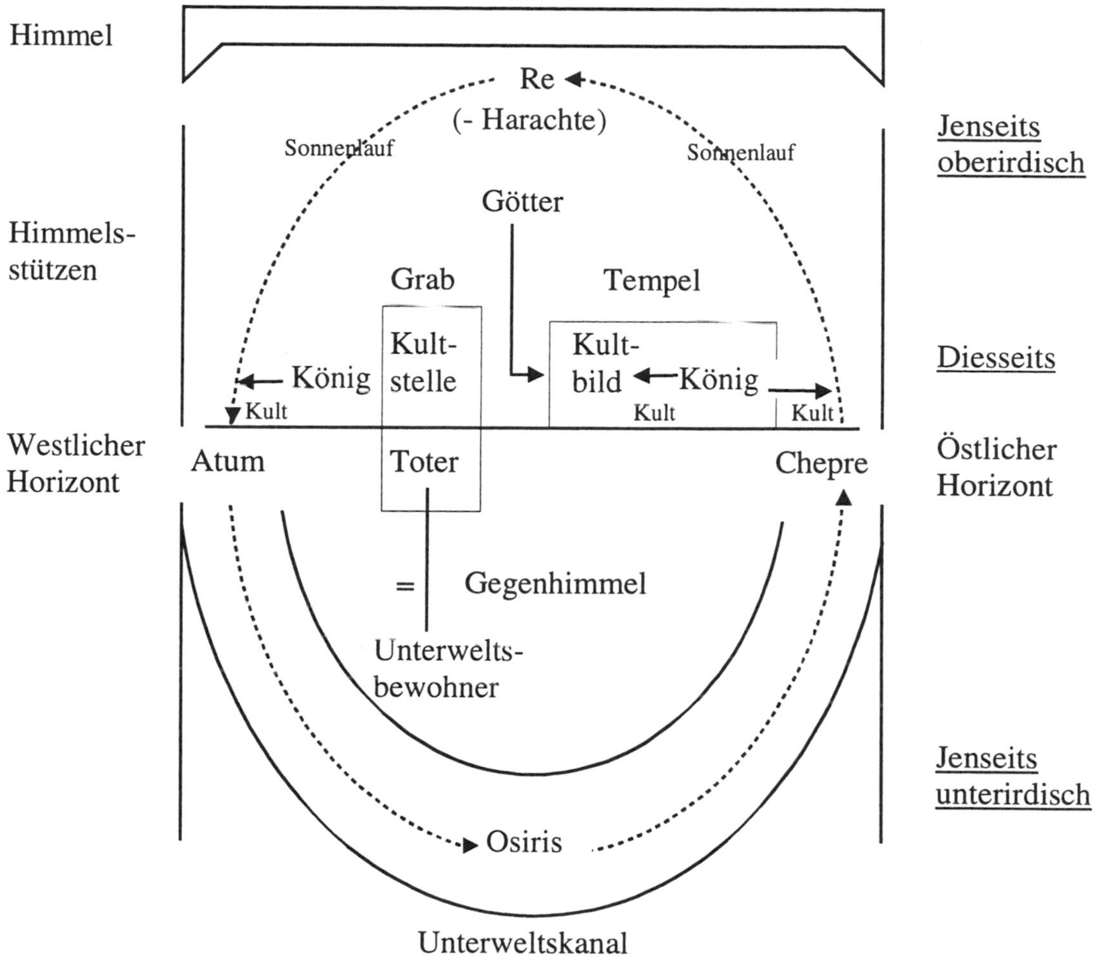

Ausgewählte Elemente des ägyptischen Weltbildes

Die vorstehende Auswahl orientiert sich an den wichtigsten kultbezogenen Bezirken des Diesseits und Jenseits, ihren Verbindungsstellen und dem beide Bezirke zusammenbindenden Sonnenlauf. Dabei fällt auf, daß das Diesseits nur einen schmalen Bereich ausmacht: es wird hier „definiert“ als alles, was der Mensch zwischen Geburt und Tod physisch betreten kann. Den Luftraum über ihm bis zum Himmelsgewölbe kann er zwar sehen, aber nicht physisch erreichen. Dieses „oberirdische Jenseits“ ist das „Wohngebiet“ der Sonne, das sie in den göttlichen „Definitionen“ des Chepre am Morgen, des Re-Harachte mittags und des Atum am Abend durchfährt. Zudem „leben“ hier „heilige Kräfte“ (= die Götter), die kultisch angerufen werden. Das „unterirdische Jenseits“ besteht aus dem „Unterweltskanal“, der mit „Fahrrinne“ der Sonnenbarke und den ausgedehnten Uferbezirken der Lebensbereich der Toten ist. Über ihm ist ein Gegenhimmel zu denken. Der Ba des Sonnengottes betritt abends als „Atum“ die Unterwelt, geht in den Leichnam des Sonnengottes, namens „Osiris“, ein, wird wiedergeboren und geht am Morgen als Chepre auf. Die kultisch regulierten Kontaktstellen zwischen unterirdischem und oberirdischem Jenseits sind für den Sonnengott der östliche und der westliche Horizont und zwischen Diesseits und Jenseits für die Menschen der Tempel (Kommunikationsort zwischen König und Gottheiten), der Palast (sekundärer Kommunikationsort zur „Erscheinung“ des Königs; in dem Schema nicht aufgeführt) und das Grab; letzteres gegliedert in unterweltlichen Aufenthaltsort des Toten und den oberirdischen Kultteil zur Kommunikation zwischen „Lebenden“ und „Toten“. Die Kultaufgaben des Königs versieht dieser im Tempel, in dem er mittels Opfer das Kultbild belebt, wodurch die Gottheit im Kultbild „einwohnt“ und zur Kommunikation zur Verfügung steht. Der Sonnenkult wird vom König vornehmlich in offenen Höfen ausgeübt, bei dem es im wesentlichen um die Sicherung des Auf- und Unterganges der Sonne geht[20].

2. *Tempel und Staat*

Die Grundfunktionen des ägyptischen Tempels lassen sich zusammenfassend in eine Abfolge bringen, die auch die Bedingtheiten deutlich macht:

Kultische Kommunikation König - Gottheit

↑

Kultische Funktion des Tempels

↑

Tempel als Kommunikationsort zwischen
Diesseits und Jenseits

↑

Tempel als (abgegrenzter) heiliger Ort

Auf dieser Struktur aufbauend, läßt sich als Ziel des gesamten kultischen Geschehens in einem ägyptischen Tempel die Grundlegung und Sicherung königlicher Herrschaft begreifen. Diese haben im Laufe der Jahrtausende eine geradezu extensive Ausgestaltung erfahren, und zwar theologisch in der Errichtung komplizierter Göttersysteme und kultwissenschaftlich in der Konzipierung differenzierter Rituale, die alle scheinbar einem Selbstzweck dienen wie die mittels Prozessionen durchgeführte Verbindungsaufnahme zwischen den Kultbildern der Gottheiten.

---

20 Wir können m. E. schon im Alten Reich eine entsprechende kultische Verbindung zwischen Heliopolis und den memphitischen Königsnekropolen annehmen und später zwischen Karnak und Deir el-Bahri (s. unten); zu Sonnenriten, die der Sicherung des Sonnenlaufes dienten, vgl. J. ASSMANN, Der König als Sonnenpriester, ADAIK 7, Glückstadt 1970.

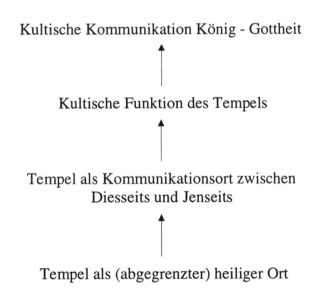

Die kultische Absicherung königlicher Herrschaft beruht auf der Vorstellung, daß Existenz und Ordnung von Kosmos, Staat und Gesellschaft nur in der Anwendung göttlicher (= heiliger) magischer Kräfte erreichbar sind und diese auf einen Amtsträger übertragen werden müssen, der „auf Erden“, also im Diesseits, die „Rolle“ des göttlichen Kultpartners „spielt“. Die Aspekte der kultischen Übertragung und Absicherung der königlichen Herrschaft läßt sich schematisch in einer Reihenfolge darstellen:

Gründung des Staates
(*zmꜣ-tꜣ.wj* "Vereinigung der beiden Länder")

↑

Übertragung der Herrschaft
("Ich gebe dir das Königtum der Beiden Länder")

↑

Ausstattung mit magischen Machtmitteln
(Krönung)

↑

Legitimierung

↑

Thronbesteigung

↑

(Gotteswahl)

Diese Stufenfolge repräsentiert nur zu einem Teil kultisches Geschehen; vielmehr sind in der rituellen Realisierung die einzelnen Schritte der Herrschaftsübertragung oft mehrfach berücksichtigt und somit Teil unterschiedlicher Kultabschnitte: Thronbesteigung und Krönung sind die einzigen Kultstadien, die im Normalfall unterschieden werden können. Sie sind getrennt (wiederum nur im Normalfall) durch die Vorbereitungen und die Durchführung der Bestattung des Vorgängers im Königsamt[21]. Die

21 Hierzu vgl. W. BARTA, Thronbesteigung und Krönungsfeier als unterschiedliche Zeugnisse königlicher Herrschaftsübernahme, in: SAK 8, 1980, S. 33-53.

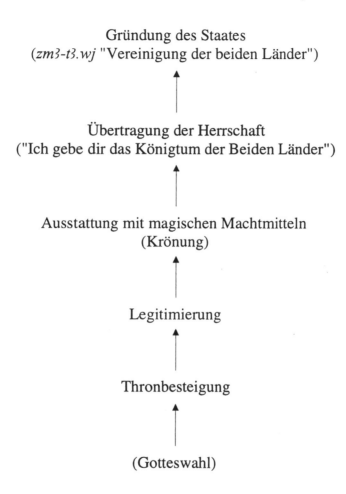

Gotteswahl gehört eigentlich in die Stufe der (göttlichen) Legitimierung[22], kann aber in besonderen Fällen (hierzu s. unten zum Orakelkult) ein eigener ritueller Schritt sein. Die „Vereinigung der Beiden Länder"[23], die durch jede Herrschaftsübernahme neu erfolgt, da der Tod eines Königs die staatskonstituierende Verbindung zum Sonnengott abreißen läßt, ergibt sich durch Krönung und Übergabe des Königtums der Beiden Länder eigentlich von selbst. Ich möchte jedoch vermuten, daß ein schriftlich fixierter Ritus für die Neugründung der Beiden Länder (d. h. des Staates[24]) existiert hat[25].

Die für die Herrschaftsübertragung notwendigen Handlungen und Formeln waren typologisch (und damit für die kultische Wirksamkeit ausreichend) an den betreffenden Stellen im Tempel Teil der „Dekoration". Dadurch ist die Kultbildkammer als Ort der Herrschaftsübertragung (als letzte Stufe der Krönung) gesichert[26].

Die „mythische Identität" von Sonnengott und königlichem Rollenträger bewirkt überdies eine Parallelität, die das „tägliche Leben" beider Kultpartner und damit den Kult strukturiert. Die Lebensabschnitte der Sonne und damit des in der Sonnenscheibe „wohnenden" Sonnengottes regulieren das Tempelgeschehen, das ja der Herrschaftssicherung für den König gilt:

Es sind	der Tag:	parallel zum Sonnengott „erscheint" der König jeden Morgen „wie (der Sonnengott) Re";
	das Halbjahr:	die Tag- und Nachtgleiche als Stationen der Nord- bzw. Südwanderung der Sonne;
	das Jahr:	als Zeitraum der Nord-/Südwanderung der Sonne.
Hinzu tritt die	Generation:	der zeitlich nicht genau fixierbare Abstand zwischen den menschlichen Generationen.

Allen diesen Anlässen entsprechen Rituale:

der Tag:	nicht nur die „kultische Erscheinung" des Königs vor seinen Räten (diese findet idealiter im Palast statt), sondern die tägliche Belebung des Kultbildes und damit die tägliche Aktualisierung der Bilder und Texte, die die Kommunikation zwischen

22 Vgl. R. GUNDLACH, Die Legitimationen des ägyptischen Königs – Versuch einer Systematisierung, in: BAKI 1 (= ÄAT 36,1), 1997, S. 11-20.
23 Ursprünglich wohl „Ober- und Unterägypten" im Gegensatz zu den „Beiden Ufern" (*jdb.wj*).
24 Zur Bedeutung von *t3.wj* als „Staat" vgl. R. GUNDLACH, Die Neubegründung des Königtums in der 11. Dynastie, in: BAKI 2 (= ÄAT 36,2), 1999, S. 21-41, speziell S. 30-31.
25 Im übrigen vgl. M.-TH. DERCHAIN-URTEL, Vereinigung beider Länder, in: LÄ VI, 974-976.
26 Vgl. die letzte Szene des Krönungszyklus und z. B. W. HELCK, Die Ritualszenen auf der Umfassungsmauer Ramses' II. in Karnak, ÄA 18, Wiesbaden 1968, S. 78-79.

	Gottheit und König und damit die Übertragung der Herrschaft sichern: das sog. Tägliche Ritual[27];
das Halbjahr:	die kultische „Nutzung“ der Tag- und Nachtgleiche ist z. B. in der göttlichen Zeugung und Geburt des Königs in dem Tempelverbund von Abu Simbel belegt[28];
das Jahr:	die Erneuerung der königlichen Herrschaft (möglicherweise unter Einschluß der „Erneuerung“ des Sonnengottes) ist Thema von Kultfesten mit Prozessionen in Theben, dem sog. Opetfest von Karnak nach Luxor und zurück[29] sowie dem sog. Talfest von Karnak auf das Westufer von Theben (hierzu s. auch unten), das u. a. den Sonnenlauf von Ost nach West rituell sichert und der Belebung der toten Könige gilt;
die Generation:	der Erneuerung der königlichen Herrschaft dienen die sog. Sed- bzw. Jubiläumsfeste, für die oftmals eigene Tempelanlagen errichtet worden sind (s. unten). In ihrem Verlauf wird der König rituell wiedergeboren und besteigt aufs Neue den Thron[30].

Die politische Funktion des ägyptischen Tempels ist so als staatstragend zu bezeichnen; denn nur über ihn ist die staatskonstituierende Übertragung der Herrschaft auf den König möglich. Da diese Herrschaft den gesamten Kosmos betrifft und damit Natur und Menschheit, Staat und Gesellschaft, Diesseits und Jenseits, ist die gesamte ägyptische Kultur mittels der Königsideologie an das Königtum und damit an den Inhaber dieses Amtes angebunden. Daher ist Altägypten in allen seinen Ausprägungen ohne das Königtum nicht denkbar. Daraus ergibt sich aber auch, daß das Amt des Königs auch mit dem

27 Vgl. W. BARTA, Kult, in: LÄ III, 839-848, speziell 841-843.

28 Zum kultischen Zusammenhang in Abu Simbel vgl. R. GUNDLACH, Das Dekorationsprogramm der Tempel von Abu Simbel und ihre kultische und königsideologische Funktion, in: D. Kurth (Hrsg.), 3. Ägyptologische Tempeltagung, Hamburg, 1.-5. Juni 1994: Systeme und Programme der ägyptischen Tempeldekoration, ÄAT 33,1, Wiesbaden 1995, S. 47-71.

29 Vgl. L. BELL, Luxor Temple and the Cult of the Royal Ka, in: JNES 44, 1985, S. 251-294.

30 Die erneute Thronbesteigung des Königs ist das Ziel der Sedfest-Feier: vgl. z. B. die Darstellung im Grabe des Cheruef (TT 192), in der Amenophis III. mit seiner göttlichen Mutter Hathor auf dem Thron wiedergegeben ist: OIP 102, Tf. 24.

Tode nicht endet: Es wird nur in das Jenseits verlagert[31], abgesehen von bleibenden diesseitigen Verpflichtungen[32].

Errichtung und Betrieb von Tempeln ist Staatsaufgabe und wird nach königlicher Planung vorgenommen. Beides wird gesteuert vom jeweiligen „Regierungsprogramm“, das in der Titulatur des Königs im Grundsätzlichen greifbar ist[33]. Aus ihm kann sich ein mehr oder minder umfangreiches Tempelbauprogramm und bzw. oder ein Kultprogramm ergeben. Das früheste wichtige Beispiel dürfte das Tempelbauprogramm Sesostris' I. sein[34], die wichtigsten des Neuen Reiches die von Thutmosis III., Amenophis III., Ramses II. und III. Als Beispiel sollen hier die Bauten Amenophis' III. dienen[35], die natürlich nur in Auswahl berücksichtigt werden können:

---

31 Wo der König, vereinfachend gesagt, die Rolle des Sonnengottes und anderer Götter übernimmt; abgesehen von der kultischen Sicherung des Sonnenlaufes und damit des Kosmos wirkt der diesseitige König auch in das Jenseits hinein: Er prägt mittels der Jenseitsführer in dem jeweiligen Königsgrab der Unterwelt eine Struktur auf und ordnet sie auf diese Weise.

32 Hierzu vgl. GUNDLACH, a. a. O. (Anm. 3), S. 216/217 u. a.

33 Vgl. zu dieser Sichtweise GUNDLACH, a. a. O. (Anm. 3), S. 17-20 und 152-159.

34 S. E. HIRSCH, Tempelbauprogramme und Kultpolitik der 12. Dynastie, Diss. Mainz 1997 (Drucklegung in Vorbereitung).

35 S. hierzu R. GUNDLACH, Zum Tempelbauprogramm Amenophis' III., in: R. Gundlach u. M. Rochholz (Hrsg.), Ägyptische Tempel – Struktur, Funktion und Programm (Akten der Ägyptologischen Tempeltagungen in Gosen 1990 und in Mainz 1992), HÄB 37, Hildesheim 1994, S. 89-100.

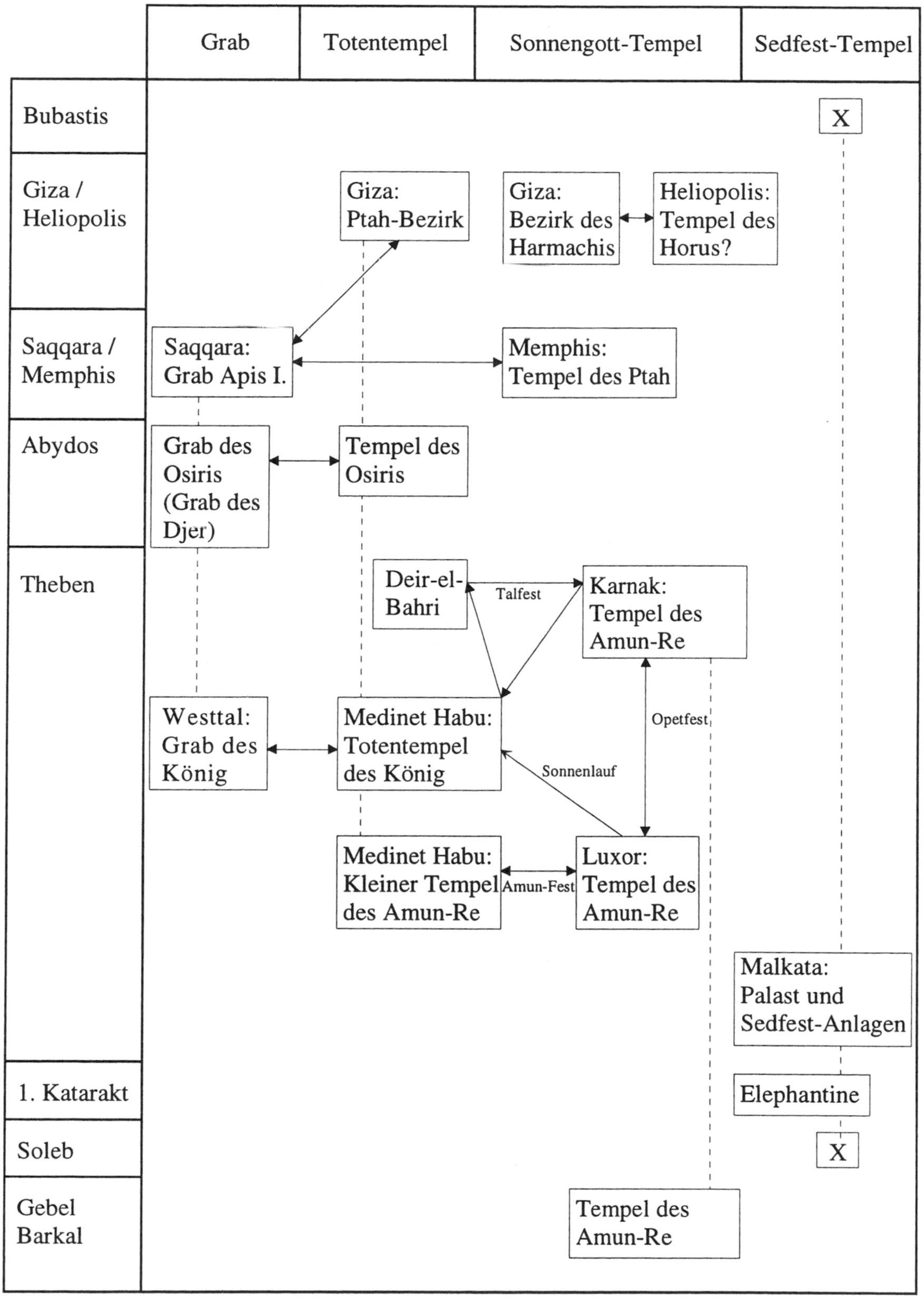

Ägypten als Kulturlandschaft unter Amenophis III.
(Tempel und Grabbauten in Auswahl)

Erläuterungen: ←→ : Kultbeziehung ——→ : Sonnenlauf
- - - - - - - - - : theologisch-kultische Entsprechungen

Die Verteilung der Kultbauten des Königs in ihrer Gliederung nach Grab – Totentempel – Sonnentempel – Sedfest-Tempel über das Land hinweg zeigt ein besonderes Ziel der königlichen Fürsorge für das Land: Über diese „Kommunikationsschiene" wird das gesamte Reich flächendeckend an das Göttliche angebunden.

3. *Tempel und Politik*

Die ägyptischen Tempel waren Institutionen des Staates und damit – wegen der Identität von Königtum und Staat – des Königs[36]. In der königlichen Politik (d. h. in allen Handlungen des Königs und seiner Beauftragten) nahmen die Tempel eine zentrale Stelle ein und waren davon abhängig. Ein Versuch, diese Beziehungen zwischen Königtum und Tempel darzustellen[37], läuft wegen der Form des abgekürzten Schemas Gefahr, zu sehr zu generalisieren und damit ungenau zu werden. Zum anderen ist eine solche Darstellung zu einem nicht geringen Teil hypothetisch; sie beruht auf einer Interpretation des nur unzureichend belegten Wirkungszusammenhanges innerhalb des Staates. Schließlich ist jedes Schema, das Aussagen über das pharaonische Ägypten als Ganzes macht, von der Chronologie, d. h. der historischen Entwicklung, her angreifbar. Wenn man diese Negativpunkte im Auge behält, kann aber ein solches zusammenfassendes Diagramm einen einigermaßen brauchbaren Eindruck vermitteln:

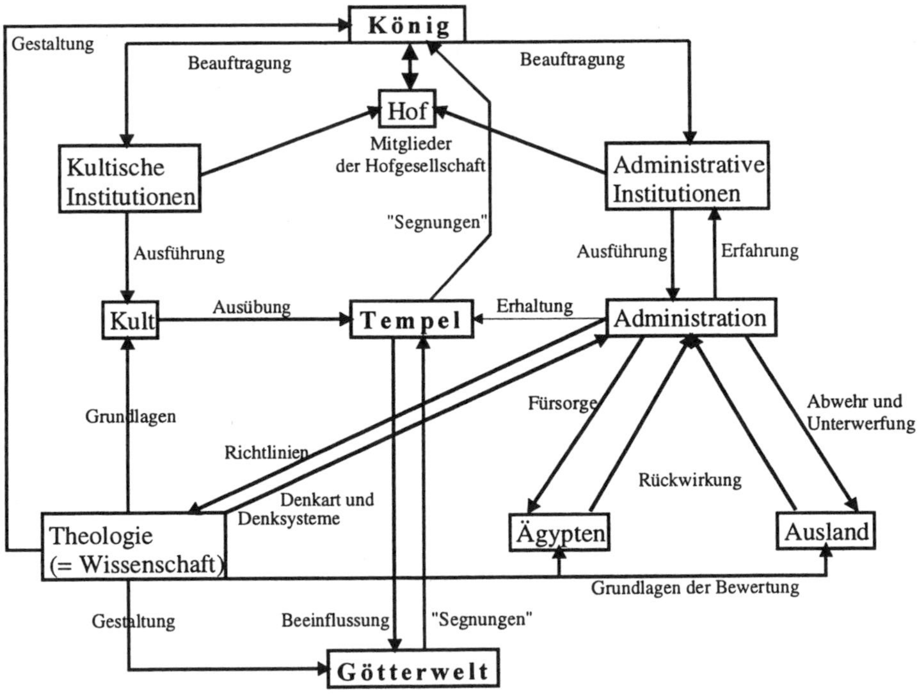

Struktur der ägyptischen Politik

---

36 Den ägyptischen Staat kann man m. E. als „Einpersonenstaat" bezeichnen; s. hierzu GUNDLACH, a. a. O. (Anm. 3), S. 11.

37 Vgl. hierzu auch GUNDLACH, a. a. O. (Anm. 3), S. 21-26.

Der „König“ war Ausgangspunkt aller Politik. Von ihm aus wurden über die administrativen und kultischen Institutionen (die „beamtenrechtlich“ nicht getrennt sind) die Tempel geplant und errichtet und der Kult zur Aufrechterhaltung der Kommunikation mit der Götterwelt durchgeführt, der in Form von „Segnungen“ dem König und damit dem Land zugute kam. Im übrigen ging ich von zwei Hypothesen aus:

1) die „ägyptische Theologie“, zu der ich alles das zähle, was wir unter Wissenschaft verstehen, ist im Schema als ein Block von Handlungen und Ergebnissen eingetragen, obwohl wir mit nicht zusammenhängenden parallelen theologischen Konstruktionen rechnen können. Diese Theologie gestaltet die Götterwelt und das Königsbild. Die sich ständig ändernde Konzeption der Königsideologie ist m. E. zwar im Zuständigkeitsbereich des Hofes, aber ohne Mitwirkung von theologisch erfahrenen Beamten nicht möglich;

2) die leitende Rolle des Königs, oder besser des königlichen Hofes, zur Bestimmung der Richtlinien theologischer Konstruktionen ergibt sich m. E. aus der zentralen Funktion des Königtums. Inwieweit diese ideale Struktur mit der historischen „Realität“ übereinstimmt, muß von Fall zu Fall untersucht werden. Die Abhängigkeit der Tempeladministrationen von der königlichen Zentrale, wie sie durch viele Belege gesichert ist[38], zeigt aber deutlich, daß von einem Gegensatz Palast – Tempel oder König – Priester erst sehr spät gesprochen werden kann[39].

Die Unterscheidung von Tempeladministratoren und Kultbeamten (auch wenn sich beide Gruppen etwas überschneiden) deutet darauf hin, daß die Beamten der Tempel nicht mehr und nicht weniger Politik treiben konnten als die der übrigen administrativen Zweige: alle waren sie im Prinzip vom Hof abhängig, in der offiziellen Sprachregelung „vom König“.

4. Tempel und Geschichte

Der ägyptische Tempel als politisches Zentrum war, soweit wir es erkennen können, zunächst für die Grundlegung der königlichen Herrschaft verantwortlich. Der Tempel von Hierakonpolis, den wir archäologisch zwar lokalisieren[40], aber nicht im Detail nachweisen können, war wie auch die späteren Pyramidentempel „Staatstempel“. Da der

38 Man denke z. B. an den Fall des Hohenpriesters des Amun, Mj, der im Jahr 4 Amenophis IV. auf königlichen Befehl hin eine Steinbruchexpedition in das Wadi Hammamat unternehmen musste (zur Beurteilung dieses Vorganges vgl. E. HORNUNG, Grundzüge der ägyptischen Geschichte, 2. Auflage, Darmstadt 1978, S. 94).

39 M. E. kann man als Zäsur den Übergang von der 20. zur 21. Dynastie ansehen.

40 S. oben Anm. 6.

König zu Lebzeiten im Diesseits herrschte und nach seinem Tode im Jenseits, waren die einzelnen Tempelanlagen unterschiedlich spezialisiert[41]. Die Übergänge zwischen der einen zur anderen dieser Spezialaufgaben lassen sich z. B. bei den Sonnenheiligtümern der 5. Dynastie und auch bei den sog. Totentempeln des Neuen Reiches in Theben nachweisen, die schon zu Lebzeiten des jeweiligen Königs in Betrieb waren, ihre eigentliche Bedeutung aber erst nach Ableben des Herrschers erhielten. Die enge Beziehung zwischen „Göttertempeln“ und „Königstempeln“ läßt sich am Beispiel der Verbindung von Heliopolis und z. B. Giza aufzeigen. Der dem Sonnenaufgang gewidmete Sonnenkult in Heliopolis hatte seine der Unterwelt zugewandte Entsprechung in den Pyramidentempeln und (in der 5. Dynastie) den Sonnenheiligtümern. Schriftliche Belege hierfür stammen zwar erst aus dem Neuen Reich[42], aber der kultische Zusammenhang läßt sich schon für die Zeit des Alten Reiches postulieren[43].

Der König als „Horus“ übte bis zum Ende des Alten Reiches die magische Macht des gleichnamigen Sonnengottes auf Erden aus: in diesen kultischen Rahmen gehören der Reichstempel in Hierakonpolis und verschiedene „Horus-Zweigtempel“. Auch die Heiligtümer der göttlichen Mutter des Königs, der Hathor, dienten diesem Zweck[44]. Die „Ersetzung“ des „am Himmel wandernden Sonnengottes“ Horus durch den Sonnengott Re spätestens seit der 4. Dynastie bedeutete nicht die „Degradierung“ des (irdischen) Horus; denn im Kult war der irdische Horus schon immer der Sohn des himmlischen Sonnengottes gewesen – das liegt in der Natur der Kultpartner.

Nach dem (ideologisch zu verstehenden) Zusammenbruch des Alten Reiches wurde das Königtum in der Ersten Zwischenzeit im thebanischen Südreich durch die Herrscher der 11. Dynastie neu aufgebaut. Der König erhielt seine Horusqualität als Kultherr des Hathortempels von Dendera (Horus als Sohn der Hathor): der König wurde „Ritualist“. Das zeigt sich deutlich in den königlichen Titulaturen der 11. Dynastie, die im Zusammenhang stehen mit der Konzipierung des neuen südlichen Sonnengottes Amun-Re und der Kultverbindung zwischen dem Karnak-Tempel und dem „Totentempel“ Mentuhoteps II. in Deir el-Bahri. Der Thronname Mentuhoteps II. „*Nb-ḥp.t-Rᶜ.w*“, „Herr des Steuerruders ist Re“, ist im Zusammenhang mit der Darstellung Mentuhoteps II. im Sanktuar seines Totentempels zu sehen, in dem der König beim „Rudern für

41 S. hierzu R. GUNDLACH, Struktur und Funktion ägyptischer Tempel (in Vorbereitung); vorläufig s. R. GUNDLACH, Temples, in: Oxford Encyclopedia of Ancient Egypt (im Druck).

42 Sphinxstele Thutmosis IV.: Urk. IV, 1542,4.

43 Vgl. die Skizze bei GUNDLACH, a. a. O. (Anm. 3), S. 208.

44 Zur Hathor im Alten Reich vgl. die Übersicht über ihre Kultorte, insbesondere in Memphis und Dendera, bei SCH. ALLAM, Beiträge zum Hathorkult, MÄS 4, Berlin 1963, S. 3-22 und 42-56; zu den einzelnen Königsmüttern bis zum Ende des Mittleren Reiches vgl. jetzt S. ROTH, *mw.t nsw.t* – Königsmutter. Untersuchungen zu den Müttern der ägyptischen Könige von der Frühzeit bis zum Ende der 12. Dynastie, Diss. Mainz 1997 (Drucklegung in Vorbereitung).

Amun" dargestellt ist[45]. M. E. ging es bei der Konzipierung des Sonnengottes Amun-Re darum, die Sicherung des ostwestlichen Sonnenlaufes des Re (in Heliopolis) auch für das Südreich sicherzustellen[46]. Hieraus entstand wahrscheinlich das später belegte „Talfest"[47], das zu einem der wichtigen thebanischen Feste wurde, die Spezialaufgaben im Rahmen der Sicherung der diesseitigen und der jenseitigen Herrschaft des Königs erhielten[48].

Die Königsideologie der folgenden 12. Dynastie zeigte sich einerseits in der konsequenten Weiterführung der Kultpolitik der Mentuhotep-Könige, war andererseits aber von dem Ziel beherrscht, den Staat des Alten Reiches restaurativ wiederherzustellen[49]. Die Tempelbauprogramme dieses ersten Viertels des 20. Jahrhunderts gingen einher mit einer theologischen Neuausrichtung des Königtums. Der König übernahm die Rollen der wichtigsten Götter[50], beschränkte sich also auch nicht auf den Sonnengott. Im Gegensatz zum Alten Reich wird jetzt das Land mit einem Tempelnetz überzogen, während dort nur wenige kultische Zentren existierten. Der König selbst erhält so eine Fülle göttlicher Attribute, d. h. die qualitativ isolierte Anbindung des Königs an den Sonnengott und die Himmelsgöttin Hathor wird durch ein quantitatives Beziehungsgeflecht ersetzt. Der Primat des Amun-Re-Tempels in Karnak blieb allerdings erhalten.

Der Karnak-Tempel war nach dem Ende der 12. Dynastie Träger der staatsbezogenen kultischen Tradition, wie die Rolle der nur kurz regierenden Könige der 13. Dynastie zeigt[51]. Diese Bedeutung behielt er gerade auch nach dem Sturz der 13. Dynastie durch die Hyksos und der Wiederbegründung des Königtums durch die 17. Dynastie im 17. Jahrhundert. Der König wird jetzt *ẖn.tj* „Prozessionsstatue" des Sonnengottes, wodurch der (ober)ägyptische neue Staat zum direkten politischen Wirkungsfeld des Tempelkultes erklärt wurde: die Politik des Königs ist auf diese Weise göttliche Kultausübung und Ägypten ist Prozessionsgebiet.

Die zentrale politische Bedeutung des Karnak-Tempels erhält zu Beginn der 18. Dynastie und damit des ägyptischen Weltreiches eine neue Dimension[52], als Thutmosis I. nach seiner „Einführung" (*bz*) bei Amun-Re datiert[53], die natürlich in der

---

45 Vgl. D. ARNOLD, Der Tempel des Königs Mentuhotep von Deir el-Bahari, II, Die Wandreliefs des Sanktuares, AV 11, Mainz 1974, Tf. 22/23 und S. 33.

46 Vgl. GUNDLACH, a. a. O. (Anm. 24), S. 35-37.

47 S. ARNOLD, a. a. O. (Anm. 45).

48 Vgl. oben die Skizze „Ägypten als Kultlandschaft unter Amenophis III.".

49 Vgl. HIRSCH, a. a. O. (Anm. 34).

50 Wie z. B. die Hymnen auf Sesostris III. deutlich zeigen; zu den Texten s. H. GRAPOW, Der Liederkranz zu Ehren Königs Sesostris des Dritten aus Kahun, in: MIO 1, 1953, S. 189-209.

51 Pap. Boulaq 18 = Kairo 6139; s. A. SCHARFF, Ein Rechnungsbuch des königlichen Hofes aus der 13. Dynastie, in: ZÄS 57, 1922, S. 51-68.

52 Umbau des Karnak-Tempels schon unter Amenophis I.: Übersicht bei F.-J. SCHMITZ, Amenophis I., HÄB 6, Hildesheim 1978, S. 71-92.

53 Tomas-Inschrift (Urk. IV, 82,12).

Kultbildkammer stattfand[54]. Damit war wahrscheinlich (Belege fehlen) gegenüber der bisherigen Krönungspraxis handlungsmäßig nichts Neues verbunden, aber die ideologische Einschätzung des Geschehens in der Kultbildkammer deutet m. E. schon daraufhin, daß das Verhältnis zwischen König und Gott komplizierter wird. Natürlich werden alle Entscheidungen noch am Hofe getroffen, aber die Form der kultischen Bestätigung weist „magisch" dem Sonnengott mehr Kompetenzen zu. Noch kann er wohl die Bestätigung der Thronbesteigung nicht ablehnen, aber bereits gut zwei Jahrzehnte später findet ideologisch der „Einbruch (des Sonnengottes) in die Politik" statt[55]: die Regentin Hatschepsut, die für den unmündigen König Thutmosis III. regiert, übernimmt neben dem König die Herrschaft und läßt ihre Königswürde von Amun-Re durch ein Orakel bestätigen[56]. Natürlich lag die Entscheidung dazu nicht in den Händen der „Priester", aber die Krönung der Regentin, die staatsrechtlich zu einem Doppelkönigtum führte, war nur mit dem bisherigen kultischen Instrumentarium nicht durchführbar. Politisch ging es um die Änderung der ägyptischen Politik: Abwendung vom Weltreich und Isolierung Ägyptens im traditionellen Sinne. Ideologisch bedeutete dieser Schritt aber den Bruch der Weltordnung („Maat"), denn zwei Könige durfte es nicht geben. Nach dem Tode Hatschepsuts I. antwortete Thutmosis III. ebenfalls mit einem Orakel[57], das er bei Amun-Re einholte: die Einschaltung des Sonnengottes in die Politik war vollzogen. Bereits Thutmosis IV. legte ca. 1392 v. Chr. einen Feldzugsplan zur Niederwerfung eines behaupteten Aufstandes in Nubien[58] Amun-Re zur „Genehmigung" vor. Natürlich fielen die Entscheidungen immer noch am Königshof, aber sie konnten, wie dieses Beispiel zeigt, erst durchgeführt werden, wenn „formal" die Bestätigung des Sonnengottes vorlag. Die sog. „Persönliche Frömmigkeit", die im 15. Jahrhundert sichtbar wird, bei der es um die direkte Beziehung der Menschen zum Sonnengott unter Ausschaltung des Königs geht, begleitet diese Machtminderung des Königtums. Die „Revolution" von Amarna wird von Amenophis IV./Echnaton zu dem Zwecke unternommen, um die Krise des Königtums zu beheben[59]. Da sie scheitert, wird der König von einem späteren

54 Vgl. die Einführungsszene in den späteren Krönungszyklen.

55 Von J. Assmann als „Einbruch in die Geschichte" beschrieben (Vortrag anlässlich der Eröffnung der Ausstellung „Ägyptens Aufstieg zur Weltmacht", Pelizäus-Museum Hildesheim, 1987), was das Ereignis m. E. auf eine falsche Ebene hebt; im übrigen vgl. J. ASSMANN, Die Zeit Hatschepsuts und Thutmosis' III. in religionsgeschichtlicher Sicht, Katalog der Ausstellung, S. 47-55, speziell S. 55.

56 Zum Text s. P. LACAU / H. CHEVRIER, Une chapelle d'Hatshepsout à Karnak, I, Le Caire 1977, S. 92-153 („texte historique").

57 Urk. IV, 157-159: der Orakelbericht ist in einem Text aus der Spätphase der Regierungszeit Thutmosis' III. enthalten; zum Bericht über ein Orakel des Jahres 24 (also ein Jahr nach dem Tode Hatschepsuts I.) s. Urk. IV, 836-838 (dazu J. v. BECKERATH, Ein Wunder des Amun bei der Tempelgründung in Karnak, in: MDAIK 37, 1982, S. 41-49).

58 Konosso-Stele des Jahres 8 Thutmosis' IV.: Urk. IV, 1545.

59 Vgl. zu dieser Sichtweise R. GUNDLACH, Die Titulaturen der Triade von Amarna, in: Revista de Estudios de Egiptología 5, 1994, S. 99-119, speziell S. 119.

Amtsnachfolger, Sethos I., einige Jahrzehnte nach seinem Tod „geächtet“: er ist nur noch der „Feind von Amarna“.

Nach dem Aussterben der Königsfamilie von Amarna und dem Tode des Königs Eje, eines „Ehrenmitgliedes“ dieser Familie[60], unternimmt der General Haremhab, der schon Reichsverweser unter Tutanchamun war, einen Staatsstreich: Obwohl er sicher im Besitze der politischen Macht war, muß er, den Grundsätzen der Königsideologie folgend, die Bestätigung bei Amun-Re in Karnak einholen. Er erscheint, so der Bericht des Haremhab über die Krönung[61], überfallartig in Karnak, als die Statue des Amun-Re während des Opetfestes den Tempel verlassen hatte. Begleitet war er von der Statue des Horus-Gottes seines Heimatortes *Ḥw.t-nj-sw.t*, der, so sein Bericht, ihn, Haremhab, zur Thronfolge bestimmt hatte[62]. Haremhab konfrontierte nun Amun-Re mit der Statue seines Heimatgottes und erzwingt, da sich Götter (zumindest in dieser Zeit) nicht widersprechen konnten, ein bestätigendes Orakel des Sonnengottes.

Es überrascht nicht, daß Sethos I., der Ächter des Echnaton, sich in seinen Handlungen als „gottgeleitet“ bezeichnet[63]. Der König ist formal von dem Willen des Sonnengottes abhängig – ein weiter Weg von der mythischen Identität von Sonnengott und König in der Frühzeit und im Alten Reich bis hierher. Die Bedeutung der Verbindungsaufnahme zum Sonnengott zeigt sich auch in der Qadesch-Schlacht, als Ramses II. in einer bedrohlichen Situation Amun-Re um Hilfe anfleht, und zwar von Syrien aus nach Karnak[64]; denn nur über den Karnak-Tempel war die (kultisch geregelte) Kommunikation mit dem Sonnengott möglich.

Unter dem Nachfolger Ramses' II., seinem Sohn Merenptah, zeigt sich die Bedeutung des Amun-Orakels für die Politik besonders kraß: Während einer militärischen Auseinandersetzung mit den Libyern vertraut er darauf, daß der Sonnengott in Karnak den Libyern den Rücken zugewendet und damit „verurteilt“ habe[65]. Man geht wohl nicht zu weit, wenn man hier die Tendenz zu einer Verselbständigung des Orakels des Amun-Re erkennen möchte.

Der Niedergang des Weltreiches und der Ramessidenherrschaft führte konsequent zu einer „Endkrise“ des traditionellen Königtums: nach dem Tode Ramses XI. wird der Sonnengott zum „König auf Erden“ – der (eigentliche irdische) König ist nur noch

---

60 So möchte ich die Stellung des „Gottesvaters“ Eje in Amarna charakterisieren.
61 Urk. IV, 2116-2118.
62 Urk. IV, 2116,12-13.
63 Z. B. im Kanais-Text B, Zeile 5 (S. SCHOTT, Kanais, NAWG 1961, Nr. 6, Göttingen 1961; KRI I, 66,8-9).
64 KRI II, 34-42; s. hierzu auch J. ASSMANN, Krieg und Frieden im alten Ägypten: Ramses II. und die Schlacht bei Kadesch, in: Mannheimer Forum, Mannheim 1983-1984, S. 175-230, speziell S. 216-221.
65 KRI IV, 5,6-7 und 40,5; vgl. auch TH. v. d. WAY, Göttergericht und „Heiliger“ Krieg im Alten Ägypten, SAGA 4, Heidelberg 1992, S. 35-48 zum Göttergericht.

Statthalter des Sonnengottes[66]. Der Sonnengott regiert das Land vom Tempel aus. War in der Frühzeit durch Übernahme der Rolle des Sonnengottes auf Erden der König mit der magischen Macht seines Kultpartners ausgestattet, findet jetzt quasi die Rückübertragung der irdischen Macht auf die Gottheit statt.

Die irdische Herrschaft des Gottes vom Tempel aus erweist sich für die Zukunft, also für das 1. Jahrtausend v. Chr. und die römisch-byzantinische Kaiserzeit, als für das Überleben der ägyptischen Kultur existenzsichernd. Wurde das Land durch Fremdherrschaften fremder Kulturzugehörigkeit immer mehr nichtägyptischer Staatlichkeit unterworfen, konzentrierte sich die genuin ägyptische Staatlichkeit auf die Tempel: in jedem von ihnen herrschte ein göttlicher Sohn des Sonnengottes mit magischer Zuständigkeit für Ägypten als ganzes, so daß die Existenz des pharaonischen Staates in der Theorie (also in der 2. Wirklichkeit) durch die Herrschaft eines facettenreichen (nach Tempeln aufgeteilten) göttlichen Wesens gesichert blieb. Der Charakter der Tempel als Staatstempel, was sie formal blieben, wurde abgelöst durch den Charakter des pharaonischen Staates als „Tempelstaat".

66 Zu diesem Aspekt des Umbruchs am Ende der 20. Dynastie s. R. GUNDLACH, Das Königtum des Herihor, in: Aegyptiaca Treverensia 7 (FS Erich Winter), 1994, S. 133-138; im übrigen vgl. K. JANSEN-WINKELN, Das Ende des Neuen Reiches, in: ZÄS 119, 1992, S. 22-37.

Riten des Amun in den nubischen Tempeln von Ramses II.

Eleonora Kormyscheva

Zu einem der Probleme der Erforschung der ägyptischen Tempel gehört das Studium der Tempelkomplexe von Ramses II. in Unternubien als einheitliches System des Amunkultes, das seine eigene innere Logik besitzt. In den Studien, die der Analyse des Bildprogramms dieser Tempel gewidmet sind[1], werden einzelne mit der Rolle von Amun verbundene Fragen behandelt; außerdem wird auch auf die Probleme der Entwicklung des Amunkultes in den nubischen Tempeln von Ramses II., die Rolle von Nubien und der dort von diesem Pharao errichteten Tempel bei der Herausbildung des Reichskultes des Gottes Amun eingegangen.

In der polytheistischen Religion, zu der die ägyptische gehört, hat die Entwicklung des Reichskultes[2] bei der Schaffung des Reiches und der Herausbildung der Reichsideologie, die die Macht ihres Oberhauptes sichert, eine Reihe von Besonderheiten. Die Bestimmung eines solchen Kultes verlangt eine Herausbildung von spezifischen Merkmalen, die einen der Götter aus dem System hervorhebt.

Der Reichskult unter der Herrschaft des Polytheismus hatte seine besonderen Erscheinungsformen, die nicht immer klar in einem System zum Ausdruck kommen, wo die Pietät des Herrschers gegenüber den Hauptgöttern des Pantheons und der Segen ihrerseits als notwendige Attribute der Inthronisierung des Pharaos und der erfolgreichen Realisierung der Maatprinzipien galten. Der Status des Reichsgottes unter den

---

1 R. GUNDLACH, Das Dekorationsprogramm der Tempel von Abu Simbel und ihre kultische und königsideologische Funktion, in: D. Kurth (Hrsg.), 3. Ägyptologische Tempeltagung, Hamburg, 1.-5. Juni 1994: Systeme und Programme der ägyptischen Tempeldekoration, ÄAT 33,1, Wiesbaden 1995, S. 47-71; CH. LOEBEN, Symmetrie, Diagonale und Chiasmus als Dekorprinzipien im Bildprogramm des Großen Tempels von Abu Simbel - Beobachtungen und vorläufige Ergebnisse, in: ibid., S. 143-162.

2 Zu diesem Problem siehe J. ASSMANN, Egyptian solar Religion in the New Kingdom. Re, Amun and the Crisis of Polytheism, London 1995, S. 129 und insbesondere ID., Primat und Transzendenz. Struktur und Genesis der ägyptischen Vorstellung eines „Höchsten Wesens“ in: Aspekte der spätägyptischen Religion, GOF IV/9, Wiesbaden 1979, S. 17-18: „Es geht vielmehr um die Geschichte dessen, was man meint, wenn man Amun als „Reichsgott“ bezeichnet, und was man durchaus im Sinne einer Institution verstehen kann, einer „religiösen Institution“, die älter ist als der Gott Amun-Re und in der er andere Götter beerbt hat. Diese Institution ist definiert durch zwei Relationen: 1. Die Beziehung zum Königtum und 2. die Stellung innerhalb der Götterwelt. Beide Relationen sind starkem geschichtlichen Wandel unterworfen gewesen“. S. 22: „Für den Gott gilt, dass sein Status des Primats in der Götterwelt nicht zu trennen ist von der Konstellation mit dem Königtum, in der er – und das erscheint mir ebenso bedeutsam, wie die bisher einseitig betonte Sohnesrolle des Königs – die personalen Züge eines Vaters annimmt. Götterkönigtum und irdische Herrschaft gehen eine Verbindung ein, die sich in immer neuen Transformationen durch die gesamte ägyptische Geschichte durchhält“.

obengenannten Bedingungen wurde in erster Linie durch seine Position zu dem regierenden Haus bestimmt. Theoretisch sollte der Segen zur Herrschaft und das damit verbundene individuelle Wohl von allen oder fast allen in diesem Pantheon verehrten Göttern ausgehen. Doch die Idee eines Weltgottes mit universellen Eigenschaften, der dank dieser Eigenschaften imstande ist, die Spitzenposition im Pantheon einzunehmen, indem er die übrigen an Kraft und Grad seiner Einwirkung auf das Leben der Gesellschaft übertrifft, was nicht durch individuelle Frömmigkeit, sondern nur durch das Regierungsoberhaupt verwirklicht wurde, mußte einen der Götter als Führer nominieren.

Der zweite und erfolgreiche Versuch von Ramses II., in der Geschichte des Alten Ägyptens ein Reich zu schaffen, erforderte eine bestimmte Umgestaltung der Ideologie. Unter den eroberten Ländern spielte Nubien eine besondere Rolle, da dort die ägyptische Religion fest genug seit den vorhergegangenen Perioden verwurzelt war und der Prozeß der Synkretisierung der ägyptischen Kulte mit den lokalen bereits einen ziemlich weiten Entwicklungsweg zurückgelegt hatte.

Die Untersuchung der Rolle des Amun unter Ramses II. zeigt zweifellos die bedeutende Rolle Nubiens bei der Herausbildung des Kultes von Amun als Reichsgott. Das Hauptaugenmerk dieser Untersuchung liegt auf dem Charakter und den Besonderheiten dieser Erscheinung, den Ursachen des Emporsteigens des Amun im Vergleich zu Re-Harachte, dessen Kult auch weiterhin führende Positionen einnahm.

Schon die erste Bekanntschaft mit der Religion Nubiens des Neuen Reiches zeigt klar die führende Rolle Amuns, der berufen war, ein Gott zu werden, dem in Nubien eine besondere Rolle für die ideologische Begründung der Königsmacht zukam. Das letztere bestimmte das weitere Schicksal Amuns, der Staatsgott von Kusch praktisch bis zum Ende der Existenz dieses Reiches blieb, verlor aber allmählich seinen früheren Ruhm in Ägypten nach dem Niedergang des Ramessidenreiches. Der Charakter dieser Erscheinung sowie die Besonderheiten des Prozesses der Stärkung des Reichskultes des Amun stehen auch im Mittelpunkt dieser Untersuchung.

Die führende Rolle bei der Bestimmung der Position des Amun im Vergleich zu Re-Harachte und der Bedeutung Amuns im ägyptischen theologischen System im ganzen und unter anderem in Nubien, zeigt sich bei der Untersuchung der Riten. Charakter und Form der Ausführung der Riten und ihre Verbindung mit der einen oder anderen Erscheinungsform des Amun geben den Schlüssel zum Verständnis der Besonderheiten der Religionspolitik der ägyptischen Pharaonen in Nubien und der Rolle Nubiens im gesamten theologischen System des neugebildeten Reiches.

Die Bedeutung der Untersuchung der Riten, die in den nubischen Tempeln in Verbindung mit Amun ausgeführt werden, ist für diese Untersuchung dadurch charakterisiert, daß andere Bestandteile des Kultes wie z. B. Epitheta des Gottes, seine Ikonographie und sogar die Stellung Amuns im Bildprogramm des Tempels wegen der Statik und des Konservatismus der früher herausgebildeten Formen nicht immer imstande sind, klar genug die Veränderung der Theologie aufzuzeigen. Die Rolle des Ritus ist durch die Stellung des Reichsgottes bestimmt, dem die Hauptrolle in der Konzeption der Gotteswahl des Königs (einschließlich der Idee der Theogamie), im Prozeß der Königswahl, der Vorausbestimmung der Königsmacht und in der Leitung seiner Handlungen gehört. Dabei ist es notwendig, daß alle Merkmale unter Bezugnahme ihres Vergleiches mit anderen Göttern des Pantheons untersucht werden.

Das Studium des Formulars der Inschriften und des Bildprogramms der neugestifteten und von Ramses II. erneuerten Tempel zeugt von der Einheit des Amun-Re einerseits, und andererseits von einem Parallelismus (in bestimmter Weise auch einem gewissen versteckten Wettstreit) zwischen den Kulten des Amun-Re und Re-Harachte. Diese Erscheinung geht auf die Tempel der XVIII. Dynastie zurück. So wurde der Tempel von Amada Amun-Re sowie Re-Harachte geweiht, die in einer Barke dargestellt werden. In Ellessya waren Amun-Re und die lokale Erscheinungsform des Horus in Nubien – Horus von Aniba[3] Herren des Tempels. Die Erforschung des Ritualkomplexes der nubischen Tempel von Ramses II. unter Beibehaltung des Parallelismus Amun-Re – Re-Harachte läßt die Tendenz zur Erhöhung Amuns deutlich werden.

Mit dem Ziel, den Reichskult des Amun-Re und die Rolle der nubischen Tempel aus der Zeit Ramses II. zu erforschen, werden in diesem Prozeß folgende charakteristische Merkmale hervorgehoben.

1. Tempelonomastik.
2. Riten.
3. Geographie des Amun-Re und Re-Harachte (Verbindung mit Süden und Norden).
4. Veränderungen in der Ikonographie des Amun-Re.

Ein wesentlicher Faktor im Komplex von Merkmalen, die es erlauben, von der führenden Rolle des Amun zu sprechen, gehört der Tempelonomastik. Außer der Weihungsformel des Tempelbaus, die seinen Herrn bestimmt, weisen die Benennungen der nubischen Tempel selbst, die die Wortverbindung „Haus von Amun-Re" einschließen, auf die Bedeutung des Tempels im System der religiösen Ideologie und Festlegung des Reichskultes.

Es ist auch nicht zu vergessen, daß die Tempel, die von Ramses II. in Nubien errichtet wurden, das Ziel verfolgten, seinen göttlichen Kult als ideologische Grundlage des Reiches noch zu seinen Lebzeiten zu errichten.. Das wurde mit Hilfe einer Reihe von Ritualhandlungen erreicht, die seine Einführung in das Götterpantheon zeigten. Als Höhepunkt der Erscheinung galt die Schaffung der göttlichen Gestalt, einer besonderen Statue und eines mit den Göttern gemeinsamen Throns.

---

3 R. GUNDLACH, Der Felstempel Thutmosis' III. bei Ellesija. Analyse des Dekorationsprogramms, in: R. Gundlach u. M. Rochholz (Hrsg.), Ägyptische Tempel – Struktur, Funktion und Programm (Akten der Ägyptologischen Tempeltagungen in Gosen 1990 und in Mainz 1992), HÄB 37, Hildesheim 1994, S. 76.

Von Ramses II. wurden in Unternubien folgende Felstempel gebaut[4]:

Beit el Wali	60 km südlich von Assuan.
Gerf Hussein	95 km.
Wadi es Seboua	160 km.
Derr	213 km.
Abu Simbel	294 km.

Außerdem wurde der Tempel in Akscha errichtet.

Es ist kaum zu bezweifeln, daß die Tempel im Bezirk von Gebel Barkal bis Kawa, die von den Pharaonen der XVIII. Dynastie gestiftet oder erneuert und Amun-Re geweiht wurden, auch weiterhin unter Ramses II. funktionierten. Die Lage der Tempel von Ramses II. in Unternubien selbst unterlag einem bestimmten System. Wie I. Hein vermutete, kommt das System in geographischer und chronologischer Ordnung zum Vorschein. Als erster unter den nördlichen Tempeln wurde Beit el Wali vollendet, als zweiter und letzter im Süden – Abu Simbel. Die nachfolgenden Tempel Derr, Wadi es Seboua, Gerf Hussein, wurden von Süden nach Norden zwischen diesen zwei Punkten gebaut[5]. Außer den bereits genannten Tempeln war eine aktive Bautätigkeit von Ramses II. in Amara[6] und Sesebi[7] zu verzeichnen. Mit Abu Simbel war eng der Speos in Abu Oda verbunden. Spuren der Bautätigkeit von Ramses II. sind in Gebel Barkal zu sehen.

Der als zweiter nach Beit el Wali gebaute Tempel von Abu Simbel schien berufen zu sein, die Funktionen einer Südgrenze in diesem System zu erfüllen, die später in Richtung Süd – Nord geschlossen wurde. Außerdem wurde Abu Simbel zu einer Art Bindeglied mit den südlichen kuschitischen Amuntempeln, unter anderem mit dem Tempel am Gebel Barkal, der im unteren südlichen Gebiet des ägyptischen Einflusses lag Die Schaffung eines Tempelsystems im Norden verfolgte also das Ziel, das Vakuum zu füllen (was einem der religiösen Hauptprinzipien der Ägypter entsprach) und ein einheitliches System im ganzen südlichen Teil des ägyptischen Reiches zu schaffen.

Einer der ersten Bauten von Ramses II. war der Tempel von Beit el Wali, der Amun-Re geweiht war, auf dem westlichen Nilufer, 300 Meter nordwestlich von Kalabscha. Der Tempel wurde zu Ehren der siegreichen Feldzüge des Pharaos gegen Nubien errichtet. Dominierend waren das Thema des Triumphes über Nubier, Szenen des Krieges und des Sieges. Auf dem Pylon, der vom Süden den Durchgang in den inneren Hof flankiert, ist ein Widderkopf dargestellt. Auf der Fassade gibt es wie gewöhnlich in diesen Fällen eine Szene der Niederwerfung des Feindes; im Bildprogramm des Tempels spielten die mit

4 Nach I. HEIN, Überlegungen zur Lage der Felstempel Ramses' II. in Nubien, in: R. Gundlach u. M. Rochholz (Hrsg.), Ägyptische Tempel – Struktur, Funktion und Programm (Akten der Ägyptologischen Tempeltagungen in Gosen 1990 und in Mainz 1992), HÄB 37, Hildesheim 1994, S. 131.

5 IBID., S. 134.

6 I. HEIN, Die Ramessidische Bautätigkeit in Nubien, GOF IV/22, Wiesbaden 1991, S. 53.

7 IBID., S. 62.

dem *Heb-sed*-Fest verbundenen Szenen[8] eine große Rolle. In Wadi es Seboua verschwinden Kriegsszenen, die im Tempel von Derr noch zu sehen sind. Schließlich wurde der Höhepunkt des Bildprogramms in Abu Simbel und Gerf Hussein erreicht. Der Pharao ist unter Seinesgleichen – Göttern – dargestellt[9].

In Beit el Wali ist die Südwand des Eingangs völlig dem nubischen Feldzug Ramses' II. gewidmet. Hier sind Ramses II. auf einem Wagen gezeigt, der die Nubier niederwirft, und eine Szene, wo ihm Opfergaben und Gefangene dargebracht werden[10]. Vielfach wird der Wunsch betont, zahlreiche Festlichkeiten und Siegesfeiern zu begehen[11].

Die Entwicklung der Hauptsujetlinie im Bildprogramm des Tempels (vom Eingang bis zum Sanktuar) ist folgerichtig in den Szenen dargestellt, die den Herrscher, der mit dem Amunsymbol – dem Widderhorn – dargestellt ist, bei der Niederwerfung der Nubier und der Bestätigung seiner Herrschaft zeigen. Letzterem dient unter anderem der Ritus der Opfergabe von kühlem Wasser und der damit verbundene Ruderlauf, der auf der Fassade der Mitteltür, die in den Säulensaal führt, ausgeführt wird[12]. Der Ruderlauf und als dessen Folge die Lebensgabe[13] ist als Bestätigung der Regierungsrechte vom Ramses II. zu betrachten.

Die Bezogenheit der Riten auf den nubischen Amun, was sich in seinen Epitheta „Herrscher von Nubien (Ta-Setj)" oder „der in Nubien (Ta-Setj) an der Spitze stehende" widerspiegelt, diente dazu, die Position dieser Erscheinungsform des Amun zu stärken.

Das Bildprogramm des Tempels kann als Beispiel des bereits erwähnten Parallelismus in den Gestalten von Amun-Re und Re-Harachte dienen. Die Niederwerfung der Nubier in Anwesenheit von Amun-Re auf der Südwand des Säulensaales und der Libyer in Anwesenheit von Re-Harachte[14] läßt darauf schließen, daß das Bildprogramm, welches mit diesen Göttern verbunden ist, in zwei Teile geteilt ist, einen nördlichen und einen südlichen, was später in Abu Simbel wiederholt wird.

Den Höhepunkt des Bildprogramms des Tempels bilden Szenen im Durchgang zum Sanktuar und im Sanktuar selbst, die den Sinn aller Riten aufdecken. In Beit el Wali sind das: der Ritus des Maatopfers als Garantie, daß die Prinzipien der Maat ausgeführt

---

8 CH. DESROCHES-NOBLECOURT, Le secret des temples de la Nubie, Paris 1999, S. 247-248.

9 IBID., S. 252.

10 H. RICKE et al., The Beit el Wali Temple of Ramesses II., Chicago 1967, Tf. 7, 8, 9.

11 DESROCHES-NOBLECOURT, a. a. O. (Anm. 8), S. 178-179.

12 G. ROEDER, Der Felsentempel von Bet el Wali, Le Caire 1938, S. 44-45, Tf. 37, § 182, Vorhalle, Westwand. RICKE et al., a. a. O. (Anm. 10), Tf. 18 B. Der Text lautet: „Ruderlauf vor Amun-Re". Vor dem König: „Nimm die Ruder und das gebrachte kühle Wasser". Über Amun: „Worte gesprochen von Amun-Re, Herrn des Thrones Beider Länder, dem Großen Gott, Herrn von Nubien: Ich gebe dir alles Leben, Macht, Glück und Gesundheit wie Re ewiglich".

13 Als Variante des Sujets „Lebensgabe" sind die Szenen „Lebensatem zur Nase des Pharaos" zu betrachten, die in Beit el Wali wiedergegeben sind; s. RICKE et al., a. a. O. (Anm. 10), Tf. 19A-D; ROEDER, a. a. O. (Anm. 12), S. 47, Tf. 36a.

14 RICKE et al., a. a. O. (Anm. 10), S. 24, Tf. 27.

werden, und daß man die Macht (= das Leben) von Amun-Re bekommen wird[15], das Weinopfer, das als ein Teil des Inthronisationsritus anzusehen ist, die mit der Verleihung des Königtums, der Bestätigung der Regierungslegitimation, und mit Macht- und Landzuweisung verbunden ist[16]. In Beit el Wali wurde der Weinopferritus[17] dargestellt (Abb. 1). Dieser wichtige Ritus war mit Amun-Re verbunden, der nubische Epitheta führte. Amun-Re mit nubischen Epitheta koexistiert im Tempel mit Amun von Karnak, dem auch Weinopfer dargebracht werden[18] (ein Ritus, der mit der Übergabe von Regierungsrechten verbunden ist) und für den Riten ausgeführt werden, die mit der Realisierung der Prinzipien der Maat und zwar des Tempelbaus verbunden waren, wovon eine entsprechende Inschrift zeugt[19]. Maatpräsentation wurde für Amun-Re von Nubien und ebenso für Amun-Re von Karnak ausgeführt[20]. Eine engste Verbindung zwischen Maat und Amuntheologie geht aus allen Materialien hervor. Die Szenen sind eine deutliche Illustration der Ritualisierung von Maat im Bildprogramm der Tempel. Im Sanktuar wurde auch der Ritus der Opfergaben, der Libationen und des Weihrauches ausgeführt[21]. Entscheidend ist, daß Amun hier auch nubische Epitheta besitzt[22]. Hier ist

---

15 IBID., S. 26, Tf. 31B; ROEDER, a. a. O. (Anm. 12), S. 79-82, Tf. 50, § 318; andere Szene: S. 88-89, Tf. 55a, § 342-346; zur Identität des Begriffs Maat und Leben sowie zur Theologie des Willens, des Lebens und der Zeit, die in der Hand der Götter liegen, s. ASSMANN, a. a. O. (Anm. 2, 1995), S. 196-197.

16 MU-CHOU-POO, Wine and Wine offering in the Religion of Ancient Egypt, London - New York 1995, S. 133-137, 143-144.

17 Weinopfern ist Zentralthema der zwei Darstellungen des Türsturzes. Der König bringt Amun-Re zwei blaue Krüge dar. Zwischen ihnen ist ein Altar mit der *nmst*-Vase und darübergelegter Lotosblume dargestellt (zur Bedeutung der Darstellung s. Anm. 36). Auf dem linken Türpfosten ist eine Szene der Maatdarbringung dargestellt, bei der Spuren von Veränderungen der Figur des Gottes sowie der Texte von Amun zu sehen sind (RICKE et al., a. a. O. (Anm. 10), Tf. 32C). Der Text in beiden Fällen lautet: „Amun-Re, Herr des Thrones Beider Länder, der an der Spitze Nubiens steht, großer Gott" (IBID, S. 26-27, Tf. 32A, B, E - Säulensaal, Westwand, Durchgang zum Heiligtum; ROEDER, a. a. O. (Anm. 12), S. 86, § 331, S. 93, Tf. 51-52, § 382). Eine ähnliche Darstellung ist auf dem rechten Türpfosten.

18 RICKE et al., a. a. O. (Anm. 10), Tf. 17.

19 Eingang in den Säulensaal links, siehe RICKE et al., a. a. O. (Anm. 10), Tf. 20, S. 21-22: Anruf an Amun, der ihm die Weihung des Tempels bestätigt. Text: „Worte gesprochen [...] Usermaatre, (Ich) kam zu dir, wunderbarer Vater Amun, Herr des Thrones Beider Länder. Ich bin dein Sohn, (ich) kam zu dir, um dein Gesicht zu schützen". Siehe J. G. GRIFFITH, The meaning of *nḏ ʿnḏ nḏ ḥr,* in: JEA 37, 1951, S. 36-37.

20 Weinopfergaben (ROEDER, a. a. O. (Anm. 12), S. 93-95, § 382-388; RICKE et al., a. a. O. (Anm. 10), Tf. 33A). Vor Amun: „Worte gesprochen von Amun-Re, Herrn des Thrones Beider Länder. Ich gebe dir alle Macht". Hinter Amun: „Der König, der Erste der lebenden Seelen, Usermaatre, Sohn des Re, König Ramses II. soll (leben) ewiglich".

21 Es ist die Position des Amun im Sanktuar zu beachten (s. RICKE et al., a. a. O. (Anm. 10), S. 33, Tf. 44A). Seine Darstellung auf der Südwand ist mit den Worten begleitet: „Weihrauch, Wasserspenden und Opfergaben dem Amun, der an der Spitze Nubiens steht". Hinter Amun: „Ich gebe dir zahlreiche Jahre und Festlichkeiten [...]". Text über dem Opfertisch: „Weihräuchern, Wasser spenden , rein, (viermal wiederholen) mit tausenden Broten, hunderten Bierkrügen, Myrrhe, kühlem Wasser, Stieren, Geflügel, Wein, Milch und tausenden guten und reinen Sachen, aus den Händen deines Sohnes, dem Herrn Beider Länder Usermaatre, Herr des Diadems Ramses, dem Leben gegeben ist wie Re".

22 Sanktuar, Südwand. Der Text ist nach ROEDER, a. a. O. (Anm. 12), S. 124-125, § 454-456 wiedergegeben: „Amun-Re, Herr von Karnak, Erster von Nubien, großer Gott, König der Götter,

auch Min-Amun-Kamutef gezeigt, dessen Kult in allen Tempeln von Ramses II. zu sehen ist[23].

Wenn der Tempel von Beit el Wali dem Triumph des Pharaos über Nubien geweiht war, so erscheinen im Tempelkomplex von Abu Simbel neue Züge: der Kult des vergöttlichten Ramses II. und ein neuer, die widderköpfige Erscheinungsform von Amun, als Objekt des Tempelkultes. Es ist Amun mit dem Widderkopf, der im Großen Tempel 18 Mal anzutreffen ist. In den meisten Fällen weist diese Amunform ägyptische Epitheta auf, während die Gestalt des anthropomorphen Amun von nubischen Epitheta begleitet wird. Die im Tempel ausgeführten Riten schlossen in sich die Garantie der Realisierung der Maatprinzipien ein, den Inthronisationszyklus, und bezogen sich auf beide Amunformen sowie auf Min-Amun-Kamutef.

Im Hypostyl sind auf der Süd- und Nordwand die Amunbarke und die Barke des Re-Harachte dargestellt, die entsprechend mit dem Widderkopf und dem Falkenkopf dekoriert sind[24]. Ein ähnlicher Parallelismus ist in der Thotkapelle zu beobachten (s. unten).

Der Große Tempel von Abu Simbel (s. Plan, Abb. 2) wurde unter anderem für die nubische Amunform errichtet, wovon auf der Ostwand eine Widmungsinschrift berichtet[25]. Der Name des Amun ist hier in seiner meroitischen Form ohne das Anfangs -j geschrieben, was für meroitische Texte charakteristisch ist, und in den ägyptischen Inschriften nicht vorkommt mit Ausnahme eines Falles im Speos Ellesiya[26]. Von der Erhöhung des Amun-Re gegenüber Re-Harachte zeugt eine andere Widmungsinschrift aus dem Raum F, wo anfänglich der Name von Re-Harachte stand, der später durch den Namen des Amun ersetzt wurde[27]. Es ist anzunehmen, daß das Dekorationsprogramm des Raumes F früher eine andere Konzeption aufwies und erst später absichtlich zugunsten Amuns verändert wurde.

Die Szenen des Durchgangs (E) in den Tempel zeigen einen Ruderlauf[28], Opfergaben an Amun-Re und Mut[29] und Amun-Re einzeln[30]. Dem Dekorationsprogramm der

---

Herrscher der Ewigkeit". Hinter ihm: „Ich gebe dir friedliche Jahre und sehr zahlreiche Jubiläen wie Re an jedem Tage". Der König räuchert vor Amun-Re: „Räuchern deinen Ka rein, o Amun-Re, Herr von Karnak, Herr von Nubien. Opfern, mit einer großen Gabe an Brot, Bier, Wasser, Wein, Milch und allem, wovon ein Gott lebt - rein (viermal)".

23 Sanktuar, Westwand. Der Text lautet: „Min-Amun-Ka[mutef]..., Erster von ... Großer Gott, Herr des großen Hauses", ROEDER, a. a. O. (Anm. 12), S. 132-133 = RICKE et al., a. a. O. (Anm. 10), Tf. 45.

24 DESROCHES-NOBLECOURT, a. a. O. (Anm. 8), S. 199, 207.

25 Er machte sein Denkmal seinem Vater Amun, der sich in Ta-Setj befindet, s. S. DONADONI et al., Le grand temple d'Abou Simbel III, 2. Les salles du trésor sud, CS 48, Le Caire 1975, Tf. XXI.

26 E. KORMYSHEVA, Kulte der ägyptischen Götter des Neuen Reiches in Kusch, in: M. Schade-Busch (Hrsg.), Wege öffnen. Festschrift für Rolf Gundlach, ÄAT 35, Wiesbaden 1996, S. 133-148.

27 Es ist die Ersetzung des Namens des Re-Harachte durch den Namen des Amun-Sonter zu beobachten, s. J. ČERNÝ et S. DONADONI, Abou Simbel. La porte d'entrée (E) et la grande salle (F). Textes hiéroglyphiques, CS, Le Caire 1956, F 8, Neg. 4166. Schließlich sieht die Widmungsinschrift so aus: „Er machte sein Denkmal seinem Vater Amun-Re-Sonter".

28 E 2, hinter dem König, der den Ruderlauf mit weißer Krone durchführt, gibt es charakteristische Zeichen, die den Ritenlauf begleiten. Der Text lautet: „Es werden Südwege und Macht über Beide Länder

Eingangstür und des Großen Tempelraumes F liegt die Idee zugrunde, die Weltherrschaft durch Szenen der Niederwerfung der Feinde und Kulthandlungen vor den Göttern zu beweisen[31]. Diesem Thema sind einige Szenen mit Beischriften der Beschenkung mit dem Gottesschwert gewidmet[32].

Eines der Hauptthemen ist der Ritus des Maatopfers als Garantie, daß göttliche Staatsgesetze erfüllt werden. Dieses Thema wird auf einigen Reliefs wiederholt, unter denen auch die Szene der Darbringung dieses Symbols vor einem widderköpfigen Sphinx zu sehen ist, dessen Gestalt als Amunform zum erstenmal in einem Tempelrelief erscheint[33].

Der Ritus der Darbringung der Maat im Kontext des gesamten Dekorationsprogramms des Raumes F ist auch als Teil des Inthronisationszyklus zu betrachten, dem noch andere für dieses Thema charakteristische Szenen gewidmet sind, die auf verschiedene Erscheinungsformen des Amun verteilt sind und zwar:

- Blumenstrauß als Opfergabe an Amun, die Lebenskraft symbolisiert[34].

---

eröffnet. Worte gesprochen von Amun-Re, Herrn des Thrones Beider Länder, Sonter: ich gebe dir alles Leben, Dauer, Glück, Gesundheit, Herzensfreude". Senkrechte Kolumne rechts: „Es werden Millionen Jahre gegeben [...]".

29 E 16, Neg. 22677, 4173, Text oben vor dem Gott: „Amun-Re, Herr von Theben". Hinter Amun: „Dir wurde Kraft über Süden, Macht über Norden gegeben". Waagerechte Zeile: „Dir wurde alle Kraft und alle Macht gegeben, vereinigt ewiglich (zweimal wiederholen)".

30 Szene auf dem Türpfosten (E 18). Ritus der Darbringung der Kleidung für Amun. Text vor dem Gott: „Worte gesprochen von Amun-Re, Herrn des Thrones Beider Länder, befindlich im Haus des Ramses, dem Leben gegeben wurde. Dir werde Leben und Wohlergehen gegeben".

31 GUNDLACH , a. a. O. (Anm. 1), S. 50-51.

32 ČERNÝ - DONADONI, a. a. O. (Anm. 27), F 1-3, Östliche Wand, Neg. 235, 2175. Über die Bedeutung des Ritus s. A. R. SCHULMAN, Take for Yourself the Sword, in: B. M. Bryan and D. Lorton (Hrsg.), Essays in Egyptology in honour of Hans Goedicke, San Antonio 1994, S. 265-295.

33 ČERNÝ - DONADONI, a. a. O. (Anm. 27), F 16b, Neg 4766, Ritus der Maatopfergabe an Amun-Re. Text: „Amun-Re, Herr des Thrones Beider Länder. Für dich alles Leben, alle Dauer, alles Wohlergehen und alle Gesundheit".

F 43b: Ritus der Maatopfergabe von Ramses II. an Amun-Re. Text: „Amun-Re, befindlich [...]. Für dich werde Leben, Dauer, Wohlergehen gegeben".

F 61, Neg 3373. Szene der Darbringung von Maat vor dem widderköpfigen Sphinx, der auf dem Bildfeld dargestellt ist. Der begleitende Text ist beschädigt. Doch kann er als Opfergabe von Ramses II. an Amun zum Erhalt von Leben, Dauer und Gesundheit verstanden werden. Text: „Worte gesprochen von Amun-Re, Herrn des Thrones Beider Länder. Für dich alles Leben, Dauer und Gesundheit". Auf dem anderen Bildfeld ist ein falkenköpfiger Sphinx dargestellt. Hinter ihm ist ein Wedel. Diese Darstellung wiederholt ein analoges Bild aus dem Tempel A von Kawa (Zeit des Tutanchamun).

34 ČERNÝ – DONADONI, a. a. O. (Anm. 27), F 17c, Neg. 144. Text: „Worte gesprochen von Amun-Re, Herrn des Thrones Beider Länder. Dir wurde Kraft gegen die Südlichen und Sieg [gegen die Nördlichen] gegeben". Es sind Szenen zu erwähnen, in denen Blumensträuße und Girlanden von Pflanzen dargestellt sind (F 26c, Neg. 154). Begleitender Text: „Worte gesprochen von Amun-Re, Herrn des Thrones Beider Länder, befindlich an der Spitze von *Ipet swt*"; über die Bedeutung des Blumenstraußes s. J. D. DITTMAR, Blumen und Blumenstrauß als Opfergabe im Alten Ägypten, München 1986, S. 65-67, 71, 125-143; D. M. MOSTAFA, L'usage cultuel du bouquet et sa signification symbolique, in: Hommages à Jean Leclant. Vol. 4, BdE 106/4, Le Caire 1994, S. 243-245.

• Opfergabe an den widderköpfigen Amun, der in der Hand einen Palmenzweig mit dem Heb-Sed-Zeichen hält. Blumen, die auf dem Altar liegen und für den Gott bestimmt sind, müssen auch im Kontext des Inthronisationsritus betrachtet werden[35].

• Das Weinopfer an den krokodilsköpfigen Amun, auch ein Teil des Inthronisationszyklus, gilt als singulär[36] vom Standpunkt der Ikonographie der Gestalt. Diese Darstellung zeugt von der Verschmelzung der Gestalten von Amun und Sobek, die darauf zurückzuführen ist, daß Amun göttliche Funktionen verliehen wurden, die die Überschwemmungen[37] sichern sollten. Ein für Amun ungewöhnliches Epitheton „der Beide Länder verbindet" (*ṯsm t3wj*), das die Idee der Fruchtbarkeit[38] verkörpert, hat er von Sobek übernommen. Die Angleichung vollzog sich über die Funktion des Amun als Schöpfer-Gott. Die Tatsache, daß dem Gott mit Krokodilszügen Wein, das Symbol der Lebenskraft, das mit dem Inthronisationsritus verbunden ist, dargebracht wird, betont den Aspekt des Schöpfer-Gottes, der in Amun sowie in Sobek verkörpert ist.

• Daß im Raum F Min-Amun-Kamutef als Gott erscheint, dem man Lattich schenkt, das Symbol der männlichen Kraft und Fruchtbarkeit, dient derselben Idee[39]. Die Gaben für die Triade Amun-Re, Mut und vergöttlichter Ramses II. dient dem Ziel, den vergöttlichten Ramses II. als Teil der thebanischen Triade zu zeigen. Bemerkenswert ist, daß Amun-Re von Karnak hier als Gott, der nach Kusch kam, erwähnt wird[40].

• Eine der wichtigsten Riten des Inthronisationszyklus, die Schenkung der vier Meret-Kästen[41] an Amun, ist auch im Raum F dargestellt[42]. In gewissem Maße kann hierin eine Verbindung mit Maat angesehen werden[43].

---

35 ČERNÝ – DONADONI, a. a. O. (Anm. 27), F 40b, Neg. 220. Ramses II. opfert Brot dem widderköpfigen Amun-Re-Sonter. Text: „Worte gesprochen von Amun-Re-Sonter, (Ich) gebe dir alles Leben, Dauer und Wohlergehen und alle Gesundheit".

36 IBID., F 45b, Neg. 177. Text: „Worte gesprochen von Amun, der Beide Länder verbindet, (der) die Lebenszeit des Re und zahlreiche Jahre des Atums (gibt)...".

37 Nilüberschwemmung war einer der Namen des Amun im Leidener Papyrus, s. J. ZANDEE, Der Amunhymnus des Papyrus Leiden I, 344, verso, Leiden 1992, I,7. IX,5 - Das Schöpferwort ist auf seinem Mund, *k3* (Nahrung) kommt hervor [... in] diesem seinem Namen „Nilüberschwemmung".

38 IBID., Leidener Papyrus II, 3,4 *ts k3* [*km3*] *stj* - Der den Stier bildete, [der den Samen [erschuf]] – Anm. 212. *ts* - Wb V, 396,13 knoten, knüpfen; s. auch IBID., S. 88, 398, 3 (den Samen schaffen). Amun ist der Schöpfer der Zeugungskraft, der die Fortpflanzung instand hält.

39 ČERNÝ – DONADONI, a. a. O. (Anm. 27), F 45c, Neg. 166.

40 IBID., F 57, Neg. 4769. Text vor Amun: „Worte gesprochen von Amun-Re an der Spitze von *Ipet swt*. Worte gesprochen. Für dich sind alle Kraft und Sieg. Worte gesprochen. Für dich sind alle Fremdländer unter deine Sohlen. Worte gesprochen. Für dich ist die Lebenszeit des Re".

41 Über den Ritus s. A. EGBERTS, In quest of meaning. A study of the ancient Egyptian Rites of consecrating the Meret-Chests and driving the calves, EU 8, Leiden 1995, S. 173, 179, 180, 182. Die Kleidung, die in den Meret-Kästen aufbewahrt wurde, hatte verschiedene Funktionen, da sie mit den täglichen Riten sowie mit Begräbnisriten, und zwar der Balsamierung, und mit den Horuskindern verbunden war.

42 ČERNÝ – DONADONI, a. a. O. (Anm. 27), F 48, Neg. 233. Text: „Worte gesprochen von Amun-Re, Herrn des Thrones Beider Länder. Dir sind alles Leben, Dauer, Wohlergehen, alle Gesundheit und alle Herzensfreude gegeben".

43 EGBERTS, a. a. O. (Anm. 41), S. 202, Anm. 300.

Der Höhepunkt des Zyklus wird in zwei Szenen erreicht, wo Ramses II. vor dem in einem Naos sitzenden Amun-Re gezeigt wird, der ihn als legitimen Pharao erklärt[44], so wie in der Krönungsszene auf der Südwand des Raumes F in der Szene unter dem Isched-Baum[45]. Der Sinn der letzteren Szene offenbart sich im Leidener Papyrus, wo Amun „göttlicher *bꜣ*, Herr des abgesonderten Landes, der hervorkam, nachdem er den Isched-Baum geöffnet hatte", genannt wird[46].

Wie in Beit el Wali ist im Durchgang (G), der die Räume F und H des Großen Tempels von Abu Simbel verbindet, die Szene des Ruderlaufes dargestellt[47] sowie die Szene, wo Maat dem Amun geschenkt wird und der Pharao dafür als Gegengabe Leben, Wohlergehen und Gesundheit, Kraft und Macht bekommt[48]. Der Pharao wird „geliebt von Amun-Re" genannt[49]. Hier und im Säulensaal (H) erhält Ramses II. von Amun siegreiche Macht über das Reich[50]. Im Säulensaal (H) wird eines der Ziele des Dekorationsprogramms offenbar: der vergöttlichte Ramses II. wird in den Götterkreis aufgenommen. So erscheint hier die Triade Amun, vergöttlichter Ramses II und Mut[51] sowie die Szene auf dem Fries, wo Ramses II. in Gestalt eines Sphinx, begleitet von einem

44 ČERNÝ – DONADONI, a. a. O. (Anm. 27), F 52, Neg. 230. Ramses II. verbrennt Weihrauch und opfert vor Amun. Text: „Geben großer Opfer dem Vater Amun-Re, Herrn des Thrones Beider Länder. Worte gesprochen von Amun-Re, Herrn des Thrones Beider Länder, befindlich an der Spitze von *Ipt-swt*. Geben der *ꜥꜣbt*-Opfer dem Vater Amun, Herrn des Thrones Beider Länder". Hinter ihm: „Es vollbringt der König, Herr Beider Länder Ramses die Erscheinung auf dem Horusthron unter den Lebenden wie Re". Zum eigenartigen Detail dieser Darstellung, dem großen Uraeus in der weißen Krone, s. T. KENDALL, Le Djebel Barkal: Le Karnak de Koush, in: Les Dossiers d'Archéologie 196, 1994, S. 46-53; KORMYSHEVA, a. a. O. (Anm. 26), S. 134-135.

45 PM VII, 102 (39-40), oberes Register, 4. Szene; GUNDLACH , a. a. O. (Anm. 1), S. 51. Über Isched-Bäume s. S. H. AUFRERE, Les végétaux sacres de l'Egypte ancienne, in: Encyclopédie religieuse de l'Univers végétal, vol. I, Montpellier 1999, S. 121-207, s. u. a. S. 135, 157: Die Pflanzung von Isched-Bäumen in Theben war ein Akt, der mit der Einführung des Kultes des Amun-Re verbunden war. Dieser Baum, der anfänglich mit Re in Heliopolis assoziiert war, wurde zum Baum des Amun-Re. Dieser Baum war, besonders in der Ramessidenzeit, mit dem Heb-sed-Fest verbunden. Mit diesem Fest sind charakteristische Darstellungen des Königs unter dem Baum verbunden, der auf Amun zugeht.

46 ZANDEE, a. a. O. (Anm. 37), Leidener Papyrus II, V, 5-9.

47 J. ČERNÝ et E. EDEL, Abou Simbel. Salles intérieures. Textes hiéroglyphiques, CS, Le Caire 1959, G 2, Neg. 2374. Szene des Ruderlaufes des Königs vor dem sitzenden Amun. Hinter dem Pharao sind Symbole des Ritenlaufes. Text: „Worte gesprochen: Dir sind alle Kraft und Sieg täglich gegeben" (gewöhnlicher Fehler des Schreibers - *nb* wird durch *k* ersetzt).

48 IBID., G 5, Neg. 2377. Text: „Amun [...], Herr des Himmels. Für dich sind Leben, Dauer und Wohlergehen".

49 IBID., G 11: „ Der König von Ober- und Unterägypten Ramses, geliebt von Amun-Re".

50 IBID., H 25, Neg 2461. Text: „Worte gesprochen von Amun-Re, Herrn des Thrones Beider Länder, Herrn des Himmels. Dir sind Kraft über Oberägypten, Stärke gegen die nördlichen Fremdländer unter deine Sandalen gegeben".

51 IBID., H 1,9, Neg. 11884. Der König ist vor „Amun-Re, Herrn des Thrones Beider Länder" dargestellt. Unter den Kartuschen des Ramses befindet sich der Text: „Es ist das Leben gegeben wie Re". Hier ist auch Mut dargestellt.

Geier, Maat dem Amun-Re-Sonter, Herrn des Himmels schenkt. Es sind zwei hockende Figuren des Amun mit Lebenszeichen dargestellt[52].

Hier sind auch Szenen der Anerkennung des Pharaos durch den Ritus des Gewährens von Lebensatem seitens Amun[53], die Figur des Min-Amun-Kamutef als Symbol der Fruchtbarkeit[54] und der Barkenritus vor Amun zu sehen[55].

Krönungsriten und Riten, die mit dem vergöttlichten Ramses II. verbunden sind, wurden in den Nebensälen N, O und P durchgeführt. Im Saal N wird der König immer stehend dargestellt, während er im Saal O und P kniend gezeigt ist[56]. In allen Nebensälen sind Weinriten vor dem anthropomorphen und widderköpfigen Amun[57], Opfergaben für Min-Amun-Kamutef, der Personifizierung der Fruchtbarkeit[58], sowie der vergöttlichte Ramses II. mit dem Titel *nṯr nfr*[59] dargestellt. Amun-Kamutef werden Gaben von *mḏ.t*-Salbe dargebracht[60].

Von der Verschmelzung der Gestalten von Amun und Re-Harachte zeugt die Darstellung des falkenköpfigen Gottes im Saal O. Der Text, der sich auf den Gott bezieht, zeugt davon, daß es Amun ist[61].

---

52 IBID., H 32, Neg. 3345.

53 Die Figur des Amun, der in der Hand einen Palmenzweig hält, an dessen Ende ein Frosch über dem Zeichen *schen* sitzt: H 36, Neg. 7039. Es gibt eine Darstellung des stehenden Ramses vor dem sitzenden „Amun-Re, befindlich in Theben" und eine analoge Darstellung vor Re-Harachte.

54 Es sind Min-Amun-Kamutef mit Isis dargestellt, denen Lattich dargebracht wird: H 29, Neg. 2456. Der begleitende Text: „Min-Amun-Kamutef befindlich im Haus des Amun, dem Leben gegeben ist".

55 Es ist eine Barke mit Widderkopf dargestellt: H 26, Neg. 2443. Der Text (H 27) vor dem König: „Darbringung des Weihrauchs dem Vater Amun-Re, Herrn des Thrones Beider Länder. Er tut das, damit Leben gegeben wird".

„Worte gesprochen von Amun-Re, Herrn des Himmels. Es sind dir alle Länder und alle Fremdländer gegeben. Darbringung des Weihrauchs dem Vater Amun-Re. Ankunft des Weihrauchs (zweimal wiederholen), Ankunft von Geruch des Gottes, das Auge des Horus kommt zu dir, Duft von El-Kab, die waschen und schmücken, wenn es auf dem Thron erscheint".

56 Mit Ausnahme von H 3, s. DONADONI et al., a. a. O. (Anm. 25), S. 9.

57 Darbringung des Weines an den widderköpfigen Amun-Re (IBID., N 1, S. 12, 22, Tf. III, X). Ramses II. mit blauer Krone ist vor dem widderköpfigen Amun befindlich in Ta-Setj dargestellt; auf einer anderen Szene ist die Darbringung des Weines an den anthropomorphen Amun-Re dargestellt, der die Epitheta „befindlich an der Spitze von Kenset, großer Gott, Herr des Himmels, befindlich an der Spitze seines Ipet" führt. Derselbe Ritus wird im Raum O vor dem anthropomorphen Amun (IBID., O 5, S. 32, Tf. XVI) und im Saal P vor dem widderköpfigen Amun vollzogen. Hier trägt Amun-Re als Krone die Sonnenscheibe, die auf einer Basis befestigt ist. Text: „Darbringung des Weines dem widderköpfigen Amun-Re, dem Herrn der Ewigkeit" (IBID., P. 1).

58 Szene der Opfergabe an Min-Amun durch den König. In einer Hand hält er brennenden Weihrauch, in der anderen das Szepter *sḫm*. Hinter ihm ist der für Min-Amun charakteristische Altar mit Lattich gezeigt (IBID., N 6).

59 IBID., N 8, 9, Tf. IX. Ramses II. vor Amun und Re-Harachte. Beide Götter halten in der Hand je einen Palmzweig, an dessen Ende das Zeichen *ḥfn* auf dem Zeichen *šnw* zu sehen ist. Der Text enthält die Worte an Amun: „Weihrauch darbringen dem widderköpfigen Amun". Der Akt wird von Ramses II., dem Leben gegeben ist, vollzogen.

60 IBID., O 3, S. 30-31, Tf. XIV, XXXVII, Fig. 3. Hinter dem Gott ist das Heiligtum dargestellt.

61 Der Text lautet: „Worte gesprochen von Amun befindlich an der Spitze, Herrn von Ke(nse)t, großer Gott, Herr des Himmels. Dir sind Ämter gegeben, damit das Amt (deine) Lebenszeit lang dauert. Du wirst

Die Widmungsinschrift teilt Amun den Tempelbau und dementsprechend die Weihung dieser Räume an ihn mit[62]. Einen gleichen Inhalt haben Szenen im Nebensaal P, die vor dem widderköpfigen Amun spielen[63]. Wie im Saal F ist hier Min-Amun-Kamutef präsent[64].

Amun erscheint auch in den nördlichen Nebenräumen, obgleich die nördliche Hälfte des Tempels dem Re-Harachte geweiht ist. Die mit ihm verbundenen Szenen bilden auch einen Teil der Inthronisationsriten, die gleichzeitig in allen Nebenräumen aufgeführt werden konnten. Das sind Opfergaben an den Gott in Form von Weihrauch, Lotosblumen, Wein sowie Maat[65]. Die Titulatur des Amun, die den Namen von Ramses II. begleitet, ist mit den südlichen Ländern verbunden[66]. Bemerkenswert ist, daß alle diese Episoden sich auf den widderköpfigen Amun von Nubien beziehen, der nicht im südlichen Teil des Tempels erscheint, wie es zu erwarten wäre, sondern im nördlichen, der einem ägyptischen Gott gehören sollte. Die Darstellung des Amun im nördlichen Tempelteil verfolgte das Ziel, eine neue Amunform im offiziellen Bildprogramm des ägyptischen Tempels zu etablieren und sie in die ägyptische Theologie einzusetzen.

Wie in anderen analogen Fällen, enthalten die Szenen des Durchganges (I) die Darstellungen der Triade[67]. Der Pharao wird „geliebt von Amun" genannt[68]. In den

---

Erster auf Erden sein, wirst auf dem Thron des Horus erscheinen ewiglich". Hinter dem König: „Dir wird die Macht über alle Fremdländer gegeben"(IBID., O 4, S. 31, Tf. XV).

62 IBID., O 12 – O 19.

63 IBID., P 6, Tf. XXVIII; vielleicht auch P 12. Amun-Re hat folgende Epitheta: „befindlich in Ta-Setj, großer Gott, Herr des Himmels". Der Text hinter ihm: „Dir sei die Lebenszeit des Re. Herr der Erscheinungen, Ramses, erhoben auf dem Horusthron". Der Name des Amun-Re ist ohne vertikale Striche nach der Hieroglyphe Re geschrieben, was nach Leclant typisch für die Zeit nach der XXV. Dynastie ist, s. J. LECLANT, Montouemhat, quatrième prophète d'Amun, prince de la ville, BdE 35, Le Caire 1961, S. 78, 88, Anm. 2; ID., La colonnade éthiopienne à l'est de la grande enceinte d'Amun à Karnak, in: BIFAO 53, 1953, S. 147, Fig. 19; ID., Fouilles et travaux en Égypte et au Soudan 1967-1968, in: Orientalia 38, 1969, S. 293-294, Anm. 2. Diese Schreibung ist wahrscheinlich zum ersten Mal in Abu Simbel anzutreffen.

64 ČERNÝ - EDEL, a. a. O. (Anm. 47), H 29.

65 Q 2, Neg. 81: westlicher Teil der Darstellung der Darbringung des Weihrauchs an den widderköpfigen Amun mit den Epitheta: „Herr des Thrones Beider Länder, großer Gott".
R 7, Neg. 94: westlicher Teil der Darstellung: Darbringen der Lotusblumen dem widderköpfigen Amun mit Sonnenscheibe auf dem Kopf. Text hinter Amun: „Du wirst König Beider Länder sein ..."
S. DONADONI et al., Abou Simbel. Les salles du trésor nord, CS, Le Caire s. d., S. 19, R 9, Neg. 96. Ramses II. mit blauer Krone bringt zwei Vasen mit Weihrauch dem widderköpfigen Amun dar; auf der nördlichen Tafel daneben bringt Ramses II. dem widderköpfigen Amun Maat. Eine ähnliche Darstellung befindet sich im Tresor U 9 Ost. Neg. 62. Die Szenen der Darbringung des Weines an den widderköpfigen Amun s. in S 8, Neg. 50 und auch im Tresor U 12.
T 6, Neg. 71. Ramses II. in der Adorationspose vor dem widderköpfigen Amun; zwischen ihnen ein Altar mit Lotusblumen.

66 DONADONI et al., a. a. O. (Anm. 65), T 17, Neg. 10047.

67 S. DONADONI et J. ČERNÝ, Abou Simbel. Les portes E, G, I, J et K, CS, Le Caire s. d. Szene im Durchgang: die Darbringung der Triade Amun, Mut, Chons, Ramses II. ist vor Amun-Re, Mut und Chons gezeigt (I 1,2, Neg. 3347, S, I 2).

68 IBID., S. 18, J 3, 4, 9.

Räumen, die auf der nördlichen und südlichen Seite von diesem Durchgang liegen, ist die Amunbarke dargestellt (Ramses II. und sein Ka stehen vor der heiligen Barke des „Amun-Re, Herr des Thrones Beider Länder, befindlich in Kenset“)[69] und die Szene der Lebensspende im nördlich der Achse liegenden Raum (K), wo das Thema Amun-Re und Ramses II. fortgesetzt wird und eine besondere Nähe des Pharaos zum Gott zeigt[70].

Szenen der Übergabe der siegreichen Macht über das Reich, die im Saal H dargestellt sind, werden im Saal L wiederholt, der unmittelbar dem Heiligtum vorangeht. Hier bringt der Pharao Amun und Mut die Maat dar[71].

Szenen auf der südlichen und nördlichen Wand des Heiligtums fassen die wesentlichen Funktionen des Pharaos zusammen und bestätigen seine Doppelnatur[72]. Eine Besonderheit des Dekors im Heiligtum (M) bilden Statuen des Amun-Re und des Königs in einer und derselben Barke, die im Raum (M) dargestellt ist[73], wie auch im Saal H, als Barke des Amun im Süden. Wie in anderen Fällen ist auch hier Min-Amun-Kamutef dargestellt[74].

Durch den Großen Tempel gelangt man in die südliche Kapelle, wo Thot von Abu Oda der Geburt des Königs beiwohnt[75]. Der Hauptinhalt der Szenen und Riten ist wie im Großen Tempel auch mit der Krönung verbunden[76]. Auf der nördlichen Wand sind die

---

69 IBID., J 7, 8, Neg. 2119.

70 IBID., K 6, Neg. 12796. Szene der Öldarbringung und Lebensschenkung und Darstellung des Amun mit dem König, die einander an der Hand halten.

71 Vor ihnen ein Opfertisch mit dem *nmst*-Krug und über ihm eine Lotusblume: L 10, Neg. 3297. Westlicher Teil: Darstellung des Amun-Sonter und des Amun von Karnak, L 24: „Darbringung des Weihrauchs dem Vater Amun-Re, damit er Leben gibt. Worte gesprochen von Amun-Re, Herr des Thrones Beider Länder. Dir sind Kraft und Sieg gegen die Nördlichen und alle Fremdländer unter deine Sohlen gegeben“.

72 Ausführlicher s. DESROCHES-NOBLECOURT, a. a. O. (Anm. 8), S. 201-202.

73 J. ČERNÝ, Abou Simbel. Le sanctuaire M, CS, Le Caire s. d., M 3, M 7, Neg. 2783, 1140, 4590. Vor dem König: „Darbringung des Weihrauchs dem Vater Amun-Re. Ankunft des Weihrauchs (zweimal wiederholen). Ankunft von Gottesge[ruch] [...] Horusauge [...] kommt von El-Kab, (damit kann man) waschen und schmücken, wenn sie auf dem Thron erscheinen. befindlich vor dir. Weihrauch, gelobt und geliebt für Amun-Re, Herrn des Himmels“. Vor der Barke: „Worte gesprochen von Amun-Re-Sonter“. Hinter der Barke: „Dir ist alle Kraft vereint zusammen gegeben“.

74 IBID., M 4. Öldarbringung an Min-Amun-Kamutef. Hinter Amun stehen die Worte: „Dir wird alle Herzensfreude gegeben“.

75 GUNDLACH, a. a. O. (Anm. 1), S. 52.

76 J. ČERNÝ, S. DONADONI, E. EDEL, Abou Simbel. Chapelle méridionale, CS, Le Caire s. d. ; CH. DESROCHES-NOBLECOURT, J. ČERNÝ, S. DONADONI, Abou Simbel. Chapelle méridionale. Textes hiéroglyphiques et description archéologique, CS, Le Caire 1956, X 5 : Krönungsszene, Text: „[...] im Haus des Amun, Herrn des Thrones Beider Länder, befindlich in Ta-[Seti?]. Er gibt ... Ewigkeit wie Re jeden Tag, Festlichkeiten ... Herr des Thrones Ramses II., dem Leben gegeben ist wie Re“;
IBID., X 4: Titel von Ramses II. „geliebt von [Amun-Re], Herr des Thrones Beider Länder befindlich in Ta-Setj“;
Y 3 – Y 8: über dem Hauptaltar: „Darbringung des Weihrauchs, Weines, des kühlen Wassers für den Vater. Worte sprechen von Amun-Re, Herrn des Thrones Beider Länder, befindlich in Ken(s)et. Dem von ihm geliebten Sohn, Herrn des Thrones Beider Länder Usermaatre, dir wurde das Amt (*i3wt*) gegeben, gegangen zum Sitz der Lebenszeit, du wirst an der Spitze der Erde stehen, du wirst erscheinen auf dem Horusthron wie Re, ewiglich“.
Auf dem Untersatz der Barke stehen die Titel und Kartuschen von Ramses II. „geliebt von Amun-Re-

Barke und Re-Harachte gezeigt. Auf dem südlichen Teil ist Amun zu sehen. Hier gibt es auch eine einzigartige Darstellung des anthropomorphen Amun-Re mit dem Epitheton des Amun von Napata. Bemerkenswert ist die Szene, wo die Symbole *m3ʿ.t* und *wsr* der Barke mit der Amunstatue dargebracht werden, deren Inschrift nubische Epitheta enthält[77]. Das nubische Thema in Gestalt des Amun aus der südlichen Kapelle wird durch seine Epitheta mit den Namen der südlichen Länder verstärkt und einer Widmungsinschrift, die an Amun des Reinen Berges gerichtet ist[78].

Szenen, die auch mit der Krönung verbunden sein könnten, beziehen sich auf Amun und seine Erscheinungsform Min-Amun in der Kapelle von Re-Harachte[79]. Hier ist auch der kniende Ramses in Begleitung seines (Ka) vor Amun-Re dargestellt. Der Text lautet: „Dir ist die Ewigkeit gegeben [... Beide Länder] ewiglich, als Herr der Neun Bogen [...], der König von Ober- und Unterägypten [...], dem Leben gegeben wurde [...] ewiglich. Beide Länder, alle Fremdländer unter deine Sohlen“ [80].

In der Fachliteratur wurde schon mehrmals auf den Parallelismus im Dekor der Szenen des Großen Tempels von Abu Simbel hingewiesen, der mit der Teilung des Tempels entlang der Achse in zwei Hälften verbunden ist, die Amun-Re und Re-Harachte jeweils mit der Einführung des vergöttlichten Ramses II. in das Kultsystem geweiht sind[81]. Die dominierende Rolle des Amun kommt hier nicht nur im Charakter der Hauptriten zutage, die mit dem Gewähren des Königtums an Ramses II. verbunden sind, sondern auch der

---

Sonter, an der Spitze von Ta-Seti“. In allen Fällen ist eine fehlerhafte Schreibung der Benennung der Länder von Kusch – Ta-Setj und Kenset – zu beobachten, was für die noch nicht festgelegten Namen der den Ägyptern wenig bekannten Länder spricht.

77 Über der Barke schwebt die Sonnenscheibe (s. Y 9. Neg. 2309 - Y 9, 10, Neg. 991). Titel der Szene: „Darbringung der Maat dem (seinem) Vater“. Die Hauptfigur des Amun ist anthropomorph dargestellt, der Text aber spricht von Amun von Napata (Y 11, Neg. 2125): „Worte sprechen von Amun-Re, Herrn des Thrones Beider Länder, befindlich auf dem Reinen Berge von Napata, dem großen Gott, dem Herrn des Himmels“. Hinter Amun: „Worte sprechen von Amun-Re, Herrn des Thrones Beider Länder, befindlich in Chenetta. (Sein) geliebter Sohn von seinem Leib, Herr der Beiden Länder Ramses, du wirst an der Spitze aller lebenden Ka stehen [...]“.

Oberster Teil: unter der Sonnenscheibe ist die Barke dargestellt, in der auf dem Zeichen mrj zwei Gottheiten sitzen: Maat mit dem wsr-Zeichen in der Hand und der widderköpfige Amun mit dem Lebenszeichen, das von der Sonnenscheibe herunterhängt.

78 DESROCHES-NOBLECOURT - ČERNÝ - DONADONI, a. a. O. (Anm. 76), Y 15: Widmungsinschrift des Baus des Tempels: „... er hat den großen Tempel neu gebaut, für Amun, befindlich in Kenset(?) auf dem Reinen Berg aus weißem Stein, schönem Kal[kstein]“.

79 I. BADAWI et al., Le Grand Temple d'Abou Simbel VI. La chapelle de Rê-Horakhty, CS 45B, Le Caire 1989, S. 29, W 17; S. 24-25, W 9: Szene der Weindarbringung; Libationen an Amun und Ptah;
W 4; W 5: zerstörter Text des „Amun-Re, [Herrn des Thrones] Beider Länder, [großen] Gottes, Herrn des Himmels [...] über die Südlichen, stark über die Nördlichen“; S. 27, W 9: „Min-Amun [...] seinem Leib [...]“. Text von Amun: „Worte gesprochen von Amun-Re [...] dem Sohn des Re von seinem Leib, dem von ihm geliebten Ramses, dem Leben gegeben ist“.

80 J. ČERNÝ et A. A. YOUSSEF, Abou Simbel. Chapelle de Re-Herakhty. Textes hiéroglyphiques, CS, Le Caire 1958, V 9.

81 L. HABACHI, Features of the Deification of Ramses II., ADAIK 5, Glückstadt 1969, S. 2-5; LOEBEN, a. a. O. (Anm. 1), S. 147-149.

Stellung von Amun selbst gegenüber der Kultgestalt Ramses' II. So unter anderem in der Darstellung im Heiligtum, wo Amun mit Ramses II. als Gott gezeigt ist und Re-Harachte in den Hintergrund gerückt zu sein scheint[82]. Selbst die Verletzung der Symmetrie und des Systems der Teilung des Dekors in zwei Teile, die Ch. Loeben bemerkte[83], weisen meiner Meinung nach auf die Absicht hin, Amun zu erhöhen und ihn auch dort zu zeigen, wo seine Darstellungen durch das System nicht vorgesehen wären, wenn man der strengen Logik der Komposition gefolgt wäre. Eine Reihe von Szenen, wo Amun als einziger Kultempfänger auftritt oder der obenerwähnte Parallelismus fehlt und Amun als einzige Gottheit verbleibt[84], weisen auf die führende Rolle des Amun hin.

Was die Verbindung des Amun mit der Überschwemmung betrifft, so spielten hier synkretistische Prozesse der Verschmelzung des lokalen Widderkultes, der mit Wasser verbunden war, mit dem Amunkult eine große Rolle. Hierbei kam einem ziemlich zufälligen Sachverhalt eine große Bedeutung zu, und zwar dem ähnlichen Klang des Namens Amun und des nubischen Wortes *amani*, Wasser. Die Aufnahme des Amun als Gott, der Überschwemmung bringt, ist in Abu Simbel reflektiert, dessen deutliche Bestätigung, wie Ch. Loeben zeigte, die Darstellung Amuns im Durchgang (E) bildet, die analogen Darstellungen in Karnak ähnlich ist[85].

Synkretistische Prozesse der Kultverschmelzung von Amun-Re und Re-Harachte kann man in einem eigenartigen Emblem des Amun auf dem Szepter mit dem Falkenkopf beobachten, der in der südlichen Kapelle dargestellt ist. Außerordentlich interessant ist ein Detail dieser Szene, und zwar der Stab, an dessen Ende eine Ägis in Form des Falkenkopfes mit der Doppelkrone dargestellt ist. Die Doppelkrone ist auf waagerechten Widderhörnern befestigt, auf denen die Sonnenscheibe zu sehen ist, was für die Falkenkrone nicht typisch ist. Das andere Detail der Darstellung, nämlich das Horn hinter dem Ohr, weist direkt auf den Widder als Amungestalt hin[86]. Darin ist offensichtlich der Versuch zu beobachten, die Symbole von Amun-Re und Re-Harachte zu vereinigen. Nubische Züge betonen zwei große Uräen mit Sonnenscheiben auf dem Kopf beiderseits der Ägis. Vom Horn des Amun hängt ein Uräus herab. Solche Uräen sind erstmalig auf der Krone von Amenhotep II. in Karnak anzutreffen[87], doch ist im Falle von Abu Simbel eine klar ausgedrückte Tendenz zur Annäherung des Falkenkultes und des Widderkultes mit dem Uräus zu beobachten. Wie es in der Fachliteratur mehrmals zu lesen war, geht die letztere Kombination auf die Umrisse des Reinen Berges, des Gebel Barkal, zurück.

---

82 HABACHI, a. a. O. (Anm. 81), Tf. Vb; LOEBEN, a. a. O. (Anm. 1), S. 147.

83 LOEBEN, a. a. O. (Anm. 1), S. 148.

84 IBID., S. 149, 153.

85 IBID., S. 154-155.

86 Dieses Horn wurde zu einem heiligen Symbol, das bei Göttern sowie Königen besonders in Kusch anzutreffen ist.

87 K. MYSLIWIEC, Les couronnes aux plumes de Thoutmosis III., in: Mélanges Gamal Eddin Mokhtar. Vol. 2, BdE 97/2, Le Caire 1985, S. 159, Fig. 5a, überdies s. auch HEIN, a. a. O. (Anm. 6), S. 115.

Gleichzeitig mit Abu Simbel, oder etwas später, wurde am Ostufer des Nils gegenüber Amada der Tempel von Derr errichtet[88], dessen ägyptischer Name „das Haus von Ramses Meriamun im Haus des Re" lautet. Dieser Tempel wurde als Tempel von „Millionen Jahren" geplant, mit dem Ziel, den Kult des vergöttlichten Ramses II. zu etablieren und seine Kriegstaten zu rühmen.

Laut Ch. Desroches-Noblecourt war der Tempel der Sonne und dem vergöttlichten Ramses geweiht. Er wurde nach einem anderen Plan gebaut, aber seine Osirissäulen sind analog denen von Abu Simbel. Im Tempel machte die Barke Station während ihrer Reise stromabwärts auf dem Nil anläßlich des ersten 30-jährigen Regierungsjubiläums Pharaos. Auf den Säulen sind dieselben Götter wie in Abu Simbel dargestellt. Im Sanktuar sind Szenen des Ritenlaufes zu sehen, die mit dem Heb-sed-Fest assoziiert werden[89].

In Derr (s. Plan, Abb. 3), wie in anderen Tempeln Ramses' II., ist ein Parallelismus in den Gestalten des Amun-Re und Re-Harachte zu beobachten. Sowohl Amun-Re als auch Re-Harachte treten hier als Herren des Kultes auf[90]. Beide werden in den Widmungsinschriften Herren des Tempels von Millionen Jahren genannt[91]. Es ist die unter Ramses II. traditionelle Teilung des Tempels zu beobachten: die nördliche Seite ist dem Re-Harachte geweiht, die südliche dem Amun-Re. Dies steht im Einklang mit der Bestimmung des Tempels von Millionen Jahren als ein Ort, wo die Identifizierung des Königs mit dem Gott und des Gottes mit dem König stattfindet[92].

Szenen auf der östlichen Wand des zweiten Pfeilersaals zeigen die Opfer von Maat an Amun-Re, der vom vergöttlichten Ramses II. begleitet wird[93]. Die ausgeführten Riten schließen in sich Episoden des Inthronisationszyklus ein, nämlich Sieg über die Feinde (rituelle Kriege). Im ersten Säulensaal (C) auf der östlichen Wand ist die Szene der Niederwerfung der Feinde vor Amun-Re zu sehen[94]. Die letzte Szene und der

---

88 HEIN, a. a. O. (Anm. 6), S. 24; Laut Blackman wurde der Tempel von Derr zeitgleich mit dem Tempel von Abu Simbel gebaut, nach Spalinger wurde er in den Jahren 15-20 der Herrschaft Ramses' II. gebaut.

89 DESROCHES-NOBLECOURT, a. a. O. (Anm. 8), S. 236-240.

90 Z. EL KORDY, A. SADEK, G. MOUKHTAR, Temple de Derr. Textes hiéroglyphiques et description archéologique, CS, Le Caire 1965, E 7; A. M. BLACKMAN., The Temple of Derr, Les Temples Immergés de la Nubie, Le Caire 1913, S. 66, Tf. XXVIII, 1; HEIN, a. a. O. (Anm. 6), S. 24, Anm. 97.

91 BLACKMAN, a. a. O. (Anm. 90), S. 67, S. 66, Tf. XXVIII,1: die Inschrift ist auf der Südseite des Architravs, der die Säulen des zweiten Hypostyls E verbindet, zu sehen. Nach der allgemein üblichen Titulatur von Ramses stehen die Worte: „Gebaut hat er das Denkmal seinem Vater Amun-Re, Herr des Thrones Beider Länder. Er baute für ihn den großen Tempel von Millionen Jahren". Über den Tempel von Derr s. auch H. EL-ACHIRIE et J. JACQUET, Le Temple de Derr I. Architecture, CS 61, Le Caire 1980; HEIN, a. a. O. (Anm. 6), S. 24, Anm. 97.

92 G. HAENY, Zur Funktion der „Häuser für Millionen Jahre", in: R. Gundlach u. M. Rochholz (Hrsg.), Ägyptische Tempel – Struktur, Funktion und Programm (Akten der Ägyptologischen Tempeltagungen in Gosen 1990 und in Mainz 1992), HÄB 37, Hildesheim 1994, S. 103.

93 BLACKMAN, a. a. O. (Anm. 90), S. 49, Szene 3, Tf. XXXVII, 1, 2. Text: „Worte sprechen von Amun-Re, Herrn des Thrones Beider Länder im Tempel von Meriamun Ramses im Haus des Re".

94 IBID., S. 12-13, Szene VI, Tf. IX, X, XXI, 1, Fig. 4. Erster Säulensaal, Szene 4. Ramses II. übergibt vier Gefangene dem Amun-Re: „Worte gesprochen von Amun-Re, Herrn des Th[rones ...] Nimm das Siegesschwert, o Horus, der erscheint als [...]. Du bist mein geliebter Sohn, ich gebe dir das Amt, ich

dazugehörige Text spiegeln das symbolische Thema des Triumphes des Königs über seine Feinde wider (nicht verbunden mit einer konkreten Zeit). In diesen symbolischen Triumphszenen hält Amun in der Hand ein Krummschwert.

Auf Säule 10 (südlicher Teil) ist Amun-Re dargestellt, der Ramses II. umarmt. Text vor Ramses II: „Das Tun für deinen Vater. Anbetung für seinen Vater (viermal wiederholen)". Über Amun: „Worte gesprochen von Amun-Re [im] Haus des Ramses im Haus des Re"[95]. Weiter ist in Szene 2 auf der Säule II der Heb-sed-Ritus dargestellt[96], wo Ramses II. *ꜥnḫ* mittels eines Palmzweiges übergeben wird[97].

Von der führenden Rolle des Amun-Re im Bildprogramm des Tempels zeugt die Tatsache, daß der Name des Month durch den Namen des Amun ersetzt wurde, was auf Säule 12 (nördlicher Teil) zu sehen ist, wo Ramses II. in der Adorationspose vor Month dargestellt ist. Auf seinem Kopf befindet sich eine große Sonnenscheibe. Es scheint, als ob der Gott widderköpfig wäre, oder der Versuch gemacht wurde, ihn zu einem solchen zu machen[98].

Die Darstellungen im Tempel liefern Beispiele der Ritualisierung der Maat. Zum Beispiel bringt auf der östlichen Wand des zweiten Säulensaales Ramses II. Maat dem Amun-Re dar, den der vergöttlichte Ramses und Mut begleiten. Der Text über Amun: „Worte gesprochen von Amun-Re, Herrn des Thrones Beider Länder im Tempel von Meriamun im Haus des Re"[99].

Die Schlußepisoden der Krönung sind auf der südlichen Wand des zweiten Säulensaals dargestellt. Der kniende Ramses II. steht vor Amun-Re und Mut, hinter ihm ist Thot mit einem Palmzweig dargestellt, der die Symbole  und , die von einem Palmzweig herunterhängen, den der Gott in der rechten Hand hält, übergibt[100]. Es gibt eine Szene, wo Amun-Re seine Hand segnend in Richtung der Krone hält[101], und Ramses II. mit

---

vereinige für dich alle Länder unter deinen Sohlen. Du handelst als Re ewiglich". Vor Amun-Re: „Worte gesprochen von Amun-Re befindlich im Tempel des Meriamun im Haus des Re: Du bist ein trefflicher Sohn, den dein Vater liebt. Tatsächlich ist dir das Amt gegeben, damit du auf dem Thron erscheinst, und Lebensdauer des Re auf Erden ewiglich". Über das Schwert s. Anm. 32.

95 IBID., S. 30-31, Tf. XXIII, 2.

96 IBID., S. 32-33, Tf. XXIV, 2. Ramses II. bekommt von Amun das Symbol *heb-sed,* das an einem Palmzweig hängt. Auf den anderen Seiten der Säule sind Mut und Chons gezeigt.

97 IBID., S. 34-35, Tf. XXVI, 1. Text hinter Amun: „Aller Schutz, Leben und Glück hinter ihm". Vor Amun: „Nimm dir Leben, Dauer und Wohlergehen". Über Amun: „Worte gesprochen von Amun-Re. Worte gesprochen von Amun-Re, Herrn des Thrones Beider Länder, befindlich an der Spitze von Ipet".

98 IBID., S. 37, Anm. 2, Tf. XXVII.

99 IBID., S. 49, Tf. XXXVII, 1, 2.

100 IBID., S. 51-52, Tf. XXXIX, XL; Fig. 23.

101 EL KORDY - SADEK - MOUKHTAR, a. a. O. (Anm. 90), E 43; BLACKMAN, a. a. O. (Anm. 90), S. 52: „Worte gesprochen von Amun-Re bei der Krönung seines Sohnes, des geliebten Horus". Text vor Amun: „Ich gebe dir die Ewigkeit als König Beider Länder".

Millionen Jahren von Atum beschenkt wird. Szenen auf den Pfeilern des zweiten Pfeilersaals zeigen Amun, der Ramses II. umarmt und ihn mit Lebensatem beschenkt[102].

Auf der nördlichen Wand der südlichen Seitenkapelle schenkt Ramses II. dem Amun Weihrauch. Vor dem sitzenden Amun ist ein Altar mit dem *nemset*-Kruge und darüber eine Lotusblume dargestellt. Der Text lautet: „Worte gesprochen von Amun-Re, Herrn des Thrones Beider Länder“[103].

Im südlichen Saal (K) bringt Ramses eine Vase mit brennendem Weihrauch dem sitzenden Amun. Die Epitheta des Amun lauten: „Amun-Re, Herr des Thrones Beider Länder“[104].

Der Kult von Ramses II. kommt wie in Abu Simbel hier durch die Statuen zum Ausdruck, wo Ramses II. in Gestalt des Osiris dargestellt ist. Solche Statuen haben Anrufungen an Amun zum Inhalt[105].

Die Inschrift auf der Tür, die in das Heiligtum (F) führt, stellt eine standartisierte Wortverbindung dar: „geliebt von Amun-Re, Herrn des Thrones Beider Länder und geliebt von Re-Harachte“[106]. Hier wie auch in anderen Fällen ist der Parallelismus der Kulte des Amun und des Re-Harachte offensichtlich.

Auf dem Türpfosten der nördlichen Wand reicht Amun-Re den Lebensatem an die Nase des Pharaos[107].

Im inneren Teil des Sanktuars auf der östlichen Wand sind aus dem Felsen die Statuen von Ptah, Amun-Re, Ramses und Re-Harachte herausgehauen. Der Text lautet: „Ich gebe dir die Lebensjahre des Re. Worte gesprochen von Amun, Herrn der Ewigkeit, zu seinem Sohn Ramses Meriamun.. Worte gesprochen von Amun, Herrn des Thrones Beider Länder zu seinem Sohn Usermaatre-Setepenre“[108].

Der Tempel von Wadi es Seboua, 160 km südlich von Assuan am Westufer des Nil, trug denselben Namen wie der Tempel von Derr – und zwar „Haus des Gottes Ramses Meriamun im Haus des Amun“ und hatte einen ähnlichen Plan wie Gerf Hussein (Abb.

---

102 El Kordy - Sadek - Moukhtar, a. a. O. (Anm. 90), G 11: „Worte gesprochen von Amun-Re-Sonter an seinen Sohn Ramses. (Ich) gebe dir die Lebenszeit des Re und Millionen Jahre von Atum, Lebenszeit von Re“.

103 Blackman, a. a. O. (Anm. 90), S. 84-85. Laut Kapitel 81 des Totenbuchs symbolisierte die Lotusblume die Wiedergeburt, s. M. L. Ryhiner, L'offrande du lotus dans les temples égyptiens de l'époque tardive, Rites Egyptiens VI, Bruxelles 1986, S. 219ff.

104 El Kordy - Sadek - Moukhtar, a. a. O. (Anm. 90), K 3.

105 Blackman, a. a. O. (Anm. 90), S. 28, Pfeiler 10: „Schöner Gott, Löwe, Herr des Blutes (?) ... ähnlich dem Sohn der Nut, der König von Ober- und Unterägypten Usermaatre Setepenre [Sohn des Re], Herr des Diadems, Ramses-Meriamun, geliebt von Amun-Re, Herr von Karnak“. Ibid., S. 35, Pfeiler 12: „Schöner Gott, Großer seiner Siege, der die Herrscher der Fremdländer niederwirft, Herr Beider Länder, Usermaatre-Setepenre, Herr des Diadems, Ramses-Meriamun, geliebt von Amun-Re, Herrn des Thrones Beider Länder“.

106 Ibid., S. 90.

107 Ibid., S. 91.

108 Ibid., S. 96-96, Fig. 59.

4)[109]. Die Kultstatuen in den Nischen des Tempels, und zwar von Amun-Re, Ramses II. und Re-Harachte, zeugen vom Triumph des Kultes des vergöttlichten Ramses II., der durch seine Nähe zu Amun erreicht wurde. Obschon der Tempel Amun-Re und Re-Harachte geweiht ist, bezieht sich eine Reihe von Widmungsinschriften nur auf Amun-Re[110]. Der Tempel wurde im Jahre 44 Ramses' II. vollendet[111]. Auf einem Block, der vermutlich zur Pylontür gehörte, ist der Ritus der Darbringung von kühlem Wasser an Amun, der von Mut begleitet wird, dargestellt[112].

Das Bildprogramm schloß in sich wie in anderen Tempeln Szenen der Niederwerfung der Feinde ein, die auf dem südlichen Flügel des Pylons dargestellt sind[113]. Sinngemäß gehören dazu Szenen der Übergabe der Herrschaft über die Fremdländer im Rahmen des Heb-sed-Festes[114], sowie das Schenken von Festlichkeiten im Ritus der Maatdarbringung (Szene im Pronaos) im Kontext der Übergabe der Jubiläen vom Gott an Ramses II.[115]. Diese Episoden galten als Teil des gesamten Programms, das mit der Ritualisierung und Garantie von Maat verbunden war, die in einer entsprechenden Szene dem vergöttlichten Ramses II. zusammen mit Amun dargebracht wird[116].

---

109 In einer Reihe von Stelen, die im Tempel Ramses' II. gefunden wurden, wird *Imn p3 nb n3 mtnw* – „Amun, Herr der Wege" erwähnt, s. L. HABACHI, Five Stelae from the Temple of Amenophis III at Es Seboua now in the Aswan Museum, in: Kush 8, 1960, S. 46-48, Fig. 1-2, Tf. XVI, XVII. Auf einigen ist eine eigenartige Gestalt des Amun mit dem Epitheton „befriedigt durch die Wahrheit", das aus der Zeit Amenophis' III. bekannt ist, als schreitender Widder, der vor einer Schale steht, erwähnt, IBID., S. 50-52, Fig. 5. Diese Gestalten wurden hier von Ägyptern geschaffen, die weit entfernt von ihrer Heimat Amun der Wege um seinen Segen baten.

110 H. GAUTHIER, Le Temple de Ouadi es Sebouâ, Les Temples Immergés de la Nubie, Le Caire 1912, S. 12, 15-19: Inschriften auf den Sphingen: „Er machte sein Denkmal seinem Vater Amun". Eine analoge Inschrift steht auf dem Fries der südlichen Flügel des Pylons sowie auf dem Koloß vor dem Pylon, wo Ramses II. einen Stab mit einem Widderkopf in der linken Hand hält. HEIN, a. a. O. (Anm. 6), S. 18-19, Anm. 64; KRI II, 733.

111 A. BARSANTI - H. GAUTHIER, Stèles trouvées à Ouadi es-Seboua (Nubie), in: ASAE 11, 1911, S. 64-65.

112 GAUTHIER, a. a. O. (Anm. 110), S. 22-24, Tf. XIIIB.

113 IBID., S. 59-60, Tf. XXIVA, S. 64 (derselbe Ritus vor Re-Harachte auf dem nördlichen Flügel). Ritus des Niederwerfens der Führer der Fremdländer vor Amun-Re und Re-Harachte. Der Text des Amun ist beschädigt, es läßt sich aber lesen: „[Worte gesprochen] von Amun-Re, Herrn des Thrones Beider Länder [...], Usermaatre [... ...]". Weiter lassen sich aber einige Phrasen lesen: „Ich gebe (dir) Macht und Kraft in allen Ländern, [...] in die Länder der Neun Bogen, wegen der Angst vor dir. Ich gebe dir die Führer der Fremdländer niedergeworfen vor deiner Majestät".

114 IBID., S. 121-122. Text: „dein [...], Sohn des Amun, der aus (seinem) Leib hervorkam". Der Text von Amun ist stark beschädigt. Er bezieht sich auf die Übergabe der Herrschaft über die Länder. Hinter dem vergöttlichten Ramses II. sind drei Heb-Sed-Symbole und das Zeichen von Millionen Jahren zu sehen.

115 IBID., S. 131: „Worte gesprochen von Amun-Re, Herrn des Thrones Beider Länder, an seinen Sohn, den Herrn Beider Länder, [Ramses-Meriamun], damit [Leben] gegeben wird [...] wie die Lebenszeit von Re. Dir werden die Festlichkeiten des Re gegeben".

116 IBID., S. 116-117, westliche Seite der westlichen Wand des Hofes, Tf. XL, XLI, XLII: „Darbringung von Maat seinem Vater, damit Leben gegeben wird wie Re. Worte gesprochen von Amun-Re-Sonter, befindlich im Tempel von Ramses im Haus des Amun [...] für?... Das Zufriedenstellen des schönen Gottes, der die Maat liebt. Du bist der Sohn? [...] du bist im Ei, du bist König Unterägyptens [als] Beschützer".

Auf dem Pylon sind Szenen dargestellt, wo Brote dem Amun geopfert werden[117] oder dem vergöttlichten Ramses II. zusammen mit Amun und Mut[118].

Im Pronaos, auf dem linken Pfosten der äußeren Fassade ist der König dargestellt, der dem Amun-Re-Sonter ein Opfer darbringt. Der Text lautet: „Dir sind Leben und alles Wohlergehen gegeben“[119].

Auf dem nördlichen Türpfosten der inneren Fassade ist der Ritus der Opferbringung von Wein an Amun dargestellt. Nach dem Namen des Amun sind die Zeichen *ḥrj-ib* zu sehen, der weitere Text ist zerstört[120]. Auf der linken Wand der äußeren Fassade ist der König vor Amun-Re und Mut dargestellt. Der Text ist nicht erhalten[121]. Im oberen Register ist der Ritus der Darbringung von zwei Vasen mit Wein an Amun, Herr des Thrones Beider Länder, angebracht[122].

Die Darstellungen auf dem nördlichen Pfeiler 1 sind fast völlig zerstört. Reste der Darstellung zeigen den König vor Amun-Re[123]. Die Inschrift auf dem Architrav zeugt von der Widmung des Gebäudes an Amun-Re[124].

Die Darstellungen im Sanktuar wiederholen die Hauptepisoden, die mit Amun-Re verbunden waren, was seine führende Rolle im Tempel betont[125].

Der Tempel in Gerf Hussein (s. Plan, Abb. 5) war die letzte Station der göttlichen Barke bei ihrer Nilreise stromabwärts. Der Tempel wurde am Ende der Regierungszeit Ramses' II. gebaut, 50 Jahre nach seiner Vergöttlichung[126]. Im Sanktuar dieses Tempels erscheint Amun nicht, hier ist nur Ptah präsent. In diesem Zusammenhang wende man sich dem Leidener Papyrus zu, wo es heißt: „aller Götter sind drei – Amun, Re und Ptah, denen keiner gleichkommt, der seinen Namen verbirgt als Amun, er ist sichtbar als Re, sein Leib ist Ptah“[127]. Alle diese Dreiheiten dienen dem Versuch, die Ganzheit der Welt als eine manifeste Dreifaltigkeit des Gottes zu erklären, der als Einheit verborgen ist[128]. Laut

---

117 Szene auf dem Pylon, Zentraltür, südlicher Pfosten (IBID., S. 49-50, 51). Hier gibt es zwei Szenen der Darbringung von Brot verschiedener Form, sowie die Szene der Darbringung von Wein. Die große Szene auf der östlichen Hofwand zeigt den Opferritus vor seinem Vater. (IBID., S. 96).

118 Darbringung an Amun und an den vergöttlichten Ramses (IBID., S. 58). Auf dem nördlichen Teil des Pronaos ist eine zerstörte Darstellung der Darbringung von ...? an Amun, Mut und Chons (IBID., S. 148).

119 IBID., S. 127, Tf. XLIII-XLIV.

120 IBID., S. 133.

121 IBID., S. 148.

122 IBID., S. 150.

123 IBID., S. 163.

124 IBID., S. 171.

125 Widmungsinschrift an Amun (IBID., S. 203, 205). Darstellung der Amunbarke. (IBID., S. 217-218). In den anderen Szenen ist Amun-Re mit Mut und dem vergöttlichten Ramses dargestellt (IBID., S. 226-228) sowie Amun-Kamutef und Isis (IBID., S. 227, 234).

126 DESROCHES-NOBLECOURT, a. a. O. (Anm. 8), S. 253-254.

127 ZANDEE, a. a. O. (Anm. 37), Leidener Papyrus J 350, IV, 21f.

128 ASSMANN, a. a. O. (Anm. 2, 1979), S. 31-32.

Porter-Moss sind im Eingangsbereich Opfergaben des Königs an die Thebanische Triade dargestellt[129].

Im Eingang in die Vorhalle gibt es zwei Szenen, wo der König vor Amun-Re und Mut und der König vor Ptah und Hathor dargestellt ist[130]. In der Vorhalle gibt es Szenen der Darbringung des Weines an Amun-Re und Ptah[131]. Es sind auch Szenen des Weihräucherns und Libierens vor Amun-Re dargestellt [132].

Obwohl der Tempel Ptah geweiht war, wurde er nach dem Modell von Abu Simbel geplant. Hier wurde die Herausbildung des Kultes Ramses' II. noch zu seinen Lebzeiten abgeschlossen, dessen Statue im Sanktuar aufgestellt war. Die Vergöttlichung Ramses' II. geschah mittels Amun-Re. Das Thema Pharao – Gott offenbart sich schon beim Eintritt in den Tempel, wo Ramses II. zusammen mit Amun-Re dargestellt ist. Im Raum der Vorhalle (G) ist Ramses II. mit der blauen Krone vor Amun dargestellt[133].

Auf dem ersten Pfeiler des südlichen Peristyls bringt Ramses II. Opfer vor Amun dar. Der erhaltene Text lautet: „Amun, der Gott“[134]. Auf der ersten Säule des nördlichen Peristyls ist Ramses II. vor Amun dargestellt, der von ihm das göttliche Symbol Flagellum erhält[135].

Die folgerichtig dargestellten Szenen im Saal E zeigen Weihräuchern und Opfergaben an Amun-Re sowie die Übergabe der Namensymbolik an Amun-Re und Mut, was die Anerkennung der Göttlichkeit Ramses' II. seitens der führenden thebanischen Götter demonstrierte. Ramses II. reicht die Zeichen seines Namens an Amun-Re, den vergöttlichten Ramses II. und Mut[136]. Auf einer der Szenen ist die Darbringung des Brotes an den widderköpfigen Amun dargestellt[137].

Auf der Westwand dieses Saales ist der kniende Ramses II. vor Amun[138] dargestellt; an der Südwand ist der Ritus des Weihräucherns vor Amun dargestellt[139], zwischen dem König und dem Gott steht ein kleines Gefäß mit der Opfergabe auf einem

---

129 PM VII, 34; s. auch Champollion, Notices Descr. I, 130 (bottom) - 131 (top), oberes Register: Ramses II. vor Amun; (131), unteres Register: der König zwischen Amun und Mut (LD III, 178b).

130 Champollion, Notices Descr. I, 134.

131 IBID., I, 135.

132 IBID., I, 135; s. auch südlicher Pfeiler (PM VII, 36); nördlicher Raum (LD, Text V, S. 56).

133 J. JACQUET et H. EL-ACHIRIE, Gerf Hussein I. Architecture, CS, Le Caire 1978, S. 41, Tf. XXX.

134 IBID., C. 19a, Tf. IV, XXVII, XXVIII.

135 M. A. L. EL-TANBOULI et A. A. SADEK, Garf Hussein II. La cour et l'entrée du Speos, CS, Le Caire 1974, S. 4, 8, C. 50a, S. 7-8, Tf. VII, XXXIV.

136 M. A. L. EL-TANBOULI, CH. KUENTZ ET A. A. SADEK, Gerf Hussein III. La grande salle (E), mur est, piliers et colosses, CS, Le Caire 1975, E2, S. 5, Tf. XVI, Osirissäulen von Ramses II., S. 1-3, s. auch JACQUET - EL-ACHIRIE, a. a. O. (Anm. 133), S. III, VIII. Weihrauch geben dem Amun-Re-Sonter (Säule III, östliche Seite: E 22d, S. 32-34, Tf. XXXI).

137 IBID., E 31d, S. 40, Pfeiler IV, Tf. XXXVI.

138 IBID., E 82, S. 24.

139 M. A. L. EL-TANBOULI et al., Gerf Hussein IV. La grande salle (E), mur sud, nord et ouest - les niches, CS, Le Caire 1978, E 51, 3,14, Tf. V, XXXIV, Fig.1.

papyrusförmigen Tisch. Über dem König ist die Sonnenscheibe mit zwei herunterhängenden Uräen zu sehen.

Auf der Szene im südlichen Teil bringt Ramses II. das weiße Brot dem Amun. Der Text lautet: „Worte gesprochen von Amun-Re, Herrn des Thrones Beider Länder, großer Gott, Herr des Himmels“[140].

In der Nische 1 ist Ramses zwischen Amun-Re-Sonter und Mut dargestellt. Die Wortverbindung *pꜣ nṯr* nach der Kartusche Ramses' II. zeugt von der vergöttlichten Gestalt des Ramses. Ramses II. ist geliebt von Amun[141], und seine Vergöttlichung wird durch die Götterstatuen, die in den Nischen stehen, zur Geltung gebracht. Auf der beschädigten Darstellung der Halle E sind Amun-Re und Re-Harachte mit dem Rücken zueinander zu sehen[142].

Wie die Editoren der Publikation von Gerf Hussein bemerkten: „Le style de la sculpture temoignant d'un art local sans maladresse dans la technique d'execution, mais repondant a un canon tres different de celui utilise par les artistes officiels de la court. Le traite des volumes est ici remarquable, tandis que le corps etait plat et presque sans reliefs, les membres etaient lourds et gras, sans finesse aux attaches, le cou epais et les visages large et ronds“[143].

Der Tempel in Akscha trug den Namen Ramses' II. in Nubien und wurde zu Anfang der Regierung Ramses' II. errichtet. Amun, der dort verehrt wurde, hieß „Amun, der sich im Hause des Ramses, des Großen Gottes in Nubien, befindet“[144]. Die Szene, wo Maat dem Amun-Re gegeben wird und wo Ramses II. mit der blauen Krone vor Amun-Re dargestellt ist, „der sich im Tempel von Ramses befindet, dem großen Gott, Herrn von Ta-Setj“[145], muß als Teil des Inthronisationsprogramms Ramses' II. betrachtet werden.

Die von Ramses II. in Unternubien errichteten Tempel sind thematisch durch die Sujets des Kampfes und des Sieges über Kusch verbunden als Teil eines Programms zur Verwirklichung der Prinzipien der Maat, wobei die traditionelle Szene der Niederwerfung der Feinde hier konkreten Ausdruck gewann. In allen Tempeln wurde Amun-Re erhöht unter Beibehaltung der Stellung von Re-Harachte, und es wurde der lebenslang währende Kult von Ramses II. als eines der Hauptmomente seiner königlichen Ideologie eingeführt. Unter dem letztgenannten Aspekt vereinigten sich alle Tempel, wobei in Wadi es Seboua und in Gerf Hussein als Objekt des Kultes und der Riten die Barke Ramses' II. diente, der mit Amun-Re und Ptah dargestellt wird[146].

---

140 IBID., E 82, S. 46.
141 IBID., E 57, S. 9, Tf. XI, XL, XLI.
142 IBID., S. 25, 29, Tf. XXXI.
143 IBID., S. 7.
144 KRI II, 773,16; HEIN, a. a. O. (Anm. 6), S. 109.
145 Breasted archive 2D9 = P 2365.
146 HEIN, a. a. O. (Anm. 6), S. 120.

Die Analyse der Riten, die mit dem Amunkult in den Tempeln Ramses' II. in Unternubien verbunden waren, zeigt die führende Rolle des Amun-Re in den Hauptriten, die mit der Sicherung der königlichen Macht verbunden waren. Also diente die Einführung des Amunkultes dem Ziel, das System zu vollenden und die Oberhand dieses Gottes im System des Polytheismus zu bestätigen. Der Erhöhung des Amun-Re zum Reichsgott liegen synkretistische Prozesse der Verschmelzung des lokalen Widderkultes in Kerma und des Kultes des ägyptischen Amun-Re zugrunde. Dieser Faktor wurde zum bestimmenden Faktor in der Religionspolitik des neugeschaffenen Reiches und beeinflußte für lange Zeit das Schicksal von Amun selbst und seines Kultes, in dessen Entwicklung und Veränderung die nubischen Tempel eine große Rolle spielten.

Hauptrivale, wenn man dieses Wort gebrauchen darf, war für Amun-Re Re-Harachte, der aus bestimmten Gründen nicht imstande war, in die erste Reihe zu rücken. Schon unter der XVIII. Dynastie waren die Tempel, darunter Amada, Re-Harachte und Amun-Re geweiht. Möglicherweise wurde das später zur Tradition, die auf Amada zurückzuführen ist und unter Ramses II. fortgesetzt wurde, von dem einige Tempel dem Amun-Re und Re-Harachte geweiht wurden (s. z. B. Abu Simbel, Wadi es Seboua, Beit el Wali).

Die Analyse der Tempelonomastik erlaubt es auch, über die Schaffung von Amundomänen Aussagen zu treffen, die aus einer Reihe von Tempelkomplexen bestanden, die den Namen „Haus des Amun" trugen, was an und für sich schon von seiner exklusiven Stellung im Vergleich zu anderen Göttern zeugte.

In Obernubien bis zum Gebel Barkal war die dominierende Stellung des Amun in den noch von Thutmosis III. und Tutanchamun errichteten Tempeln offensichtlich. Das bestätigt den bereits geäußerten Gedanken über die Ursache der Begründung des Amunkultes im Ergebnis seiner Verschmelzung mit einem lokalen Widderkult. Das Auftreten neuer Formen der Ikonographie des Amun-Re schon unter den Thutmosiden hatte ebendies zur Folge. Fragmente von Stelen und Inschriften vom Gebel Barkal erlauben es, diese in die Epoche der Ramessiden zu datieren[147]. Also verfolgte die Serie von Tempeln, die von Ramses II. in Unternubien errichtet wurden, das Ziel, das Tempelsystem in Obernubien und Kusch zu ergänzen und das nördliche Vakuum mit dem Amunkult zu füllen. Dabei spielte die Rolle eines Bindegliedes zwischen den Tempeln Unternubiens und dem Süden der Komplex von Abu Simbel. Offensichtlich ist die geographische Orientierung des Kultes des Amun nach Süden und des Re-Harachte nach Norden nicht zufällig; diese Linie läßt sich ziemlich klar verfolgen.

Wie bereits in der Literatur bemerkt wurde, trug der Ort, an dem die Tempel von Abu Simbel gebaut wurden, denselben Namen, wie der Heilige Berg der Kuschiten, der Gebel Barkal, und zwar *ḏw wʿb* oder „Reiner Berg". Das war ein Ort, an dem das religiöse System Ägyptens wesentliche Veränderungen in den Bereichen erfuhr, die sich auf den

147 H. GOEDICKE, The Barkal Temples, excavated by George Andrew Reisner, published by Dows Dunham, in: AJA 76, 1972, S. 89.

Amunkult bezogen. Es wurde in das Bildprogramm des Tempels die Gestalt des Amun mit dem Widderkopf[148] eingeführt und legitimiert. Die einzigartige Darstellung des Amun mit dem Krokodilkopf sowie die kein anderes Pendant besitzende Darstellung des Amun unter einem Baldachin, der anscheinend im Inneren des Berges, mit einem übergroßen Uräus vor sich sitzt, was die Gestalt des Amun-Re vom Gebel Barkal imitierte[149], gehört zur nubischen Spezifik des Amunkultes. Im Vergleich zu anderen nubischen Tempeln wurden in Abu Simbel „die nubischen Charakteristika" des Amun-Re bedeutend verstärkt. Viel öfter als in anderen Fällen trägt Amun-Re nubische Epitheta. Die wichtigsten ägyptischen Riten, und zwar der Ritenlauf, die Schenkung der alltäglichen- und der kalenderabhängigen Gaben, die mit den Festlichkeiten während der Königsjubiläen verbunden sind, als Gegengabe für die Beschenkung mit Königtum, Wohlergehen und Wohlwollen seitens des Gottes wurden nicht nur für den anthropomorphen Amun-Re von Karnak ausgeführt, sondern auch für Amun, Herrn von Ta-Setj und sogar von Napata. Auf diese Weise wurde Abu Simbel zum Bindeglied zwischen den kuschitischen Tempeln des Amun-Re und dem ägyptischen Zentrum.

Die Beziehung der ägyptischen Königsriten zu der neuen widderköpfigen Amunform, die im Ergebnis des Synkretismus mit dem nubischen Widderkult in seiner Funktion des Gottes der Überschwemmung entstanden ist, beeinflußte seinerseits sehr stark die Theologie des Amun-Re, die diese nubischen Neuheiten aufgenommen hat, die sich bald auch in den Zentraltempeln widerspiegelten.

Die Schaffung des Kultes von Ramses II. noch zu seinen Lebzeiten als ideologische Grundlage des Reiches vollzog sich, wie die Analyse der ikonographischen Programme der Tempel von Unternubien zeigt, unter anderem auch durch Amun-Re. Unternubien war es, das für Ramses II. in bestimmter Weise zur Domäne für die Bestätigung seiner Vergöttlichung zu seinen Lebzeiten wurde, die nirgendwo sonst auf dem Territorium des Reiches so klar zum Ausdruck kam. Der Bau einer Reihe von Amuntempeln, in denen konsequent der neue Kult starke Wurzeln schlug, war auch auf die Festigung der Macht im Reich gerichtet. Von diesem Standpunkt aus konzentrierte sich das Ritensystem, das das Ziel verfolgte, den vergöttlichten Ramses II. ins Pantheon der Götter einzuführen, auf seine Präsenz bei dem alljährlich wiederholten Inthronisationszyklus. Die dominierende Rolle des Amun-Re kam aber auch hier zum Vorschein. Nachdem Ramses II. im Tempel zum Kultobjekt geworden war, wie es am deutlichsten in Gerf Hussein und Abu Simbel zu beobachten ist, ersetzte der vergöttlichte Herrscher in einigen Fällen den Amun-Re und erhielt auf diese Weise die Züge des Reichsgottes.

148 Wahrscheinlich demzufolge erschien im Leidener Papyrus das Beiwort des Amun „mit widderköpfiger Stirn", s. ZANDEE, a. a. O. (Anm. 37), Leidener Papyrus VII, 1,2; Wb IV, 456,10-15.
149 Siehe KORMYSHEVA, a. a. O. (Anm. 26), S. 134-135, Abb. 1.

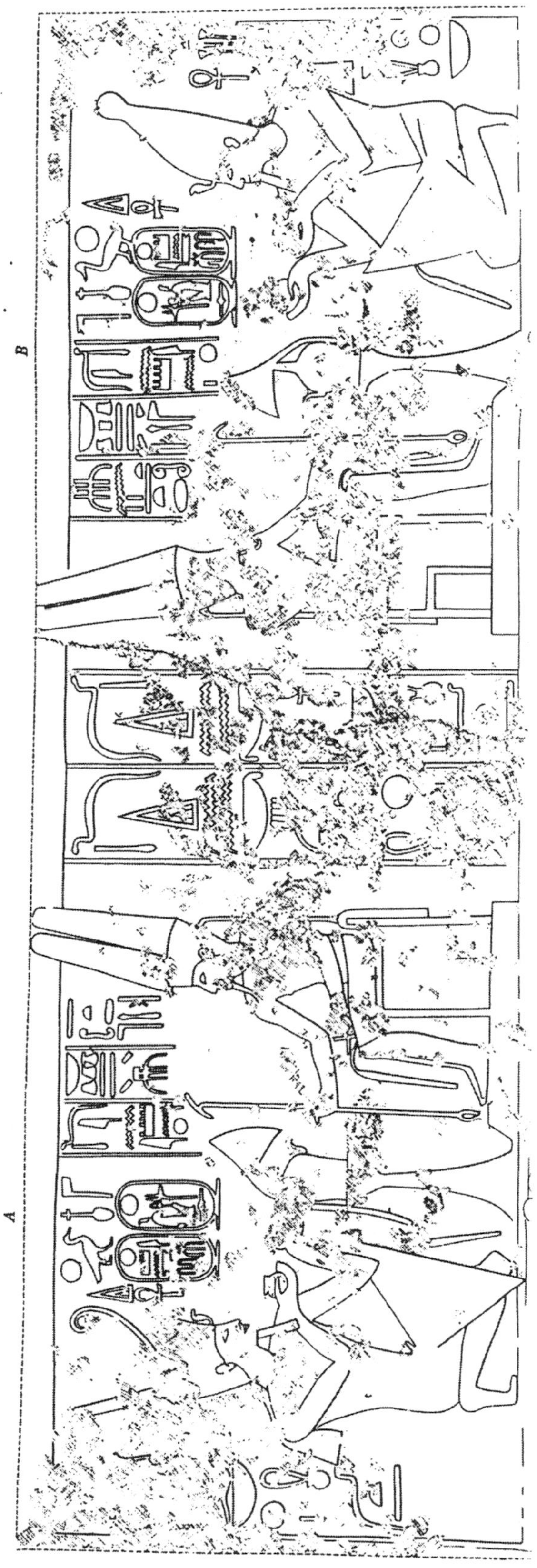

Abb. 1: Szene aus dem Tempel von Beit el Wali, nach RICKE et al., a. a. O. (Anm. 10), Tf. 32

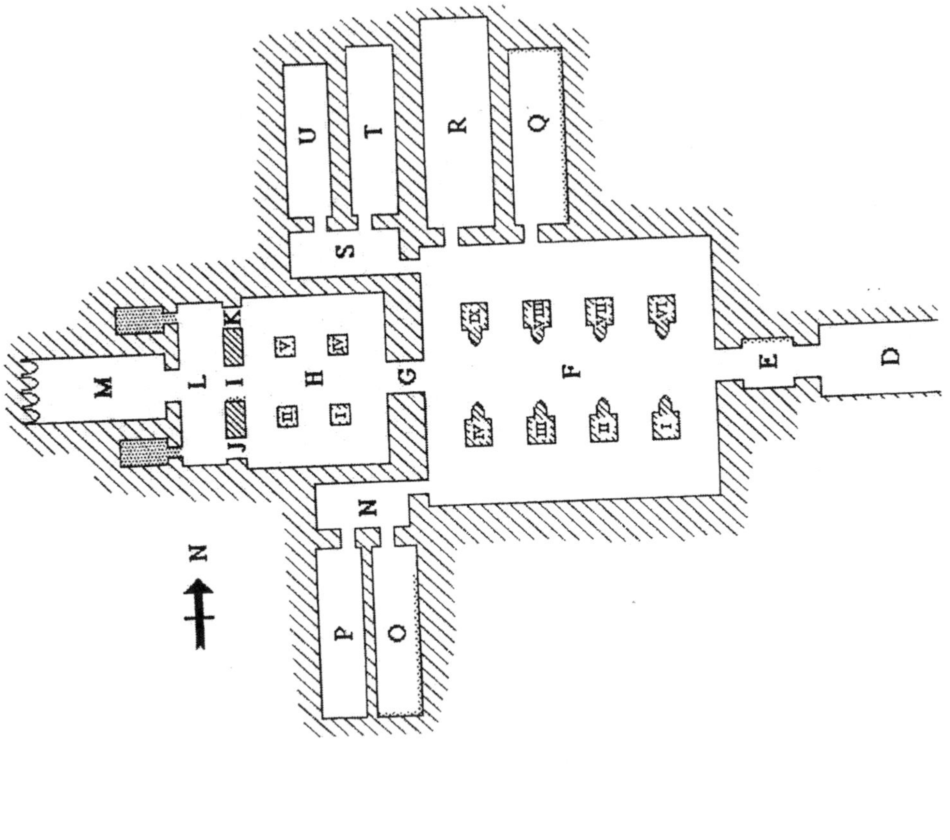

Abb. 2: Der Große Tempel von Abu Simbel, nach LOEBEN, a. a. O. (Anm. 1), S. 156

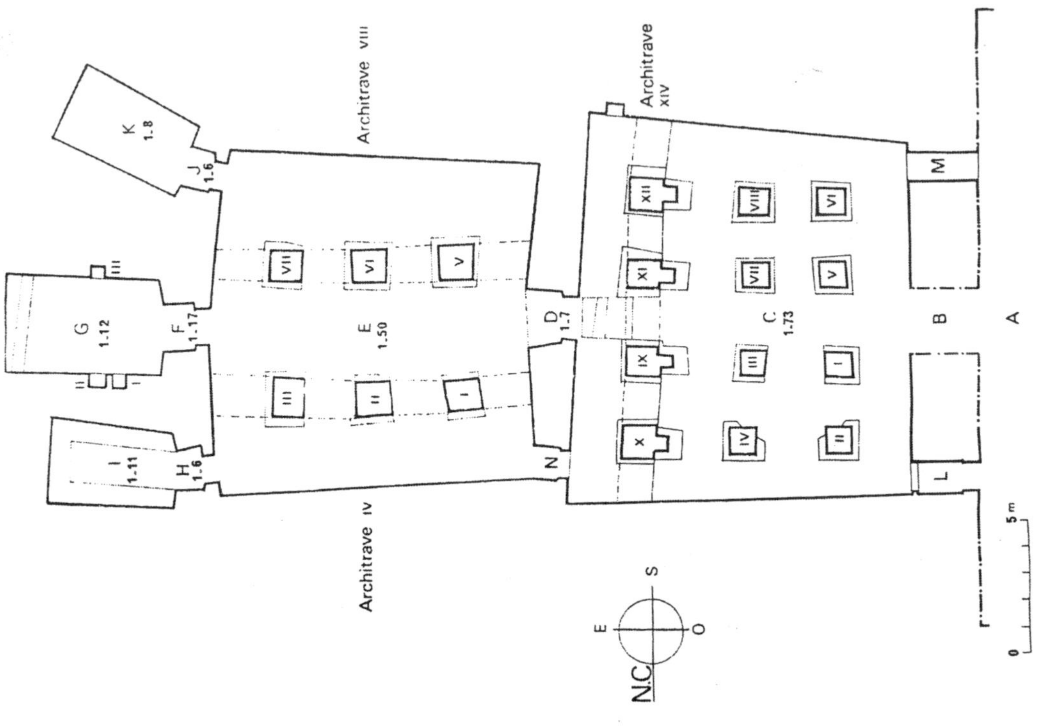

Abb. 3: Plan des Tempels von Derr, nach EL-ACHIRIE et JACQUET, a. a. O. (Anm. 91), Tf. LV

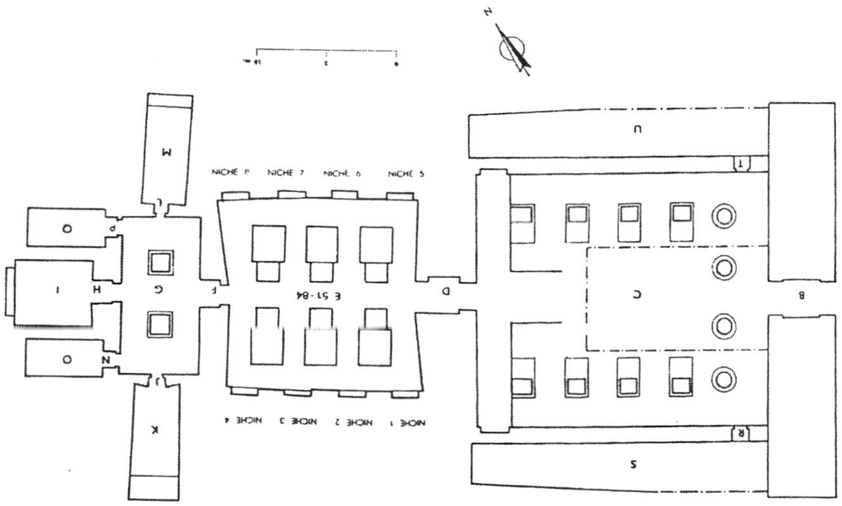

Abb. 4: Plan des Tempels von Wadi es Seboua, nach GAUTHIER, a. a. O. (Anm 110), Tf. A

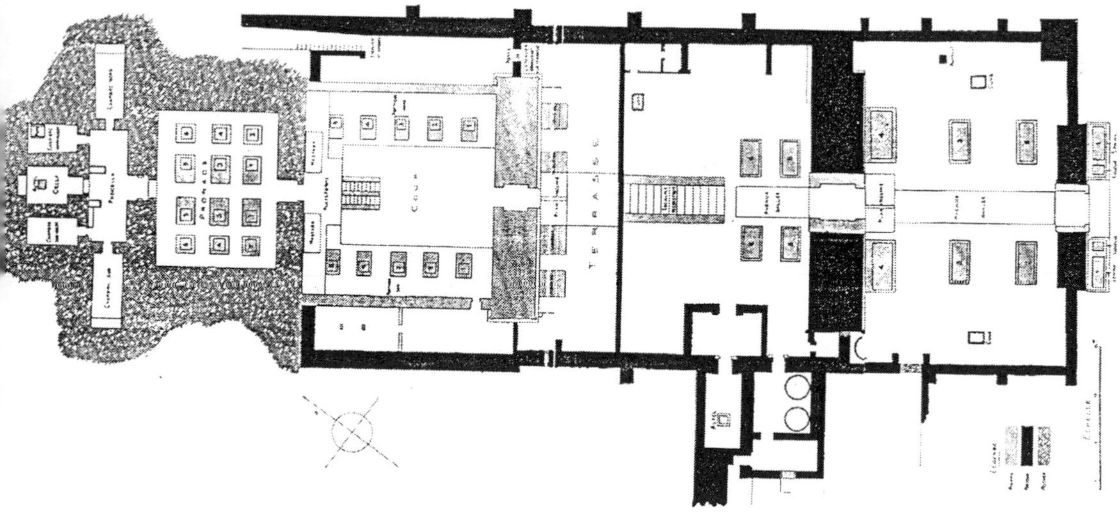

Abb. 5: Plan des Tempels von Gerf Hussein, nach EL-TANBOULI et al., a. a. O. (Anm. 139), Tf. 1

Die Götter und ihr Redetext: Die ältestbelegte Sakral-Monumentalisierung von Textlichkeit auf Fragmenten der Zeit des Djoser aus Heliopolis[1]

Ludwig D. Morenz, Tübingen

„There are only the tattered residues of times past,
still clinging on now.
All else is created in our dialogue with these material remains.“
M. Shanks

Aus der Zeit vor der vierten Dynastie stammen aus dem Gott-König-Bcreich der *hohen Kultur*[2] einige monumentale Sakralreliefs, wie die wahrscheinlich von verschiedenen Gebäuden stammenden Fragmente aus Hierakonpolis (Zeit des Chasechemui)[3] oder auch die Gebeleiner Reliefs aus der späten I./frühen II. Dynastie, über die ich bei der ersten Tempeltagung sprach[4]. Hier wurden üblicherweise Gott-König-Rituale dargestellt, wie wir sie bereits von den frühzeitlichen monumentalen Keulen und Paletten oder auch einigen Siegeln her kennen[5].

Die im folgenden zu besprechenden Reliefs der Zeit des *nṯrj-ẖ.t* (Djoser) aus Heliopolis sind formal anderer Natur. Gezeigt werden sitzende Götter, denen je ein längerer Redetext beigeschrieben steht. Hier wurde in der monumentalen Form des steinernen Reliefs sakrale Textlichkeit zur Schau gestellt. In dieser Zeit noch so verhältnismäßig

---

1 Herrn Prof. Wolfgang Schenkel bin ich für kritisches Durchsprechen eines ersten Entwurfes, Anregungen und konkrete Vorschläge zu herzlichem Dank verpflichtet. Für die durchdachte Anfertigung der Zeichnungen danke ich Francis Breyer herzlich.

2 Zu diesem Konzept vgl. J. BAINES und N. YOFFEE, Order, Legitimacy and Wealth in Ancient Egypt and Mesopotamia, in: G. M. Feinman und J. Marcus (Ed.), Archaic States, Santa Fe, New Mexico, 1998, S. 199-260 (und 17 S. Bibliographie).

3 N. ALEXANIAN, Die Reliefdekoration des Chasechemui, in: N. Grimal, Les Critères de datation stylistiques à l'Ancien Empire, BdE 120, 1998, S. 1-31.

4 L. MORENZ, Zur Dekoration der frühzeitlichen Tempel am Beispiel des archaischen Tempels von Gebelein, in: R. Gundlach und M. Rochholz (Hrsg.), Ägyptische Tempel – Struktur, Funktion, Programm, (Akten der Ägyptologischen Tempeltagungen in Gosen 1990 und in Mainz 1992), HÄB 37, Hildesheim 1994, S. 217-238 und Tf. 1.

5 Vgl. zuletzt H. WHITEHOUSE, The Hierakonpolis Ivories in Oxford, in: R. Friedman and B. Adams (Ed.), The Followers of Horus (Studies M. A. Hoffman), Oxford 1992, S. 77-82; zur Interpretation eines fragmentarischen Keulenkopfes: L. MORENZ, Der (akrobatische) *jb3*-Tanz – ein Bild-/Schriftspiel auf einer frühdynastischen Prunkkeule, in: LingAeg 6, 1999, S. 99-103.

kurz nach der Schrifterfindung[6] kam der Schrift, insbesondere den Hieroglyphen als der Schrift-Bild-Monumentale, gerade im sakralen Kontext hohes Prestige zu, war doch die monumentale Bild-Schriftlichkeit im Feld der *hohen Kultur* Ägyptens zu einem Hauptschauplatz geworden[7]. Die für angemessenes Verständnis so wichtige Frage, an welche Betrachter der Text konkret primär adressiert war[8], läßt sich derzeit kaum sicher beantworten. Man muß jedenfalls nicht ausschließlich an eine menschliche Leser-/ Hörerschaft denken[9]. In jedem Fall ging es um die in Stein dauerhaft gemachte Präsenz des Lesbaren[10]. Bereits das Bild- und Textprogramm dieser frühen „Tempel“ von Gebelein, Hierakonpolis und Heliopolis kann als hochgradig (hoch-) kulturell geformt und stark formalisiert angesehen werden.

Bei jenem Gebäude, zu dem die Fragmente von Heliopolis gehörten, handelt es sich vielleicht nicht um einen einfachen Göttertempel, sondern um einen Sakralbau, der eng mit Djoser assoziiert und wahrscheinlich mit einem bestimmten Fest verbunden war[11]. Andererseits waren in Ägypten üblicherweise auch Göttertempel ausgesprochen eng mit dem jeweils regierenden König als Bauherren und idealem Vollzieher des Kultes[12] verbunden, was mit der besonderen Stellung des Königs im Verhältnis zwischen Göttern und Menschen – also u. a. den *zwei Körpern des Königs* (formuliert in Anlehnung an E. Kantorowicz) – zu tun hat.

Seit der V. Dynastie wurden umfangreiche Texte, die sogenannten Pyramidentexte, in den Stein der königlichen Gräber gemeißelt. Wenn dies nicht nur dem Überlieferungszufall geschuldet wäre, hätten diesbezüglich also die „Tempel“[13] den Vorrang vor

6 Das Material findet sich in der umfangreichen Studie gesammelt bei J. KAHL, Das System der ägyptischen Hieroglyphenschrift in der 0.-3. Dynastie, GOF IV/29, Wiesbaden 1994.

7 Zum Begriff des Feldes kann auf Arbeiten von P. Bordieu verwiesen werden, in diesem Zusammenhang *pars pro toto* besonders Haute Couture und Haute Culture, in: P. BORDIEU, Soziologische Fragen, Frankfurt 1993, S. 187-196.

8 Die Bedeutung der von den Autoren intendierten Rezipienten sowie deren hypothetische Interpretationsstrategien rückt zunehmend in den Blick der modernen Ägyptologie, wobei es freilich oft bei Modellen und Hypothesen bleiben muß. Immerhin lassen sich wichtige Einzelbeobachtungen machen, und man darf m. E. sogar hoffen, ein größeres, wenn auch sehr fragmentarisches Bild zu entwerfen.

9 Die Welt der Götter und Toten als Leserschaft wird sowohl für bestimmte ägyptische als auch mesopotamische Monumente angenommen, vgl. zuletzt BAINES und YOFFEE, Order, Legitimacy and Wealth (Anm. 2), S. 242f. und 248.

10 Diese Minimalformel für die intendierte Rezeption ägyptischer Schrift hat sich mir in verschiedenen Gesprächen mit Mark Collier ergeben.

11 S. u.

12 Gemäß der idealen Welt der sakralen Bilder und Texte interagierte der König als einziger direkt mit den Göttern. Die Priester können also im Sinn der ägyptischen Idealvorstellung als Helfer und Stellvertreter des Königs verstanden werden.

13 Das Problem einer Definition von Tempel im Rahmen der altägyptischen Kultur wurde auf dieser Tagung mehrfach angesprochen. Ich will hier keinen Lösungsvorschlag bieten und übe mich in vagem Sprachgebrauch. Man hätte vermutlich nicht nur systematische, sondern auch diachrone Unterscheidungen vorzunehmen. Das Problem der genaueren Bestimmung eines Kultbaus stellt sich auch etwa bei dem „Fort“ von Hierakonpolis, welches kürzlich als Monumentalisierung einer königlichen Festanlage interpretiert wurde, ALEXANIAN, Die Reliefdekoration (Anm. 3), S. 15-17.

den Gräbern, sind doch die Fragmente aus Heliopolis über 300 Jahre älter. Wie auch immer diese temporale Priorität stehe, läßt sich konstatieren, daß dem Sakral-Wollen in den „Tempeln" zumindest einige Bedeutung bei der Monumentalisierung von Bildern und Texten zukam. Zumindest der späteren ägyptischen Überlieferung galt Djoser als Erfinder des Stein(bau)s (*wp jnr*)[14]. Stein wurde aber schon früher auch in Bauten verwendet[15], und selbst in Tempel integrierte steinerne Reliefs sind seit der I.(/II.) Dynastie belegt (s.o.). Trotzdem erscheint die Steinverwendung für Sakralbauten unter Djoser mit Blick auf den Sakralbezirk mit Stufenmastaba von Saqqara ausgesprochen intensiviert.

Aus der Vogelperspektive auf die lückenhafte Überlieferung möchte ich die Hypothese aufstellen, daß die Monumentalisierung von Bildern und Texten im Tempelkontext begann und von dort in die Welt der Gräber übernommen wurde. Als Vorläufer aus dem Tempelbereich sehe ich eben die monumentalen Prunkkeulen und -paletten, die wahrscheinlich schon (ganz oder auch nur teilweise[16]) in der I. Dynastie durch Tempelreliefs abgelöst wurden, weil deren Fläche nicht mehr sinnvoll zu steigern war[17]. Derzeit ältester Beleg dafür sind die Reliefs der I.(/II.) Dynastie aus Gebelein mit Bildern samt kurzen hieroglyphischen Beischriften[18]. Für diese Entwicklung bis hin zu den umfangreichen Pyramidentexten spielten u. a. die Technologie sowohl der Steinbearbeitung als auch der Schrift eine wesentliche Rolle. Man kann eine Schriftreform feststellen und pointiert von einer Medienevolution sprechen[19]. Die Entwicklung der monumentalen sakralen Bild- und Textträger läßt sich folgendermaßen schematisieren:

V. Dynastie	außerordentlich umfangreiche Texte in den Pyramiden „versteinert"
III. Dynastie	Monumentalisierung der Textlichkeit in Tempeln (Heliopolis, Fragmente der Zeit des Djoser)
I.(/II.) Dynastie	steinerne Tempelreliefs mit Bildern und kurzen Beischriften (derzeit älteste Belege: Gebelein-Reliefs)

14 Vgl. D. WILDUNG, Die Rolle ägyptischer Könige im Bewußtsein ihrer Nachwelt, MÄS 17, Berlin 1969, Dok. XVI.80, S. 72-74.

15 MORENZ, Zur Dekoration (Anm. 4), S. 231 mit Anm. 93 und 94.

16 Prunkpalette und -keulen sind nach dem Anfang der I. Dynastie nicht mehr belegt, doch könnte man auch hier mit Überlieferungszufall rechnen und an einen mehr oder weniger fließenden Übergang denken.

17 MORENZ, Zur Dekoration (Anm. 4), S. 218f.

18 MORENZ, Zur Dekoration (Anm. 4).

19 L. MORENZ, Beiträge zur Schriftlichkeitskultur im Mittleren Reich und in der Zweiten Zwischenzeit, ÄAT 29, Wiesbaden 1996, S. 24.

I. Dynastie	monumentale Felsreliefs mit Bild und kurzer Beischrift wie das des *d(w)n* von Gebel Scheich Suleiman[20] vom Typ königliches Triumphalbild wie etwa auf der *Nꜥr(-mr)*-Palette
IV./III. Jt.	steinerne Prunkpaletten und Prunkkeulen mit Bildern und kurzen Beischriften[21] (etwa: Keule und Palette des *Nꜥr(-mr)* aus Hierakonpolis)
IV. Jt.	Monumentalisierung der Bildlichkeit: - reliefierte Messergriffe, Kämme mit Bildern[22] - Wandmalerei („Häuptlingsgrab" von Hierakonpolis[23])

Die hier hypothetisch aufgestellte und sicher weit kompliziertere Tatbestände vereinfachende Entwicklungsreihe hängt natürlich vom Überlieferungszufall ab und ist gewissermaßen nach unten offen. Sie wirkt aber zumindest kohärent, sofern am Anfang die noch mehr oder weniger (ver-)zierende Dekoration für das Alltagsleben nützlicher Gegenstände wie Kämme, Messer, Paletten oder Keulen stünde, während im Lauf der Entwicklung bei kulturell stärker sakral konnotierten Objekten die Dekoration das Übergewicht gewönne und entsprechend zum Bild- und Textprogramm entwickelt würde. Durch Größe und Dekor wurden die Werkzeuge und Waffen zu sakral geladenen Monumenten transformiert, und schließlich wurde (vermutlich nicht zuletzt aus Platzgründen) das Bild- und Textprogramm auf die Wände der Tempel verlagert. Ich rechne damit, daß die Tempelreliefs an im Vergleich mit Gebelein noch zentraler sakralen Orten der Frühzeit erfunden wurden. Man könnte besonders an Hierakonpolis und Abydos, oder auch an ein nördliches Sakralzentrum denken. Derzeit verfügen wir nur über ausgesprochen wenige Daten[24]. Da vom Ganzen der altägyptischen Kultur nur wenig erhalten ist, muß man die Lücken der Überlieferung deutlich machen und kann sie mit Hypothesen zu füllen versuchen. Vor allem sollte der Kultur-Historiker Gründe dafür suchen, warum Belege in den ihm verfügbaren Quellen vorhanden oder eben nicht vor-

20 A. ARKELL, Varia Sudanica, in: JEA 36, 1950, S. 24-40, 27-30 und Tf. X.

21 Prunkkeulen und -paletten sind m. W. ausschließlich aus Tempelkontexten belegt.

22 Bei diesen Gegenständen läßt sich oft nicht sicher entscheiden, welcher Sphäre sie zugehören. Sie erscheinen sowohl im Grab- als auch im Tempelkontext.

23 Gelegentlich auch als Palast eines Fürsten oder Kapelle eines Gottes interpretiert, so etwa H. KANTOR, The final phase of predynastic culture Gerzean or Semainean?, in: JNES 3, 1944, S. 110-136, 111-119. Diese Vermutung hat sich freilich in der Ägyptologie nicht durchgesetzt.

24 Vgl. D. O'CONNOR, The Status of Early Egyptian Temples: An Alternative Theory, in: R. Friedman and B. Adams (Ed.), The Followers of Horus (Studies M. A. Hoffman), Oxford 1992, S. 83-98.

handen sind und damit auch prüfen, ob Lücken eher signifikant oder zufällig erscheinen[25].

Selbst aus der fragmentarischen archäologischen Überlieferung kann man vermuten, daß die „Tempel“ als Zentren des Sakralen und der *hohen Kultur* Ägyptens im dritten Jahrtausend von durchaus hoher Bedeutung waren[26]. So sind bereits aus dem ausgehenden 4. Jt. v. Chr. monumentale Götterbilder wie die überlebensgroßen Min-Statuen belegt[27]. Im Vergleich mit Gräbern ist bei Tempeln mit weit stärkeren Umbauten und Wiederbenutzung alten Materials zu rechnen, so daß mit hoher Wahrscheinlichkeit gerade für frühe Zeiten der Überlieferungszufall verschobene Proportionen bieten könnte. Wie D. O'Connor gezeigt hat, müssen die zentralen frühen „Tempel“ den königlichen Grabbauten auch in der Größe nicht nachgestanden haben[28].

Vielleicht ist es aber trotzdem mehr als Zufall, daß aus der IV. Dynastie Reliefs von Göttertempeln fehlen, während man für die V. Dynastie besonders an die Sonnentempel erinnern mag. Hiermit kann man mit aller Vorsicht die bei Herodot überlieferte Anekdote verbinden, daß unter Cheops und Chefren die Göttertempel zugunsten der königlichen Grabbauten geschlossen wurden[29]. Darin könnte man einen mehr oder weniger historisierenden Reflex der Geschichte von Sakralbauten in der ersten Hälfte des dritten Jahrtausends v. Chr. sehen. Andererseits wurde diese Anekdote jedenfalls vor allem durch die eindrucksvolle Größe der königlichen Grabbauten veranlaßt. Ob ein historisches Wissen um tatsächliche Vernachlässigung der Göttertempel im Hintergrund stand, bleibt unsicher. Außerdem steht dazu eine späte ägyptische Tradition quer, in der ausgerechnet Cheops als Tempelgründer erscheint. Andererseits könnte man dieses Erzähl-Faktum statt der Ereignis- der Überlieferungsgeschichte zuschreiben[30], wofern die in altehrwürdiger Zeit erfolgte Tempelgründung im Nachhinein mit einem bestimmten König, in Koptos und Dendera aus bestimmten Gründen eben mit Cheops, verbunden worden wäre. Man muß jedenfalls damit rechnen, daß „Fakten“ erst durch „Überlieferung“ geschaffen werden[31].

---

25 J. BAINES, Contextualising Egyptian representations of society and ethnicity, in: J. S. Cooper and G. M. Schwartz (Ed.), The Study of the Ancient Near East in the Twenty-first Century, Winona Lake 1996, S. 339-384, bes. 342-45.

26 Von seinem Ansatz aus kommt etwa auch O'CONNOR, The Status of Early Egyptian Temples (Anm. 24), S. 83-98, zu einem ähnlichen Ergebnis.

27 Zur Problematik der frühen Götterbilder vgl. u. a. MORENZ, Zur Dekoration (Anm. 4), S. 219-221. Die besten Beispiele für überlebensgroße Steinplastik sind die Min-Kolosse aus Koptos, B. WILLIAMS, Narmer and the Coptos Colossi, in: JARCE 25, 1988, S. 35-59 und zuletzt A. MCFARLANE, The God Min to the end of the Old Kingdom, ACES 3, Sydney 1995, S. 164-166 (weitere Verweise im Index, S. 402, Nr. 305).

28 O'CONNOR, The Status (Anm. 24).

29 Herodot II, 124-128.

30 Zur Problematik vgl. S. MORENZ, Traditionen um Cheops, in: ZÄS 97, 1971, S. 111-118, bes. S. 117.

31 Vgl. S. MORENZ, Traditionen um Menes, in: ZÄS 99, 1972, S. X-XVI.

Aus den Grabungen E. Schiaparellis in dem für die ägyptische Religion pharaonischer Zeit so bedeutenden Ort Heliopolis[32] stammen die zuerst in Handskizzen von R. Weill veröffentlichten Fragmente[33] aus der Zeit des *nṯrj-ẖ.t,* dem in der späteren Überlieferung als Djoser bekannten ersten[34] Pharao der III. Dynastie. Man kann den Beginn der langwährenden Blütezeit von *Jwnw* – „Heliopolis" – , dem „Geburtsplatz eines jeden Gottes"[35], in sakraler Hinsicht denn auch *grosso modo* in die frühe III. Dynastie (oder auch etwas früher) datieren. Frühere Belege als diese Reliefs des ersten Herrschers der III. Dynastie fehlen jedenfalls bisher[36]. Mit gewisser Vorsicht kann man also die hohe Bedeutung von Heliopolis als dem Zentrum der Sonnen-„Theologie" mit der Herausbildung des *Alten Reiches* verbinden[37]. Der derzeit älteste direkte Beleg für den Ortsnamen *Jwnw* – „Heliopolis" – stammt bisher ausgerechnet aus Elephantine von der hieratischen Aufschrift eines Gefäßes der III. Dynastie, wo vom „elften Mal der Schätzung der Schafhürde von Heliopolis" gesprochen wird[38]. Dies deutet an, wie zufällig doch die Überlieferungslage ist.

32 „Comme l'Olympe des Grecs, Héliopolis est à la fois une entité géographique concrète et un lieu mythique", S. BICKEL, Héliopolis et le tribunal des dieux, in: Études sur l'Ancien Empire et la nécropole de Saqqâra dédiées à Jean-Philippe Lauer, OrMonsp IX, Montpellier 1997, S. 113-122, 113.

33 R. WEILL, Monuments nouveaux des premiers dynasties, in: Sphinx 15, 1911-1912, S. 1-35, 9-26. Leider sind die Fragmente noch immer nicht vollständig veröffentlicht, vgl. zuletzt J. KAHL, N. KLOTH und U. ZIMMERMANN, Die Inschriften der 3. Dynastie, ÄA 56, Wiesbaden 1995, S. 114-119. Hier wurden die guten Zeichnungen von W. S. SMITH, A History of Egyptian Sculpture and Painting in the Old Kingdom (HESPOK), Oxford 1949[2], Fig. 48-53 benutzt. Allerdings sind selbst sie in einigen Details nicht ganz genau (etwa bei dem Halskragen des Gottes vom Fragment Weill 6, s.u.), und Smith selbst bedauerte, daß er die unveröffentlichten Photographien nicht reproduzieren durfte (S. 133, Anm. 1). Einige der besterhaltenen Stücke sind inzwischen in Photographien veröffentlicht (A. DONADONI-ROVERI, Das Alte Ägypten. Kunst als Fest, Mailand 1989, S. 200, Fig. 301 und 302). Sämtliche Fragmente sind unter der Inventarnummer Turin Suppl. 2761 mit Unternummern registriert. Es bleibt bei dem schon von Smith an das Turiner Museum artikulierten Wunsch, daß die für die ägyptische Kunst- und Religionsgeschichte so wichtigen Zeugnisse bald vollständig veröffentlicht werden mögen.

34 Zur Königsfolge der III. Dynastie vgl. G. DREYER, Der erste König der 3. Dynastie, in: D. Polz und H. Guksch (Hrsg.), Stationen (FS Stadelmann), Mainz 1998, S. 31-34.

35 In der *Vorhersage des Neferti* heißt es:
nn wn ḥḳ3-ʿnḏw r t3
msẖn.t n.t nṯr nb
„Es gibt keinen heliopolitanischen Gau mehr für das Land,
den Geburtsplatz eines jeden Gottes"
(W. HELCK, Die Prophezeiung des Neferti, KÄT II, Wiesbaden 1970, S. 47, XIIg).
E. BLUMENTHAL (Die Prophezeiung des Neferti, in: ZÄS 109, 1982, S. 1-27, S. 6) wies darauf hin, daß der Spruch im Corpus relativ isoliert steht. Wie auch immer man dies redaktionsgeschichtlich erklären mag, zeugt er doch für die besondere Bedeutung von Heliopolis für die ägyptische („Staats-")Religion.

36 Zur archäologischen Problematik der schlechten Überlieferung besonders für das Alte Reich vgl. L. MORENZ, Zur ursprünglich heliopolitanischen Herkunft zweier Fragmente *Ppy* I.' aus Bubastis, i. Dr.

37 Immerhin stammt der wahrscheinlich älteste Beleg für den Titel *m33-wr* bereits aus der I. Dynastie, M. MOURSI, Die Hohenpriester des Sonnengottes von der Frühzeit Ägyptens bis zum Ende des Neuen Reiches, MÄS 26, Berlin 1972, § 1, S. 13f.

38 G. DREYER, Drei archaisch-hieratische Gefäßaufschriften mit Jahresnamen aus Elephantine, in: J. OSING, G. DREYER (Hrsg.), Form und Mass (FS Fecht), ÄAT 12, Wiesbaden 1987, S. 98-109, S. 103f.

Auf diesen Turiner Fragmenten steht die ältest erhaltene, in Hieroglyphen monumentalisierte längere Götterrede. Die sakralen Wunschformeln gehen über das *dj ʿnḫ ḏ.t*, was Göttern gelegentlich auf frühzeitlichen Siegeln beigeschrieben steht[39], doch weit hinaus. Der einzige auf den Fragmenten gleich mehrfach genannte und wirklich sicher zu identifizierende Gott ist Seth, der zudem zweimal namentlich genannt wurde. Auf einem Reliefbruchstück ist noch *Stḫ Nbw*[*tj*] – „Seth von Ombos" – erhalten (Weill 4[40], Abb. 1), während auf einem anderen Kopf und Szepter einer Darstellung des durch das Sethtier beischriftlich ausgewiesenen anthropomorphen Seth zu erkennen ist (Weill 3, Abb. 2). Man könnte spekulieren, daß Seth besonders prominent war. Seth *Pr-jb-sn* und Horus-Seth *ḫʿj-sḫm*(*wj*) regierten ja unmittelbar vor Djoser. Der Überlieferungszufall läßt aufmerken, beweist aber nichts für eine besondere Bedeutung von Seth für Djoser.

Problematischer steht es mit der Identifikation eines ebenfalls anthropomorph dargestellten Gottes auf einem weiteren Fragment (Weill 6, Abb. 7). Hier ist unzweifelhaft der Rest eines *b* zu erkennen. Seit K. Sethe wird dies zu [*Gb*]⌜*b*⌝ ergänzt[41]. Für die Interpretation hatte dies zur Folge, daß von Sethe und seinen Nachfolgern für das ganze Monument bereits mit einer Darstellung der heliopolitanischen Neunheit gerechnet wurde[42]. Eine Schreibung mit der *gb*-Gans scheint nach dem zur Verfügung stehenden Platz wohl ausgeschlossen, würde man diese doch auf gleicher Höhe mit dem *b* erwarten (Abb. 6a). Dann aber hätten sich Spuren davon auf diesem Fragment erhalten müssen. Alternativ könnte man die Gans etwas oberhalb ergänzen, aber auch das paßt nicht recht (Abb. 6b). Somit bleibt . Man müsste das  wohl am ehesten über dem *b* ergänzen (Abb. 6c). In den Inschriftkolumnen steht tatsächlich  statt  [43], doch würde man sich eher eine ausgewogenere Verteilung wünschen, wo das *g* links von dem *b* stünde. Dafür aber steht das *b* zu weit unten, zu nah am Kopf des Gottes. Auf dem Fragment mit der Darstellung des Seth (Weill 3, Abb. 2) befindet sich nach einem breiten Zwischenraum die Hieroglyphe deutlich über dem Kopf des Gottes und ungefähr

---

39 MORENZ, Zur Dekoration (Anm. 4), S. 232, Anm. 103.

40 Diese Fragmente werden üblicherweise nach den Nummern von R. Weill, der sie zuerst veröffentlichte, zitiert.

41 So zuletzt auch KAHL, KLOTH und ZIMMERMANN, Die Inschriften (Anm. 33), S. 117.

42 K. SETHE, Dramatische Texte zu Altägyptischen Mysterienspielen, UGAÄ 10, Leipzig 1928, S. 79 mit Anm. 1 und Urk. I, 153,12-154,9, vgl. etwa auch S. SCHOTT, Mythe und Mythenbildung, UGAÄ 15, Leipzig 1945, S. 11, SMITH, HESPOK (Anm. 33), S. 134, E. HORNUNG, Der Eine und die Vielen, Darmstadt 1971, S. 99-101, W. BARTA, Untersuchungen zum Götterkreis der Neunheit, MÄS 28, Berlin 1973, S. 185f. sowie J. BAINES, Egyptian Myth and Discourse: Myth, Gods, and the Early written and Iconographic Record, in: JNES 50, 1991, S. 81-105, S. 96. Dies ist nur eine Auswahl aus der Literatur. Das Relief ist ausgesprochen oft zitiert worden, wobei anscheinend alles in der ägyptologischen Literatur dazu Geschriebene direkt oder indirekt auf die Interpretation von Sethe zurückgeht. M. E. sind daran nun gewisse Modifikationen nötig, und es bleibt wegen des fragmentarischen Zustandes eine gewisse grundsätzliche Vorsicht angebracht, so auch H. BRUNNER, Neunheit, in: LÄ IV, 1982, Sp. 473-479, 474.

auf gleicher Höhe mit dem Beginn der Inschriftkolumnen. Dies bedeutet, daß noch ein Zeichen über dem *b* gestanden haben sollte. Nach dem Layout erscheint die Ergänzung von  möglich, wirkt aber ästhetisch nicht besonders schön (Abb. 6c) und paßt deshalb nicht recht zu diesem so sorgfältig und durchdacht gestalteten Monument. Viele sinnvolle Ergänzungen des *b* zu einem Götternamen stehen nicht zur Auswahl. Man könnte es noch mit *nbw.tj* versuchen. Tatsächlich steht ja auf dem oben erwähnten Fragment *Stẖ nbw.tj* (Abb. 1). Man könnte also annehmen, daß Seth in Darstellung und Text in zwei Aspekte aufgeteilt wurde, wobei dann vermutlich oben *Stẖ* und unten *nbw.tj* stünden. Die doppelte Nennung eines Gottes ist aber nicht besonders wahrscheinlich. Eine stimmige Möglichkeit bietet die Ergänzung zu *nbw* (Abb. 8). Dies paßt zu dem Layout, sofern es gut mit dem oberen Rand abschließt und ergibt sogar besonderen Sinn. Der Gott trägt einen Halskragen mit (Sonnen-)Scheibe um seinen Hals[44]. Hierbei handelt es sich wahrscheinlich nicht nur um ein einfaches Schmuckelement, sondern um ein Monogramm[45]. In der Zeit des Djoser begegnet das Zeichen *Sonnenscheibe am Halskragen* auch in der Schrift. Auf dem gleichfalls aus Heliopolis stammenden Fragment (Weill 1, Abb. 3) steht: . Wie schon von H. Schäfer herausgearbeitet, kann man die folgende Entwicklung, die sich am sogenannten Goldhorus-Namen des Königs zeigt[46], konstatieren: ,  // , [47]. Tatsächlich findet sich die Form  auch auf einer Serapeumsstele aus der XXIV. Dynastie (?)[48], die offenbar bis in die Paläographie an Monumenten der Zeit des Djoser orientiert war[49]. Die Entwicklung der Schreibungen beim sogenannten Goldhorus-Namen unter Djoser und Snofru weist auf eine gewisse schriftsymbolische Gleichwertigkeit von Sonnenscheibe und (Gold-)Falken hin (Abb. 4). Hier dürfte *nbw* den „Goldenen" – also

43 Diese Anordnung kann aber damit erklärt werden, daß der Platz in der Kolumne gefüllt werden mußte.

44 Man erkennt dies auf einer ausgezeichneten Detailphotographie: H. SCHÄFER, Der Reliefschmuck der Berliner Tür aus der Stufenpyramide und der Königstitel *Ḥr-nb* , in: MDIK 4, 1933, S. 1-17, Tf. IIa; vgl. auch die Farbabbildung des ganzen Fragments in: DONADONI-ROVERI, Das Alte Ägypten (Anm. 33), S. 200, Abb. 302. Hiernach ist auch die Umzeichnung von SMITH, HESPOK (Anm. 33), S. 135, Fig. 50, zu korrigieren.

45 SCHOTT, Mythe (Anm. 42), S. 11 wies schon darauf hin, daß dieser Gott das Emblem „Goldsonne" um den Hals trägt, zweifelte aber nicht an einer Identifikation mit Geb.

46 J. v. BECKERATH, Handbuch der ägyptischen Königsnamen, MÄS 20, München und Berlin 1984, S. 50 und 176.

47 Der in der späteren ägyptischen und auch griechischen Tradition überlieferte Name *ḏsr* ist zeitgenössisch nicht belegt.

48 M. MALININE, G. POSENER und J. VERCOUTTER, Catalogue des Stèles du Sérapéum de Memphis, Paris 1968, Nr. 117.

49 Zur Paläographie vgl. WILDUNG, Die Rolle (Anm. 14), S. 76f. Hier ist die Wahrscheinlichkeit ziemlich hoch, daß mehr oder weniger direkt nach den alten Monumenten selbst kopiert wurde, selbst wenn man wiederum einen Zwischenschritt über Archive ansetzen könnte.

wohl den Sonnengott – bezeichnen[50]. Solcherart in die bildliche Darstellung integrierte emblematische Namensschreibung blieb in Ägypten zwar relativ selten[51], doch kann man auf das kontemporäre Paneel des *Ḥzj-rꜥ* verweisen[52]. Zwar wurde Gold allgemein den Göttern zugeschrieben, doch ist dies erst aus dem Neuen Reich belegt. Immerhin erscheint eine Verbindung von Seth-Tier und Sonnenscheibe auf Rollsiegeln und der Inschrift eines Alabastergefäßes des *Pr-jb-sn* (Abb. 5)[53]. Insofern könnte es sich alternativ, aber m. E. weniger wahrscheinlich, bei Halskragen plus Sonnenscheibe nicht um ein spezifisches Monogramm des *Nbw*, sondern um ein allgemeines Emblem der Göttlichkeit handeln. Auf dem nicht so gut erhaltenen Fragment mit Seth erkennt man auch einen Halskragen und ein scheibenartiges Gebilde[54]. Allerdings ist im Unterschied zu dem eben besprochenen Fragment die Scheibe nicht so klar dargestellt. Auch in dieser Darstellung könnte man visuelle Poesie vermuten, sofern hier mit dem Halskragen *nbw.tj* kodiert werden könnte. Die Hypothese eines für *Nbw* bzw. *Stẖ nbw.tj* spezifischen Monogramms wäre falsifiziert, wenn ein weiteres Fragment aus diesem Komplex auftauchen sollte, wo ein anderer Gott als der Sonnengott oder Seth das Emblem Halskragen plus Sonnenscheibe trüge[55]. Umgekehrt würde sie zumindest noch an Wahrscheinlichkeit gewinnen, wenn ein Nicht-Sonnengott bzw. Nicht-Seth es nicht trägt.

---

50 Überhaupt scheint mir auch „Goldhorus“ als Bezeichnung des königlichen Titels irreführend. Nach den Quellen ist doch nur sicher, daß es sich um einen Gold-Falken handelt. Dies muß nun nicht Horus sein, sondern könnte sich auch auf den Sonnengott beziehen. Der Falke konnte als Bild-Schrift-Symbol ja ohnehin für jeden Gott stehen. Tatsächlich steht auch auf einem Siegel des Cha-ba aus der III. Dynastie ein auf der Tragstange sitzender Falke über dem Gold (P. KAPLONY, Die Inschriften der Ägyptischen Frühzeit III, ÄA 8, Wiesbaden 1963, Nr. 805). Zum Titel vgl. v. BECKERATH, Handbuch der ägyptischen Königsnamen (Anm. 46), S. 21-26. Von Beckerath zieht dort die aus der XII. Dynastie belegte Bezeichnung „Name des Goldes“ – *rn n nbw* – der ägyptologischen Bezeichnung „Goldhorusname“ vor (S. 21), weil er von den Ägyptern selbst stammt und weil zumindest zunächst das wichtigere Element das Gold und nicht der Falke zu sein scheint (S. 22). Von Beckerath tritt im Anschluß an Barta für die neutrale Lesung des Falken als *bjk* mit gelegentlichen Abweichungen, wo *nṯr* zu lesen sei, ein (S. 25). Mir erscheint es am einfachsten, wenn man in dem Goldfalken mindestens ursprünglich einen Bezug auf den Sonnengott sieht, wobei der Falke sicher in späterer Zeit auch für die Ägypter selbst interpretationsoffen war und als Horus oder eventuell auch *Nmtj* verstanden werden konnte. Zu diesem Königstitel siehe den Epilog.

51 H. G. FISCHER, Some Emblematic Uses of Hieroglyphs with Particular Reference to an Archaic Ritual Vessel, in: MMJ 5, 1972, S. 5-23, wies diesen Gebrauch schon für die Frühzeit nach.

52 Auf einer Holztafel wird *Ḥzj-rꜥ* mit *ḥz*-Vase und wahrscheinlich dem Bild-Schrift-Symbol (Sonnen-) Scheibe dargestellt, vgl. FISCHER, Some Emblematic Uses (Anm. 51), S. 18f. mit Fig. 25. Fischer (S. 19) ist skeptisch gegenüber der Auffassung der Scheibe als Symbol des Namenselements *rꜥ*, doch hält *Ḥzj-rꜥ* eben nicht einfach ein Bild der Sonnenscheibe, sondern ein Bild-Schrift-Zeichen, also etwas unter dem (Ab-)Bild stehendes. Auf diesen wesentlichen Unterschied zwischen sakralem Symbol und Bild-Schrift-Zeichen machte mich John Baines aufmerksam.

53 KAPLONY, Inschriften (Anm. 50), II, S. 1133f. (zu Abb. 302) und III, Tf. 80, Abb. 302.

54 Ein erhofftes Photo des unpublizierten Fragments war bei Redaktionsschluß noch nicht verfügbar.

55 Immerhin könnte man auch dann noch mit einer Übertragung vom Sonnengott auf die anderen Götter rechnen.

Von den anderen Göttern ist nur der Kopf des hier gleichfalls anthropomorph dargestellten Seth erhalten. Wegen der Gleichförmigkeit des Textes sowie weit späterer Parallelen läßt sich aber eine grundsätzlich ähnliche Darstellung erwarten. Die Form der in einen langen Mantel gehüllten Figur, bei der nur Kopf und Hand herausgehoben erscheinen, kann man damit erklären, daß wahrscheinlich alle Götter dieses Götterkollegiums nach etwa gleichem Muster dargestellt werden sollten, was sicher zu weitgehender Übereinstimmung in Bild und Text führte. Diese Darstellungsweise war schon im Alten Reich zur Hieroglyphe für Gott geronnen[56]. Hier liegt m. W. der älteste Beleg für diese Darstellung vor, und es erscheint möglich, daß diese Götterikonographie tatsächlich etwa in der frühen III. Dynastie geschaffen wurde. Ikonographisch kann noch auf die Besonderheit hingewiesen werden, daß der Gott nicht nur den unten eingerollten Götterbart, sondern auch noch einen Oberlippenbart trägt. Als *differentia specifica* der wahrscheinlich gleichförmig abgebildeten Götter von den Heliopolis-Fragmenten erscheinen der Name sowie vielleicht noch Monogramme und/oder bildliche Attribute, von denen freilich nichts erhalten ist. So wird ausgedrückt, daß die spezifizierten Individuen als Elemente zur selben Klasse, eben dem Götterkollegium[57], gehörten. Man könnte diese Darstellungsweise als bild-textliche Umsetzung einer idealtypischen Liste ähnlich den aus späteren Zeiten öfter belegten Bilder-Listen von Göttern[58], Königen und Vorfahren[59] verstehen. Wie diese Götter wurde auch *nṯrj-ḫ.t* in einen langen Mantel gehüllt und auf einem Thron mit Sockel sitzend dargestellt (Weill 10, Abb. 11)[60], nur zusätzlich mit dem Wedel in seiner Hand[61]. Nach diesem Muster kann man auch

---

56 N. DE GARIS DAVIES, The Mastaba of Ptahhetep and Akhethetep at Saqqareh, I, ASE 8, London 1900, Tf. IV, 11 und vgl. S. 15. In den Inschriften der 0.-III. Dynastie erscheint 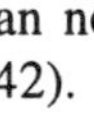 nur als Determinativ von *jwn.tjw* – „Bewohner der östlichen Wüste" –, KAHL, Das System (Anm. 6), S. 427 sub A 49.

57 Die ersten sicheren Belege für die Neunheit findet man erst in den Pyramidentexten. Da die Fragmente aus Heliopolis – dem Ort, wo idealtypisch die Neunheit zuerst gedacht wurde – stammen, scheint es mir mindestens plausibel, die Neunheit doch (mindestens) schon für die III. Dynastie anzunehmen. In Folge der kühnen Projektionen späterer religiöser Texte in die Vor- und Frühgeschichte (besonders durch K. SETHE, Urgeschichte und älteste Religion der Ägypter, Leipzig 1930) ist man heute eher zu besonderer Vorsicht geneigt. Andererseits ist es extrem unwahrscheinlich, daß die ältesten Belege mit dem Ursprung der religiösen Vorstellungen zusammenfallen, zumal man noch mit dem Einfluß des Decorum zu rechnen hat, vgl. BAINES, Egyptian Myth and Discourse (Anm. 42).

58 Eine Liste von Göttern mit unterschiedlichen Namen und gleichförmigen Determinativen (= Bildern) findet man z. B. auf der Stele Louvre C 15 aus der XI. Dynastie (E. DRIOTON, Une Figuration Cryptographique sur une Stèle du Moyen Empire, in: RdE 1, 1933, S. 202-229, mit deutlicher, aber verzerrter Photographie Tf. IX; Übersetzung bei W. SCHENKEL, Memphis – Herakleopolis – Theben, ÄA 12, Wiesbaden 1965, Nr. 498, S. 295-298).

59 MORENZ, Beiträge zur Schriftlichkeitskultur (Anm. 19), S. 87f.

60 Diese ikonographische Ähnlichkeit verführte Weill dazu, in den Göttern eine Darstellung des Königs zu vermuten. Dies prägte auch sein Verständnis des auf die Götter bezogenen Textes. Allerdings ist ja nur der untere Teil erhalten und es erscheint mir fraglich, ob *nṯrj-ḫ.t* mit dem Götterbart dargestellt wurde.

61 Zu dieser Darstellung und Vergleichbarem aus der Frühzeit und dem Alten Reich vgl. H. SOUROUZIAN, in: Kunst des Alten Reiches, SDAIK 28, 1995, Tf. 135, Fig. 2 a-h.

mindestens ungefähr das Fragment mit *Nbw* (?) ergänzen. Außerdem läßt sich nach einem bisher anscheinend noch immer unveröffentlichten Fragment[62] vermuten, daß der Thron mit ober- und unterägyptischer Wappenpflanze dekoriert war. Nach dem Größenverhältnis und der Ikonographie ist *nṯrj-ẖ.t* hier etwa im Range eines Gottes abgebildet und vielleicht beim Sedfest dargestellt[63]. Leider fehlt der Bild-Text-Zusammenhang mit den anderen Fragmenten.

Unter den Turiner Fragmenten herrscht die unüblichere Orientierung von rechts nach links vor. Einzig das Bruchstück mit *stẖ nbw* ist von links nach rechts orientiert, wobei außerdem der *ẖkr*-Fries darauf hindeutet, daß es den oberen Abschluß einer Wand bildete (Abb. 1). Vielleicht gehörte also die Mehrzahl dieser Fragmente zu einer Wand.

Nach den bisher bekannten Fragmenten muß man neben Seth und *Nbw* (?) mindestens noch zwei andere Götter erwarten. Auf einem Bruchstück (Weill, 5) ergänzte Sethe den Rest eines Zeichens zu Schu[64]. Allerdings war davon nur der Schaft erhalten[65], und diese Ergänzung ist unmöglich. Man erkennt über dem Kopf des Gottes: . Wenn es sich um den Schaft einer Feder handelte, müßte dieser um 90 Grad gedreht sein. Somit läßt sich nach den Beischriften nicht sicher auf die heliopolitanische Neunheit rückschließen. Immerhin wurde gewiß eine Mehrheit von Göttern gleichartig dargestellt, von denen jeder einzelne mit identischen Worten als Repräsentant der Gruppe spricht. Die Neunheit ist nicht ausgeschlossen, doch könnte man auch an die „Korporation der Götter" (*ẖ.t nṯr.w*), die in der Frühzeit eine wichtige Rolle spielte, denken. Wahrscheinlich ist diese von der „Neunheit" nicht allzu verschieden, sondern kann sogar als deren Vorläufer verstanden werden. J. Baines wies darauf hin, daß die Ikonographie der Fragmente aus Heliopolis den späteren Darstellungen der Neunheit entspricht[66]. Somit erscheint es, Bildliches und Textliches zusammengenommen, plausibel, in den Fragmenten Teile einer Darstellung der Neunheit oder ihrer Vorform zu vermuten. Dann kann man *Nbw* – „der Goldene" – als eine Art Tabunamen für den solaren Atum[67] oder auch Re interpretieren[68]. Tatsächlich ist *Njbw* – „der Goldene" – als

---

62 Beschrieben von SMITH, HESPOK (Anm. 33), S. 134.

63 Die Reste am oberen Rand dieses Fragments kann man wahrscheinlich zu einem Flagellum ergänzen. Damit könnte es sich hier um die Darstellung des Königs beim Sed-Fest handeln, wo er üblicherweise unter einem Pavillon, mit langem Mantel bekleidet und ein Flagellum in seiner Hand haltend sitzt. SMITH, HESPOK (Anm. 33), S. 136, erwähnte ein weiteres Fragment des *nṯrj-ẖ.t* aus Heliopolis, auf dem der König wahrscheinlich ein Flagellum hält.

64 SMITH, HESPOK (Anm. 33), S. 134.

65 SETHE, Dramatische Texte (Anm. 42), S. 79, Anm. 1.

66 BAINES, Egyptian Myth and Discourse (Anm. 42), S. 96.

67 Zu Atum vgl. zuletzt S. BICKEL, La cosmogonie égyptienne avant le Nouvel Empire, OBO 134, Freiburg und Göttingen 1994, wonach Atum und Re eine göttliche Wesenheit bilden (S. 39-45).

68 Gold wurde seit frühester Zeit mit der Sonne in Beziehung gebracht, vgl. H. GRAPOW, Die bildlichen Ausdrücke des Ägyptischen, Leipzig 1924, S. 57f. Zur Bedeutung des Goldes in der ägyptischen Vorstellungswelt vgl. jetzt ausführlich S. AUFRÈRE, L'univers minéral dans la pensée égyptienne, BdE 105/1, Le Caire 1991, Kap. 12.

Gottesbezeichnung schon für die II. Dynastie belegt[69]. Hier stehen wir am Beginn der in Belegen faßbaren und dann so folgenreichen Entwicklung der *solaren Religion*[70]. Man kann mutmaßen, daß *Nbw* (-Atum bzw. Re) als Sonnengott und Schöpfer des Kosmos und also als ältester und oberster Gott des Götterkollegiums durch das Bild-Monogramm ikonographisch besonders herausgehoben wurde. Allerdings läßt sich nicht ganz ausschließen, daß man in dem Monogramm  ein allgemeines Zeichen des Wesens der Götter[71] sah, und daß dies auch bei den anderen Figuren dargestellt wurde.

In der jeweils hinter dem Gott stehenden Inschrift[72] bezieht sich „dieses schöne Haus" – *pr pn nfr* – wahrscheinlich selbstreferentiell auf das Gebäude, zu dem die Fragmente gehören. Mir scheint der ganze Text wiederherstellbar. Einzelheiten in den Ergänzungen sind aber naturgemäß mit einer gewissen Unsicherheit behaftet. In die Lesung des Kolumnentextes möchte ich den Gottesnamen mit einbeziehen. Dann heißt es in der aus den Fragmenten Weill 5, 6, 8 und 9 rekonstruierten Götter-Rede (Abb. 9):

Nbw [nb] n pr[73] *pn nfr [ꜥ3 w]r.t*
  j.jr.n nn ḥr [nṯrj ẖ.t

ḏd mdw ḏj.]n(=j) n=f ꜥnḫ nb ḫr=⸢n Gaben
  ḏj⸣.n(=j) n=f w3s nb [ḫr=n
ḏd mdw] ⸢ḏj⸣.n(=j) jr=f ḥb⸢.w⸣[-sd ꜥš3.w wr.w
ḏd mdw] jr.n(=j) jsw [nn Begründung der Gaben
  jr.n=f n ẖ.t/psḏ.t nṯr.w]
⸢ḏd mdw⸣ m jḫ.t nb(.t) mr.t[=f ḏ.t

jn NN]

„*Nbw*, [der Herr[A]] von diesem überaus schönen[B] Haus,
  das dieser[C] Horus [*nṯrj ẖ.t*[D]] gemacht hat[E]

69 S.u. mit Abb. 12.

70 J. Assmann, Egyptian Solar Religion in the New Kingdom, London und New York 1995.

71 Das Verständnis von Gold als Farbe der Götter ist allerdings erst aus dem Neuen Reich textlich belegt. Aus dem bildlichen Bereich kann darauf hingewiesen werden, daß oft die Kartuschen vergöttlichter Könige – etwa Amen-hotep I. – Goldgrund haben; zur symbolischen Bedeutung des Goldes vgl. umfassend Aufrère, L'univers minéral dans la pensée égyptienne (Anm. 67), Kap. 12.

72 Der im Bildfeld geschriebene Göttername dürfte Kolumne 1 vorgeschaltet sein, so daß zuerst das Bild mit Beischrift und im Anschluß daran der längere Text kommen.

73 Der Verschiebung dieses Zeichens etwas nach links kann man vermutlich entnehmen, daß rechts ein ideographischer Strich ergänzt werden sollte.

[Worte sprechen:	Ich gebe] für ihn alles Leben, das bei uns ist,
	Ich ⌜ge⌝be für ihn alles Wohlergehen, [das bei uns ist,
Worte sprechen:	Ich veran]lasse, daß er macht [sehr viele[F] Sed-F]este[G].
[Worte sprechen:	Ich ma]che den Lohn [für das[H], was er getan hat[I]
	für die Korporation/Neunheit der Götter?[J]]
⌜Worte sprechen:	bestehend⌝ aus allen Dingen, die [er] liebt, [ewiglich[K].

Gesprochen von Gott NN (hier = *Nbw* {= Atum})[L]].

Kommentar

A) Die anderen vier Kolumnen beginnen sämtlich mit *ḏd mdw*. Insofern könnte man diese Wendung auch hier erwarten. Allerdings steht dort auch tatsächlich Götterrede in der ersten und zweiten Person. Hier aber werden Sprecher und Adressat einleitend in der dritten Person mit Namen vorgestellt. Deshalb halte ich es für plausibel, daß diese erste Kolumne ohne *ḏd mdw* auskommt, während *ḏd mdw* nur in Kolumnen mit wirklicher Götterrede und damit als Markierung der Rede erscheint. Um den Platz zu füllen, nehme ich die verglichen mit seltenere, aber im Alten und Mittleren Reich belegte Schreibung (WB II, 234) an[74]. Allerdings könnte man im Vergleich mit dem ersten, ausgesprochen tiefen *nb*-Zeichen der zweiten Textkolumne auch vermuten, daß ein einzelnes *nb*-Zeichen den Platz ausreichend füllte.

B) W. S. Smith erkannte noch den Schwanz des Vogels, den er zu *wr* ergänzte. Sowohl zu dem zur Verfügung stehenden Platz als auch inhaltlich gut passen würde die Ergänzung von *ꜥ3 wr.t*.

C) Hier rechne ich mit einem Demonstrativpronomen, sofern gelegentlich die Form *nn* statt *nn n* belegt ist, etwa in den Pyramidentexten *nn jr.t ḥr* – „dieses Horusauge“[75]. Alternativ kann man *nn* als (Orts-)Adverb[76] in Erwägung ziehen, doch paßt eine demonstrative Hervorhebung des *nṯrj-ẖ.t* hier besser.

D) Der Falke ist noch erhalten. Man kann auch wegen des Nachfolgenden erwarten, daß *nṯrj ẖ.t* in dem Text genannt wurde, bezieht sich doch auf ihn das Suffixpronomen der dritten Person Singular.

E) Eventuell ist dies als *sḏmw=f*-Relativform zu interpretieren, sofern als *nn* gelesen werden kann; vgl. Anm. H, doch paßt die *sḏm.n=f*-Relativform hier besser.

74 Vgl. etwa Urk. I, 180, 3, PT 811e[P]; nach WB II, 227 ist diese Schreibung nur im Alten Reich häufig.
75 E. EDEL, Altägyptische Grammatik (I), Analecta Orientalia 34, Rom 1955, § 199.
76 Vgl. E. EDEL, Altägyptische Grammatik (II), Analecta Orientalia 39, Rom 1964, §§ 754 und 872.

Die erste Kolumne bezieht sich also auf das Bauwerk, wobei vermutlich *nṯrj ẖ.t* als dessen Bauherr genannt wird. Hier werden Sprecher und Adressat der nachfolgenden Rede vorgestellt.

F) In der Lücke ist etwas zu ergänzen, was den Wunsch nach vielen Sedfesten ausdrückt, vielleicht auch *mj Rꜥ ḏ.t* – „wie Re ewiglich“ – oder irgend etwas ähnliches.

G) Daß es sich hier um Sedfeste handelt, macht besonders Fragment Weill 8 wahrscheinlich, wo nicht nur alle drei Festzeichen, sondern auch noch ein *s* erhalten sind.

H) Normalerweise wird *jsw* mit *nn* direkt verbunden[77], und man kann auch annehmen, daß  eine Schreibung für *nn* ist. Das könnte ebenfalls für das  von Kolumne 1 gelten.

I) Dies ist der bisher älteste sprachliche Beleg für das Prinzip *do ut des* zwischen König und Göttern. Wenn es sich hier nicht schon um einen gefrorenen Topos handelt, kann man annehmen, daß zu den Leistungen des Königs für die Götter nicht zuletzt die Errichtung „dieses überaus schönen Hauses“ gerechnet wurde.

J) Hier wird vermutlich das Götterkollegium bezeichnet, was man in dem Text an dem Suffix der ersten Person Plural, dem *-n* (Kol. 2) erkennt. Man kann inhaltlich sinnvoll die Neunheit ergänzen. Da in der Frühzeit der Korporation der Götter eine besondere Bedeutung zukam, läßt sich aber auch *ẖ.t nṯr.w* zumindest nicht ausschließen[78]. Tatsächlich entspricht diese in den Pyramidentexten der Neunheit[79].

K) Die Ergänzung des Schlusses der Rede erfolgte nach den Resten von Fragment 6. Das *ḏ.t* dürfte eine Zäsur bilden, an die im Anschluß vielleicht noch der Sprecher genannt wurde.

L) Ich vermute, daß auch die letzte Kolumne bis zum unteren Ende mit Schrift gefüllt war. Die eigentliche Rede freilich dürfte mit *ḏ.t* enden. Deshalb paßt ein Abschluß, in dem der Sprecher genannt wird. Leider fehlen unter den bekannten Fragmenten jegliche Anhaltspunkte.

Paläographisch interessant ist, daß die Zeichen sich untereinander nicht völlig gleichen. Außerdem sei darauf hingewiesen, daß in einer Kolumne zumindest bei dem Fragment Weill 8 nur die *ḏ.t*-Schlange ohne den *mdw*-Stab steht, sofern es sich hier nicht nur um einen *lapsus calamis* von W.S. Smith handelt.

Die ersten beiden Verse wurden abgesehen von „... dieses schöne Haus ...“ in der Forschung bisher nicht behandelt und auch zuletzt von J. Kahl nicht übersetzt[80].

---

77 WB II, 272, 10.

78 Mit gebührender Vorsicht: BRUNNER, Neunheit (Anm. 42), Sp. 474.

79 Z. B. Pyr. 1041a, 1250e, 1689a.

80 KAHL, KLOTH und ZIMMERMANN, Die Inschriften (Anm. 33), S. 117.

Der Gott spricht im rituellen *sḏm.n=f*[81]. Entgegen bisheriger Interpretationen[82] muß man keine Verschreibung bzw. Auslassung eines pluralischen Suffix-*n* ansetzen, sondern kann annehmen, daß jeder einzelne Gott als ein Mitglied des Kollegiums (deshalb: *ẖr=n* – „das bei uns ist", Kol. 2) in der ersten Person Singular (die regulär nicht geschrieben wurde) spricht.

Als Bildbeischrift korrespondiert zu diesen fünf Textkolumnen neben dem jeweiligen Gottesnamen noch:

dj ꜥnḫ ḏd w3s
3wt-jb ḏ.t

Der, der gibt Leben, Dauer, Wohlergehen
Freude ewiglich.

Tatsächlich ist auf dem Fragment mit der königlichen Palastfassade (Weill 2, Abb. 10) dargestellt, daß *nṯrj-ẖ.t* begabt ist mit „Dauer, Wohlergehen, Freude". Seltsamerweise fehlt hier *ꜥnḫ*, was doch die typischste Gabe der Götter an den König darstellt.

Insgesamt handelt es sich bei diesen Reliefs um eine kunstvolle Bild-Text-Kombination in durchdachtem Layout. Die Darstellung eines jeden Gottes wurde samt den fünf Textkolumnen in einem in sich geschlossenen Rechteck untergebracht. Text und Bild bilden eine wirkliche Einheit, sofern die Kolumnen nicht nur Beischrift zum Bild sind und das Bild nicht nur als Illustration zum Text erscheint. Der jeweilige Gott ist abgebildet und dabei gegenüber den anderen Göttern durch seinen Namen sowie eventuell Embleme charakterisiert. Daran schließt seine an *nṯrj-ẖ.t* adressierte Rede unmittelbar in den nachfolgenden Kolumnen an.

Am Ende bleibt die Frage offen, wie der ganze Bau des Djoser ausgesehen haben mag und ob man als Grund seiner Errichtung ein (reales oder „ideologisches") Sedfest[83] annehmen kann. Als ein Hinweis darauf läßt sich der Wunsch nach vielen Sedfesten (Kol. 3) verstehen. Dies ist zwar nicht beweiskräftig, aber doch wahrscheinlich; insbesondere, wenn man bedenkt, daß ein beträchtlicher Teil der sakralen Bauaktivität im pharaonischen Ägypten mit (realen oder „ideologischen") Sedfesten verbunden war. Für Heliopolis selbst weiß man, daß Sesostris I. dort einen neuen Re-Harachte-Tempel bauen ließ und Obelisken aus Assuan-Granit für den ebenfalls erweiterten Atum-Tempel stiftete. Von Thutmosis III. sind zwei anlässlich seines dritten Sedfestes in Heliopolis

---

81 P. VERNUS, „Ritual" *sḏm.n.f* and some Values of the "accompli" in the Bible and the Koran, in: S. Groll (Ed.), Pharaonic Egypt and the Bible, Jerusalem 1985, S. 307-319.

82 Zuletzt nahmen KAHL, KLOTH und ZIMMERMANN, Die Inschriften (Anm. 33), S. 117 mit Anm. 34, eine immer wiederkehrende Verschreibung bzw. Auslassung des *-n* an, und umschrieben und übersetzten: *dj.n(=n) n=f* – „hiermit geben wir" – usw. Ein solches wiederholtes Versehen wäre aber doch ungewöhnlich, gerade bei einem Monument dieser Qualität.

errichtete Obelisken bekannt[84]. Jedenfalls wird auf diesem Monument, zu dem die Turiner Fragmente gehören, die Verbindung von den Göttern und dem aktuellen König ganz deutlich herausgestellt. Aus der relativ kleinen Dimensionierung der Figuren folgt, daß die Fragmente zu einem vermutlich recht kleinen Schrein gehörten[85]. Außerdem sind im Turiner *Museo Egizio* noch Bruchstücke mit größeren und weniger gut gearbeiteten Hieroglyphen[86] vom selben Fundort wohl aus dieser Zeit erhalten. Insgesamt zählte A. Roccati jetzt 33 Fragmente[87]. Man kann „dieses überaus schöne Haus" als einen Sakralbau des Djoser für ein zentrales Götterkollektiv ansehen, welches vielleicht im Zusammenhang mit einem Sedfest errichtet wurde. Für Djoser sind bisher nur 19 Regierungsjahre belegt, doch kann man diese entsprechend der Zählweise des Alten Reiches vielleicht verdoppeln. Somit wäre ein reales und „reguläres" Sedfest nach 30-jähriger Regierungszeit für Djoser zumindest nicht ausgeschlossen[88]. Im Grabbezirk des Djoser wird auch sehr direkt mehrfach auf das Sedfest Bezug genommen, sowohl in den Flachreliefs, wo der laufende König gezeigt wird, dem *ḥb-sd*-Hof oder auch auf der Steinvase mit dem Relief, das emblematisch „hunderttausend Sedfeste" (*ḥḥ ḥb sd*) kodiert[89]. Auf einem noch unpublizierten Eckfragment ist *nṯrj-ḫ.t* tatsächlich beim Kultlauf gezeigt.

Wer kühn genug ist, kann diesen Bau und die Schöpfung der Konzeption der Neunheit direkt mit *Jj-m-ḥtp* – immerhin gemäß der Inschrift auf der Statue des Djoser[90] *m33-wr* und *mḏḥ-gnw.tj* – verbinden[91], doch bleibt diese Personalisierung reine Hypothese. Sehr wahrscheinlich dagegen deucht die Vermutung, daß die so folgenreiche Idee der Neunheit etwa in der Zeit des Djoser geschaffen wurde und jedenfalls vermutlich damals erstmals bildliche Gestalt annahm.

Ein Rollsiegel aus der Zeit des *Prj-jb=sn* (Abb. 12)[92] enthält den bisher ältesten vollständigen Satz in Hieroglyphen:
Njb[sic][93] *d(m)ḏ(j).n=f t3.wj n z3=f nsw-bjtj Prj-jb=sn*
„Der Goldene, er vereinigte[94] für seinen Sohn, den Doppelkönig[95] *Prj-jb=sn* die beiden Länder".

---

83 So auch SMITH, HESPOK (Anm. 33), S. 133.
84 Vgl. D. ARNOLD, Die Tempel Ägyptens, Zürich 1992, S. 206.
85 SMITH, HESPOK (Anm. 33), S. 133.
86 SMITH, HESPOK (Anm. 33), S. 134.
87 A. DONADONI-ROVERI (Hrsg.), Das Alte Ägypten. Das Alltagsleben, Mailand 1987, S. 23 zu Abb. 1.
88 Zur Problematik vgl. E. HORNUNG, E. STAEHELIN, Studien zum Sedfest, AH 1, Basel, Genf 1974.
89 J. E. QUIBELL, Stone Vessels from the Step Pyramid, in: ASAE 34, 1934, S. 70-75, 72 und Tf. IV.
90 Zuletzt KAHL, KLOTH und ZIMMERMANN, Die Inschriften (Anm. 33), S. 70f.
91 So W. BARTA, Untersuchungen zum Götterkreis der Neunheit, MÄS 28, Berlin 1973, S. 186.
92 KAPLONY, Inschriften (Anm. 50), III, Tf. 95, Abb. 368.
93 Wahrscheinlich handelt es sich hier um eine graphische Metathese von der Nisbe *nb(w).j*. Alternativ könnte man eine vokalisierende Schreibung erwägen.
94 Hier kann man eine Defektivschreibung des medialen *m* ansetzen, also: *d(m)ḏj*. Bekanntestes Beispiel dafür ist *r(m)ṯ*; zu Defektivschreibungen vgl. J. KAHL, Die Defektivschreibungen in den Pyramidentexten,

Sprachhistorisch mag man notieren, daß hier der älteste Beleg für das verbale historische *sḏm.n=f* vorliegt. Hochgradig formalisierte und schon satzhafte Rede von Göttern an den König war sicher noch etwas älter[96]. Für diese Form narrativer Inschrift steht zu vermuten, daß sie nicht für die Siegel erfunden wurde, aber jedenfalls aus dem Gott-König-Kontext als dem Kernbereich der ägyptischen *hohen Kultur* stammt. Als wahrscheinlicher Kandidat dafür kommen eben Tempelwände als höchstprivilegierte Orte der Monumentalisierung und Schaustellung von *hoher Kultur* in Frage[97]. Sicher wurde das historische *sḏm.n=f* nicht für die Monumentalschrift erfunden, sondern dürfte als Sprachrealität weit länger existiert haben. Andererseits deucht wahrscheinlich, daß es in diesem Kontext und nicht dem der Administration zu Schrift gerann. Im Unterschied zu den Fragmenten aus Heliopolis liegt auf dem Siegel keine Aussage des Gottes vor, denn diese stünde in der ersten Person. Hier wurde die berichtende Form gewählt, d. h. beide Handlungsträger erscheinen in der dritten Person. Nun ist es durchaus wahrscheinlich, daß die Redeform des Siegels aus dem ritualisierten Kontext einer Gott-König-Rede, wie sie monumentalisiert auf Tempelwänden zu stehen pflegte, übernommen und für einen etwas anders gelagerten Zusammenhang umformuliert wurde. Wahrscheinlich kann man dies als eine Art *cum grano salis* Königspropaganda in kritischer Zeit fassen[98].

Eine besondere Gemeinsamkeit zwischen dieser Siegelinschrift und dem Fragment aus Heliopolis besteht darin, daß beide Texte sich auf den „Goldenen" – *Nbw* – beziehen. Diese Parallele bestärkt die hier vorgenommene Ergänzung. Das Siegel des *Prj-jb=sn* mit dem Satz „Der Goldene, er vereinigte für seinen Sohn, den Doppelkönig *Prj-jb=sn* die beiden Länder" bietet den ersten ganz sicheren Beleg dafür, daß die Sonne als Sonnengott verstanden wurde. Zu den frühen Zeugnissen gehört auch *Ḥzj-rꜥ*, der Name eines Mannes, der in der III. Dynastie bestattet, aber wahrscheinlich schon am Ende der II. Dynastie geboren wurde. Das Verständnis der Sonne als Sonnengott dürfte freilich durchaus noch älter sein[99]. In dem „Goldenen" – *Nbw* – des Relieffragmentes aus Helio-

in: LingAeg 2, 1992, S. 99-116 (Auflösung von  bei KAHL, Das System (Anm. 6), S. 998 mit Anm. 17). Zu dieser Siegelinschrift vgl. zuletzt J. BAINES, Kingship before the literature: the world of the king in the Old Kingdom, in: R. Gundlach und C. Raedler (Hrsg.), Selbstverständnis und Realität: Akten des Symposiums zur ägyptischen Königsideologie in Mainz 15.-17.6.1995, ÄAT 36,1, Wiesbaden 1997, S. 125-174, S. 132, Anm. 8.

95 Vgl. das englische *dual king*. Dies paßt zu der von T. SCHNEIDER, Zur Etymologie der Bezeichnung „König von Ober- und Unterägypten", in: ZÄS 120, 1993, S. 166-181, vorgeschlagenen Etymologie von *nzw bjt(j)*, wo für *nzw* eine hamitische und *bjt(j)* eine semitische Etymologie angenommen werden, die beide den „starken Mann" bzw. den „Vordersten" bezeichnen.

96 Zuletzt BAINES, Kingship (Anm. 93), S. 132.

97 MORENZ, Zur Dekoration (Anm. 4), S. 232 mit Anm. 103.

98 BAINES, Kingship (Anm. 93), S. 132.

99 Vgl. etwa den problematisch zu interpretierenden Königsnamen *Nb-rꜥ* / *Rꜥ-nb* aus der II. Dynastie. Dieser König trug den Eigennamen *Nb(w)-nfr*.

polis dürfen wir die erste (erhaltene) Bild gewordene Personifikation des Sonnengottes vermuten.

Epilog: Der *nbw*-Titel des Königs

Im Anschluß an diese Überlegungen möchte ich vorschlagen, den kürzlich als bisher „noch unzureichend erklärt" bezeichneten[100] sogenannten Goldhorus-Namen bzw. Gold-Namen aus dem königlichen Protokoll in seiner ursprünglichen Bedeutung nicht mit dem von v. Beckerath hypothetisch angesetzten *nbw* – „Himmel" –[101], sondern mit *nbw* – dem „Goldenen" –, also dem Sonnengott, zu verbinden. Der unmittelbare Bezug des Königs auf den Sonnengott läge mithin auch in der Titulatur schon weit vor Einführung des *z3-rʿ*-Titels in der IV. Dynastie. Der derzeit älteste Beleg für den *nbw*-Namen eines Königs (Abb. 13) stammt von *d(w)n*[102], einem König aus der I. Dynastie.

---

100 T. SCHNEIDER, Das sakrale Königtum, in: R. Schulz und M. Seidel (Hrsg.), Ägypten, Köln 1997, S. 322-329, 323.
101 v. BECKERATH, Handbuch der ägyptischen Königsnamen (Anm. 46), S. 21-26, bes. 24.
102 KAPLONY, Inschriften (Anm. 50), III, Tf. 93, Abb. 364.

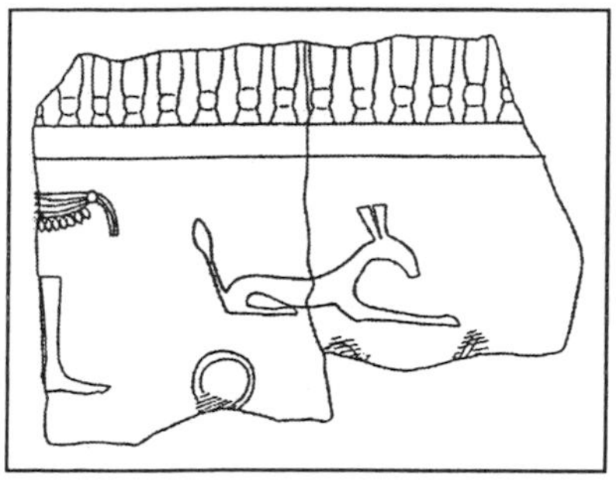

Abb. 1: *stẖ nbw* [*tj*]; Fragment Weill 4, nach HESPOK, S. 136, Fig. 51

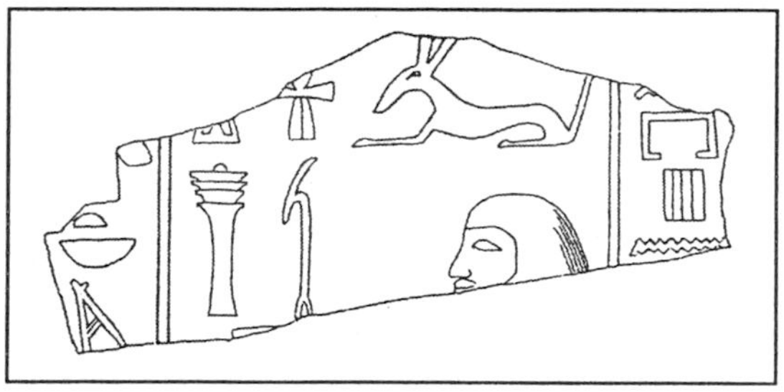

Abb. 2: anthropomorpher Seth; Fragment Weill 3, HESPOK, S. 135, Fig. 50

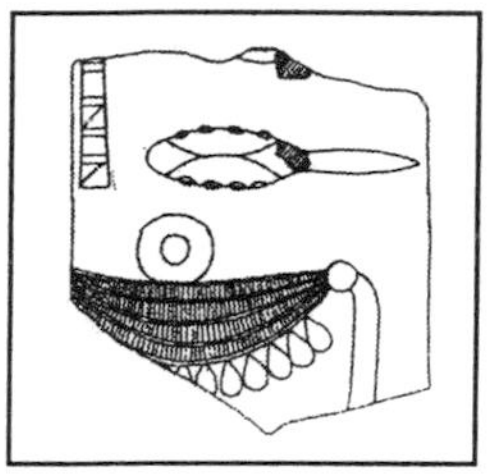

Abb. 3: Name des Djoser; Fragment Weill 1, HESPOK, S. 133, Fig. 48

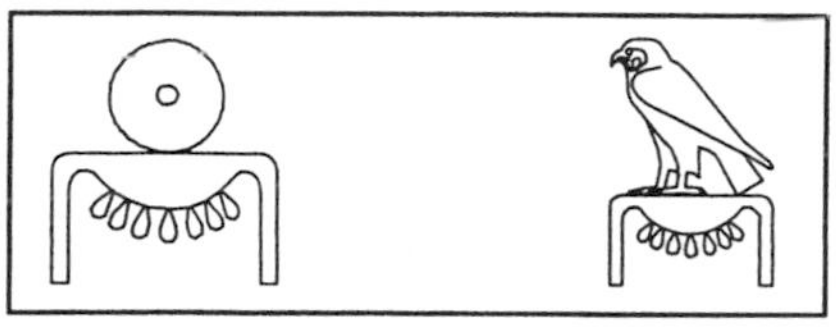

nbw-Name bei Djoser

nbw-Name bei Snofru

Abb. 4: Schriftsymbolische Gleichwertigkeit von Sonnenscheibe und (Gold-)Falken

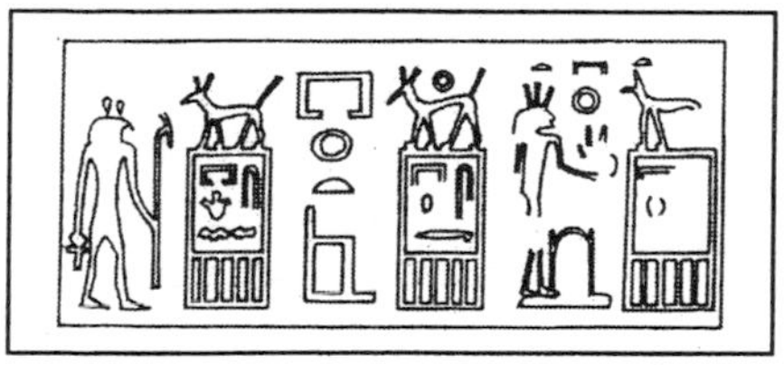

Rollsiegel des *Pr-jb=sn*

Gefäßaufschrift des *Pr-jb=sn*

Abb. 5: Rollsiegel des *Pr-jb=sn* und Inschrift eines Alabastergefäßes, nach Kaplony, Inschriften III, Taf. 80, Abb. 302

Abb. 6a: ausgeschlossene eugraphische Anordnung: *Rekonstruktion von Fragment Weill 6 mit *gb*-Gans (a)

Abb. 7: anthropomorpher Gott; Fragment Weill 6, HESPOK, S. 135, Fig. 50

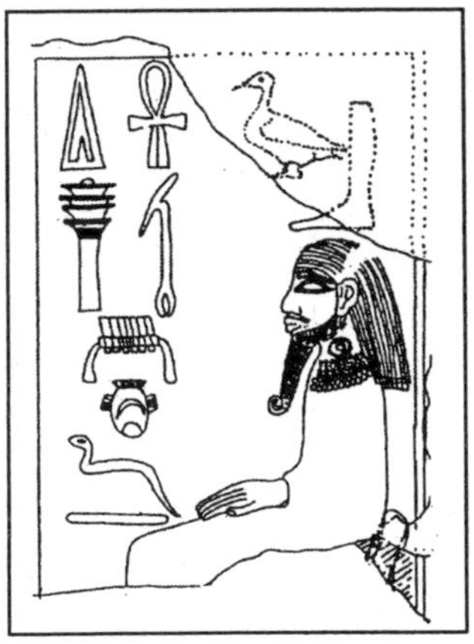

Abb. 6b: *Rekonstruktion von Fragment Weill 6 mit *gb*-Gans (b)

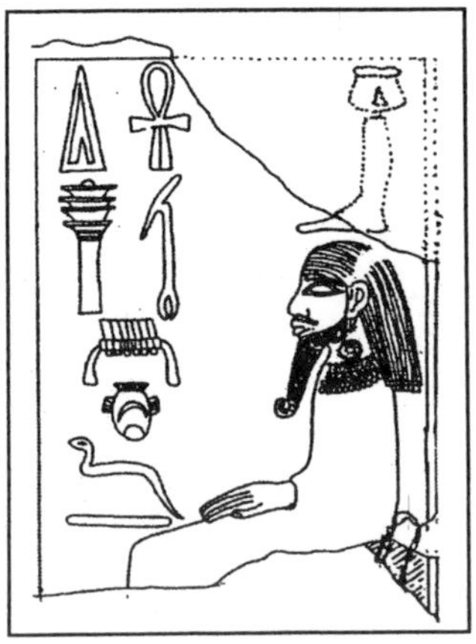

Abb. 6c: *Rekonstruktion von Fragment Weill 6 mit *g*.

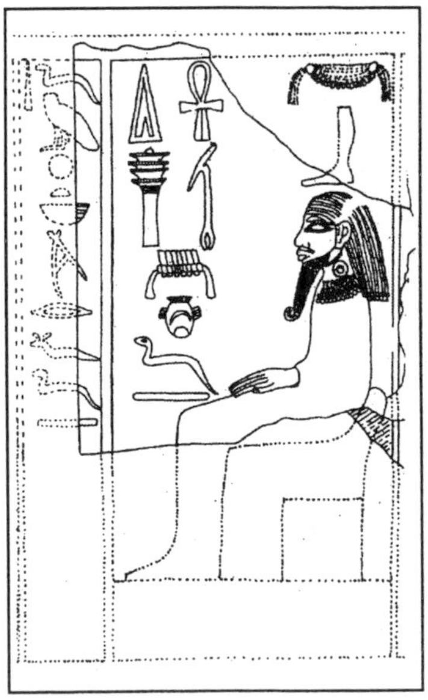

Abb. 8: *Rekonstruktion von Fragment Weill 6 mit Ergänzung zu *nbw*

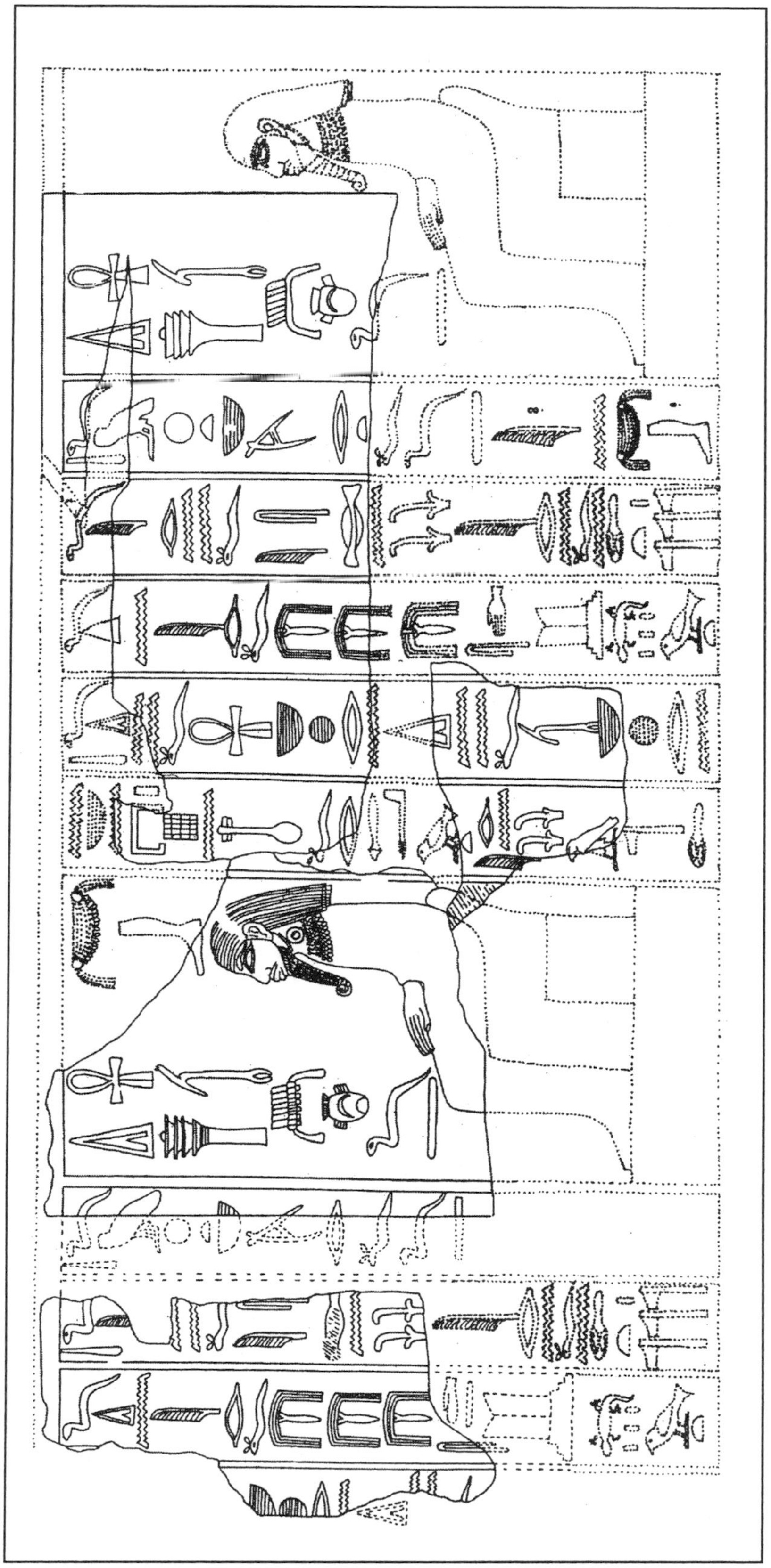

Abb. 9: Aus den Fragmenten Weill 5, 6, 8 und 9 rekonstruierte Götter-Rede; Zeichnung F.A. Breyer

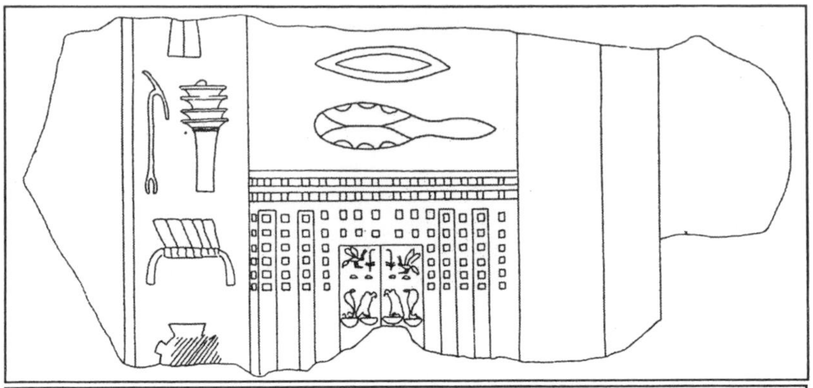

Abb. 10: Fragment mit Titulatur des Djoser; Fragment Weill 2, HESPOK, S. 134, Fig. 49

Abb.11: Fragment mit Darstellung des Djoser; Fragment Weill 10, HESPOK, S. 133, Fig. 48

Abb. 12: Inschrift von einem Rollsiegel des *Pr-jb=sn*; Rollsiegel aus der Zeit des *Prj-jb=sn*, nach Kaplony, Inschriften III, Taf. 95, Abb. 368

Abb. 13: Bild-Text von Rollsiegel des *D*(*w*)*n*; Kaplony, Inschriften III, Taf. 93, Abb. 364

Die Dienstanweisung des Oberlehrers aus dem Buch vom Tempel

Joachim Friedrich Quack

Seit einigen Jahren arbeite ich an der Wiederherstellung eines umfangreichen Handbuches über den altägyptischen Tempel, das ich in Ermangelung eines erhaltenen Originaltitels einstweilen als das „Buch vom Tempel" bezeichne. Diese Forschungstätigkeit wurde von der DFG durch Ausbildungsstipendium, Forschungsstipendium und Sachbeihilfen unterstützt, für die ich an dieser Stelle ganz herzlich danken möchte. Im Folgenden will ich nach einem kurzen Überblick über die Gesamtkomposition einen ausgewählten Abschnitt herausgreifen und im Detail vorstellen[1].

Beim Buch vom Tempel handelt es sich um eine von den alten Ägyptern selbst verfaßte Schrift, in der die praktischen Belange des Tempelbetriebs geregelt werden. Es muß ein sehr wichtiger und vielbenutzter Text gewesen sein, da mir bisher bereits gut 40 verschiedene Handschriften – sämtlich aus der Römerzeit – bekannt sind, von denen die allermeisten ganz oder größtenteils unpubliziert sind[2]. Die Mehrzahl ist in mittelägyptischer Sprache abgefaßt und hieratisch geschrieben, es gibt jedoch wohl wenigstens sieben Handschriften einer demotischen Übersetzung, von denen die meisten eine Tendenz haben, einzelne Wörter noch hieratisch zu schreiben. Diese Erscheinung könnte übrigens darauf hindeuten, daß die Übersetzung ursprünglich in frühdemotischer Sprache und hieratischer Schrift abgefaßt war. Der Umfang des Textes war einst sehr erheblich, jedoch sind alle Einzelhandschriften recht fragmentarisch erhalten. Nach Seitenzahlen, die sich u. a. in der besterhaltenen Handschrift finden, kann man den ur-

---

1 Für einen ausführlichen Vorbericht zum Gesamttext s. J. F. QUACK, Das Buch vom Tempel – ein Vorbericht, in: ARG 2, 2000, S. 1-20; Detailergebnisse erscheinen in DERS., Der historische Abschnitt des Buches vom Tempel, in: J. Assmann, E. Blumenthal (Hrsg.), Literatur und Politik im pharaonischen und ptolemäischen Ägypten, BdE 127, Kairo 1999, S. 267-278; DERS., Between Magic and Epidemic Control – On Some Instructions in the Book of the Temple, in: St. Seidlmayer (ed.), Religion in Context. Imaginary Concepts and Social Reality, OBO, Freiburg (Schw.)/Göttingen 2001, i. Dr.

2 Bisher publiziert sind pWien D 6319 bei E. A. E. REYMOND, From the Contents of the Libraries of the Suchos Temples in the Fayyum, Part II. From Ancient Egyptian Hermetic Writings, MPER NS 11, Wien 1977, S. 45-105, Tf. I-III (sehr fehlerhaft) sowie pBerlin 23071 vs. bei G. BURKARD, Frühgeschichte und Römerzeit: P. Berlin 23071 vso., in: SAK 17, 1990, S. 107-133; s. zu beiden J. F. QUACK, P. Wien D 6319. Eine demotische Übersetzung aus dem Mittelägyptischen, in: Enchoria 19/20, 1992/93, S. 124-129; eine Zeile findet sich auf der sonst griechischen Planetentafel in Florenz, ediert von M. MANFREDI, O. NEUGEBAUER, Greek Planetary Tables from the Time of Claudius, in: ZPE 11, 1973, S. 101-114, Tf. III; ferner sind pTebtunis Tait 30, 32 und vermutlich auch 23 Handschriften des Buches vom Tempel.

sprünglichen Umfang auf mindestens 24 Seiten zu je 30 Zeilen ansetzen, mutmaßlich eher mehr.

Ein erster Abschnitt gibt einen historischen Rahmen. Im Anschluß an eine siebenjährige Hungersnot erhält Pharao Neferkasokar (2. Dynastie) im Traum den Auftrag, alle Tempel restaurieren zu lassen. Ein darüber erlassenes Dekret wird später zur Zeit des Cheops vom Prinzen Djedefhor wiederentdeckt. Inhalt des Dekretes sind zum einen Anweisungen, alle Dinge an ihren richtigen Platz im Tempel zu setzen, zum anderen, sämtlichen Priestern und Tempelbediensteten Vorschriften für ihr korrektes Verhalten zu geben. Entsprechend beginnt der Text mit einer genauen Beschreibung der Architektur des idealen ägyptischen Tempels. Der Bau weist einen erheblichen Umfang auf, es scheinen nicht weniger als vier Pylone vorgesehen zu sein. Es folgt noch eine Liste der im Tempel bzw. in speziellen Räumen zu verehrenden Gottheiten. Unter ihnen werden z. B. für die Opferhalle die nahrungsspendenden Kühe genannt, die aus Tb 148 bekannt sind. Der zweite Teil des Textes bietet zunächst Regelungen über Priester im Allgemeinen, ihre Versorgung, Gründe für den Ausschluß aus dem Tempeldienst sowie den Wortlaut zweier Eide, die bisher bereits aus einem griechischen Papyrus bekannt waren[3]. Anschließend gibt es minutiöse Angaben für jeden einzelnen Rang, die Personenstärke, exakte Dienstpflichten, Nachfolgeregelungen und teilweise noch Angaben über die Balsamierung. Der Text geht von vier im monatlichen Turnus rotierenden Phylen aus, dürfte also älter als die Einführung einer fünften Phyle sein, die durch das Kanopusdekret 237 v. Chr. festgesetzt wurde. Bei den Titeln wird in hierarchischer Abfolge von oben nach unten vorgegangen. In ihrer Art ähneln diese Abschnitte der bekannten Dienstanweisung für den Wesir[4], insbesondere deren letztem Teil. Dieser zeigt mit relativ kurzen Sätzen, engen Folgen partizipialer Konstruktionen sowie dem (weitgehenden) Fehlen des bestimmten Artikels besonders enge stilistische und sprachliche Berührungen. Diese Beobachtung und weitere vorwiegend sprachgeschichtliche Gesichtspunkte lassen es auch möglich erscheinen, daß der überlieferte Text auf ein Original aus dem Mittleren oder frühen Neuen Reich zurückgeht[5].

Ich werde nun eine dieser Anweisungen, nämlich diejenige für den Oberlehrer, genauer vorstellen. Sie bietet den Vorteil, in einer Handschrift, nämlich dem pCarlsberg 313, recht vollständig erhalten zu sein. Als schlechter erhaltene Parallelen für diesen

3 Dazu s. J. F. QUACK, Ein ägyptisches Handbuch des Tempels und seine griechische Übersetzung, in: ZPE 119, 1997, S. 297-300. Nach eigener Überprüfung gehört pOslo 2 zum selben Papyrus wie pWashington 71.

4 Zuletzt umfassend bearbeitet von G. P. VAN DEN BOORN, The Duties of the Vizier. Civil Administration in the Early New Kingdom, London/New York 1988.

5 Zur Datierung der Dienstanweisung des Wesiers ins späte Mittlere Reich s. zuletzt J.-M. KRUCHTEN, Rezension zu van den Boorn, Duties, in: BiOr 48, 1991, Sp. 826-831, der van den Boorns Ansatz in die frühe 18. Dynastie überzeugend widerlegt.

Bereich kommen noch der pCarlsberg 312, der pWien Aeg 6345 sowie zwei Florentiner Papyri (PSI Inv. I 74 und I 89) hinzu.

Hier zunächst die Übersetzung des Abschnittes:

„Oberlehrer (*imi-r3 sb3.w*), vier Mann, je einer in seinem Monatsdienst. Er ist es, der die Schriften der Kinder der Propheten, der Vorlesepriester und der hochrangigen Priester (*wꜥb.w ꜥ3.w*) liest, wobei er denjenigen unter ihnen auswählt, der geeignet ist für die Position seines Vaters im Tempel. Jeder aber, der an den Platz seines Vaters eingeführt wird, er ist es, der ihm das „Zittern" (*sṯ3ṯ3*) der Lobgesänge, das Anstimmen (*wš3*) der Gesänge und das Kreischen (*ti3*) beibringt.
Sie sind es, die ihnen alle [Regeln] des Tempels beibringen, betreffend das Stehen und Sitzen, das Ein- und Ausgehen und all ihre Tätigkeit bei ihrem Dienst im Tempel mit allen Vorschriften des Ausführens der Rituale.
Er ist einer zusammen mit den hochrangigen Priestern. [Für ihn wird gemacht, was für sie gemacht wird an dem] Tag, wo man dasteht und seinen Sohn an seinen Platz setzt.
Vorschrift, die dem Oberlehrer aufgetragen wurde, die Kinder der Propheten anzuleiten, um sie in die Gottesworte eindringen zu lassen, zu veranlassen, daß sie [alle] Gebräuche (*n.t-ꜥ.w*) von Ober- und Unterägypten ergreifen und alle Spezifika des jeweiligen Gaues, sowie alle Gebräuche des Königshauses beim ersten Mal.
Sie sind es, welche „das Herz empfangen" als Jüngling in seinem Moment, ohne willkürlich zu [verändern,] die Festrolle getreu erhalten, die Gebräuche festigen, die ihre alltägliche Lehre sind, die Schwierigkeiten aller Schriften erklären beim zweiten Mal.
Jede Schriftrolle mit Heilmitteln für [...] beim dritten [Mal].
Mit Ekliptikomina und allen Schriften des Balsamierungshauses und des Hauses „in [seinem] Tag" [... zusammen mit (?) dem] Priester der Sachmet und Skorpionsbeschwörer beim [vierten Mal.]
Alle [...] der Schrift des Lesens danach, um sich daran zu halten. Sehr nützlich ist es; wehe aber dem Frevel dagegen!"

Der Titel des Oberlehrers, *imi-r3 sb3.w*, in den Handschriften teilweise auch *imi-r3 sb3.yt* geschrieben, ist in Ägypten nicht allzu häufig belegt. Bei einigen Bezeugungen des Alten Reiches wird teilweise eher eine Bedeutung „Vorsteher der Steuermänner" angenommen[6]. Im Falle der ausführlichen Kombination *imi-r3 sb3(.w) msi̯.w-nsw*[7] wird man aber doch eher an „Oberlehrer der Königskinder" als an „Obersteuermann der

---

6 H. JUNKER, Giza IV, Wien 1940, S. 60; E. SCHOTT, Die Biographie des Ka-em-Tenenet, in: Fragen an die altägyptische Literatur (GS E. Otto), Wiesbaden 1977, S. 452; anders H. BRUNNER, Altägyptische Erziehung, Wiesbaden 1957, S. 12.

7 Bezeugt S. HASSAN, Excavations at Giza V (1933-34), Cairo 1944, S. 60 = DERS., Excavations at Giza VII. The Mastabas of the Seventh Season and their Description, Cairo 1953, S. 70.

Königskinder“ denken müssen. Einige Belege des Neuen Reiches und der Spätzeit (Wb IV 85, 4) sind wenig aussagekräftig. Relativ am informativsten war bisher noch die Bezeugung im Kanopusdekret (34; dem. A 19/B 70), in dem er in der speziellen Kombination *imi-rꜣ sbꜣ(w) n.w ḥsi̯.w* „Oberlehrer der Sänger“ auftritt und dem griechischen ᾠδοδιδάσκαλος entspricht, im Demotischen ist der Titel – einigermaßen merkwürdig – als *ḥsi̯-sbꜣ* angegeben. Die Angaben des Buches vom Tempel sind somit die bisher wichtigste Quelle für seine Aktivitäten.

Zum Verständnis der Dienstanweisung des Oberlehrers muß klar gemacht werden, daß sie rein formal aus zwei Teilen zusammengesetzt ist. Der erste Abschnitt, der mit der Angabe der Personenstärke beginnt und mit den Hinweisen zur Regelung der Nachfolge endet, entspricht ganz den Elementen, die in jeder Dienstanweisung des Buches vom Tempel auftreten. Der daran anschließende Bereich, der mit „Anweisung“ (*tp-rṭ*) eingeleitet wird, ist dagegen ein Sonderelement, das gleichartig nur bei wenigen Ämtern erscheint.

Der erste Bereich betrifft den Unterricht, der den Kindern aller Priester etwas höherer Ränge erteilt werden soll, mutmaßlich allen, die über das Niveau eines einfachen *wꜥb* hinausgekommen sind. Eine recht enge, aber doch nicht exakte Entsprechung bietet die Stele Kairo CG 22017, deren Besitzer ein Oberlehrer der Kinder der Propheten, der *wꜥb*-Priester und der zugangsberechtigten Priester war[8].

An erster Stelle im Text der Dienstanweisung genannt wird bemerkenswerterweise nicht der zu vermittelnde Lehrstoff, sondern die Leistungskontrolle. Das explizit genannte Lesen von Schriften spricht dafür, daß es ein richtiges Examen mit Abschlußarbeit für Schüler gab, was Brunner für den Schulunterricht des Neuen Reiches abgelehnt[9], aber immerhin für die Priester der Spätzeit dokumentiert hat[10]. In der ägyptischen Kultur gilt die übliche Regel, mit der auch das Buch vom Tempel operiert, daß Berufsnachfolge primär erblich gehandhabt wird. Will man, gerade bei den wichtigen und hochstehenden Priesterämtern, das Kenntnisniveau halten, kann man nicht einfach jeden Sohn übernehmen, sondern muß unter den potentiellen Kandidaten prüfen, wer seinen Begabungen und seinem Fleiß nach auch geeignet ist. Insofern nimmt das Buch vom Tempel eine Kompromißstellung zwischen dem reinen Erbfolgesystem ein und dem gelegentlich auch belegten Grundsatz, primär auf die Leistung, unabhängig von der Herkunft, zu achten[11].

---

8 A. KAMAL, Stèles ptolémaïques et romaines, CG 22001-22208, Cairo 1904-1905, S. 18f.; Tf. VII; BRUNNER, Altägyptische Erziehung (Anm. 6), S. 30.

9 BRUNNER, Altägyptische Erziehung (Anm. 6), S. 22.

10 BRUNNER, Altägyptische Erziehung (Anm. 6), S. 30.

11 Vgl. dazu besonders P. VERNUS, Quelques exemples du type du “parvenu” dans l'Égypte ancienne, in: BSFE 59, 1970, S. 31-47; eine wichtige Belegstelle ist etwa Merikare E 61f.

Nunmehr komme ich zu den Inhalten des Unterrichts selbst. Hier stellt man nicht unerhebliche Unterschiede in der Gewichtung gegenüber dem fest, was Brunner in seinem klassischen Werk über ägyptische Erziehung erarbeitet hat[12]. Dabei muß man beachten, daß Brunners Rekonstruktion des Lehrstoffes vor allem auf den Schultexten des Neuen Reiches beruht, und dort auf Quellen, die nicht die Priester-, sondern die Beamtenausbildung betreffen.

An erster Stelle im Buch vom Tempel steht gerade der musikalische Unterricht, über den sich bisher sehr wenig sagen ließ[13]. Die verschiedenen Gesangs- und Rezitationstechniken sind für einen Priester, der bei den Ritualen sicher die Texte nicht einfach verlesen, sondern feierlich intonieren mußte, von großer praktischer Bedeutung. Ihr genaues Verständnis wird leider durch lexikalische Probleme behindert. Der erste vorkommende Ausdruck ist in der einen Handschrift wie *sṯꜣṯꜣ* „zittern" geschrieben. Die Verbindung dieses Wortes zum Gesang ist mir bisher nicht bekannt, man könnte an eine Art Tremologesang denken. Die andere hier erhaltene Handschrift schreibt dagegen *stwt*, was als Verb für „rühmen, preisen" belegt ist (Wb IV 395, 12f.). Mit den *ḥkn.w*-Lobgesängen verbunden wäre das auch eine mögliche Lesart.

Der zweite auftretende Begriff, nämlich *wšꜣ ḥsi̯.w(t)*, ist immerhin bereits sonst belegt (Wb I, 369 12, allerdings auch nur mit einem einzigen Beleg Urk. IV 502). Die Wendung sowie das ähnliche *wšꜣ ḥknw* wird vom Wörterbuch als übertragene Bedeutung von *wšꜣ* „ausstreuen" angesetzt, das in dieser konkreten Bedeutung sonst nur vom Sand bei der Gründungszeremonie belegt ist. Andererseits kann dieses Wort auch kaum vom gut bekannten Verb *wšꜣ* „mästen" getrennt werden. Welche konkrete Vortragsweise nun gemeint ist, entgeht mir einstweilen[14].

Nochmals besser bezeugt ist der dritte Begriff, nämlich das *tiꜣ*-Kreischen, das uns vor allem als Reaktion der tierischen Adoranten auf das Aufgehen der Sonne bekannt ist[15]. Die wichtige Rolle der musikalischen Erziehung entspricht der Tatsache, daß im Kanopusdekret der Oberlehrer gerade im Bezug auf den Gesang genannt wird. Allerdings sollte man betonen, daß es einen eigenen Gesangsmeister (*imi-rꜣ ḥsi̯*) gab, der im Buch vom Tempel an anderer Stelle neben dem Oberlehrer als eigene Person genannt wird.

---

12 BRUNNER, Altägyptische Erziehung (Anm. 6).

13 BRUNNER, Altägyptische Erziehung (Anm. 6), S. 103f.

14 Vgl. hier auch J. ZEIDLER, Pfortenbuchstudien, Teil II. Kritische Edition des Pfortenbuches nach den Versionen des Neuen Reiches, GOF 36/2, Wiesbaden 1999, S. 41, Anm. 3, der *wšꜣ* als „seiner Stimme freien Lauf lassen" ansetzt; die im Pfortenbuch mögliche Bedeutung „beleidigen" ist allerdings an den sonstigen Belegstellen unangebracht.

15 J. ASSMANN, Liturgische Lieder an den Sonnengott. Untersuchungen zur altägyptischen Hymnik I, MÄS 24, Berlin 1969, S. 208f.; H. TE VELDE, Some Remarks on the Mysterious Language of the Baboons, in: J. H. Kamstra, H. Milde, K. Wagtendonk (Eds.), Funerary Symbols and Religion (Fs Heerma van Voss), Kampen 1988, S. 129-137.

Als nächster Lehrstoff wird grundsätzlich das Benehmen im Tempel genannt. Leider ist hier das verwendete Substantiv in allen Textzeugen verloren und nicht sicher zu ergänzen. Es muß sich aber um einen grundsätzlichen Verhaltenskodex für das Auftreten im Tempel gehandelt haben. Der verwendete Ausdruck *m ꜥḥꜥ m ḥmsỉ.t* entspricht dabei der älteren Bedeutung, wie sie etwa aus dem Epilog der Lehre für Kagemni bekannt ist, wo es von den Schülern heißt: „Da standen und saßen sie entsprechend“ (pPrisse 2,7)[16]. Von der späteren Bedeutungsverschiebung des Ausdrucks *ꜥḥꜥ ḥmsỉ* im Sinne von „essen“, die sich auf dem Umweg über die Verwendung für Tischmanieren entwickelt haben mag, ist im Buch vom Tempel noch nichts zu spüren. Auch das nächste Gegensatzpaar *ꜥḳ prỉ* „ein- und ausgehen“ ist recht allgemeiner Natur. Die Betonung der Dienste im Tempel ist verständlich, sind die vorliegenden Anweisungen ja keine generellen Schulrichtlinien, sondern speziell Grundsätze für die Ausbildung des Priesternachwuchses. Entsprechend wird auch als einziger individuell herausgegriffener Fall der korrekte Vollzug der Gottesrituale (*ỉḫ.t-nčr*) genannt. Gerade diese Rituale wurden ja täglich durchgeführt, konkret ist der Ausdruck *rꜣ.w n.w ỉḫ.t-nčr* auf das tägliche Tempelritual angewendet[17]. Als zusammen mit der täglichen Speiseversorgung wohl am häufigsten tatsächlich durchgeführtes Ritual war seine Kenntnis für die angehenden Priester naturgemäß besonders wichtig. Dabei ist auch zu beachten, daß es im Buch vom Tempel um Unterricht für Kinder der Priesterränge *wꜥb ꜥꜣ* und höher geht, das tägliche Tempelritual aber gerade vom *wꜥb ꜥꜣ* vollzogen wird[18], der auch an anderen Stellen des Buches vom Tempel konkret als derjenige genannt wird, der für es zuständig ist.

Die abschließenden Bemerkungen der eigentlichen Dienstanweisung sind weitgehend standardisiertes Formular, das sich ähnlich bis gleich bei den meisten höheren Rängen findet. Betont wird zum einen die Ranggleichheit mit den hochrangigen Priestern (*wꜥb.w ꜥꜣ.w*), zum anderen wird auch eine entsprechende Regelung für die Nachfolge des Sohnes festgelegt.

Als relativ spezielles Element findet sich aber darüber hinaus noch eine Sonderbestimmung. In ihr wird festgelegt, daß der Oberlehrer den Kindern der Propheten speziellen Unterricht erteilen soll. Die Tatsache, daß hier nur von den Kindern der Propheten die Rede ist, die Vorlesepriester und hochrangigen Priester jedoch nicht mehr erwähnt sind, dürfte kein Zufall sein. Vielmehr wird es sich um eine Spezialausbildung

---

16 S. A. SCHARFF, Die Lehre für Kagemni, in: ZÄS 77, 1941, S. 13-21 (dort S. 18f.): A. H. GARDINER, The Instruction Addressed to Kagemni and his Brethren, in: JEA 32, 1946, S. 71-74 (dort S. 74).

17 S. zuletzt W. GUGLIELMI, K. BUROH, Die Eingangssprüche des Täglichen Tempelrituals nach Papyrus Berlin 3055 (I, 1-VI, 3), in: J. van Dijk (ed.), Essays on Ancient Egypt in Honour of Herman te Velde, EM 1, Groningen 1997, S. 101-166.

18 GUGLIELMI, BUROH, in: Fs te Velde (Anm. 17), S. 106f., dort auch eine Auseinandersetzung mit der Theorie von J.-M. KRUCHTEN, Les annales des prêtres de Karnak (XXI-XXIIIes dynasties) et autres textes contemporains relatifs à l'inititation des prêtres d'Amon, OLA 32, Leuven 1989, S. 177, das tägliche Tempelritual sei nur vom Propheten durchgeführt worden.

handeln, die den Kindern der allerhöchsten Ränge vorbehalten war. Man kann dazu vergleichen, wie Helck anhand der Zeugenunterschriften im Brooklyner Orakelpapyrus herausgearbeitet hat, daß eine Ausbildung im Buchhieratischen in der Spätzeit nur für einige hochrangige Familien möglich war[19].

Diese Zusatzausbildung ist etappenweise aufgebaut, wobei die Angaben „beim ersten/zweiten/dritten Mal" im Text erhalten, die entsprechende Notiz „beim vierten Mal" zwar in einer Lücke verloren, aber fast sicher zu ergänzen ist. Diese Angabe muß die Frage aufwerfen, ob man hier erstmals für Ägypten eine Parallele zu den mittelalterlichen Traditionen einer in Trivium und Quadrivium eingeteilten festen Fächerkombination feststellen kann[20]. Es lohnt, die behandelten Themen näher anzuschauen.

An erster Stelle steht das Eindringen in die „Gottesworte" (*mṭw-nčr*), also die geheiligten traditionellen Texte der ägyptischen Kultur. Dabei geht es speziell um die „Gebräuche" (*n.t-ʿ.w*) von Ober- und Unterägypten sowie die Spezifika des jeweiligen Gaues. Dieser Lernstoff läßt sich möglicherweise konkret fassen. Als Auflistung von Spezifika aller Gaue und Bezirke von Ober- und Unterägypten wäre an erster Stelle der große geographische Text zu nennen, der vor allem aus dem hieroglyphischen Papyrus von Tanis bekannt ist[21], zu dem kürzlich auch eine hieroglyphische und zwei hieratische Papyri aus Tebtynis als Parallelen veröffentlicht wurden[22]. Die Umsetzung einer derartigen Liste im Rahmen einer Tempeldekoration dürfte der große geographische Text von Edfu (Edfou I^2, 329-344) zeigen. Eine weitere Komposition, die offenbar Götter, Mythen und bestimmte Maßangaben lokal geordnet genannt hat, ist noch unveröffentlicht[23].

Bei den Spezifika des jeweiligen Gaues liegt es nahe, an die lokale Monographie zu denken, in der Mythen, res sacrae, Festdaten, Priestertitel und Kultorte genannt werden[24]. Der Wichtigkeit dieser Texte entspricht die Tatsache, daß es etwa für das Buch vom Fayum sehr viele, vor allem hieratische Abschriften gibt[25]. Des weiteren sind die

---

19 W. HELCK, Zum Brooklyner Orakelpapyrus, in: H.-J. Thissen, K.-Th. Zauzich (Hrsg.): Grammata Demotika (Fs E. Lüddeckens), Würzburg 1984, S. 71-74.

20 Vgl. hier auch BRUNNER, Altägyptische Erziehung (Anm. 6), S. 105, der noch keine derartigen Festlegungen nachweisen kann.

21 F. LL. GRIFFITH, W. M. F. PETRIE, Two Hieroglyphic Papyri from Tanis, London 1889, S. 21-25; Tf. IX-XV.

22 J. OSING, G. ROSATI, Papiri geroglifici e ieratici da Tebtynis, Florenz 1998, S. 19-54; J. OSING, The Carlsberg Papyri 2. Hieratische Papyri aus Tebtunis I, Kopenhagen 1998, S. 219-275.

23 Handschriften sind pCarlsberg 587 und 588; jeweils mit weiteren Teilen in Florenz.

24 Der Begriff „Monographie" wurde von A. GUTBUB, Textes fondamentaux de la théologie de Kom Ombo, BdE 47, Le Caire 1973, wesentlich definiert und mit Inhalt gefüllt.

25 Veröffentlicht wurden sie von G. BOTTI, La glorificazione di Sobk e del Fayum in un papiro ieratico da Tebtynis, AnAe 8, Kopenhagen 1958; W. J. TAIT, Papyri from Tebtunis in Egyptian and in Greek, TE 3, London 1977, S. 80, Tf. 6 u. S. 91, Tf. 35; H. BEINLICH, Das Buch vom Fayum, ÄA 51, Wiesbaden 1991; weiteres Material bei H. BEINLICH, Ein Fragment des Buches vom Fayum (W/P) in Berlin, in: ZÄS 123, 1996, S. 10-17; DERS., Hieratische Fragmente des „Buches vom Fayum" und ein Nachtrag zu BF

„mythologischen Handbücher“ zu erwähnen, die für offenbar sämtliche Gaue eine Zusammenstellung der wichtigsten Lokalmythen geben. Eine spätzeitliche Handschrift im Brooklyn Museum behandelt speziell die unterägyptischen Gaue[26], während der in mehreren Handschriften aus Tebtynis überlieferte Text[27] wohl ursprünglich ganz Ägypten abdeckte.

Bemerkenswert ist schließlich die Angabe, daß die Gebräuche des Königshauses als Unterrichtsstoff dienen. Solche Angaben deuten – wie viele andere im Buch vom Tempel – darauf hin, daß es zumindest aus einer Zeit stammt, als noch einheimische Herrscherdynastien in Ägypten an der Macht waren. Konkret fassen läßt sich diese Textsorte leider bisher noch nicht sehr gut. Von den heute erhaltenen Texten würde ich sie am ehesten mit dem Bereich des geographischen Papyrus von Tanis verbinden, in dem Hofämter mit der Angabe ihres Standortes rechts oder links im Thronsaal genannt werden[28]. Die Notwendigkeit, am Königshof angemessen auftreten zu können, ergibt sich für die höchste Schicht der Priester mit einiger Notwendigkeit. An anderer Stelle im Buch vom Tempel wird gelegentlich angegeben, wie Delegationen der Spitze der Tempelhierarchie dreimal jährlich die Residenz besuchen sollen. Ebenso war Kenntnis der Hofetikette sicher wichtig, wenn der König selbst einmal den betreffenden Tempel aufsuchte.

Größere Probleme bereiten die Angaben zum zweiten Lehrabschnitt. Dies hängt vor allem damit zusammen, daß der Ausdruck „das Herz empfangen“ (*šsp ỉb*) lexikalisch unklar ist und das nachfolgende „als Jüngling in seinem Augenblick“ noch damit belastet ist, daß eine Handschrift *m ꜣ.t=f*, die andere jedoch *m wnw.t=f* liest. Angesichts des nachfolgenden Ausdrucks, der wohl als *nn ỉčỉ̯.t* [*ỉnỉ̯.t*] zu ergänzen ist, möchte ich im „Empfangen des Herzens“ eine idiomatische Formulierung für das Auswendiglernen

---

Carlsberg, in: ZÄS 124, 1997, S. 1-22; DERS., Drei weitere hieratische Fragmente des „Buches vom Fayum“ und Überlegungen zur Meßbarkeit der Unterwelt, in: ZÄS 126, 1999, S. 1-18. Es ist nicht völlig klar, wie viele hieratische Papyri tatsächlich vorliegen, da die Editoren auf die Zuweisung der kleineren Fragmente zu Handschriften oft nicht eingegangen sind. Sofern man annimmt, daß Botti B, Botti E; pCarlsberg 405 und pBerlin 14488a+b+pBerlin 14438k zu einer Handschrift gehören, Botti C, Botti F, pCarlsberg 310 (direkter Join mit Botti F!) und 311 (angesichts des regelmäßigen gleichbleibenden Abstandes indirekter Join zu Botti C) sowie der unpublizierte pCarlsberg 458 ebenfalls, vielleicht auch Botti D, Botti H und pBerlin 14473b, schließlich Botti G und pBerlin 14469a, und daß ferner pTebtunis Tait 35 doch mit pCarlsberg 56 zu einer Handschrift gehört, bleiben selbst bei minimalstem Ansatz immer noch sechs oder sieben hieratische (abhängig vom Status des pCarlsberg 309) und eine hieroglyphische sowie zwei ins Demotische übersetzte und kommentierte Abschriften von einem Ort übrig. Zum Vergleich: Mutmaßlich aus Dime stammt mindestens eine hieroglyphische (pWien Aeg 9976+pLouvre o.Nr+pBerlin 14406a) sowie zwei hieratische (pWien Aeg 10104a+b sowie ein unveröffentlichtes Fragment in Oxford) und eine ins Demotische übersetzte und kommentierte Abschrift.

26 Vorbericht von D. MEEKS, Un manuel de géographie religieuse du Delta, in: Akten des 4. Internationalen Ägyptologen-Kongresses München 1985, SAK/Beiheft 3, Hamburg 1988, S. 297-304.

27 Die Handschrift PSI Inv. I 72 wurde bereits von J. OSING, G. ROSATI, Papiri geroglifici e ieratici da Tebtynis, Florenz 1998, S. 129-188 veröffentlicht, weitere Handschriften sind in Bearbeitung.

28 GRIFFITH, PETRIE, Two Hieroglyphic Papyri (Anm. 21), Tf. XIII.

sehen. Die Schüler werden also wohl darin geübt, die für sie wichtigen Texte auswendig zu lernen, ohne sie dabei entstellend zu verändern[29]. Zu dieser Vermutung paßt, daß anschließend gerade das Festsetzen und Erhalten der Festrolle sowie der wichtigen Gebräuche genannt wird.

Als letzte Einheit der zweiten Lernphase wird das „Erklären von Schwierigkeiten" angegeben. Dabei handelt es sich um die ägyptische Tradition der Übersetzung und/oder Kommentierung wichtiger Texte[30]. Von ihnen wird etwa die spätneuägyptische Übersetzung des „Rituals zum Vertreiben des Bösen" als *n3 wḥꜥ sšt3* „Die Auflösung des Verborgenen" bezeichnet (Urk. VI 61,10)[31]. Auch die Ausdeutung der Hieroglyphenzeichen im pCarlsberg 7 nennt sich im Titel des Werkes unter anderem „Erklären der Schwierigkeiten" (pCarlsberg 7, Fragment 1, Z. 1)[32]. Als interessanteste Zeugen solcher Aktivitäten zu verstehen sind diejenigen Handschriften, welche nicht nur in eine jüngere Sprachform umgesetzt, sondern auch inhaltlich kommentiert werden. Bisher war hier vor allem das „Nutbuch" bekannt, von dem die vorderen Bereiche im pCarlsberg 1 und 1a ins Demotische übersetzt und kommentiert werden[33]. Als weiterer, in ähnlichem Stil gehaltener Text kommt jetzt noch die unveröffentlichte demotische Übersetzung und Kommentierung des Buches vom Fayum hinzu.

Die dritte Phase des Unterrichts ist ausschließlich dem Lernen von Rezepten gewidmet. Leider hat uns eine Lücke im Text der Möglichkeit beraubt, eventuelle genauere Spezifikationen zu erfahren. Es kann angenommen werden, daß es sich primär um medizinische Texte gehandelt hat. Solche sind tatsächlich etwa aus der späten Tempelbibliothek von Tebtynis in ziemlicher Menge aufgetaucht, wenn auch bisher weitgehend unpubliziert[34]. Da aber sicher nicht sämtliche Spezialisten für Medizin Söhne von

---

29 Zum Ausdruck *iči ini* s. J. F. QUACK, Die Lehren des Ani. Ein neuägyptischer Weisheitstext in seinem kulturellen Umfeld, OBO 141, Freiburg/Göttingen 1994, S. 87, Anm. 6; zusätzlich C. TRAUNECKER, Coptos. Hommes et dieux sur le parvis de Geb, OLA 43, Louvain 1992, S. 207; H.-W. FISCHER-ELFERT, Die Lehre eines Mannes für seinen Sohn. Eine Etappe auf dem „Gottesweg" des loyalen und solidarischen Beamten des Mittleren Reiches, ÄA 60, Wiesbaden 1999, S. 174f.

30 Vgl. hierzu die Bemerkungen bei A. EGBERTS, In Quest of Meaning. A Study of the Ancient Egyptian Rite of Consecrating the *Meret*-Chests and Driving the Calves, EU 8, Leiden 1995, S. 1 mit Anm. 2.

31 S. SCHOTT, Die Deutung der Geheimnisse des Rituals für die Abwehr des Bösen. Eine altägyptische Übersetzung, AAWLM 1954/5, Mainz 1954; zur Sprache des Textes s. P. VERNUS, Entre néo-égyptien et démotique: La langue utilisée dans la traduction du rituel de repousser l'agressif (Étude sur la diglossie I), in: RdE 41, 1990, S. 153-208 mit Nachtrag DERS., À propos du rituel pour repousser l'agressif, in: RdE 42, 1991, S. 266.

32 E. IVERSEN, Papyrus Carlsberg No. VII: Fragments of a Hieroglyphic Dictionary, Det Kgl. Danske Vid. Selskab, Hist-fil. Skr. II,2, Kopenhagen 1958.

33 Bisherige Standardedition ist O. NEUGEBAUER, R A. PARKER, Egyptian Astronomical Texts I, Providence, London 1960, S. 36-94; Tf. 30-54. Eine Neuedition unter Einschluß wichtiger zusätzlicher Textzeugen, vor allem dreier einsprachig hieratischer Papyrusabschriften, wird A. v. Lieven vorlegen.

34 K.-TH. ZAUZICH, in: P. Frandsen (ed.), The Carlsberg Papyri I. Demotic Texts from the Collection, CNI Publications 15, Kopenhagen 1991, S. 8.

Propheten waren, würde ich vermuten, daß es sich hier um spezielle Teilbereiche handelt, während für andere Fälle andere Ärzte zuständig waren.

In der vierten Phase stehen zunächst die Ekliptikomina auf dem Lehrplan. Ägyptisch werden sie als *sẖnw iby(t)* bezeichnet. Dabei ist *sẖnw* als Bezeichnung der Textgattung Omina inzwischen hinlänglich bekannt[35]. Das Wort *iby.t* ist in der Art, wie es in den Handschriften geschrieben wird, zunächst mit demotisch *ꜣbꜣ* (mit demselben Determinativ) sowie Koptisch **ЄBH** „Eklipse“ zu verbinden[36]. Andererseits bieten die große lautliche Ähnlichkeit sowie das Determinativ einen Anhaltspunkt zur Verbindung mit dem Wort *ibč.t* „Vogelfalle“. Bezeichnenderweise gibt es gerade die Bezeichnung *ḥw.t-ibč.t* „Haus der Vogelfalle“ als Name eines Heiligtums für Thot in Hermopolis[37]. Thot ist aber speziell ein mit dem Mond verbundener Gott, so daß ein Bezug des betreffenden Heiligtums auf Mondfinsternisse nicht undenkbar wäre[38].

Konkrete Nachrichten über die Beobachtung und divinatorische Nutzung von Eklipsen sind bisher aus Ägypten relativ selten. Bisher ist das älteste sichere Zeugnis für die Verbindung einer Mondfinsternis mit politischer Divination die berühmt-berüchtigte Passage in der Chronik des Osorkon[39]. Unabhängig davon, wie man sie genau auffaßt, zeigt sie zumindest die geistige Bereitschaft der Ägypter, Eklipsen mit wichtigen politischen Ereignissen zusammenzubringen[40]. Als jüngeres Zeugnis kann man eine demotische Wiener Handschrift nennen, die ein richtiges Handbuch für die Ausdeutung von Eklipsen darstellt[41]. Dieser Text dürfte unter babylonischem Einfluß entstanden sein und auf einen Archetyp etwa der Perserzeit zurückgehen. Eine spürbar ältere ägyptische Quelle für die astrologische Ausdeutung von Mondfinsternissen läßt sich aber eventuell der „Israelstele“ des Merenptah entnehmen. Dort wird angegeben, der Sieg des Pharao sei vorhergesagt worden, wobei Zeichen aus Sternen und dem Wind eine Rolle gespielt hätten. Sofern dies eine echte Kombination ist, deutet es auf Eklipsenomina. Es gibt

35 S. H.-J. THISSEN, Zum Namen Σαλμεσχινιακα; in: Chr. Leitz, Altägyptische Sternuhren, OLA 62, Leuven 1995, S. 51-55; A. ROCCATI, ; in: Hommages à Jean Leclant. I, BdE 106/1, Le Caire 1994, S. 493-497.

36 Zum Wort s. R. A. PARKER, A Vienna Demotic Papyrus on Eclipse- and Lunar-Omina, Providence RI 1959, S. 8.

37 S. zuletzt OSING, ROSATI, Papiri geroglifici e ieratici (Anm. 22), S. 153, Anm. 116 mit Verweisen.

38 Allerdings spielt Thot auch beim symbolischen Vogelfang mit dem Schlagnetz eine Rolle, s. das von mir in: Das Pavianshaar und die Taten des Thot, in: SAK 23, 1996, S. 305-333 (dort S. 323) zusammengestellte Material. Die eine Erklärung muß die andere nicht ausschließen.

39 Standardedition: The Epigraphic Survey, Reliefs and Inscriptions at Karnak, III. The Bubastide Gate, OIP 74, Chicago 1954, Tf. 21 (Die Stelle dort Kol. 7).

40 Letzte Diskussion der Stelle mit Verweisen bei A. v. LIEVEN, Divination in Ägypten, in: AOF 26, 1999, S. 77-126, dort S. 102f.

41 PARKER, Vienna Demotic Papyrus (Anm. 36).

Quellen dafür, daß es eine ägyptische Technik war, bei Verfinsterungen den Bezug der Vorzeichen auf bestimmte Länder nach der Windrichtung zu beurteilen[42].

Zumindest für die späte Phase der ägyptischen Kultur kann man nachweisen, daß Astrologie tatsächlich im Tempelbereich intensiv gepflegt wurde, wie die astrologischen Ostraka aus Narmuthis sowie die Handbücher aus den Tempelbibliotheken von Tebtynis und Soknopaiou Nesos zeigen[43]. Allerdings spielen dabei Ekliptikomina eine viel geringere Rolle als Techniken der Geburtshoroskopie.

Problematisch in seiner Deutung bleibt für mich die nächste Angabe, nämlich „alle Schriften im *pr.w-nfr*". Das „schöne Haus" ist als Bezeichnung der Balsamierungswerkstatt bekannt. Beziehen sich seine „Schriften" auf Handbücher der Mumifizierungstechniken? An solchen Schriften ist uns bislang vor allem das Balsamierungsritual des Apisstieres bekannt[44], das sogenannte Balsamierungsritual für Menschen[45] ist ja eher eine Angabe, welche Texte im Zusammenhang der abschließenden Wicklung und Salbung zu rezitieren sind.

Vollends unverständlich wird es mit dem damit kombinierten „Haus, das in [seinem] Tag ist". Mir bleibt unklar, auf was für eine Art von im Tagesdienst rotierenden Haus

---

42 Vgl. Hephaistion, Apotelesmatika I, 21, 3-6, ähnliche Lehren in demotischen Texten bezeugt möglicherweise der pBM 10661, Z. 4, s. die Beschreibung bei C. ANDREWS, Unpublished Demotic Papyri in the British Museum, in: EVO 17, 1994, S. 29-37 (dort S. 31). Obgleich die Technik bei Hephaistion als ägyptisch genannt wird, gibt es aus Mesopotamien Vergleichsmaterial.

43 Zu den Ostraka s. R. A. PARKER, A Horoscopic Text in Triplicat, in: H.-J. Thissen, K.-Th. Zauzich (Hrsg.): Grammata Demotika (Fs E. Lüddeckens), Würzburg 1984, S. 141-143; für Handbücher s. etwa pKairo CG 31222, s. G. R. HUGHES, A Demotic Astrological Text, in: JNES 10, 1951, S. 256-264; vgl. den entsprechenden Abschnitt bei Hephaistion, Apotelesmatika I, 23 (nach Nechepso-Petosiris?) sowie dem griechischen Papyrus Oxy. 4471, ed. von A. JONES, in: The Oxyrhynchus Papyri, Vol. LXV, London 1998, S. 130-133; pBerlin 8345, s. G. R. HUGHES, An Astrologer's Handbook in Demotic Egyptian, in: L. H. Lesko, Egyptological Studies in Honor of Richard A. Parker, Hanover/London 1986, S. 53-69; pWien D 6614 (in der Edition von E. A. E. REYMOND, From Ancient Egyptian Hermetical Writings, MPER NS 11, Wien 1977, S. 37; 143-157, Tf. VI schwer verkannt), s. HUGHES, a. a. O., S. 69 sowie M. SMITH, Lexicographical Notes on Demotic Texts II, in: Enchoria 13, 1985, S. 111-114; pCtYBR 1132(B), s. L. DEPUYDT, A Demotic Table of Terms, in: Enchoria 21, 1994, S. 1-9 sowie B. BOLEHKE, In the Terms of Fate: A Survey of the Indigenous Egyptian Contribution to Ancient Astrology in Light of Papyrus CtYBR inv. 1132(B), in: SAK 23, 1996, S. 11-46 (letzterer gibt einen guten Überblick über den bisherigen Kenntnisstand zur ägyptischen Astrologie). Nur wenige Zeilen sind erhalten vom pKairo CG 50143, s. W. SPIEGELBERG, Die demotischen Denkmäler III. Demotische Inschriften und Papyri (Fortsetzung), CG 50023-50165, Berlin 1932, S. 105f., Tf. 59 (dem Duktus und den assoziierten Texten nach vermutlich aus Tebtynis). Vermutlich ebenfalls astrologischer Natur ist der pFlorenz 8, NEUGEBAUER, PARKER, Egyptian Astronomical Texts (Anm. 33), III, S. 252-254, Tf. 80. Hinweise auf die zahlreichen unpublizierten Texte (allein in Kopenhagen Reste von ca. 30 verschiedenen Handschriften) geben M. CHAUVEAU, Un traité d'astrologie en écriture démotique, in: CRIPEL 14, 1992, S. 101-105 sowie ZAUZICH, in: P. Frandsen (ed.), The Carlsberg Papyri I. (Anm. 34), S. 7. S. die Zusammenfassung bei v. LIEVEN, in: AOF 23, 1999, S. 99-105 u. 122-126.

44 Edition R. L. VOS, The Apis Embalming Ritual. P. Vindob. 3873, OLA 50, Leuven 1993, s. dazu J. F. QUACK, Beiträge zum Verständnis des Apisrituals, in: Enchoria 24, 1997/98, S. 43-53.

45 Edition S. SAUNERON, Rituel de l'embaumement, Le Caire 1952; eine zusätzliche Handschrift bei C. N. REEVES, Fragments of an Embalming-Ritual Papyrus in the Oriental Museum, Durham, in: RdE 36, 1985, S. 121-124.

sich diese Angabe beziehen kann, zudem ist der Text hier nicht völlig erhalten. Dadurch bleibt auch die Erwähnung von Sachmetpriester und Skorpionsbeschwörer unsicher. Nach sonstigen Erfahrungen mit den Dienstanweisungen für den Schreiber des Gottesbuches, dem Sachmetpriester und dem Skorpionsbeschwörer[46] würde ich vermuten, daß es sich um eine Kooperation der betreffenden Ämter handelt. Deshalb habe ich auch „[zusammen mit dem] Priester der Sachmet und dem Skorpionsbeschwörer" ergänzt.

Leider ebenfalls nicht recht verständlich ist der letzte Bereich, der ein „Buch des Rezitierens (*šṭı͗*) danach" erwähnt. Dabei ist zudem noch zu fragen, ob es sich um ein anschließendes Rezitieren handelt, das nach einem bestimmten anderen Ritual durchzuführen ist, oder ob, was ich für wahrscheinlicher halte, das „Buch des Rezitierens" im Anschluß an die vorher erwähnten Lerneinheiten durchzunehmen ist.

Auf jeden Fall, und mit dieser Bemerkung schließt die gesamte Anweisung, solle man die Unterweisung annehmen. Sie sei sehr nützlich, sie zu übergehen dagegen schädlich. Die hier verwendete Formulierung erinnert übrigens recht deutlich an Ptahhotep 49-50; etwas weniger eng auch an Amenemope III, 11f.

Zusammenfassend betrachtet kann man feststellen, daß die priesterliche Ausbildung weitgehend auf die Bedürfnisse des Tempelbetriebes zugeschnitten ist. So erklärt sich etwa das Gewicht, das auf die Kenntnis von Ritualpraktiken und Gesangstechniken gelegt wird. Darüber hinaus geht es um angemessenes Benehmen im Tempel selbst sowie für die höchstrangigen Leute noch bei eventuellen Besuchen bei Hof.

Die Spezialausbildung, die den Kindern der Propheten vorbehalten ist, betrifft wohl die grundsätzlichen Werke der ägyptischen Kultur, an deren Vermittlung den ägyptischen Priestern am meisten gelegen war. Es ist recht beachtlich, was hier als fundamentales Wissen erscheint und was nicht. Die Liste dürfte sich wohl nicht ganz mit dem decken, was ein moderner Wissenschaftler erwartet. Beachtlich ist etwa, daß die Textgattung der Weisheitslehren, die in der Ägyptologie gerne als wichtigste Normentexte angesehen werden[47], kaum zu fassen ist und sich allenfalls hinter allgemeinen Bemerkungen über korrektes Verhalten verbergen könnte. Sicherlich wurden Weisheitslehren auch im priesterlichen Milieu gelesen. Aus der Tempelbibliothek von Tebtynis stammen etwa fünf Handschriften des großen demotischen Weisheitsbuches, die zum pInsinger parallel gehen[48]. Jedoch sind die bisher bekannten ägyptischen Weisheitstexte eher auf das soziale Milieu eines zivilen Verwaltungsbeamten zugeschnitten. Als Schul- und

46 Ausführlich behandelt bei QUACK, in: Seidlmayer, Imaginary Concepts and Social Reality (Anm. 1).
47 Bei BRUNNER, Altägyptische Erziehung (Anm. 6) werden sie breit als Quellen herangezogen.
48 Veröffentlicht bei A. VOLTEN, Kopenhagener Texte zum demotischen Weisheitsbuch, AnAeg 1, Kopenhagen 1940 und J. F. QUACK, Neue Kopenhagener Fragmente des großen demotischen Weisheitsbuches mit einer Kollation der bisher veröffentlichten Fragmente, in. K. Ryholt (ed.), The Carlsberg Papyri 6 (in Vorbereitung).

Übungstexte dürften sie auch eher in der Ausbildung künftiger Bürokraten als künftiger Priester verwendet worden sein. Ferner sind Weisheitstexte weniger normativ und kanonisch, als man vielleicht denken würde. Signifikant ist, daß immer wieder neue Texte verfaßt werden, die neben den alten stehen oder sie ersetzen. Die verbindlichen fundamentalen Texte dagegen, deren Studium durch die Priester das Buch vom Tempel ins Zentrum stellt, sind weit mehr festgelegt und werden, einmal verfaßt, immer weitertradiert. Gerade ihre lange Tradierung dürfte erklären, daß ein Bedarf nach Ausdeutung bestand, der sich im Wert zeigt, der in der Priesterausbildung auch auf das Kommentieren gelegt wird.

Unter den „wissenschaftlichen" Wissensbereichen ist wenigstens die Medizin gut faßbar. Auch die Beschäftigung mit Omina muß, so fern uns dies heute scheinen mag, im Rahmen der ägyptischen Kultur als wissenschaftlich eingeordnet werden[49]. Einige weitere Punkte im Schlußbereich der Anweisung sind für uns leider schlecht faßbar. Die Mathematik wird offenbar nicht explizit erwähnt. Vermutlich war sie schwerpunktmäßig für Verwaltungsbeamte wichtig. Allerdings gibt es wenigstens einen mathematischen Text aus der Tempelbibliothek von Tebtynis[50].

Schließlich muß man sich vor Augen halten, daß das meist als „Lebenshaus" übersetzte *pr.w-ʿnḫ*[51], das mutmaßlich eine der wichtigsten Institutionen ägyptischer Wissenschaft und Wissenstradierung war, als eigene Institution unabhängig von den hier behandelten Bereichen des Tempels existierte. Es taucht im Buch vom Tempel gelegentlich auf, wenn vom Personal des *pr.w-ʿnḫ* des Königshauses die Rede ist. Hier könnte man auch Bereiche des ägyptischen Wissens behandelt haben, die nicht als Standardunterricht für die Kinder von Priestern durch den Oberlehrer des Tempels vorgesehen waren.

---

49 S. etwa A. VOLTEN, Demotische Traumdeutung, AnAeg 3, Kopenhagen 1942, S. 45-66, J. F. QUACK, Fragmente terrestrischer Omina in demotischer Schrift (in Vorbereitung).
50 pCarlsberg 30; ediert von R. A. PARKER, Demotic Mathematical Papyri, Providence/London 1972, S. 2 u. 73-77; Tf. 25.
51 Möglicherweise besser als „Schriftenhaus" zu übersetzen.

Anmerkungen zur Analyse der architektonischen und ikonographischen Konzeption des Speos von Gebel es-Silsileh

Andrea-Christina Thiem

Die primäre Zielsetzung dieses Artikels ist es, einen Überblick über den im Rahmen der Tempeltagung gehaltenen Vortrag zu geben, dessen Einzelheiten in einer umfangreicheren an anderer Stelle publizierten Studie[1] nachzulesen sind. Es handelt sich um eine Analyse der architektonischen und ikonographischen Konzeption des bislang weitgehend unpublizierten Speos von Gebel es-Silsileh mit der Präsentation der Ergebnisse einer 1997 durchgeführten architektonischen und epigraphischen Bestandsaufnahme[2] des Speos[3] in seiner ursprünglichen Ausprägung der späten 18. Dynastie. Die Ergebnisse der Studie dienten als Grundlage für eine Analyse der theologischen und ideologisch-politischen Konzeption des Speos und einer Integration des *programme du temple* in den historisch-theologischen Rahmen der späten 18./frühen 19. Dynastie.

Das Speos im Gebiet von Gebel es-Silsileh-West (32°5'4" östl. Länge, 24°3'9" nördl. Breite, absolute Höhe ca. 150 m NN/Bereich des Tempelniveaus 90.632 m ü. M.[4]) 18 km nördlich von Kom Ombo besitzt charakteristische Grundzüge der typologischen Form von Felstempeln durch seine Situierung in einem Grenzgebiet (1. o. äg. Gau) und durch seine Lage in einem Steinbruch[5] als extensives Abbaugebiet[6] von nubischem

---

1 Thema der 1998 abgeschlossenen Dissertation (Johannes Gutenberg-Universität Mainz) unter der Direktion von Prof. R. Gundlach (Universität Mainz) und Prof. N.-Chr. Grimal (Sorbonne IV, Paris); ÄUAT 47, 2000 (i. Dr.).

2 Die architektonische Bestandsaufnahme umfaßt grundsätzliche architektonische Messungen sowie Nivellement und Winkelmessungen; die Dokumentation beinhaltet die photogrammetrische Erfassung von Architektur und Dekoration und eine epigraphische Bestandsaufnahme bzw. Umzeichnungen der Szenen der späten 18. Dynastie, sowie deren photographische Dokumentation.

3 Eine englische Investigation begann 1954/55 im Auftrag des Committee der Egypt Exploration Society unter der Leitung von R. A. Caminos und T. G. H. James: vgl. R. A. CAMINOS, Epigraphy in the field, in: J. Assmann et al. (ed.), Problems and Priorities in Egyptian Archaeology, Studies in Egyptology, London 1987, S. 57f.; ID., Surveying Gebel es-Silsilah, in: JEA 41, 1955, S. 51; M. SMITH, in: K. A. Bard (ed.), Encyclopedia of the Archaeology of Ancient Egypt, London 1999, S. 334, s.v. Gebel es-Silsila; die aus diesen Arbeiten stammenden, im Archiv der Egypt Exploration Society vorliegenden Manuskripte von R. A. Caminos werden unter Edition von T. G. H. James und der Autorin des Artikels z. Zt. bearbeitet und im Rahmen der E.E.S. zur Publikation vorbereitet.

4 Zur Angabe einer Maximalhöhe der gebirgigen Region 170.0 m ü. M./150.0 m ü. Nilspiegel, vgl. CAMINOS, in: Problems and Priorities (Anm. 3), S. 58.

5 Die Lage von Felstempeln in Abbaubereichen von Steinbrüchen weist mehrere zeitlich frühere und spätere Parallelen auf: vgl. Speoi bzw. Hemispeoi in den Gebieten der alten Steinbrüche von Serabit el-Khadim [Hathor Tempel, vgl. zuletzt D. VALBELLE, CH . BONNET, Le sanctuaire d'Hathor, maîtresse de la turquoise. Sérabit el-Khadim au Moyen Empire, Paris 1996, S. 60-66], Wadi Batn el-Baqara [Speos Artemidos / Hathor Heiligtum und Pachet Heiligtum, vgl. J.-L. CHAPPAZ, Recherches au Spéos

Sandstein. Das Speos oberhalb des ansteigenden Plateaus[7] des Steinbruchgebietes besitzt eine exponierte Position an einem Nilabschnitt, an dem sich der Fluß in seinem westlichsten und schmälsten Verlauf innerhalb des ägyptischen Gebietes etabliert[8]; im Zuge einer in der paläolithischen Periode erfolgten östlichen Verlagerung des Flußbettes[9] – durch einen Felsriegel hindurch – ergab sich eine kanalförmig ausgebildete geologische Formierung des Abschnittes mit einem gering profunden Flußbett[10] und damit eine Konstellation, aus der bei erhöhtem Nilstand eine temporär früher zu anderen Bereichen und intensiver erfolgte Überschwemmung resultierte; die Lage des Speos an dieser geologisch extrapolierten Stelle steht in engem Zusammenhang mit seinen kultischen Aussagen und Funktionen.

Die für Gebel es-Silsileh attestierten Bezeichnungen haben sowohl geographisch-faktischen als auch mythisch-abstrakten Charakter. Die allgemeine geographische Bezeichnung des Gebietes/Region durch *Ḫnjj/Ḫnw*[11] ist vom Alten Reich an als Bezeich-

Artémidos. Fonction et programme «décoratif» d'un temple rupestre, in: R. Gundlach, M. Rochholz (Hrsg.), Ägyptische Tempel – Struktur, Funktion und Programm (Akten der Ägyptologischen Tempeltagungen in Gosen 1990 und in Mainz 1992), HÄB 37, Hildesheim 1994, S. 29; S. BICKEL, J.-L CHAPPAZ, Missions épigraphiques du fonds de l'Égyptologie de Genève au Spéos Artémidos, in: BSEG 12, 1988, S. 12; R. KLEMM, Vom Steinbruch zum Tempel, in: ZÄS 115, 1988, S. 45f., Abb. 4]; el-Salamuni [Min Heiligtum vgl. K. P. KUHLMANN, Der Felstempel des Eje bei Achmim, in: MDAIK 35, 1979, S. 184-186, 188; KLEMM, in: ZÄS 115, 1988, S. 48f.], el-Babeïn / es-Siririya [Hathor Heiligtum vgl. H. SOUROUZIAN, Une chapelle rupestre de Merenptah dédiée à la déesse Hathor, maîtresse d'Akhouy, in: MDAIK 39, 1988, S. 207 m. Anm. 1, Tf. 48; KLEMM, loc. cit., S. 46f.]

6 Zum Abbruch von Sandstein in diesem Gebiet vom Mittleren Reich bis in griechisch-römische Zeit mit einem Schwerpunkt im Neuen Reich vgl. zuletzt u. a. L. DELVAUX, Hatshepsout et le Gebel es-Silsileh: Les carrières d'une reine dangereuse, in: OLA 82, 1998, S. 318 m. Anm. 13ff.; S. AUFRÈRE, L'univers minéral dans la pensée égyptienne, BdE 105/2, Le Caire 1991, S. 696, 700; D. KLEMM, R. KLEMM, Herkunftsbestimmung altägyptischen Steinmaterials, in: SAK 7, 1979, S. 132; H. ALTENMÜLLER, Amenophis I. als Mittler, in: MDAIK 37, 1981, S. 5; CAMINOS, in: Problems and Priorities (Anm. 3), S. 58; R. KLEMM, D. KLEMM, Steine und Steinbrüche im Alten Ägypten, Berlin 1993, S. 243, 261ff.

7 KLEMM, in: ZÄS 115, 1988, S. 44.

8 R. A. CAMINOS, T. G. H. JAMES, Gebel es-Silsilah I. The shrines, ASE 31, London 1963, Tf. 1; K. W. BUTZER, C. L. HANSEN, Desert and River in Nubia. Geomorphology and Prehistoric Environments at the Aswan Reservoir, Madison 1968, S. 17; J. M. A. JANSSEN, Een Bezoek aan den Gebel Silsilah, in: JEOL 3, Nr. 10, 1945-1948, Tf. XXI; R. A. CAMINOS, Surveying Gebel es-Silsilah, in: JEA 41, 1955, S. 51, Tf. XII, Fig. 1-2; ID., in: Problems and Priorities (Anm. 3), S. 58; SMITH, in: EAAE (Anm. 3), S. 332.

9 ITALCONSULT SPA, LODIGIANI SPA, Saving the temples of Abu Simbel, Preliminary design 3, 1960, S. 2.

10 Ich danke Fr. Dr. R. Klemm an dieser Stelle für ihre Ausführungen.

11 Gauthier, DG IV, 196f.; J. YOYOTTE, in: BIFAO 61, 1962, S. 103 m. Anm. 3; MONTET, Géographie II, S. 36; CAMINOS, in: JEA 41, 1955, S. 51; CAMINOS, JAMES, Gebel es-Silsilah I (Anm. 8), S. 104; HELCK, Gaue, S. 18; SMITH, in: EAAE (Anm. 3), S. 331.

Zu den Schreibungen vgl. Mastaba *Ꞽj-nfr*, Daschur [JACQUET-GORDON, Domaines, S. 59, 432 (6)]; pKahun III.2 [F. LL. GRIFFITH, The Petrie Papyri. Hieratic Papyri from Kahun and Gurob, London 1898, S. 69, Tf. XXVIII.2]; pRamesseum D 187 / pBerlin 10495.187 [AEO I, 11; Tf. IIA (187); A. H. GARDINER, An ancient list of the fortresses of Nubia, in: JEA 3, 1916, S. 185f., 192]; pBrooklyn 351446 rt° 64b [W. C. HAYES, A Papyrus of the Late Middle Kingdom in the Brooklyn Museum [Papyrus Brooklyn 35.1446], Brooklyn 1955, S. 24, 27, 62, Tf. 5, temp. Amenemhat III.]; Silsileh, Shrine 6, 7, 13, 16, 25, 30 [CAMINOS, JAMES, Gebel es-Silsilah I (Anm. 8), Tf. 16.3, 19, 20.3, 30.1, 43, 62.1, 73]; Speos Silsileh [Nr. 86, Kol. I.2], [Nr. 92, Kol. XIV.13], [Nr. 95, Kol. XXII.2], [Nr. 88, Kol. IV.18], [Nr. 93,

nung der lokalen *funerary domain*[12] belegt und wird als Toponym vom Mittleren Reich[13] bis in die griechisch-römische Zeit[14] geführt; eine spezifisch mythische Bedeutung des Speos ergibt sich aus seiner Benennung als Flammeninsel (*jw-nsrsr*)[15].

Anmerkungen zur Architektur

Die Tempelstruktur entspricht der Form eines ursprünglichen Galeriesteinbruches mit einer vorgelagerten offenen Pfeilerfassade aus vier Pfeilern und zwei pfeilerartigen in das Felsmassiv übergehenden Wandungen. Die Abgrenzung zum Fundament wird durch eine aus dem rohen Felsmaterial entspringende zweifache Fundamentstufe gebildet und die Abgrenzung zu der oberen anstehenden Felsmasse durch die Bekrönung eines aus Rundstab und Hohlkehle bestehenden Dachkranzes. Das Speos mit einem inversen T-förmigen Grundriß konstituiert sich aus einer nord-südlich verlaufenden lateralen Halle mit Tonnengewölbe über dem gesamten Bereich und einem mittig von dem westlichen Bereich der lateralen Halle erschlossenen quadratischen Sanktuar mit einem – nahezu die gesamte Rückwand einnehmenden – nischenartigen Rücksprung mit sieben Statuen.

Kol. XVII.18], [Nr. 93, Kol. XVIII.17], [Nr. 92, Kol. XV.4], [Nr. 95, Kol. XXII.18]; Tb 142 (S1); pCairo 25665, rt° 6-7 [J. ČERNÝ, Ostraca hiératiques I-II, CG 25501-25832, Le Caire 1935, S. 53, 74*, Tf. LXXI, CG 25665, 18. Dyn.]; KRI I 61.3-4, 81.7 [temp. Sethos I.]; KRI I 89.6-8; Gebel es-Shams [J. ČERNÝ, E. EDEL, Gebel esh-Shams, CS, Le Caire 1961, S. 7(D)]; KRI II 545.11, 391.8, 394.14; KRI III 48.11 [temp. Ramses II.]; KRI III 722.2-3 (Cairo, JdE 40367) [B. BRUYERE, Rapport sur les fouilles de Deir el Médineh (1928), FIFAO VI/2, Le Caire 1929, S. 119]; KRI IV 73.7, 74.8, 89.5, 91.15 [temp. Merenptah]; KRI V 341.8, 342.3, 393.16, 419.6 [temp. Ramses III.]; pBM 10054 rt° 2.15 [PEET, Tomb Robberies II, Tf. VI.2.15; KRI VI 493.9]; pMoskau, Golénischeff onom. IV.13 [AEO Tf. X.13]; pBibl.Nat. 197, Frgm. I vs° 7 [W. SPIEGELBERG, Correspondances du temps des rois-prêtres publiées avec autres fragments épistolaires de la Bibliothèque Nationale, Paris 1895, S. 57]; Gebel es-Silsileh 100 [R. A. CAMINOS, Gebel es-Silsilah No. 100, in: JEA 38, 1952, Tf. XIII (44)]; Naos d'El 'Arish Zl. 9, 14 [G. GOYON, Les travaux de Chou et les tribulations de Geb d'après le Naos 2248 d'Ismaïlia, in: Kêmi 6, 1936, S. 20]; Kom Ombos I 85 (103), 121 (158); Kom Ombos II 29 (558), 141 (713), 257.6 (895).

12 JACQUET-GORDON, Domaines, S. 59, 432 (Nr. 6); YOYOTTE, in: BIFAO 61, 1962, S. 103 m. Anm. 3; A. BARSANTI, Rapport sur la fouille de Dahchour, in: ASAE 3, 1902, S. 199.

13 CAMINOS, in: LÄ II, 442 m. Anm. 14 mit Referenzen auf pKahun vgl. GRIFFITH, Hieratic Pap. Kahun Gurob (Anm. 11), S. 69, Tf. XXVIII.2; pRamesseum D 187 / pBerlin 10495.187 [vgl. AEO I, 11; Tf. II (187)]; pBrooklyn 351446 rt° 64b, vgl. HAYES, Papyrus of the Late Middle Kingdom (Anm. 11), S. 24, 27, 62, Tf. 5; G. GODRON, Deux objets du Moyen Empire mentionnant Sobek, in: BIFAO 63, 1965, S. 198; F. GOMAÀ, Der Krokodilgott Sobek und seine Kultorte im Mittleren Reich, in F. Junge (Hrsg.), Studien zu Sprache und Religion Ägyptens (Fs Westendorf) II, Göttingen 1984, S. 789f.

14 YOYOTTE, in: BIFAO 61, 1962, S. 103 m. Anm. 3; F. PREISIGKE, W. SPIEGELBERG, Ägyptische und griechische Inschriften und Graffiti aus den Steinbrüchen des Gebel Silsile (Oberägypten), Straßburg 1915, passim.

15 [V II/15][Nr. 88, Kol. IV.16-18] und [S I/3][Nr. 88, Kol. XIV.13] Referenzen der Publ. i. Dr. vgl. supra Anm. 1. Grundsätzliche Abhandlungen vgl. u. a. H. KEES, Die Feuerinsel in den Sargtexten und im Totenbuch, in: ZÄS 78, 1942, S. 41-53; H. ALTENMÜLLER, „Messersee", „gewundener Wasserlauf" und „Flammensee", in: ZÄS 92, 1966, S. 86-95; ID., Die Apotropaia und die Götter Mittelägyptens, Hamburg 1965, S. 104-106; GRIESHAMMER, Jenseitsgericht, S. 101-103; ID., in: LÄ II, 258f. s.v. Flammeninsel; zuletzt H. ROEDER, Mit dem Auge sehen. Studien zur Semantik der Herrschaft in den Toten- und Kulttexten, in: SAGA 16, 1996, S. 31f., 35f., 38ff., 46, 67, 71, 106f., 195; zum Messersee vgl. ASSMANN, Liturgische Lieder, S. 271f.

Die Gesamtlänge des Speos beträgt 26.028 m (Fassadenfront (außen)) resp. 23.562 m/23.479 m (laterale Halle (innen)). Die innere Längenaufteilung von nördlichem und südlichem Bereich der lateralen Halle ist ungleich; im östlichen Bereich beträgt sie 11.611 m [nördl. Längshälfte *Koord.* XIV/5 – III/5] resp. 11.951 m [südl. Längshälfte *Koord.* XXVI/5 – XIV/5], im westlichen Bereich beläuft sie sich auf 11.575 m [nördl. Längshälfte *Koord.* XIV/6 – III/6] resp. 11.904 m [südl. Längshälfte *Koord.* XXVI/6 – XIV/6]. Die Tiefe der lateralen Halle beträgt 3.213 m/3.219 m; die Gesamttiefe des Speos bemißt 12.644 m. Das Sanktuar besitzt eine Breite von 3.362 m und eine Länge von 6.825 m [nördl. Bereich *Koord.* XIII/7 – 14] resp. 6.867 m [südl. Bereich *Koord.* XV/7 – 14].

Die grundlegende architektonische Struktur des Speos ist relativ gut erhalten mit einem nur geringen Verlust an Bausubstanz und -form: geringe architektonische Deteriorationen ergeben sich aus einigen subhorizontal zu den Schichtungen des Felsmassives verlaufenden internalen Frakturen, die von verschiedenen chemisch-physikalischen und mechanischen Prozessen und der daraus resultierenden Störung der Statik stammen. Die Zerstörungen der Reliefs resultieren aus den daraus sich ergebenden Frakturen, Absprengungen und Verwitterungen oder äußern sich als intentionelle mechanische Zerstörungen, wie etwa Tilgungen als Indizien eines in koptische Zeit datierbaren Ikonoklasmus, sowie Zerstörungen moderner Zeit.

Es sind allgemein vier (Bau-/Dekorations-) Phasen zu differenzieren. Die Phase I der späten 18. Dynastie umfaßt die Entstehung der architektonischen Konzeption als Felstempel (temp. Tutanchamun (?)/Haremhab) und die *dato* noch zu verifizierende Dekoration an medialen Pfeilerwandungen, der Südwand und südlichen Westwand der lateralen Halle und des gesamten Sanktuars. Phase II 19./20. Dynastie bestand primär aus Kontributionen in der Dekoration, vor allem aus den in die Wandung und Pfeiler integrierten Stelen und Nischen mit halbrundplastischen Darstellungen[16]. Eine weitere Phase der Belegung (Phase III) ergibt sich durch demotische Graffiti, während Phase IV repräsentiert wird durch koptische Inschriften des wohl als *locus consilium* fungierenden Speos.

Anmerkungen zum Dekorationsprogramm

Das Dekorationsprogramm des Speos in seiner ursprünglichen Ausprägung (späte 18. Dynastie) entspricht generell den Gestaltungsprinzipien und der typologisch gebundenen Konzeption von Felstempeln: Im Bereich der lateralen Halle findet sich die Darstellung des Königs als Kultvollzieher und als Rezipient der Handlungen der Götter; im

16 R. A. CAMINOS, Ramesside remains at Gebel el-Silsilah, in: JSSEA 8, 1978, S. 72f.; SMITH, in: EAAE (Anm. 3), S. 332.

Sanktuar ist der König als Empfänger göttlicher Gunst und seine Integration in den Götterkreis relevant[17].

Die Szenen der lateralen Halle umfassen Opferszenen (Durchgangslaibungen/ Pfeilerwandung), eine Säugungsszene, eine Szenenabfolge mit der Darstellung einer Prozession und eine Streitwagenszene. Die Szenen des Sanktuars – gekennzeichnet von der Absenz von Szenen des Kultvollzuges – umfassen die Darstellung von Götterkollegien auf der Ost-/Süd-/Nordwand des Sanktuars: auf der Nordseite die Darstellung von elf stehenden Gottheiten in zwei Registern, auf der Südseite die Darstellung von 38 thronenden Gottheiten in drei Registern, auf der nördlichen und südlichen Ostseite die Wiedergabe von jeweils zwei respektive drei Gottheiten in zwei Registern, respektive eine vignettenartige Szene im unteren Register der nördlichen Ostseite. Die Westwand wird von einer Nische mit rundplastischen Darstellungen von sechs Gottheiten und dem König eingenommen.

Die herrschaftspolitisch geprägte Thematik der lateralen Halle – Thematik der göttlichen Abstammung/Aufzucht des Königs, Thematik militärischer Kompetenz – steht der Thematik des Sanktuars mit einer mythischen Prägung gegenüber, die grundsätzlich Bezug nimmt auf die Legitimation des Königs als gerechtfertigter Nachfolger, d. h. Thematik der terrestrischen Herrschaft des Horus und Herrschaftsantritt mit Übernahme des Thronerbes des Osiris.

Eine thematische Differenzierung der Szenen des Sanktuars ist auf mythischer, kultischer und herrschaftspolitischer Ebene möglich und weist partiell Anklänge an die im Osireion in Abydos ausgeprägte Konzeption auf.

---

17 R. GUNDLACH, Zum Text- und Bildprogramm ägyptischer Felstempel, in: L'Égyptologie en 1979. Axe prioritaires de recherche I, Paris 1982, S. 108.

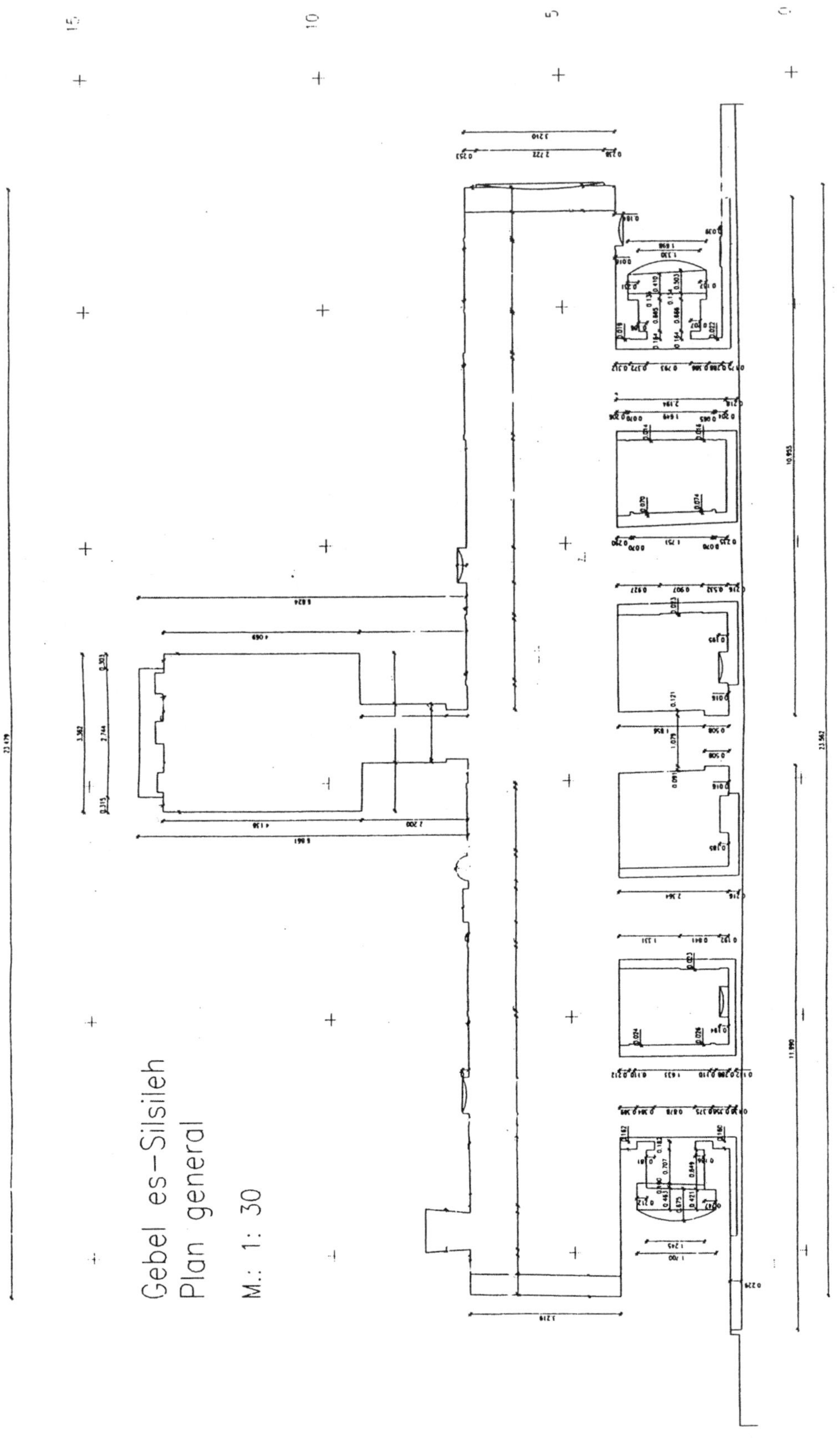

Abb. 1

Der Tempel Ramses' II. in Abydos als „Haus der Millionen an Jahren"[1]

Martina Ullmann

Einleitung:

Der ägyptische Terminus *ḥw.t n.t ḥḥ.w m rnp.wt* – „Haus der Millionen an Jahren" – ist vor allem für die königlichen Kultanlagen des Neuen Reiches in Theben-West bekannt und da diese – insbesondere aufgrund der Nähe zu den Königsgräbern – als sogenannte „Totentempel" für die verstorbenen Könige interpretiert werden, gilt „Millionenjahrhaus" häufig als die ägyptische Bezeichnung für diese Anlagen schlechthin. Die „Totentempel" werden dabei in Opposition zu den „Göttertempeln" (äg. *ḥw.wt-nṯr*) gestellt und man möchte in ihnen vorrangig eine Stätte der Verehrung für einen verstorbenen König sehen.

Eine intensivere Beschäftigung mit dem textlichen und archäologischen Material zu den Millionenjahrhäusern läßt aber bald die sich aus dieser Interpretation ergebenden Widersprüche erkennen:

- Neben den westthebanischen Tempeln ist der Begriff „Haus der Millionen an Jahren" noch für eine ganze Reihe weiterer Kultbauten belegt, die anscheinend auf den ersten Blick wenig oder nichts miteinander gemein haben – ich nenne hier nur als Beispiele das Achmenu Thutmosis' III., den Dreikapellenschrein Sethos' II. im Vorhof des Amuntempels von Karnak sowie den nubischen Tempel von Amada. Insgesamt betrachtet lassen die bis jetzt in der Literatur zu diesem Thema behandelten Tempel eine zunächst äußerst verwirrende Vielfalt an Grundrissen, Dekorationselementen und daraus ableitbarem Kultgeschehen erkennen.[2]

---

1 Der vorliegende Beitrag ist eine leicht überarbeitete Version des von mir auf der 5. Ägyptologischen Tempeltagung in Würzburg gehaltenen Vortrages. Die hier resümeehaft dargestellten Sachverhalte und Ergebnisse finden sich eingehend behandelt und ausführlich begründet in meiner 1998 fertiggestellten Dissertation über die Millionenjahrhäuser wieder: M. ULLMANN, König für die Ewigkeit – Die Häuser der Millionen von Jahren. Eine Untersuchung zu Königskult und Tempeltypologie in Ägypten, ÄAT 47 (voraussichtliche Drucklegung: Sommer/Herbst 2001).
Die im Folgenden verwendeten Abkürzungen basieren auf dem Lexikon der Ägyptologie, Band VII, hrsg. von W. Helck und W. Westendorf, Wiesbaden 1992, IX-XXXVIII.

2 Zu Angaben, für welche Kultbauten die Bezeichnung als „Millionenjahrhaus" belegt ist, vgl. zuletzt G. HAENY, in: Shafer, B. (Hrsg.), Temples of Ancient Egypt, London - New York 1997, S. 87ff. sowie C. LEBLANC, in: S. Quirke (Hrsg.), The Temple in Ancient Egypt. New discoveries and recent research, London 1997, S. 49ff. Sowohl die in diesen beiden Artikeln als Millionenjahrhaus aufgezählten Tempel

- Die weithin übliche Einteilung der ägyptischen Kultbauten in hier „Göttertempel" und dort „Totentempel" und die Gleichsetzung der Millionenjahrhäuser mit letzteren findet keine Stütze in der ägyptischen Terminologie: So ist der gemeinhin als Bezeichnung par excellence für einen Göttertempel aufgefaßte Begriff *ḥw.t-nṯr* z. B. auch für die meisten Millionenjahrhäuser belegt.
- Ein weiteres Problem liegt in der Bezeichung „Totentempel" selbst: der Begriff ist eine moderne Schöpfung, geprägt von unserem heutigen Verständnis von Tod, von Gott und vor allem von dem, was ein „Gotteshaus" ist. Und obwohl sehr häufig verwendet, herrscht doch wenig Einigkeit darüber, wie er eigentlich zu definieren sei. Hinzu kommt, daß sich der Ausdruck „Totentempel" auf keine Entsprechung in der ägyptischen Terminologie stützen kann.[3]

Um zu klären, was wir in funktionaler Hinsicht unter einem „Haus der Millionen an Jahren" zu verstehen haben und wie sich die so benannten Kultbauten typologisch definieren und einordnen lassen, sind meines Erachtens zunächst zwei Bereiche zu untersuchen:
- Es muß so umfassend wie möglich geklärt werden, welche Tempel überhaupt mit der Bezeichnung Millionenjahrhaus zu belegen sind.
- Struktur und Bedeutung des Ausdrucks *ḥw.t n.t ḥḥ.w m rnp.wt* + seiner Erweiterungen müssen untersucht werden, um Abgrenzungen und Überschneidungen in Bezug auf die anderen Termini für Tempel festzustellen.

Erst auf den so gewonnenen Ergebnissen aufbauend, können dann – mittels der Analyse des philologischen und archäologischen Kontextes der Millionenjahrhaus-Belege – Aussagen zu Kultempfängern und Kultabläufen in diesen Tempeln gemacht werden.

Chronologische und topographische Beleglage der Millionenjahrhäuser:
Im Folgenden soll ein Teil der Ergebnisse dieser von mir in den letzten Jahren im Rahmen meiner Dissertation durchgeführten Untersuchung zu den Millionenjahrhäusern kurz vorgestellt werden.[4] Der *Ḫnm.t-Tȝ-wr* benannte Tempel Ramses' II. in Abydos wird dabei als Ausgangspunkt und veranschaulichendes Beispiel dienen.[5]

als auch die in der älteren Literatur genannten Bauten spiegeln jedoch die tatsächliche Beleglage nur unvollständig wider. Ausführlicher siehe dazu weiter unten.

3 Worauf z. B. auch HAENY, op. cit. (Anm. 2), S. 86f. deutlich hinweist.

4 Vgl. Anm 1.

5 Zu diesem Tempel siehe die unvollständigen Angaben in PM VI, 33ff. mit Nennung der älteren Publikationen sowie die Vorberichte über die Neuaufnahme durch das DAI von K. P. KUHLMANN, in: MDAIK 35, 1979, S. 189ff. mit einigen Berichtigungen zu den Angaben in Porter/Moss und der Bauaufnahme sowie DERS., in: MDAIK 38, 1982, S. 355ff. mit Ausführungen zur Funktion der einzelnen Räume und des Tempels insgesamt. Eine Kurzbeschreibung der Anlage gibt D. ARNOLD, Die Tempel

Ramses II. ließ diesen Tempel in den ersten Jahren seiner Regierung etwas nördlich von der großen Anlage seines Vaters Sethos I. errichten. Die in der Dekoration verwendeten Namensformen des Königs und der Reliefstil verweisen auf einen Baubeginn im ersten oder zweiten Regierungsjahr Ramses' II. und eine weitgehende Fertigstellung – zumindest des eigentlichen Tempelhauses – im ersten Regierungsjahrzehnt.[6] Der größtenteils nur im unteren Wandbereich erhaltene Tempel ist bis heute nicht vollständig archäologisch erforscht und publiziert.[7]

Neben diesem abydenischen Millionenjahrhaus ließ Ramses II. sieben weitere Tempel errichten, für welche die Bezeichnung „Haus der Millionen an Jahren" nachgewiesen werden kann.

Von Nord nach Süd aufgelistet sind dies:

+ Ein Bau in der Delta-Residenz Per-Ramesses, dessen Existenz allerdings nicht wirklich gesichert ist;[8] die hierfür relevanten Belege könnten sich auch auf

+ das Millionenjahrhaus Ramses' II. in Heliopolis beziehen.[9] Archäologisches Material kann bis jetzt nicht verläßlich damit in Verbindung gebracht werden. Wie eine Weinkrugaufschrift aus dem 40. Regierungsjahr belegt, wurde diese Anlage spätestens in der dritten Dekade der Regierung Ramses' II. erbaut.[10]

+ In Theben sind gleich drei Millionenjahrhäuser Ramses' II. nachweisbar: eines befand sich im Bereich des Kultareals von Karnak, möglicherweise in der nordöstlichen Ecke des Mutbezirks. Die Erwähnung als Millionenjahrhaus datiert in das Regierungsjahr 37 des Königs.[11]

Ägyptens. Götterwohnungen, Kultstätten, Baudenkmäler, Zürich 1992, S. 173f. Ein Teil der Inschriften ist publiziert in KRI II, 192f., 310, 512ff. Beschreibungen der Bilddekoration und von Kuhlmann teils berichtigte Aussagen zur Funktion der einzelnen Räume finden sich bei ARNOLD, Wandrelief, S. 125f. mit den entsprechenden weiteren Seitenangaben. Einige Leute des Tempelpersonals sind genannt bei HELCK, Materialien, S. 169; zu ergänzen sind dabei zwei auf der Stele JE 21801 aus Abydos genannte Personen, vgl. G. A. GABALLA, in: BIFAO 71, 1972, S. 135ff.

6 Zur zeitlichen Einordnung der variierenden Namensformen- und schreibungen Ramses' II. und dem Wechsel des Reliefstils siehe W. MURNANE, Ancient Egyptian Coregencies, SAOC 40, Chicago 1977, S. 57ff; zum Abydos-Tempel Ramses' II. vgl. insbesondere S. 71ff. Das Thronbesteigungsdatum Ramses' II. und die zeitliche Fixierung der kurzen Namensform *Wsr-Mꜣˁt-Rˁ*, d.h. ohne den Zusatz *stp.n-Rˁ*, wurde zuletzt von Kitchen erörtert in: KRITANC II, 194ff. (im Kommentar zur *inscription dédicatoire* des Königs im Tempel Sethos' I. in Abydos). Kitchen spricht sich hier sogar für eine Gründung des Abydos-Tempels Ramses' II. in dessen Zeit als Kronprinz während der allerletzten Regierungsjahre Sethos' I. aus, was aber letztlich nicht beweisbar ist.

7 Viele der weiter unten folgenden Angaben beruhen daher auf eigenen Abschriften und Photos.

8 M. HAMZA, in: ASAE 30, 1930, S. 37f.; KRI III, 443; P. BRISSAUD, in: BSFFT 5, 1991, S. 34, Tf. VIII, IX (Diesen Millionenjahrhaus-Beleg verdanke ich einem Hinweis von H. Sourouzian im August 1994, die mir freundlicherweise auch eine Abschrift des Rückenpfeilertextes zur Verfügung stellte.).

9 KRI III, 280f.; C. M. ZIVIE-COCHE, Giza au Deuxième Millénaire, BdE 70, Le Caire 1976, S. 213ff. (NE 65, NE 66); G. A. GABALLA, in: BIFAO 71, 1972, S. 129ff.; S. SAUNERON, in: BIFAO 53, 1953, S. 60ff., Abb. 2.

10 H. D. SCHNEIDER et al., in: JEA 77, 1991, S. 17, Tf. III.

11 KRI VII, 48; R. FAZZINI und W. PECK, in: NARCE 112, 1980, S. 39f.

+ Auch der Luksortempel wird – wie bereits unter Amenophis III. einmal belegt[12] – in den Inschriften des von Ramses II. in seinen ersten drei Amtsjahren hinzugefügten Hofes mehrfach als Millionenjahrhaus angesprochen.[13]
+ Der westthebanische Tempel des Königs mit dem Eigennamen *Ḫnm.t-W3s.t* ist sehr häufig unter der Bezeichnung Millionenjahrhaus belegt.[14] Gegründet wurde er laut Namensform der Gründungsbeigaben und einiger Topfaufschriften bereits im Verlauf des 1. Regierungsjahres.[15] Bis zum Jahr 21 war die Anlage wohl größtenteils fertiggestellt.[16]
+ Weiterhin ist die Benennung als Millionenjahrhaus für zwei der nubischen Tempel Ramses' II. nachzuweisen: der Tempel in Derr wird in einer seiner Architravinschriften so bezeichnet.[17]
+ Und schließlich wird der Große Tempel von Abu Simbel in einer Felsstele vor Ort als „Haus der Millionen an Jahren" angesprochen.[18] Der Baubeginn in Abu Simbel datiert vermutlich in die Jahre 5-10; fertiggestellt war der Große Tempel etwa zur Mitte des 3. Regierungsjahrzehnts.[19] Für Derr wurde zuletzt ein Baubeginn in der 2. Dekade der Amtszeit Ramses' II. angenommen.[20]

Erbauungs- und Inbetriebnahmedaten der Millionenjahrhäuser Ramses' II. zeigen, daß mit der Errichtung dieser Anlagen oft schon bald nach dem Regierungsantritt begonnen wurde und daß der Kultbetrieb zumeist lange vor dem Tode des Königs aufgenommen wurde. Gleiches läßt sich auch für den überwiegenden Teil der Millionenjahrhäuser anderer Könige nachweisen. Die postume Einrichtung eines Millionenjahrhauses stellt dagegen die absolute Ausnahme dar und läßt sich nur ein- oder vielleicht

---

12 PM II², 330 (174 II,1): H. BRUNNER, Die südlichen Räume des Tempels von Luxor, AV 18, Mainz 1977, S. 41f. (Szene XVII/28), Tf. 63.

13 PM II², 306 (17 II, 2): KRI II, 349 (Szene 1); C. KUENTZ, La Face Sud du Massif Est du Pylône de Ramsès II à Louxor, CS, Le Caire 1971, Tf. XVII (Szene 13); KRI II, 352; PM II², 307 (26 II, 1): KRI II, 623.

14 Von den über 30 auf das Ramesseum zu beziehenden Millionenjahrhaus-Belegen seien hier nur stellvertretend zwei publizierte Texte aus dem Tempel selbst angeführt: PM II², 439 (22 II): KRI II, 653; PM II², 441 (28 I, 1): J.-C. GOYON und H. EL-ACHIRIE, Le Ramesseum VI, CS, Le Caire 1974, S. 6f., 25, Tf. X.

15 R. STADELMANN, in: MDAIK 37, 1981, S. 459; MURNANE, op. cit. (Anm. 6), S. 67; LEBLANC, op. cit. (Anm. 2), S. 49.

16 STADELMANN, op. cit. (Anm. 15), S. 459f. und DERS., in: LÄ V, 97, Anm. 6. Das in der Literatur zum Ramesseum häufig angegebene Jahr 21 (= Jahr des Friedensvertrages mit den Hethitern) als terminus ante quem für die weitgehende Fertigstellung der Anlage beruht größtenteils auf der Auswertung der historisch relevanten Darstellungen im Tempel.

17 PM VII, 88: KRI II, 743.

18 PM VII, 117: KRI III, 203f.; CHAMPOLLION, Monuments I, Tf. 9, 2.

19 Die Argumentation für diese Daten wurde zuletzt zusammengefaßt von I. HEIN, Die Ramessidische Bautätigkeit in Nubien, GOF IV/22, Wiesbaden 1991, S. 109.

20 Hein, op. cit. (Anm. 19), S. 110.

zweimal belegen. Diese Daten sind meines Erachtens nicht vereinbar mit einer Interpretation der Millionenjahrhäuser als Totenkultanlagen des Herrschers.

Mit seinen vermutlich acht bezeugten Millionenjahrhäusern hat Ramses II. die mit Abstand höchste Anzahl an so benannten Tempelanlagen vorzuweisen. Insgesamt betrachtet ist es jedoch nicht ungewöhnlich, daß ein König mehrere Millionenjahrhäuser an verschiedenen Stellen im Land errichten ließ. Bereits im ersten Beleg für den Terminus „Millionenjahrhaus" aus der 12. Dyn. unter Amenemhet III. ist die Rede von mehreren „Häusern der Majestät dieses Gottes der Million an Jahren", wobei „Majestät dieses Gottes" im vorliegenden Kontext den König bezeichnet.[21] Topographisch können diese ersten inschriftlich nachgewiesenen Millionenjahrhäuser nicht fixiert werden.[22]

Der chronologisch betrachtet zweite Beleg für ein Millionenjahrhaus kommt aus der 13. Dyn. und bezieht sich auf eine Kultanlage Sobekhoteps IV. namens *Ḥtp-kꜣ-(Sbk-ḥtp)*, die vermutlich innerhalb des Bezirkes des Amuntempels von Karnak zu lokalisieren ist.[23]

Die vermutlich drei Millionenjahrhäuser des Ahmose zu Beginn der 18. Dyn.[24] leiten eine lange Belegkette ein, die vom frühen Neuen Reich bis an das Ende der 20. Dyn. die Erbauung von Millionenjahrhäusern durch die ganz überwiegende Zahl der Könige dieses Zeitraumes bezeugt (siehe Tabelle 1).[25] Auch noch unter Scheschonq I.[26] und Osorkon II.[27] ist die Errichtung so benannter Kultbauten belegt. Der unter Necho II.

---

21 PM IV, 74, Nr. 1; H. VYSE, Appendix to Operations Carried on at the Pyramids of Gizeh in 1837, Bd. III, London 1942, S. 94f. und Tf. gegenüber von S. 94; LD II, 143i; LD, Text I, 20; G. DARESSY, in: ASAE 11, 1911, S. 257; BAR I, 323; ČERNÝ, Notebooks, 44.49.

22 Wie die Millionenjahrhaus-Belege des Neuen Reiches zeigen, war die Bandbreite der so bezeichneten Tempel sowohl in topographischer, als auch in architektonischer und kultischer Hinsicht so groß, daß ohne eingehendere Erkenntnisse zu den Tempelbauten Amenemhets III. – welche das archäologische Material, zumindest soweit es publiziert ist, bis dato nicht zuläßt – eine Identifizierung und Lokalisierung der Millionenjahrhäuser dieses Königs nicht vorgenommen werden kann. Aus den gleichen Gründen verbietet sich auch bei unserem jetzigen Wissensstand eine Gleichsetzung dieser Kultbauten mit der Anlage Amenemhets III. in Hawara.

23 PM II^2, 109; MARIETTE, Karnak, S. 45 (Nr. 18), Tf. 8r; L. HABACHI, in: Suppl. BIFAO 81, 1981, S. 31ff., Tf. V, VIA; E. DELANGE, Catalogue des statues égyptiennes du Moyen Empire, Paris 1987, S. 66ff. (Nr. A125).
Die umfängliche Argumentation für die hier vertretene Lokalisierung kann an dieser Stelle nicht geführt werden; es sei auf die in Anm. 1 genannte Publikation verwiesen.

24 PM IV, 74, Nr. 6 u. Nr. 8; Urk. IV, 24f.; T. YOUNG, Hieroglyphics, London 1823 (Reprint Wiesbaden 1982), S. 88; VYSE, Operations (Anm. 21), S. 99f. und Tfn. gegenüber von S. 94 u. S. 99; CHAMPOLLION, Notices Descr. II, 488; LD III, 3a u. 3b; LD, Text I, 20f.; G. DARESSY, in: ASAE 11, 1911, S. 262ff.; BAR II, 12f.

25 Die Tabelle 1 gibt einen kurzen chronologischen Überblick über die zu belegenden Millionenjahrhäuser entsprechend dem Forschungsstand im Sommer 1999.

26 PM II^2, 92 (264): P. VERNUS, in: BIFAO 75, 1975, S. 10, 13ff., Abb. 10; M. I. ALY, in: BSFE 20, 1996, S. 5ff., Abb. 3, 4; PM II^2, 35 (124): Reliefs III, Tf. 4.

27 PM IV, 37 unten: E. NAVILLE, Ahnas el-Medineh, EEF 11, London 1894, S. 29f., Tf. IV C; PM IV, 39 oben: H. GAUTHIER, in: ASAE 21, 1921, S. 22f., 26f.; P. BARGUET, in: Mél. Masp. I/4, S. 7ff.

datierende Beleg ist zu zerstört, als daß er als gesichert gelten dürfte.[28] Zeitlich ganz isoliert steht die Bezeichnung des Luksortempels als Millionenjahrhaus unter Alexander dem Großen da.[29] Aufgrund der Tradition dieser Benennung für diese Kultanlage sollte meines Erachtens darin ein bewußter Rückgriff auf die Situation im Neuen Reich gesehen werden.

Topographisch betrachtet sind die Belege über das ganze Land verteilt, wie die Tabelle 2 nochmals verdeutlicht, aber mit eindeutiger Konzentration auf einige wenige Zentren. Besonders geballt treten die Millionenjahrhäuser in Theben auf, was aber nicht zuletzt mit der wesentlich besseren Erhaltung der dortigen Tempelbauten und der gründlicheren archäologischen Erforschung zusammenhängt.

Der Terminus „Haus der Millionen an Jahren":

Versuchen wir als nächstes über die Bezeichnung „Haus der Millionen an Jahren" den so benannten Kultanlagen funktional und typologisch näherzukommen.[30]

Für den *H̱nm.t-T3-wr*-Tempel Ramses' II. in Abydos ist der Ausdruck Millionenjahrhaus sechsmal in den Inschriften des Baues bezeugt.

Die Tabelle 3 stellt die Belege in ihren Varianten und dem Kontext zusammen: Einmal belegt ist „Haus der Million (*zu ergänzen*: an Jahren) ‚Das-mit-*T3-wr*-vereint-ist'"; viermal findet sich: „Haus der Millionen an Jahren, das sich in Abydos befindet" und einmal ist die kürzeste Form verwendet: „Haus der Millionen an Jahren".

Eine generelle Strukturanalyse des Terminus „Millionenjahrhaus" führt zu folgendem Ergebnis:

An die Grundform des Begriffs – von mir als „Kernterminus" bezeichnet –

ḥw.t n.t ḥḥ.w m rnp.wt

können bis zu vier verschiedene Elemente erweiternd hinzutreten. Der „Kernterminus" selbst besteht aus einem terminus technicus für „Tempel" + der Genitivanbindung *n.t ḥḥ.w m rnp.wt*. Das in der ganz überwiegenden Mehrzahl der Millionenjahrhaus-Belege benutzte Wort für „Tempel" ist *ḥw.t*, aber auch *ḥw.t-nṯr* kann verwendet werden und in einigen wenigen Beispielen ist an dieser Position *pr* belegt.

Folgende Elemente können – in dieser Reihenfolge – an den Kernterminus angefügt werden: entweder der 4. oder der 5. Königsname – der sogenannte Eigenname des Tempels – eine „*m pr* Gott NN-Angabe" und abschließend eine Ortsangabe. Dies ergibt die

---

28 PM IV, 74, Nr. 5; VYSE, Operations (Anm. 21), S. 98 und Tf. gegenüber von S. 98; LD III, 273a; G. DARESSY, in: ASAE 11, 1911, S. 259ff.

29 PM II^2, 325 (147): M. ABD EL-RAZIQ, Die Darstellungen und Texte des Sanktuars Alexanders des Großen im Tempel von Luxor, AV 16, Mainz 1984, S. 38, Tf. 11.

30 Vgl. hierzu die Auflistung der hieroglyphischen Schreibungen der Millionenjahrhaus-Belege des Abydos-Tempels Ramses' II. in der Tabelle 3.

ausführlichste fünfteilige Form des „Standard"-Terminus. Beispielhaft sei hier ein Beleg für den Tempel Ramses' III. in Medinet Habu angeführt:

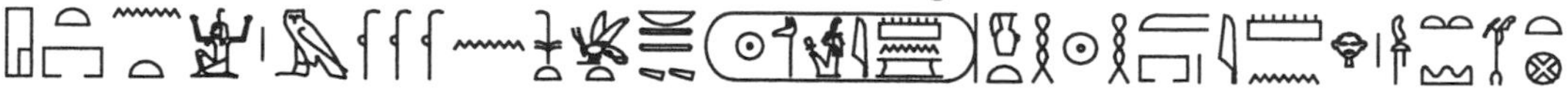

Die Zusammenschau aller Belege zeigt, daß dieses komplexe Namensgebilde „Millionenjahrhaus" mit seinen vielfältigen Bedeutungsteilen extrem variabel eingesetzt werden konnte. Vor allem die Kombinationsmöglichkeiten zwischen den fünf Einzelelementen des Ausdruckes waren sehr groß. Die Verwendung aller fünf Teile gleichzeitig stellte dabei eher die Ausnahme dar. Chronologisch betrachtet ist eine eindeutige Entwicklungslinie zu erkennen, von überwiegend kurzen Formulierungen in der 18. Dyn. hin zu den komplexen drei- bis fünfreihigen Gebilden ab Sethos I. bis an das Ende der Ramessidenzeit.

Die Strukturanalyse des Millionenjahrhaus-Ausdruckes insgesamt zeigt, daß es sich bei ihm um eine Variante der Tempelbezeichnungen folgender Struktur handelt:

ḥw.t + Königsname + *m pr* Gott NN-Angabe.

In geringerem Umfang zu belegen, aber prinzipiell ebenfalls möglich, variierte der Ausdruck „Millionenjahrhaus" auch Tempelbenennungen mit der Bildung:

ḥw.t-nṯr + Königsname + *m pr* Gott NN bzw. *pr* + Königsname + *m pr* Gott NN.

Der Terminus „Millionenjahrhaus" umfaßt demzufolge ein sehr breites Spektrum von Tempelanlagen. Unabhängig von den verschiedenen termini technici für „Tempel" konnte er offenbar im Prinzip (nicht de facto!) für alle Arten von Anlagen verwendet werden, deren Bezeichnung mit einem Königsnamen gebildet wurde und die – angezeigt durch eine *m pr* Gott NN-Angabe – mit dem Tempel eines Gottes verbunden waren.

Daraus folgt, daß – da unsere Beleglage eine rein zufällige ist – sehr viel mehr Tempel als bezeugt Millionenjahrhäuser gewesen sein können.

Zu den einzelnen Bestandteilen des „Standard"-Terminus ist Folgendes festzuhalten:

Die Bedeutung von *ḥw.t* sehe ich im Rahmen des Millionenjahrhaus-Ausdruckes am besten umschrieben mit „sakraler Bezirk" oder „Kultanlage". Auffallend und sowohl für die Frage nach dem immer wieder postulierten funerären Charakter einer *ḥw.t*-Anlage von Bedeutung als auch für die typologische Einordnung so bezeichneter Anlagen ist die Tatsache, daß das Textmaterial des Neuen Reiches eine sehr starke Fluktuation zwischen den Termini *ḥw.t-nṯr* und *ḥw.t* aber auch *pr* aufweist. Es ist keine Ausnahme, sondern die Regel, daß ein Tempel in den Texten inner- und außerhalb des Baues wechselweise mit allen drei Begriffen belegt wird.

Der Ramses II.-Tempel in Abydos bietet hier ein gutes Beispiel, wie die Tabelle 4 zeigt, in der die verschiedenen Bezeichnungen, unter denen diese Anlage nachgewiesen ist, zusammengestellt wurden.[31]

Die Ergänzung *n.t ḥḥ.w m rnp.wt* verbindet mit der Kultanlage eine zeitliche Dimension. Grammatikalisch bezieht sie sich auf den Tempel, auf *ḥw.t*, mit der Bedeutung, der Bau möge unendlich bestehen, und inhaltlich ist sie darüber hinaus auf den König bezogen, dessen Name bei der ausführlichen Form des Ausdruckes unmittelbar folgt. Seine Jahre sind es, die unendlich dauern sollen in dem *ḥw.t*.

Der Königsname benennt Bauherr und Eigentümer der Kultanlage. Im Falle des Tempels Ramses' II. in Abydos ist der 5. Name des Königs nicht innerhalb des Millionenjahrhaus-Terminus, aber sehr häufig in Bezeichnungen der Struktur *ḥw.t* + Königsname belegt sowie einige Male auch als *ḥw.t-nṯr* + Königsname.[32]

In der Regel ist die Benutzung des Königsnamens innerhalb einer Tempelbezeichnung konstant, d. h. für eine Anlage wird entweder der 4. oder der 5. Name eines Königs benutzt. Die Verteilung der Namen zeigt dabei ein eindeutiges topographisches Bild, allerdings erst ab Ramses II.: Für die Millionenjahrhäuser in Theben-West wird der 4. Name verwendet und für alle übrigen der 5. Name.

Der sogenannte Eigenname des Tempels, also beispielsweise *Ḫnm.t-Tꜣ-wr* – „Das mit *Tꜣ-wr* vereint ist", beinhaltet ein kurzgefaßtes theologisches Statement, entweder mit direktem Bezug auf den Tempel selbst oder in Form einer Aussage über den als Eigentümer auftretenden König. Meistens ist ein programmatischer Charakter der Namen bezüglich des Kultgeschehens im Tempel zu erkennen.

Der Ramses II.-Tempel in Abydos ist zwar nicht innerhalb der Millionenjahrhaus-Belege, aber in vielerlei Bezeichnungen der Struktur *ḥw.t* + Königsname als *m pr Wsjr* gekennzeichnet, d. h. das Millionenjahrhaus wird mit einem *pr* des Osiris verbunden.

Die Aufstellung der *m pr* Gott NN-Angaben innerhalb des Terminus Millionenjahrhaus in der Tabelle 5 zeigt, daß der früheste Beleg unter Sethos I. datiert. Allerdings sind *m pr*-Angaben für Millionenjahrhäuser außerhalb dieses Ausdrucks auch bereits während der 18. Dyn. häufig nachgewiesen.

Eine Analyse der kulttopographischen Verteilung der *m pr*-Angaben für Millionenjahrhäuser ergibt folgendes Bild: Die *m pr*-Angaben beziehen sich immer auf den sogenannten Haupttempel des Kultortes, an dem das Millionenjahrhaus stand, im Falle von Abydos also auf den seit der Frühzeit bezeugten Osiris-Chontamenti-Tempel im Norden von Abydos. Die in den *m pr*-Angaben weitaus am häufigsten genannten Götter sind Amun, Re, Ptah und Osiris, mithin die Götter, die zur Zeit der Millionenjahrhaus-Belege – also im Wesentlichen im Neuen Reich – eine überragende Bedeutung für das

31 Die oben bereits angeführten Millionenjahrhaus-Belege wurden nicht in die Tabelle aufgenommen.

32 Vgl. Tabelle 4.

Königtum besaßen. Die beiden vereinzelten und relativ späten Belege für Onuris und Hathor sind meines Erachtens als „Übertragungen" eines prinzipiell gleichen königstheologischen Hintergrundes auf diese beiden Gottheiten zu verstehen.

Wie eine ausführliche Analyse von genereller Verwendung und jeweils spezifischem Kontext zeigt, kann der Bedeutungsgehalt der *m pr* Gott NN-Angabe nicht primär im Bereich von Verwaltung und Wirtschaft liegen – was zumeist angenommen wird.[33] Vielmehr spiegelt die *m pr* Gott NN-Angabe meines Erachtens in erster Linie eine religiöse Abhängigkeit wider;[34] d. h. das Millionenjahrhaus war in das kultische System eines bestimmten Tempels – und zwar des sogenannten „Haupt"-Tempels vor Ort – integriert, bzw. es adaptierte Teile davon.

Mit „*m pr* Gott NN" scheint man formelhaft das ausgedrückt zu haben, was in einem Millionenjahrhaus-Text aus Abydos umschrieben ist mit dem „Anbefohlensein/Anvertrautsein" (äg. *ḥn*) der „Häuser der Könige" in Abydos an Osiris;[35] also eine Art Patronage-Verhältnis, das sich primär in einer kultischen Verflechtung der Heiligtümer zeigte, das aber in wechselndem Ausmaß als sekundäre Erscheinung sicher auch administrative und wirtschaftliche Bindungen mit sich bringen konnte.

Die Ortsangabe – im Falle des abydenischen Ramses II.-Tempels ist nur die einheitliche Formulierung *jmj.t 3bḏw* „das sich in Abydos befindet" bezeugt – legt die Position des Millionenjahrhauses topographisch fest. Teilweise ist erkennbar, daß dadurch gleichzeitig eine religiöse Aussage getroffen wird. Dies geschieht vor allem als Verweis auf die Gottheit bzw. ihren Kultort, mit welcher die königliche Anlage kultisch verbunden ist.

Der Tempel Ramses' II. in Abydos als Millionenjahrhaus:

Im zweiten Teil sollen beispielhaft anhand des *H̱nm.t-T3-wr*-Tempels die wesentlichen funktionalen Aspekte eines Millionenjahrhauses zusammengefaßt werden, mit der Betonung auf den Punkten „Kultempfänger" und „millionenjahrhaus-spezifische Kultabläufe". Was hier nur in aller Kürze resümiert werden kann, beruht auf einer eingehenden Analyse der Anlage unter Gesichtspunkten wie Architektur, Statuenausstattung, textliche und bildliche Wanddekoration. Gleichartige Untersuchungen des philologischen und archäologischen Kontextes wurden auch für die anderen Millionenjahrhäuser

33 So z. B. P. SPENCER, The Egyptian Temple. A lexicographical study, London 1984, S. 20 oder HELCK, Materialien, S. 8f.

34 Zu ganz ähnlichen Schlußfolgerungen gelangt B. HARING, in seiner Untersuchung: Divine Households. Administrative and Economic Aspects of the New Kingdom Royal Memorial Temples in Western Thebes, Leiden 1997, S. 30ff. und 385ff. Vgl. zu diesem Problemkreis auch DERS., in: C. Eyre (Hrsg.), Proceedings of the Seventh International Congress of Egyptologists, Cambridge, 3-9 September 1995, OLA 82, Leuven 1998, S. 539ff.

35 PM VI^2, 33; KRI I, 110ff.; S. SCHOTT, Der Denkstein Sethos' I. für die Kapelle Ramses' I. in Abydos, NAWG 1964, Nr. 1, Göttingen 1964.

durchgeführt. Es sollen also im Folgenden ausschließlich diejenigen Aspekte des Kultgeschehens dargelegt werden, die anhand der Analyse des Gesamtmaterials als typisch für Millionenjahrhäuser erkannt wurden. Die in wechselndem Ausmaß vorhandenen spezifischen Aspekte der verschiedenen Tempel bleiben dabei unberücksichtigt, ebenso wie die diachronische Entwicklung der Millionenjahrhäuser.

Hinter dem von Osirispfeilern umstandenen Festhof beginnt das eigentliche Tempelhaus mit einem erhöhten Pfeilerportikus.[36] In dessen Mitte öffnet sich der Zugang zu zwei hintereinander liegenden achtpfeilerigen Sälen mit Seitenräumen. Vom westlichsten dieser Seitenräume gelangt man jeweils in einen annähernd quadratischen Zweipfeilerraum mit neun großen Wandnischen. In der Mitte des Tempels liegen im Westen des 2. Pfeilersaales die Zugänge zu drei langgestreckten Räumen. An die Fassade des Tempelhauses, im Westen des Portikus, schließen sich südlich und nördlich des 1. Pfeilersaales je zwei tiefe und schmale Räume an.

In den gleich strukturierten Dedikationsinschriften der Türlaibungen der Räume I, II, IV, XI und XII wird der Tempel fünfmal als Millionenjahrhaus bezeichnet (Referenzen 4.1, 4.2, 4.3, 4.5 und 4.6).[37] Einzig im Raum VII, auf der Südseite des 2. Pfeilersaales, der laut den Darstellungen im Raum und der Widmungsformel in der Türlaibungsinschrift als „Kleiderhaus, um die Glieder des Gottes zu bekleiden“ anzusehen ist,[38] ist der Kontext des Millionenjahrhaus-Beleges ein anderer (Referenz 4.4). Hier ist der Tempel am Ende eines dem täglichen Tempelritual entnommenen Textes, der sich auf die Bekleidung der Kultstatue bezieht, als *ḥw.t n.t ḥḥ.w m rnp.wt* bezeichnet.[39]

Laut Inschriften und bildlichen Darstellungen[40] ist Raum I als Ka-Haus (*ḥw.t-k3*) für die Kultbildbarke (das *sšmw-ḥw*) Sethos' I. ausgewiesen, die an der Prozession des

36 Siehe hierzu den Grundriß des abydenischen Ramses II.-Tempels auf Abbildung 1, aus dem auch die genaue Position der einzelnen Millionenjahrhaus-Belege hervorgeht. Die zweistelligen Referenznummern (4.1 – 4.6) ergeben sich 1. aus der Durchnumerierung aller Millionenjahrhäuser Ramses' II. von Nord nach Süd und 2. der Durchnumerierung der Millionenjahrhaus-Belegtexte im Tempel analog zu Porter/Moss. Nicht in den Plan mit aufgenommen ist der sich vor dem Festhof erstreckende, ungepflasterte Vorhof, an dessen Südseite ein kleiner Bau mit Sedfestthematik liegt.

37 Raum I: PM VI, 35 (22): KRI II, 541; Raum II: PM VI, 35 (25); KRI II, 542 (hier, wie auch bei den folgenden Zitaten, ist Kitchens Textwiedergabe stellenweise fehlerhaft); Raum IV: PM VI, 36 (33); KRI II, 544; Raum XI: PM VI, 37 (52); KRI II, 547 (Kitchen gibt, wohl der Abschrift bei Mariette folgend, fälschlicherweise die eigentliche Widmungsformel als Zeile 1 an. Das Anordnungsschema auch dieser Inschrift ist aber genau gleich zu den anderen hier besprochenen Türlaibungstexten); Raum XII: PM VI, 38 (56); KRI II, 548.

38 PM VI, 37 (47): KRI II, 546f.

39 PM VI, 37 (49): Ramses II. bringt ein Stoffopfer dar – vermutlich vor Osiris – wobei das Ende der letzten Zeile des beigeschriebenen Textes lautet: „[...] Sohn des Re (*Rꜥ-msj-sw mrj-Jmn*) in seinem Haus der Millionen an Jahren, ewiglich“ (eigene Abschrift).

40 Zur Dekoration des Tempels siehe die Literaturangaben in Anm. 5. Darüber hinaus zeigt ein kürzlich erschienener Bildband über Abydos eine ganze Reihe von Aufnahmen aus dem Ramses II.-Tempel: A. MEKHITARIAN et al., Abydos. Sacred Precinct of Osiris, Knokke 1999, S. 74ff. (= Abb. 52ff.).

Osiris teilnimmt, wenn dieser in das abydenische Millionenjahrhaus Ramses' II. kommt.[41]

Die auch den Millionenjahrhaus-Beleg 4.1 enthaltende Inschrift an der südlichen Türlaibung des Raumes I besteht aus vier Textzeilen, deren erste drei jeweils den Horusnamen sowie den 4. und 5. Namen Ramses' II. mit leicht variierenden Titeln nennen. Der König ist geliebt von Amun-Re, dem König der Götter bzw. Osiris, dem Herrn von Abydos bzw. Wennefer. Abgeschlossen werden diese drei Titulaturen durch die auf alle drei Zeilenenden verteilte Wunschformel: „dem Leben gegeben sei wie Re, ewiglich". Die vierte Kolumne besteht aus der eigentlichen Widmungsformel: „[Er machte (es) als sein Denkmal für seinen Vater, den König (*Mn-M3ᶜ.t-Rᶜ*), nämlich das Errichten für ihn] eines Ka-Hauses für seine Kultbildbarke, die seinem Vater Osiris folgt in sein Haus der Millionen an Jahren, das sich in Abydos befindet."

Da auf der südlichen Längswand des Raumes I die Barke Sethos' I. dargestellt ist, vor der Ramses II., gefolgt von seinem Ka, opfert,[42] kann davon ausgegangen werden, daß das hier in der Widmungsinschrift genannte *sšmw-ẖw* mit dieser Barke Sethos' I. identisch ist. Die Bezeichnung als *ḥw.t-k3* könnte darauf hinweisen, daß das Kultbild in der Barke als Ka-Statue Sethos' I. begriffen wurde.[43] Laut Text nehmen Barke und Kultbild Sethos' I. an der Prozession des Osiris teil, wenn dieser in das abydenische Millionenjahrhaus des Königs kommt. Mit dem um die Ortsangabe *jmj.t 3bḏw* erweiterten Begriff *ḥw.t n.t ḥḥ.w m rnp.wt* kann demnach nur der Ramses II.-Tempel in seiner Gesamtheit angesprochen sein.

Des Weiteren wird in Raum I Sethos I. als Vater und Amtsvorgänger Ramses' II. angesprochen: Von der Szene hinter der Barke an der südlichen Längswand, wo Ramses II. vor dem thronenden Sethos I. steht, ist ein Teil der Rede Ramses' II. an seinen Vater erhalten: „[...] dein vollkommenes Angesicht, mein Vater, der König (*Mn-M3ᶜ.t-Rᶜ*); ich bin dein Sohn, dein Erbe auf Erden, der das verbessert, was du getan hast für <mich?> in [...]".[44] Die Thematik der Herrschaftsübernahme und -ausführung findet sich u. a. in der Szene des Verleihens von Sedfesten an der Rückwand dieses Raumes.[45]

Raum II war dem Kult der „Väter", der Vorfahrenkönige, gewidmet. Auf der Nordwand opfert Ramses II. vor einer Namensliste seiner 96 Amtsvorgänger.[46] Gegenüber auf der südlichen Seitenwand war vermutlich das Tragen einer Königsbarke durch die

---

41 Die Bezeichnung in PM VI, 35 als „Room of Hathor" ist gänzlich falsch und beruht wohl, wie KUHLMANN, in: MDAIK 38, 1982, S. 356 Anm. 3 anmerkt, auf einer Szenenverwechslung.
42 PM VI, 35 (23); ARNOLD, Wandrelief, Abb. 27.
43 Ob identisch mit der königlichen Stand-Schreitfigur mit langem Stab in der Hand, die beschützt von einem *ẖw*-Wedel unterhalb der Barke dargestellt ist?
44 PM VI, 35 (24); KRI II, 542.
45 Zu dieser Szene siehe KUHLMANN, in: MDAIK 38, 1982, S. 356.
46 PM VI, 35 (27).

Seelen von Pe und Nechen dargestellt.[47] Die Rückwand zeigt den thronenden König in einer Szene des Vereinigens der beiden Länder,[48] womit thematisch der Bezug zum regierenden König hergestellt wird. Seine – Ramses' II. – Legitimation für das Königsamt, als letztes, lebendes Glied in der Kette der ägyptischen Könige, ist es, die durch den Kult seiner Vorfahren verstärkt wird.

Diente Raum II also dem Kult der königlichen Vorfahren in ihrer Gesamtheit, so exemplifizierte das Geschehen in Raum I diesen Kult an der Gestalt des unmittelbaren Vorfahren, sprich des Vaters des regierenden Königs.

Raum IV im Norden ist durch die Speisetischszene an der Südwand als Opferkultraum für eine Statue Ramses II. ausgewiesen.[49] Dieser Statuenkult kommt ihm kraft seines Königsamtes, verbunden mit seiner göttlichen Abkunft, zu. Man vergleiche in diesem Kontext die Szene des Stillens des Königs durch die Hathorkuh an der Nordwand,[50] sowie die Darstellung Ramses' II. mit Rechitvogel vor Amun an der westlichen Rückwand.

Die Widmungsinschrift der Türlaibung von Raum III nennt die göttlichen Väter des Königs in der Gestalt der Neunheit von Abydos.[51] Auf kultisch-funktionaler Ebene diente Raum III als Barkenkultraum für das *sšmw-ḫw* Ramses' II. Man vergleiche dazu die Szene auf der Südwand, wo der König vor seiner eigenen Kultbildbarke opfert:[52] Die Barke Ramses' II. – sicher sein *sšmw-ḫw* – ist, umgeben von Opferaufbauten, auf einem Sockel abgestellt. Vor und hinter ihr steht jeweils der eine Jahresrispe in Händen haltende Thot. Am westlichen Ende der Wand ist der Name des Tempels in eine große *pr-nsr*-Hieroglyphe eingeschrieben: *ḥw.t [Rˁ]-msj-sw [mrj-Jmn] Ḫnm.t Tȝ-wr.* Am östlichen Wandende, vor der Barke, ist der opfernde König abgebildet.

Die Szene auf der Nordwand zeigt die Seelen von Pe-Dep und Nechen, die ein Papyrusboot ziehen, in dessen Schrein Ramses II. thront.[53] Der König hält *ˁnḫ*-Zeichen und langen Stab in den Händen. Auf seinen göttlichen Status in dieser Szene verweist das Amuns-Widderhorn, das sich um sein Ohr krümmt. Eine hinter dem König im Schrein stehende Göttin legt ihm die Hand auf die Schulter. Vor dem Schrein steht kleinforma-

---

47 PM VI, 35 (26); KUHLMANN, in: MDAIK 35, 1979, S. 191; vgl. auch das Photo in ARNOLD, Wandrelief, Abb. 27.

48 PM VI, 36 (28).

49 PM VI, 36 (34); ausschnittweise abgebildet bei MEKHITARIAN, op. cit. (Anm. 40), S. 88ff. (= Abb. 73-76).

50 PM VI, 36 (35); ausschnittweise abgebildet bei MEKHITARIAN, op. cit. (Anm. 40), S. 91 (= Abb. 78). Der vor der Barke opfernde König ist abgebildet op. cit., S. 90 (= Abb. 77).

51 PM VI, 36 (29): KRI II, 542.

52 Die Szene ist – wie so manche andere – nicht in Porter/Moss erwähnt. Mir ist auch keine Abbildung davon bekannt. Die Beschreibung hier beruht – wie letztlich alle anderen Angaben zur Dekoration des Tempels auch – auf eigener Anschauung vor Ort.

53 PM VI, 36 (31)-(32); ausschnittweise abgebildet bei MEKHITARIAN, op. cit. (Anm. 40), S. 85ff. (= Abb. 69-72).

tig die unterägyptische Meret. Hinter dem Boot steht ebenfalls eine Göttin. Die in Resten erhaltenen Beischriften setzen die Szene in Analogie zum immerwährenden Zug der Sonnenbarke über den Himmel.[54] Die Neunheit spricht vom Jubeln und Preisen des Königs durch die Pat- und Rechit-Leute, und in der Rede des den Zug empfangenden Thot heißt es: „(Ich) bin in dein Haus gekommen, um die Vollkommenheit deines Angesichtes zu sehen an deinem Fest, wenn du als König erscheinst und wenn du ruhst (in) der Barke des Erhebens deiner Vollkommenheit ...".

Auf mythologischer Ebene wird hier der König als göttlicher Herrscher – man beachte seine ikonographische Gestaltung – mit Re verglichen und will wie dieser in seinem Gefolge ewiglich als König weiterexistieren.

Viel zur Verunklärung der Raumfunktion beigetragen haben die sehr flüchtig in minderer Qualität umlaufend auf dem Soubassement angebrachten Szenen aus Tb 148 und der Sonnenlitanei.[55] Diese sind jedoch eindeutig sekundär und wurden vermutlich erst nach dem Tod des Königs – also lange nach der Inbetriebnahme des Tempels, der am Anfang der Regierungszeit Ramses' II. erbaut wurde – hinzugefügt.[56]

Raum III diente also dem Barkenkult Ramses' II. – primär in dessen Aspekt als regierender Horus-König und später dann – nach Anbringung der sekundären Soubassement-Dekoration – vielleicht als verstorbener Osiris-König.

Diese vier auf verschiedenen Interpretationsebenen parallel strukturierten Räume, direkt westlich des Festhofes, hatten mithin alle eine spezifische Funktion im Bereich des Königskultes. Die inhaltliche Aufgliederung in die Aspekte „Kult der Vorfahrenkönige" im Süden sowie „Barken- und Statuenkult Ramses' II." im Norden spiegelt sich dabei deutlich in der architektonischen Zweiteilung in eine südliche und nördliche Raumgruppe wider.

An Kultempfängern haben wir bis dato kennengelernt: das *sšmw-ḫw* Ramses' II. sowie vermutlich eine zweite fest installierte Statue des Königs und das *sšmw-ḫw* Sethos' I. sowie, als Kollektiv, die Vorfahrenkönige. Im Zusammenhang mit dem Barkenkult Ramses' II. wurde darüber hinaus die Neunheit von Abydos, bezeichnet als Väter des Königs, an prominenter Stelle genannt.

Zwei dieser Kultempfänger – das *sšmw-ḫw* Ramses' II. und die Neunheit – sind auch an anderen Stellen im Tempel als Zielpunkte sowohl des täglichen Kultes als auch des Kultgeschehens an Festen auszumachen. Insbesondere aus dem Opferkalender an der südlichen Außenwand[57] sowie aus den Inschriften und Darstellungen im Festhof [58] geht

---

54 Die Beischriften sind unvollständig und teils fehlerhaft in KRI II, 543 publiziert. Die Rede des Thot beispielsweise setzt sich noch sehr viel weiter fort.

55 PM VI, 36.

56 Vgl. dazu auch die Aussagen von KUHLMANN, in: MDAIK 38, 1982, S. 357.

57 PM VI, 39 (71)-(74): KRI II, 513ff.

deutlich hervor: die wichtigsten Kultempfänger – täglich und an Festen – sind Osiris, die Neunheit von Abydos und die Kultbildbarke Ramses' II. Weitere Kultrezipienten – wie Isis und Horus oder das oben schon genannte *sšmw-ḫw* Sethos' I. – können hinzutreten, aber sie spielen im Gesamtgeschehen des Tempels eindeutig untergeordnete Rollen.

Diese dreifache Kultherrenschaft – sogenannter Hauptgott des Ortes (sei es Osiris in Abydos oder Amun in Theben etc.), die jeweilige Neunheit und das Kultbild des Königs – darf als typisch für Millionenjahrhäuser gelten. Die prominente Rolle der Neunheit in den „Häusern der Millionen an Jahren" erklärt sich aus ihrer dort ausgeübten spezifischen Funktion als Versammlung der Ahnengötter.[59] Sie verkörpern die Götterahnen des herrschenden Königs, sie sind seine mythischen Väter; ihre Anwesenheit vermittelt Legitimation für seine eigene Königsherrschaft.

Wie in dem Beispiel des Ramses II.-Tempels in Abydos ist auch in den anderen Millionenjahrhäusern in aller Regel sowohl ein täglicher Kult für diese drei genannten Kultherren, als auch ein Festkult nachweisbar, in den wiederum die gleichen drei Kultempfänger eingebunden sind, aber auch fallweise, nach religiösem Gehalt des Festes, andere Gottheiten.

Entscheidend für das Verständnis der spezifischen Funktion der Millionenjahrhäuser ist das mit den Festen verbundene Kultgeschehen. Im Rahmen von Barkenprozessionen wurden die Millionenjahrhäuser der Könige von einem Kultbild des jeweiligen Hauptgottes vor Ort besucht (meist als *sšmw* bzw. *sšmw-ḫw* bezeichnet).

In den Räumen I und III wird auf den Besuch des Osiris im Ramses II.-Tempel, in dessen Gefolge sich die Kultbildbarke Ramses' II. sowie die des Vaters Sethos I. befinden, mehrfach textlich Bezug genommen.[60]

Bildlich dargestellt ist dieses Prozessionsgeschehen an der Nordwand des 1. Pfeilersaales, wo gezeigt ist, wie das Kopfreliquiar, das abydenische Kultsymbol des Osiris, in den Tempel hineingetragen wird.[61] An Süd- und Ostwand des Hofes kann man sehen, wie der Festzug die Anlage wieder verläßt.[62] Zweifelsohne handelt es sich bei dieser Prozession um das Hauptfest von Abydos, das Peqerfest. Bei diesem Besuch des Osiris

---

58 PM VI, 34 (4)-(14); vgl. dazu insbesondere den in KRI II, 531f. publizierten Bandeau-Text oberhalb der Opferträger-Prozessionen auf der Ostwand (d.h. der Pylonrückwand) und der Südwand des Hofes.

59 Zu dieser Auffassung der Neunheit in dem hier zur Diskussion stehenden Kontext vgl. die Ausführungen von W. BARTA, Untersuchungen zum Götterkreis der Neunheit, MÄS 28, München - Berlin 1973, insbesondere S. 59 und 193ff.; siehe dazu auch D. KURTH, in: W. Clarysse et al. (Hrsg.), Egyptian religion the last thousand years, Part II. Studies dedicated to the memory of Jan Quaegebeur, OLA 85, Leuven 1998, S. 875ff., insbesondere S. 881 mit Anm. 23.

60 Siehe dazu die Ausführungen weiter oben.

61 PM VI, 36 (38)-(39) beschreibt die Szenen etwas mißverständlich; abgebildet bei KUHLMANN, in: MDAIK 38, 1982, Tf. 103 a+b; vgl. auch den Ausschnitt bei MEKHITARIAN, op. cit. (Anm. 40), S. 75 (Abb. 54).

62 PM VI, 34 (4)-(10); abgebildet bei KUHLMANN, op. cit., Tf. 104 a-c.

an der Urgötterstätte von Abydos, in der Nekropole von Umm el-Qa'ab, waren die *sšmw-ḫw*'s der Könige miteinbezogen mittels des vorübergehenden Aufenthaltes des abydenischen Kultsymbols in den Kultanlagen der Könige.

Was passierte nun während dieses Aufenthaltes im Tempel Ramses' II.? Primärer Zielpunkt der Osirisbarke mit dem Kultsymbol dürfte, nach seiner Position im Tempel und dem Ausweis der Wanddekoration, der mittig hinter dem 2. Pfeilersaal gelegene Raum XVI gewesen sein.

Obwohl sehr zerstört lassen einige Szenen in Raum XVI doch noch die kultische Umsorgung des hier abgestellten Kopfreliquiars erkennen.[63] Ein Widmungstext bezeichnet den Raum als „großen Sitz aus reinem Kalzitalabaster" für Osiris.[64] Von hier aus wurde das Kultsymbol vermutlich kurzzeitig in den Neunnischenraum XIV – und wohl auch X – transferiert. Die Räume X und XIV verfügen jeweils über neun große mit hölzernen Doppelflügeltüren zu verschließende Nischen[65] und müssen mit ihrem Zugangsräumen IX respektive XIII als jeweils eine Funktionseinheit betrachtet werden. Die Türlaibungsinschrift von Raum XIII im Norden spricht vom „Errichten für ihn (= Osiris) eines Hauses der Neunheit, für die Götter, die in seiner Begleitung sind".[66] Was nur heißen kann, daß in den neun Nischen des anschließenden Raumes XIV die Statuen oder Embleme der abydenischen Neunheit aufbewahrt wurden. Auf den Besuch des abydenischen Kultsymbols in Raum XIV läßt eine Szene direkt neben der Tür schließen:[67] Zwar nur noch im unteren Teil erhalten, aber nach analogen Szenen anderenorts deutlich zuzuordnen, wird hier das in einem Schrein ruhende Kopfreliquiar des Osiris, bewacht von Schlangen und Unterweltsdämonen, vom König gesalbt.

Die Anwesenheit des Osiris-Kultbildes in einem Raum, in dem die Neunheit – und das heißt hier nach dem oben dazu Ausgeführten – die Körperschaft der Ahnengötter, versammelt war, läßt unmittelbar an den primären Zweck des Peqerfestes denken: die zyklisch vollzogene Regeneration des Osiris während des Besuches in der Urgötterstätte, mittels des vorübergehenden Einswerdens – als Tod bzw. Sterben umschrieben – mit den erneuernden Kräften der Urgottheit. Gestützt wird die hier vorgeschlagene Übertragung dieses Geschehens auf die Raumeinheit XIII/XIV im Ramses II.-Tempel durch die Unterweltssituation, in der sich das Kopfreliquiar in der Szene in Raum XIV befindet.

Bezieht man nun die Konzeption des Bildprogrammes von Raum XIII mit ein, so kommt man zu folgendem Interpretationsvorschlag: Während des Aufenthaltes des

---

63 PM VI, 38f.; die beste Beschreibung der Dekoration dieses Raumes gibt ARNOLD, Wandrelief, S. 31.
64 KRI II, 548.
65 Zu diesen Nischen und den vielleicht mit ihnen zu verbindenden spezifischen Gottheiten siehe KUHLMANN, op. cit., S. 360 mit Anm. 12.
66 KRI II, 548; zur richtigen Lesung der Inschrift vgl. KUHLMANN, op. cit., S. 360, Anm. 13.
67 Bei PM VI, 38 (69) wurde die Szene völlig mißverstanden; vgl. KUHLMANN, op. cit., S. 362.

Kopfreliquiars im Rahmen des Peqerfestes im Raum XIV wurden die für den Gott vollzogenen Rituale insoweit auf den König, genauer gesagt das *sšmw-ḫw* Ramses' II., übertragen, als daß er – inmitten der Ahnengötter der Neunheit – an dem Erneuerungszyklus des Osiris teilhatte.

An der Westwand des Raumes XIII[68] wird der König im festlichen Ornat von einer falkenköpfigen Gottheit, vermutlich Horus, in Richtung auf die Tür zu dem Neunnischenraum geführt. Nach der Tür, im nördlichen Abschnitt der Westwand, opfert der Iunmutef-Priester vor dem in einem Schrein thronenden König. Dahinter steht eine Göttin, vermutlich Isis. Der König trägt wiederum festliche Gewänder und hält Krummstab und Wedel in den Händen der auf der Brust gekreuzten Arme. Genau gegenüber von dieser Szene auf der Ostwand steht Osiris in einem Schrein mit gleichen Insignien in identischer Armhaltung. Hinter ihm befindet sich das Imiut-Symbol und außerhalb des Schreines stehen Isis und Horus. Ramses II. ist demnach an der Westwand als opferempfangender Osiris-König zu verstehen, in Parallele zu Osiris als Opferrezipient an der Ostwand.

Vor dem Sockel der Osirisfigur hält ein kleinformatig dargestellter König eine große Lotosblüte, auf welcher die vier Horussöhne stehen. Vor dem Schrein stehen mehrere Gestelle mit verschiedenartigen Vasen. Davor ist in kleinerem Maßstab die Meret abgebildet. Auf den Osirisschrein bewegen sich in zwei Reihen übereinander die Seelen von Pe und Nechen zu, die jeweils ein vasenartiges Gefäß tragen (Beischrift: *ḫnp qbḥw* = „kühles Wasser spenden"). Rechts davon läuft der König mit den Hesvasen in den Händen. In der Beischrift zum König heißt es „(Ich) komme zu dir, mein Vater Osiris, auf daß ich dir das bringe, was aus dem Urwasser hervorkommt; der Beginn (ist es) dessen, was hervorkommt als Universum" *(jjj.n(=j) ḫr=k jtj=j Wsjr jnj.n=j n=k prj.t m Nwn ḥ3.t prj.t m tm)*. Der regenerative Charakter des Geschehens wird hier deutlich durch die Verbindung zwischen dem geopferten Wasser und dem Nun, dem Urozean, aus dem alles Leben immer wieder aufs Neue entsteht. Bildlich findet er seinen Ausdruck in den Horussöhnen auf der Lotosblüte vor Osiris.

Auf der Rückwand steht der König, gefolgt von einer Göttin, vor einem thronenden, menschengestaltigen Gott mit grüner Hautfarbe, der ihm Sedfeste verleiht. Hier ist der Zielpunkt aller Handlungen wiedergegeben: Osiris in der Form des verjüngten Wennefer bestätigt dem König seine erneuerte Herrschaft. Letztendlicher Sinn und Zweck der Teilhabe des Königs an dem Erneuerungsgeschehen des Gottes ist demnach nicht in erster Linie das physische Fortleben des Königs als Person, sondern die Fortschreibung seiner Herrschaft als König.

---

68 In PM VI, 38 ist die Dekoration dieses Raumes nur sehr unvollständig wiedergegeben. Die hier gemachten Angaben beruhen wieder auf eigener Anschauung. Eine knappe Auflistung der Szenen gibt KUHLMANN, op. cit., S. 361 oben.

Die vermutlich originär in Raum XVI, dem Osirissanktuar, aufgestellte Statuengruppe[69] mit Ramses II. – Horus – Osiris – Isis – Sethos I. verdeutlicht diesen Sachverhalt bildmächtig: an zentraler Stelle im Tempel thront Ramses II. als regierender Horus-König neben seinem götterweltlichen Pendant Horus.

Primäres Ziel des Kultgeschehens in den Millionenjahrhäusern und ihr gemeinsamer Nenner – so verschieden auch die in ihnen verehrten Götter und die in ihnen gefeierten Feste waren und so unterschiedlich auch Architektur und Kultabläufe je nach lokaler Ausprägung im Einzelnen sein konnten – war nach dem hier vorgetragenen Erklärungsmodell die regelmäßige Erneuerung der Königsherrschaft. Analog zu der Regeneration der götterweltlichen Herrschaft, in deren Zentrum im Neuen Reich vorzugsweise Amun, bzw. Amun-Re, Re und Osiris standen, vollzog sich die Wiederherstellung der irdischen Königsmacht. Möglich war dies durch die Auffassung des ägyptischen Königtums als etwas „Heiliges", als eine auf die Götterwelt zurückgehende Institution, in welcher der König als irdischer Repräsentant des Götterkönigs begriffen wurde. Diese seine göttlich sanktionierte Herrschaft war es, die mittels des Kultes in den Millionenjahrhäusern zunächst als Horus-König auf Erden und später dann als Osiris-König im Jenseits in die Ewigkeit fortgeschrieben werden sollte. In die Vorstellung von dem *nḥḥ*-Kreislauf der Zeit wird die Erneuerung der Herrschaft eingebunden und findet ihren passenden sprachlichen Ausdruck in der Bezeichnung dieser Tempel als *ḥw.wt n.wt ḥḥ.w m rnp.wt*.

69 PM VI, 39 oben. Die heutigentags wieder zusammengesetzten Bruchstücke dieser Statuengruppe wurden im Raum XVI und zwar aller Wahrscheinlichkeit nach in situ gefunden. Vgl. hierzu die Literaturangaben bei KUHLMANN, op. cit., S. 360 Anm. 14. Abgebildet ist die Plastik bei MEKHITARIAN, op. cit. (Anm. 40), S. 78 (Abb. 61).

Tabelle 1: Chronologische Beleglage der Millionenjahrhäuser

König	**Anzahl der Millionenjahrhäuser**	**Topographische Zuweisung**
Amenemhet III.	unbestimmt pluralisch	topographisch nicht genau zuzuordnen
Sobekhotep IV.	eins	Karnak (im Amuntempel)
Ahmose	pluralisch (drei?)	vermutlich: + Memphis (im Ptahtempel) + Heliopolis (im Atumtempel) + Karnak (im Amuntempel)
Hatschepsut	eins (vielleicht zwei)	Theben-West (Deir el-Bahari)
Thutmosis III.	drei	+ Karnak (Achmenu) + Theben-West (*Ḥnk.t-ʿnḫ* und *Ḏsr-ꜣḫ.t*)
Amenophis II.	unbestimmt pluralisch	topographisch nicht genau zuzuordnen
Thutmosis IV.	eins	Amada
Amenophis III.	vier + x	+ Memphis (im Ptahtempel) + Karnak-Nord (*Ḫʿj-m-Mꜣʿ.t*) + Luksortempel + Theben-West (am Kom el-Heitan)
Tutanchamun/Eje	eins	vermutlich Karnak (im Amuntempel)
Ramses I.	eins	Abydos
Sethos I.	zwei	+ Abydos + Theben-West
Ramses II.	acht	+ Ramsesstadt (?) + Heliopolis + Abydos + Karnak (im Mutbezirk?) + Luksortempel + Theben-West (Ramesseum) + Derr + Abu Simbel (Großer Tempel)
Merenptah	zwei	+ Thinis + Theben-West
Sethos II.	zwei	+ Karnak (im Amuntempel) + Theben-West
Siptah	eins	Theben-West
Tausret	eins/zwei?	+ Ramsesstadt (?) + Theben-West
Ramses III.	zwei	+ Tell el-Jahudija + Theben-West (Medinet Habu)
Ramses IV.	zwei	+ Theben-West + Serabit el-Khadim (im Hathortempel)
Ramses V.	eins	Theben-West
Ramses VI.	eins	Theben-West
Ramses IX.	eins	Theben-West
Scheschonq I.	eins/zwei?	+ Memphis + Karnak (im Amuntempel?)
Osorkon II.	eins	Tanis (?)
Necho II.	?	?
Alexander III.	eins	Luksortempel

Tabelle 2: Topographische Verteilung der Millionenjahrhäuser

Lage	Anzahl der zu belegenden Millionenjahrhäuser
Theben-West	fünfzehn
Theben-Ost	neun
Großraum Heliopolis	vier
Abydos	drei
Memphis	drei
Thinis	eins
Amada	eins
Derr	eins
Abu Simbel	eins
Serabit el-Khadim	eins
Unsicher sind:	
Per-Ramesses	eins oder zwei?
Tanis?	eins

Tabelle 3: Übersicht über die Millionenjahrhaus-Belege im Abydos-Tempel Ramses'II. mit ihren hieroglyphischen Schreibungen

Millionenjahrhaus-Benennung (und Variantenschreibungen)	Beleg-anzahl	Textträger und Textkategorie, Kontext
	1	Tempelinschrift, Widmungsformel
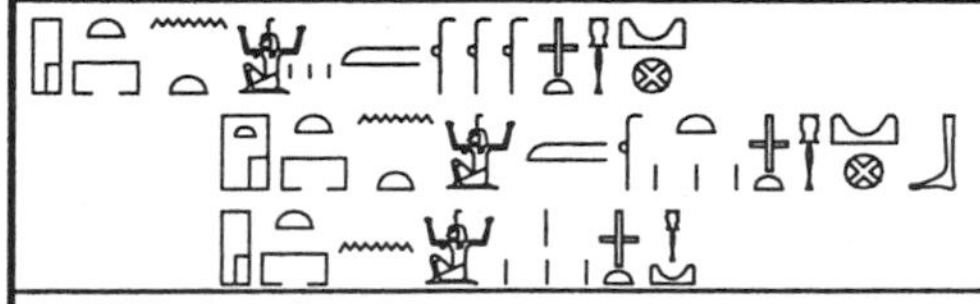	4	Tempelinschrift, Widmungsformel
	1	Tempelinschrift, Szenenbeischrift, Ritualtext

Tabelle 4: Auflistung der verschiedenen Bezeichnungen des *Ḫnm.t-Tȝ-wr*-Tempels Ramses' II. in Abydos

Tempelbezeichnung	Textträger und Textkategorie, Kontext
Bezeichnungen mit *ḥw.t*:	
ḥw.t Rˁ-msj-sw mrj-Jmn Ḫnm.t-Tȝ-wr m pr Wsjr	Tempelinschrift
ḥw.t Rˁ-msj-sw mrj-Jmn Ḫnm.t-Tȝ-wr	dito.
ḥw.t Rˁ-msj-sw mrj-Jmn m pr Wsjr	Steleninschrift, privat, Titel
ḥw.t njswt (Rˁ-msj-sw mrj-Jmn)	Sarkophaginschrift, privat, ptol.
ḥw.t Rˁ-msj-sw mrj-Jmn	+ Tempelinschrift + Steleninschrift, privat, Titel
ḥw.t (+ Suffix [= des Königs]) *Ḫnm.t-Tȝ-wr*	Tempelinschrift
ḥw.t (+ Suffix [= des Königs]) *jmj.t ȝbḏw*	dito.
ḥw.t (+ Suffix [= des Königs])	dito.
ḥw.t (+ Suffix [= des Osiris])	dito.
Bezeichnungen mit *ḥw.t-nṯr*:	
ḥw.t-nṯr Rˁ-msj-sw mrj-Jmn	Tempelinschrift
ḥw.t-nṯr (+ Suffix [= des Osiris])	dito.
ḥw.t-nṯr	dito.
Bezeichnungen mit *pr*:	
pr (+ Demonstrativpronomen *pn*)	Tempelinschrift
Zuordnung unsicher:	
pr (Rˁ-msj-sw mrj-Jmn)	Topfaufschrift, Wirtschaftstext (aus Abydos)
rȝ-pr (Rˁ-msj-sw mrj-Jmn)	Ostrakon (aus Abydos)

Tabelle 5: Chronologische Auflistung der *m pr* Gott NN-Angaben innerhalb des Millionenjahrhaus-Terminus

Tempel	*m pr*-**Angabe**
Sethos I.-Tempel in Theben-West	*m pr Jmn*
Ramses II.-Tempel in Per-Ramesses (?)	*m pr Rꜥ*
Ramses II.-Tempel in Heliopolis	*m pr Rꜥ* (Variante: *m pr Rꜥ-Ḥrw-ꜣḫ.tj*)
Luksortempel zur Zeit Ramses'II.	*m pr Jmn*
Ramses II.-Tempel in Theben-West	*m pr Jmn*
Merenptah-Tempel in Thinis	*m pr Jnj-ḥr.t*
Merenptah-Tempel in Theben-West	*m pr Jmn*
Sethos II.-Tempel in Theben-West	*m pr Jmn*
Siptah-Tempel in Theben-West	*m pr Jmn*
Tausret-Tempel in Per-Ramesses oder Theben-West	*m pr Jmn*
Tausret-Tempel in Theben-West	*m pr Jmn*
Ramses III.-Tempel in Tell el-Jahudija	*m pr Rꜥ*
Ramses III.-Tempel in Theben-West	*m pr Jmn*
Ramses IV.-Tempel in Theben-West	*m pr Jmn*
Ramses IV.-Tempel in Serabit el-Khadim	*m pr Ḥw.t-Ḥrw nb.t mfkꜣ.t*
Ramses V.-Tempel in Theben-West	*m pr Jmn*

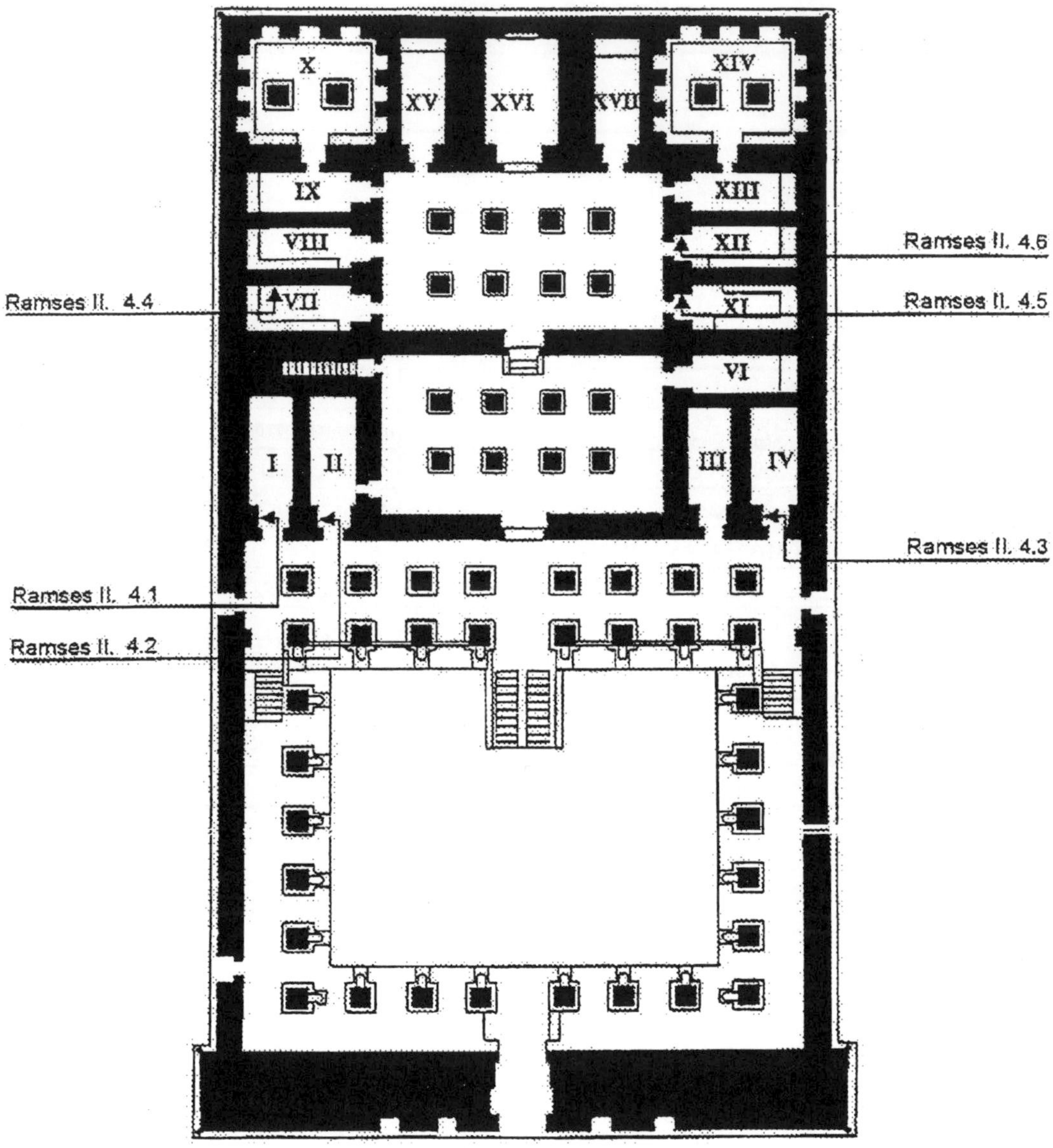

Abb. 1 Der Tempel Ramses' II. in Abydos

Hungarian Excavations on Thot Hill at the Temple of Pharaoh Montuhotep Sankhkara in Thebes (1995-1998)

Győző Vörös

Introduction

It is now for thousand years since Pharaoh Montuhotep Sankkara (ruled 2010-1998 BC) raised a temple on the peak of the horizon of the west bank at Thebes, on a hill rising to the north of the Valley of the Kings. This abandoned desert shrine remained unknown to modern research, until the beginning of the twentieth century, when it was discovered by the German explorer G. Schweinfurth and the British scholar F. Petrie.

Thoth Hill is surrounded by desert ravines, and the ancient path leading to the temple is impassable for pack-animals like camel or donkeys. The temple lies 5 kilometres from the nearest desert road accessible to vehicles, and 400 metres above it. This difficult terrain discouraged archaeologists, until the Hungarian expedition, from attempting a methodical excavation of the Pharaonic sites on the summit of the hill that closes off the Valley of the Kings from the north.

The Thoth Hill Expedition from Eötvös Loránd University (ELTE) in Budapest spent 15 months at Thebes, excavating and restoring in the field. The expedition lasted four digging seasons, and brought to light the whole ancient history of Thoth Hill. The ruins of Montuhotep Sankhkara's temple yielded all the architectural features and archaeological finds needed to assess the site from an Egyptological perspective.

I would like to express the gratitude of all of us on my expedition to the Supreme Council of Antiquities in Egypt, without whose moral and intellectual support our mission could not have succeeded, specially

- H.E. Prof. Dr. Gaballa Ali Gaballa, Secretary General of the SCA
- Dr. Mohammed el-Saghir, Head of the Pharaonic Section in the SCA
- Mr. Sabri Abd el-Aziz, General Director of the West Bank in Luxor-Thebes, Representative of the SCA.

Research in the early twentieth century

16 January 1904 G. Schweinfurth, the German scholar of the Paleolithic, came upon the ruins of the Thoth Hill temple during a field survey. He found six hieroglyphic inscriptions carved into limestone and lying on the surface debris of the sanctuary forecourt. A few days later, he reported this discovery to G. Maspero, the French president of the Egyptian Antiquities Service in Cairo. The president decided to confirm the report for himself, as no

hilltop sanctuary was then known in the architecture of Pharaonic Egypt. Two weeks after the discovery on 30 January, Dr. Schweinfurth and Professor Maspero climbed the hill with a team of Arab workers, to search for more finds in the upper stratum of debris. Instead of the hieroglyphic inscriptions they had expected this one-day survey revealed fragments of carved limestone from two statues of baboons. These small fragments led Maspero to name both the temple and the hill after the good Thoth, who was also portrayed as a seated baboon.

The inscribed fragments found by Schweinfurth were studied by a number of scholars, who reached various conclusions. K. Sethe interpreted the scarcely legible hieroglyphs first as the name of Amenemhat IV. (Dynasty XII.), than of Montuhotep III. (Dynasty XI.). A. Sayce dated the temple to the time of Queen Hatshepsut (Dynasty XVIII.), G. Daressy to the reign of Tanutamon (Dynasty XXV.), and G. Maspero to the rule of Necho II. (Dynasty XXVI.). The debate was not resolved until five years later, when the discovery of further fragments confirmed K. Sethe's second reading.

In January 1909, the British Professor of Egyptology, Sir Flinders Petrie, spent a fortnight exploring the hills on the west bank at Thebes. His survey included the unexcavated sites on Thoth Hill, to which, like Schweinfurth, he devoted a single day. As the walls of the brick temple barely protruded from the debris, which averaged 2 metres in depth, his survey was rather inaccurate, but he uncovered a number of new, carved and hieroglyphic limestone fragments of great interest. These included the royal titles and cartouche of the temple's founder, Pharaoh Montuhotep Sankhkara.

Petrie was the first to record the ruined building to the west of the temple on the hilltop, as well as a number of stone walls within the shrine which he took to be an preliminary structure in the construction of the brick sanctuary. Misinterpreting two finds, he saw the temple as a Sed festival chapel: the site of Sankhkara's jubilee, recoronation and rejuvenation. He concluded that a statue fragment from a left hand was part of a half-life-size seated statue of the Pharaoh, and used another limestone fragment, carved in relief with torus, to reconstruct the lid of a sarcophagus. The finds recovered by the Hungarian expedition, however, showed that the former fragment was a complementary piece of a life-size seated baboon statue, and the latter a complementary fragment of the sanctuary lintel, decorated with a winged sun disc.

The finds collected by Schweinfurth and Petrie were never fully published. Schweinfurth's fragments were relegated to the underground storeroom of the Egyptian Museum in Cairo; there they remained until 3 January 1937, when they were found during a revision by the museum's director, R. Engelbach. On his orders the unimpressive-looking limestone fragments of inscriptions and statues were buried in the garden on the banks of the Nile, where the fine, white limestone crumbled into dust in the damp soil. Schweinfurth published lithographs of the six inscribed fragments he had found, but the statue fragments remained unpublished; both groups of finds thus passed into oblivion. Petrie's finds came into the possession of a German Egyptologist, W. von Bissing, who donated them in 1934 to the already world-famous Egyptian Collection at the Leiden Museum in the Netherlands. I was able to sort and process the Petrie Collection, still in remarkably good condition, in the Leiden Museum's storeroom in summer 1995. The manuscript archive from Petrie's Thoth Hill survey is preserved at the Petrie Museum, University College London, where I found them in the university archive in summer 1996.

The finds from the discovery in 1904 and the survey in 1909 make up only a fraction of the artefacts that have came to light. Nonetheless, they are still of great significance: those objects accessible without excavation were recovered from the surface of the 2-metre-thick debris of the temple, sparing them from later collectors and robbers. Without these finds, some of the items we unearthed during the excavation would have been very difficult to interpret.

1995-1996: Excavating the temple of Montuhotep Sankhkara

Our mission was able to undertake a surface survey of the site in spring 1995, during which we established the presence of Middle Kingdom and early Coptic ceramics among the surface finds, and also found further hieroglyphic fragments. It seemed promising to undertake a full archaeological excavation of the relatively small temple and to clear out all the debris which had accumulated above the Middle Kingdom floor level. The five-month excavation season lasted from 1 November 1995 to 31 March 1996, concentrated upon the archaeological investigation of the mud-brick temple dominating the site. This project we were able to complete in full (Abb. 1).

The excavation began with the removal of a layer of mud-brick debris, which reached a height of 1.5 to 2 metres. As this layer of wall debris may have been linked to possible building phases, a thorough stratigraphic examination was carried out along the wall faces. As a result of this examination it was established, that neither these nor the architectural remains left in situ suggested the existence of more than one building phase, and it can thus be stated that the entire mud-brick structure was the result of a single period of construction in the 11th Dynasty (Abb. 2).

After the removal of the mud-brick rubble, a relatively flat surface was exposed representing the top of the ancient debris layer; on this surface we found evidence of later disturbances, which for the most part were concentrated in the areas immediately adjacent to the walls. Over 80% of the entire surface area of the temple revealed evidence of such disturbances, but in only a few cases did they descend deeper than the Middle Kingdom floor level foundations. On the surface of the ancient debris layer, the average thickness of which was 15 cms, evidence of early Christian activities could be observed, represented on the one hand by characteristic Coptic ceramic types, and on the other by the form of a cross from the classical period, carved into limestone. (Carved crosses were already found by G. Schweinfurth.)

The temple of Montuhotep Sankhkara was erected on the level area of a terrace built from natural local stones and lengthening the crest of the hill in the form of an artificial neck of land. The terrace contains the earlier building first recorded by Petrie, the stone walls of which were used in some places as foundations for the brick walls of the Middle Kingdom temple. The pylons of the temple, which is of classical layout and symmetrical along its primary axis, reach a height of 4 ms in places. Around the outer wall of the temple we found a two-metre-wide path resembling a gangway, with its floor level intact. Likewise, at the wings of the courtyard either side of the sanctuary, the floor level of the courtyard sloped upwards like a ramp towards the back corridor, behind the sanctuary, with a height differential of 40 cms. The Middle Kingdom floor levels thus presented a series of rising ramps, from that sloping upwards through the pylon entrance into the flat open courtyard, and again rising either side of the sanctuary (the Middle Kingdom floors in the sanctuary itself were lost).

The temple was covered inside and out with white plaster, which still remained in situ in several places. Since the Thoth Hill Temple crowns the horizon on the west bank at Thebes, being situated at its highest point, the occupants of the 11th Dynasty capital would have been able to see the temple illuminated by the first rays of the rising Sun. The niche to be found on the north part of the north pylon's east-facing façade may have held a statue or flagstaff.

The king who founded the temple, as at his father's temple at Deir el-Bahari, placed foundation offerings at the corners of the temple. The four foundation deposits, located during our work, consisted of alabastron-type vessels, sacrificial saucers, terracotta animal figurines and parts of slaughtered ruminant animals.

Sankhkara had his royal titles and the dedication of the temple carved symmetrically on the limestone door-jambs flanking the sanctuary entrance. Of the two columns of inscription, five fragments were unearthed by Schweinfurth, seven more by Petrie, and twenty-four by our expedition (Abb. 3). Although only lithographs remain of some of the pieces found at the beginning of the century, the figure (Abb. 3) shows that the three collections are not only complementary, but allow us to reconstruct the mainest inscription of the temple. The two columns of inscription surmounted by *pt*-hieroglyph and framed by *w3s*-sceptres, are symmetrical (enabling them to be reconstructed) and the intercontinental-puzzle fragments join in twenty-seven places. The text, the dedicatory inscription of Pharao Montuhotep Sankhkara, now 4000 years old, can today read once more:

Ḥr S-ʿnḫ-t3wy-f nbty s-ʿnḫ-t3wy-f ḥtp bjk nbw njswt bjty S-ʿnḫ-k3-Rʿ s3 Rʿ Mnṯw-ḥtp ʿnḫ ḏt jr-n-f m mnw-f n Ḥr ir-f n-f dj ʿnḫ mj Rʿ ḏt

"Horus Seankhtauief (Who Causes His Two Lands to Live), He of the Two Goddesses 'Who Causes His Two Lands to Live', the Peaceful Golden Horus, the King of Upper and Lower Egypt Sankhkara (Who Causes the Soul of Re to Live). Son of Re Montuhotep (the Peaceful Montu), Living Eternally. He made as his monument to Horus, may he make to him given-live like Re, eternally."

Fragments of the sanctuary's lintel-stone, decorated with a winged sun-disc were also exposed during our work, adding to those previously uncovered. The inscription, "Behdety (the Winged Sun), Lord of the Sky", has carved symmetrically on either side of the relief.

In addition to this, other fragments of text bearing the king's names came to light, as well as pieces of a stele and numerous graffiti.

A large number of pieces from three painted statues of carved limestone portraying the god Thoth as a life-sized, seated baboon. These statues of the deity were smashed in the (probably) 4th and 5th centuries AD by the hermits of Thebes, who saw them as pagan idols of the old world. One of the three statues could be restored to his original state, with only minor gaps.

Apart from the Middle Kingdom forms present among the vessels from the foundation deposits, additional ceramic storage vessels and bowl types were discovered.

After uncovering the Temple of Montuhotep Sankhkara and fully documenting it architecturally with photos and drawings, we were concentrating on the stone building beneath the Middle Kingdom floor level that would remain buried until the next season.

1996-1997: Excavating the Thoth Hill Archaic Temple

The second five-month excavation season of the Hungarian Archaeological Mission lasted from 15 October 1996 to 15 March 1997. Leaving the floor level of the 11th Dynasty temple of Pharaoh Montuhotep Sankhkara, we came across a previously unknown stone temple with dimensions reaching those of the Middle Kingdom temple, of which we were able to record the full ground plan (Abb. 4).

The layout structure represents a temple with pylons, the free-standing inner sanctuary of which contained a cell. The remaining stone foundation bases of the temple were used as footings for the brick walls of Sankhkara's temple. These stone foundation walls, which were built from natural local stones, have served as the base of the same kind of ascending walls, with originally 8-10 metres high that had been brought down by a huge earthquake in antiquity. Firm evidence for this is provided by the geological slip at the north-west corner of the temple and the collapse of the corner of the stone temple.

Sankhkara's architects had built an artificial terrace from the ruins of the stone temple, as a quake-proof foundation for the brick walls they raised on the rubble. Thanks to this feat of engineering, the ruined walls of the brick temple are still over 4 metres high in places, and withstood even the later earth-quakes, a very common phenomenon in Egypt that is especially violent on the hilltops.

The proposal that the earlier stone temple was a previous phase in the construction of the temple of Montuhotep Sankhkara can be rejected on the following grounds:

- 1. The two sanctuaries differ in both structure and the number of cells.
- 2. The two temples have fundamentally dissimilar architecture.
- 3. The orientation of the two temples is different.

The last named point, the orientation of the temple's main axis, its axis of symmetry, is shown in the superimposed ground plans of the two temples (Abb. 4). The brick temple was oriented more than two degrees further to the north than the stone temple beneath it, towards the eastern sky horizon.

We needed to have this archaeoastronomical problem examined by a specialist in the astronomical orientation of ancient Egyptian structures. I requested Prof. Dr. Maria G. Firneis, a professor at the University Observatory of Vienna with a world reputation in the field, to carry out the examination. She made the necessary calculations in summer 1997, reconstructing the ancient eastern sky as it would have looked in Thebes. Her researches showed that in the reign of Pharaoh Montuhotep Sankhkara, the brick temple had been aligned on the heliac rising of the star Sirius (just before Sun-rise), which in Thebes took place on 11th July. In the Archaic period of Egypt (around 3000 BC), this same astronomical phenomenon appeared 2°17' further to the south.

In fact, the thousand years separating the construction of the two temples meant that the Middle Kingdom architects had to reorient the new temple. Sirius had shifted in the eastern sky: this star was of great significance to Pharaonic chronology and worshipped as the good Horus, to whom the Thoth Hill temples were dedicated. Falcons, the embodiments of this deity, still nest in great numbers in the ravines that score the cliffs around Thoth Hill. On some days during excavation, groups of them circled and soared above their ancient nest. Their ancestors may have prompted the building of a symbolic nest for Horus, the falcon good of the Thebans.

Important finds from the Archaic temple were fragments of a cultic stone knife together with Archaic stone implements (some of them were in the stone wall in situ). Some typical Archaic ceramics, with easily datable forms that were among the central results of the ceramic restoration. The cyclopean masonry of the stone temple and the absence of ashlar suggested primitive building methods of a kind rarely found as late as the Old Kingdom. Researchers of the Chicago Mission working around Thoth Hill found many rock inscriptions from the First and Second Dynasties.

Of particular interest is that neither the finds from the excavation, nor the scattered ceramics and rock inscriptions of the area around the hill yielded any substantial relics from the long centuries between the Archaic period and the Middle Kingdom. We can thus presume that Thebes entered a period of decline after the Archaic period, most probably as a result of a huge earth-quake. The Hungarian Mission to Thoth Hill not only found and uncovered the earliest temple, known from Thebes, but also alerted international research to a period of the ancient "City of Hundred Gates", of which scarcely anything had been known.

We have found a rock tomb in the side of the Thoth Hill, directly to the north from the temple, on 11 January 1997. The huge tomb with 5 chambers contained a stripped sarcophagus in situ, very similar to the Sehemhet-sarcophagus (III. Dynasty) discovered in Saqqara, with its open mouth oriented to north: to the circumpolar stars. Unfortunately, the research we began in the "Sankhkara tomb" (because I believe, that it was the original burial place of the Pharaoh, who erected the hilltop temple) had to be set aside following the local political events of the next season.

1997-1998: Restoration

After uncovering the Archaic Temple and fully documenting it architecturally with photos and drawings, we re-established the floor-level of the Middle Kingdom temple. The five-month long restoration works task was to conserve and restore the temples and the finds (in our storerooms), which had been carried out in full.

On 17 November 1997, at the mortuary temple of Queen Hatshepsut, 400 metres as the crow flies from our expedition headquarters, 73 people were massacred by Islamic fundamentalists. Eye-witnesses said the terrorists had descended from the hills on the west bank, and the Egyptian authorities decided to declare Thoth Hill off-limits to improve security at Thebes. We gave thanks to God that we had been able to finish restoring the temple a mere ten days before, and had reported this to the Inspectorate of the Antiquities Service, - our work had not been left unfinished.

Literature

Abbreviations follow those of the Lexikon der Ägyptologie (ed. by W. Helck et W. Westendorf), Wiesbaden 1972 ff.)

Gy. Vörös, The ancient nest of Horus above Thebes. Preliminary study on the fragments deriving from the Thoth Hill Temple, in: OMRO 77, 1997, p. 23-29.

Gy. Vörös et al., Preliminary Report of the Excavations at Thoth Hill, Thebes. The Temple of Mentuhotop Sankhkara (Season 1995-1996), in: MDAIK 53, 1997, p. 283-287., pls. 38-39.

Gy. Vörös et al., The Crown of Thebes, in: Egyptian Archaeology: BEES 11, 1997, p. 37-39.

Gy. Vörös et al., Preliminary Report of the Excavations at Thoth Hill, Thebes. The Pre-11th Dynasty Temple and the Western Building (Season 1996-1997), in: MDAIK 54, 1998, p. 335-340., pls. 56-59.

Gy. Vörös, Temple on the Pyramid of Thebes, Budapest 1998. ISBN 963 7673 24 5

Abb. 1.: Hot-air balloon aerial bird's-eye view on the Temple of Pharao Montuhotep Sankhkara with the reconstruction drawing (Vörös, Temple on the Pyramid of Thebes, p. 33)

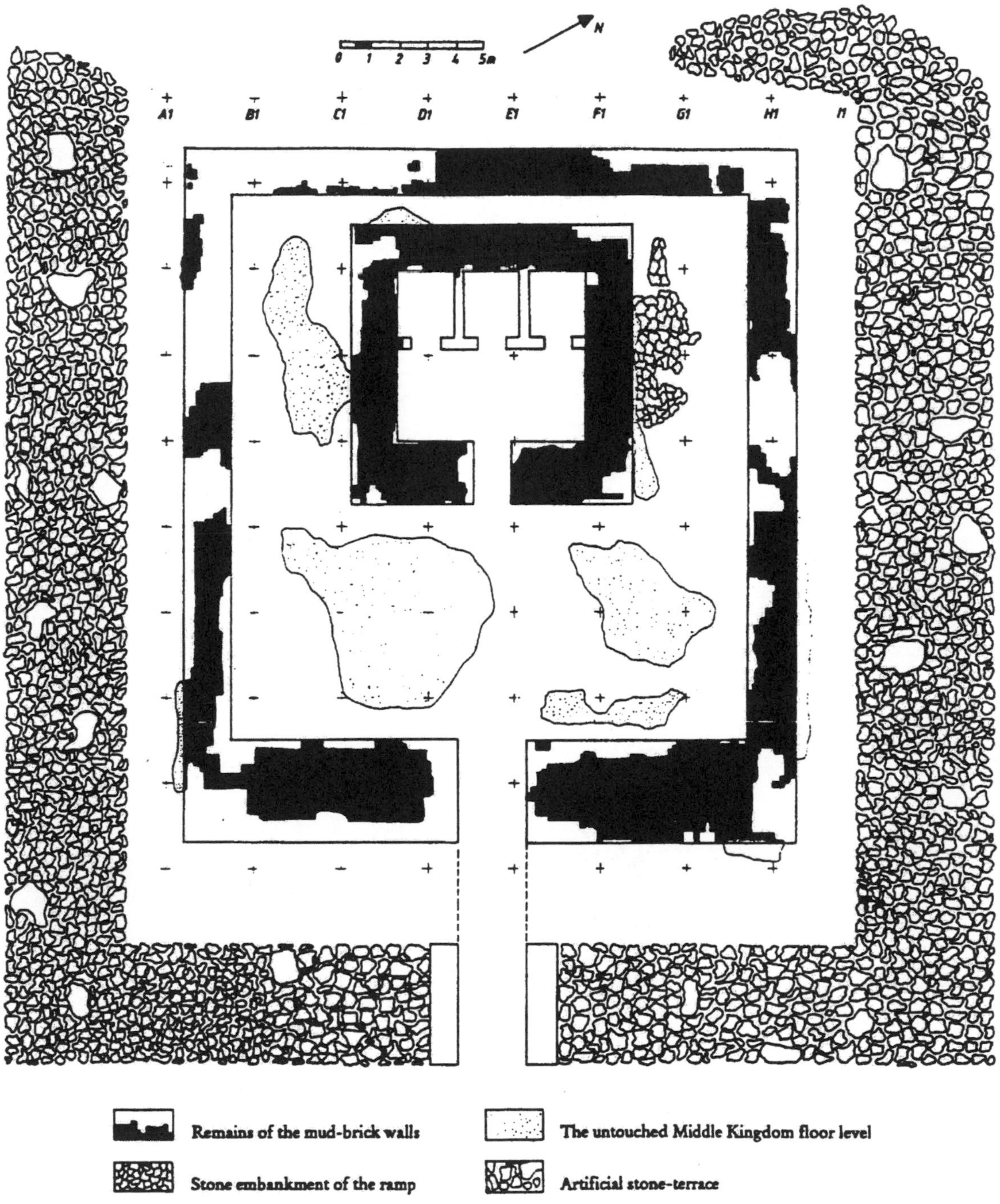

Abb. 2: The ground plan of the Temple of Montuhotep Sankhkara (MDAIK 53, 1997, p. 285)

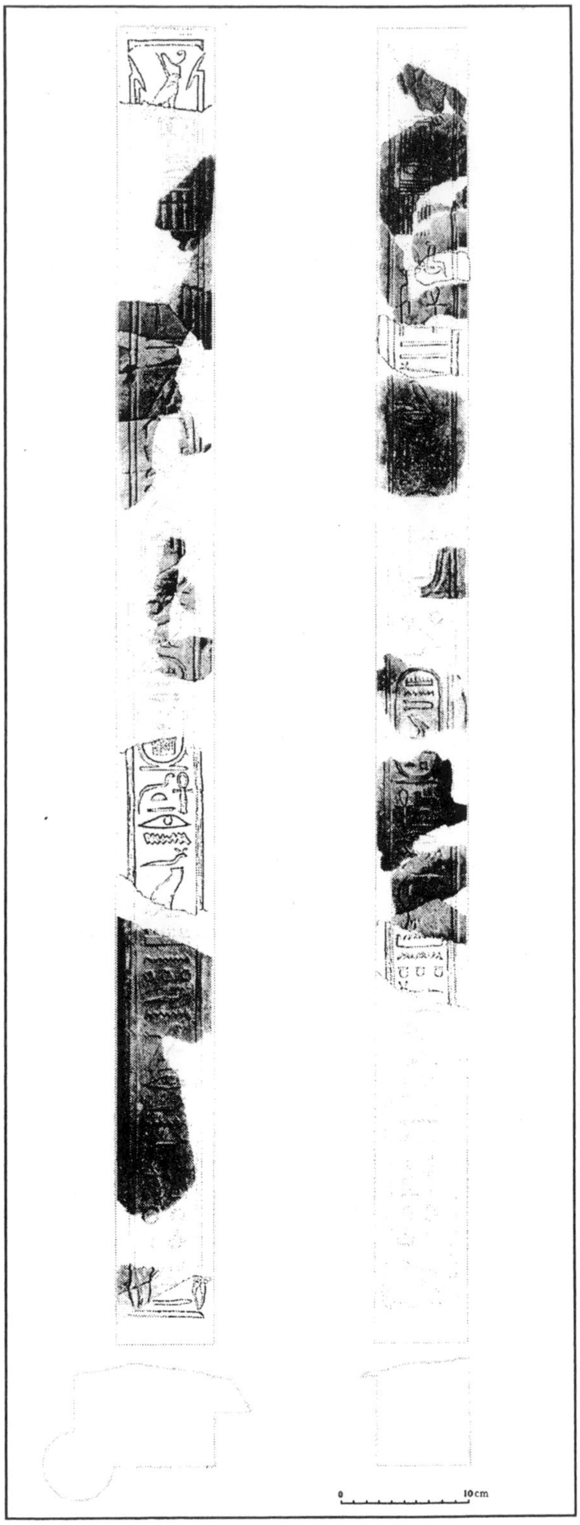

Abb. 3: The dedicatory-inscription of Pharao Montuhotep Sankhkara (Vörös, Temple on the Pyramid of Thebes, p. 36)

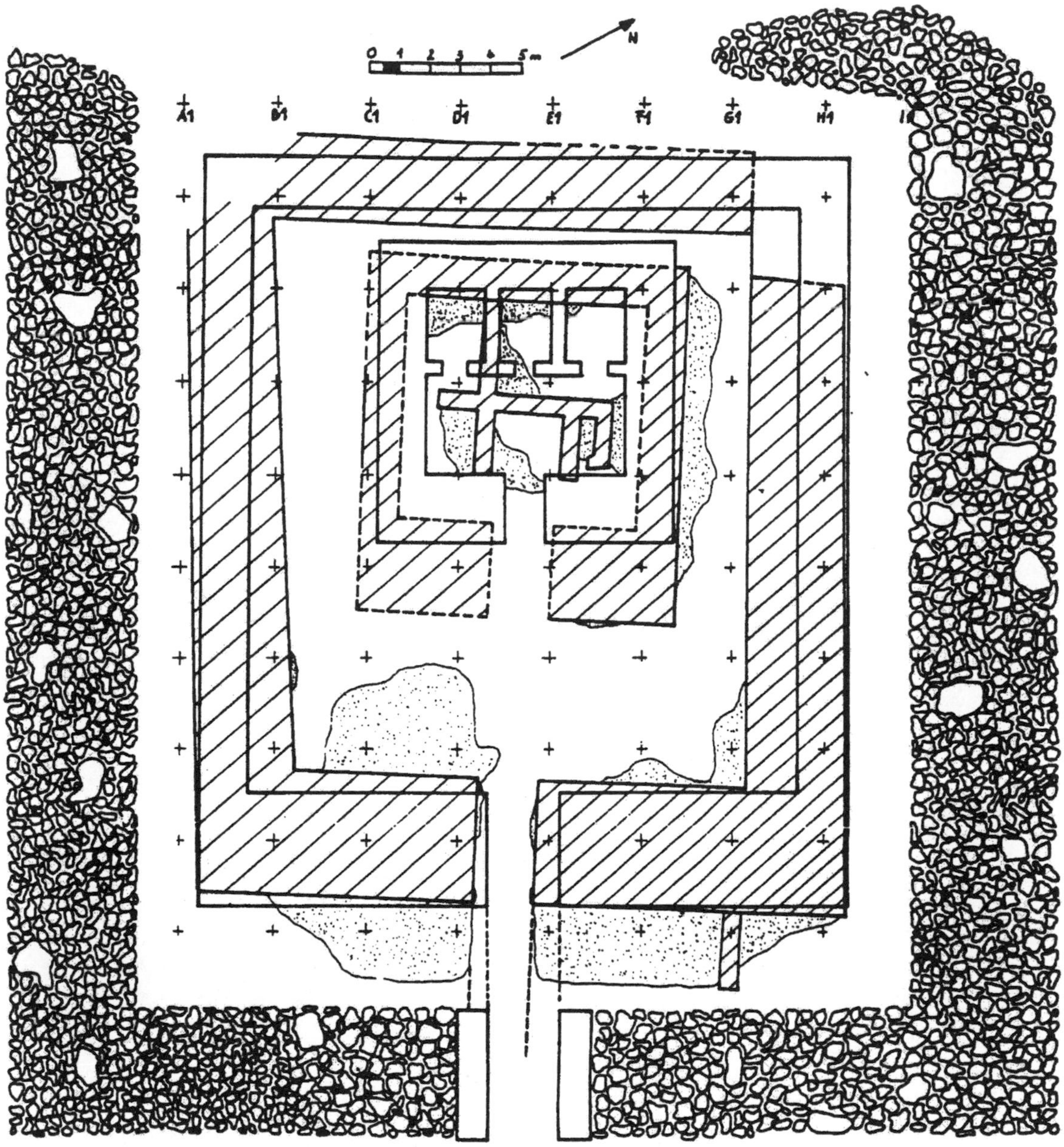

- Walls of the Archaic Temple

- Untouched Archaic floor level

- Artificial Middle Kingdom stone terrace, which was built from the collapsed stone walls of the Archaic Temple /restored from visible/.

Abb. 4: Superimposed ground plans of the Archaic and Middle Kingdom temples (MDAIK 54, 1998, p. 336). The axial deviation of the two temples is clearly visible.

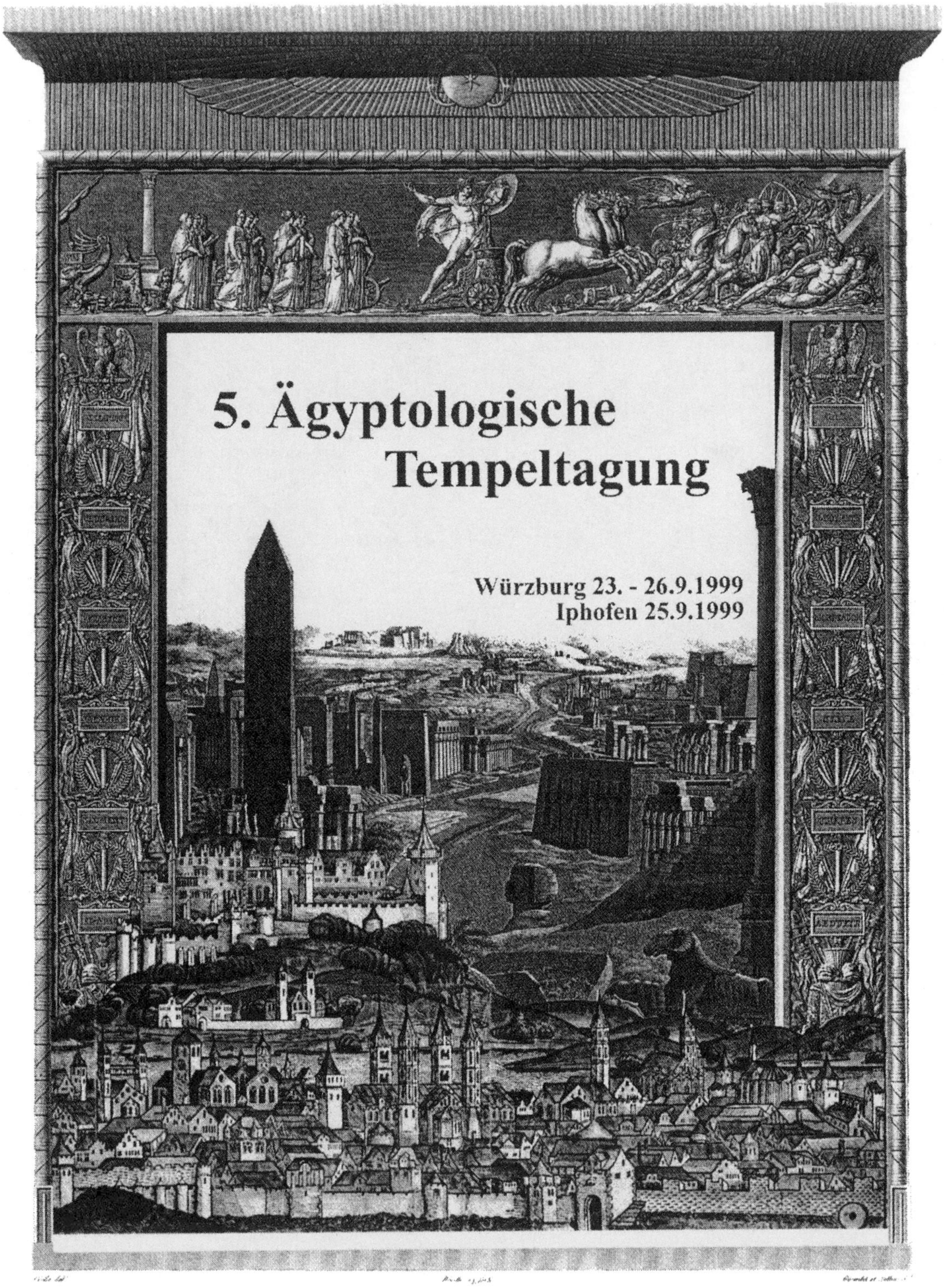
5. Ägyptologische
Tempeltagung
Würzburg 23. - 26.9.1999
Iphofen 25.9.1999

Verzeichnis der gehaltenen Vorträge

Hans-Georg **Bartel**
Funktionale Aspekte des Täglichen Rituals im Tempel Sethos' I. in Abydos

Horst **Beinlich**
Demonstration des Würzburger Ritualszenen-Projektes

Lanny D. **Bell**
Divine kingship and the theology of the Obelisk cult in the temples of Thebes

Edith **Bernhauer**
Hathorsäulen in Zypern - Eine eigenständige Variante?

Andrea-Claudia **Binkowski**
Syntax der Bild- und Textauswahl im Tempelreliefprogramm: Beiträge zur „grammaire du temple en detail" – Fallbeispiel 2: Die Kapellen des Kultbildrituals im Tempel Sethos' I. von Abydos

Arno **Egberts**
Substanz und Symbolik. Überlegungen zur Darstellung und Verwendung des Halskragens im Tempel von Edfu

Catherine **Graindorge-Tacke**
Die Bauten Amenophis' I. in Karnak

Rolf **Gundlach**
„Ich gebe dir das Königtum der Beiden Länder" - Der ägyptische Tempel als politisches Zentrum

Gerhard **Haeny**
Topographie von Sais

Olaf **Kaper**
The Mammisi of Tutu in Kellis (Dakhla Oasis)

Benben-Stein 19, 27 (Anm.), 36
Bes 17 (Anm.)
Bildprogramm 109-114, 120, 125, 127, 131, 177 (Anm.), 193
Blumen 58-60, 76 (Anm.), 116, 117
Bubastis 49 (Anm.), 142 (Anm.)
Caesar 33, 34
Chapelle Blanche 86, 87
Chapelle Rouge 22, 88
Charga 60 (Anm.)
Chasechemui 137
Chefren 141
Chentimentef 14, 15
Cheops 141, 160
Chepri 8, 9, 24 (Anm.), 95
Chons 9 (Anm.), 52, 75, 120 (Anm.), 125 (Anm.), 128 (Anm.)
Chontamenti 8, 9
Deir Chelouit 60
Deir el-Bahari 7 (Anm.), 20 (Anm.), 27, 37 (Anm.), 49, 50 (Anm.), 54, 88, 104, 105 (Anm.), 196, 204
Dekade 181, 182
Dekoration 6 (Anm.), 9, 71, 73, 74, 84, 85, 88, 98, 99 (Anm.), 109 (Anm.), 111 (Anm.), 115, 116, 118, 121-123, 137 (Anm.), 139 (Anm.), 140, 141 (Anm.), 143 (Anm.), 153 (Anm.), 173 (Anm.), 176, 179, 181, 188 (Anm.), 190 (Anm.), 193 (Anm.), 194 (Anm.)
Dekret 160
demotisch 159, 162, 165 (Anm.), 167, 168, 169 (Anm.), 170, 171 (Anm.), 176
Dendera 26, 27 (Anm.), 28, 57, 60-63, 65, 71-73, 79, 88, 104, 141
Derr 112, 113, 124, 126, 134, 182, 196, 197, 213
Diadem 60, 61, 65, 114 (Anm.), 126 (Anm.)
Dienstanweisung 159, 160, 162, 164, 170
Djedefhor 160
Djoser 137-139, 142-144, 151, 152
Domäne 20 (Anm.), 131, 132, 174 (Anm.), 175 (Anm.)
Echnaton 6 (Anm.), 22 (Anm.), 23, 25, 26, 28, 36, 103 (Anm.), 106
Edfu 19 (Anm.), 26, 28, 37 (Anm.), 52, 55, 57, 59-64, 71-77, 79, 165
Eklipse 168
Ekliptikomina 161, 168, 169
Elephantine 142
Ellesiya 111, 115
Epitheton 3 (Anm.), 20 (Anm.), 21 (Anm.), 24, 31, 32, 110, 113-115, 117, 119 (Anm.), 120 (Anm.), 122, 126, 132
Erdbeben 205-206
Esna 57, 58, 60, 68, 69
Ewigkeit 7, 8, 114 (Anm.), 119 (Anm.), 121 (Anm.), 122, 125 (Anm.), 126, 179 (Anm.), 195
Falke 58, 60, 73-76, 91, 115, 116 (Anm.), 119, 123, 144, 145 (Anm.), 149, 194, 206
Faustina 35
Fayum 165, 167
Feldzug 3 (Anm.), 106, 112, 113
Felstempel 111 (Anm.), 112, 113 (Anm.), 173, 176, 177 (Anm.)
Fest 72 (Anm.), 74-77, 87, 105, 118 (Anm.), 138, 142 (Anm.), 150, 161, 165, 167, 188, 191, 192, 195
Flammeninsel 175
Fremdland 117-119 (Anm.), 121 (Anm.), 122, 126 (Anm.), 127
Frevel 161
Fruchtbarkeit 47, 117, 119
Gans 143
Gau 142 (Anm.), 161, 165, 166, 173, 174 (Anm.)
Geb 14, 15, 144 (Anm.), 167 (Anm.), 174 (Anm.)
Gebel Barkal 112, 123, 131, 132
Gebel es-Shams 175 (Anm.)
Gebel es-Silsileh 173, 174
Gebel Scheich Suleiman 140
Gebelein 83, 137-140
Gebelein-Reliefs 139
Geburt 3, 4, 95, 99, 121, 142
Geburtshoroskopie 169
Gefäß 32 (Anm.), 51, 84, 120 (Anm.), 126, 128, 129, 142, 144, 145, 152 (Anm.), 180, 194, 204, 205
Gerf Hussein 112, 113, 126, 130
Geta 58
Giza 24 (Anm.), 104, 161 (Anm.), 181 (Anm.), 183 (Anm.)
Gold 19, 22, 29, 37, 73, 75, 145, 147 (Anm.), 148 (Anm.)
Goldhorus-Name 144, 154
Gottesgemahlin 87
Grab 12, 26 (Anm.), 29, 39, 40, 49, 52 (Anm.), 74, 94 (Anm.), 96, 99 (Anm.), 102, 138, 139, 141, 152, 174 (Anm.), 207
Graffiti 175 (Anm.), 176, 207
griechisch 19 (Anm.), 32 (Anm.), 47, 51, 53, 57, 77, 144 (Anm.), 159 (Anm.), 160, 162, 165 (Anm.), 169 (Anm.), 175 (Anm.)
griechisch-römisch 57, 59, 60, 63, 64, 76, 77, 157, 174 (Anm.)
Gründungszeremonie 163
Haartracht 48, 50, 51, 53, 66

Haremhab 2 (Anm.), 3, 5 (Anm.), 31, 60, 107, 176
Harendotes 8, 9
Harmachis 24 (Anm.)
Harsiese 8, 9
Hathor 47-49, 65, 72, 73, 99 (Anm.), 104, 105, 129, 173 (Anm.), 187, 189 (Anm.), 196
Hathor-Nebet-Hetepet 8, 9
Hathorkapitell 37 (Anm.), 47-54
Hathorsäule 37 (Anm.), 47, 49-55
Hatschepsut 5 (Anm.), 17 (Anm.), 18 (Anm.), 19-23, 25 (Anm.), 31, 32 (Anm.), 36, 37 (Anm.), 49, 50 (Anm.), 54, 87, 88, 106, 174 (Anm.), 196, 202, 207
Haus 110, 111, 116 (Anm.), 119 (Anm.), 121 (Anm.), 124-126, 127 (Anm.), 130, 131, 148, 150, 152, 161, 168, 169, 179-184, 187, 188 (Anm.), 189, 191-193
Heb-sed 19, 21, 85, 87, 99, 102, 113, 117, 118 (Anm.), 124, 125, 127, 132, 147, 149-152, 189, 194, 202
Heh-Symbol 74
Heiligtum 37 (Anm.), 51, 54, 84, 88, 104, 114 (Anm.), 119 (Anm.), 121, 122, 126, 168, 173 (Anm.), 187
Heilmittel 161
Heliopolis 6, 7, 16, 18 (Anm.), 19, 23, 25, 27, 33, 72, 74, 75, 77, 96 (Anm.), 104, 105, 118 (Anm.), 137-139, 142-144, 146 (Anm.), 147, 151, 153, 181, 196, 197, 199
Hermopolis 75, 77, 168
Hibis 28, 60
Hierakonpolis 91-93, 103, 104, 137, 138, 140
hieratisch 142, 159, 165, 167 (Anm.), 174 (Anm.), 175 (Anm.)
Hieroglyphen 8 (Anm.), 17 (Anm.), 19 (Anm.), 26 (Anm.), 40, 41, 74, 120 (Anm.), 138, 139, 143, 145 (Anm.), 146, 152, 165, 166 (Anm.), 167, 183 (Anm.), 184 (Anm.), 197, 201-203
Himmelsgöttin 105
Horus 3, 5-11, 30, 38, 59, 62, 65, 60 (Anm.), 72-75, 91, 92, 104, 107, 111, 119 (Anm.), 124 (Anm.), 125 (Anm.), 137 (Anm.), 140 (Anm.), 143, 145 (Anm.), 148, 177, 191, 192, 194, 195, 204, 206, 207
Horusauge 10, 11, 14, 121 (Anm.), 149
Horusname 31, 189
Horussöhne 194
Hyksos 105
Hymne 7 (Anm.), 20 (Anm.), 26 (Anm.), 27, 59, 105 (Anm.)
Isched-Baum 118
Isis 3 (Anm.), 5-11, 16, 30, 31, 49, 119 (Anm.), 128 (Anm.), 192, 194, 195
Israelstele 168
Iunmutef-Priester 194
Ka 13, 38, 40, 41, 84, 85, 88, 89, 99 (Anm.), 114 (Anm.), 120, 122, 188, 189
Kadesch-Schlacht 107
Kagemni 164
Kalabscha 58, 66, 69, 112
Kalathos 49, 50-52
Kalkstein 48, 83, 85, 122 (Anm.), 201-205
Kamel 201
Kamose 86
Kanopusdekret 160, 162, 163
Karnak 3 (Anm.), 18, 20 (Anm.), 21-25, 28, 32, 33, 36, 52, 75, 76, 83, 84 (Anm.), 85-88, 96 (Anm.), 98 (Anm.), 99, 104, 105, 106 (Anm.), 107, 114, 117, 118 (Anm.), 120 (Anm.), 121 (Anm.), 123, 126 (Anm.), 132, 164 (Anm.), 168 (Anm.), 179, 181, 183, 196
Kartusche 30, 31, 38, 50, 130, 202
Kawa 112, 116 (Anm.)
Kenset 119 (Anm.), 121, 122 (Anm.)
Keramik 203, 205, 206
Kerma 131
Keule 91, 137, 139, 140
Kition 48, 49
Kleopatra 33, 46
Königsideologie 99, 103, 105, 107, 152 (Anm.)
Königskinder 161, 162
Königskult 88, 179 (Anm.), 191
Königsliste 5 (Anm.)
Königsriten 132
Königswahl 111
Kom el-Heitan 196
Kom Ombo 173
Kontra-Temple 24
Kopfreliquiar 192-194
Koptos 141, 167 (Anm.)
Kosmogonie 7 (Anm.), 72, 75, 77, 147 (Anm.)
Kosmos 1, 20, 21, 30, 35, 39, 97, 99, 100 (Anm.), 148
Kragen 50, 71-77, 142 (Anm.), 144, 145
---, Blätter 71-78
---, Falken 73, 76-78
---, Gold 73
---, Halbrund 76
---, Hathor 73, 76, 78
---, Metall 76, 77
---, Neunblätter 72
---, Rund 74-76, 78
Kranz 75, 76, 77 (Anm.)

Schlange 59-62, 65, 193
Schminke 91
Schöpfer 7, 18 (Anm.), 19, 21, 22, 24 (Anm.), 34 (Anm.), 39-42, 117, 148
Schöpfung 7, 12, 16, 19 (Anm.), 20, 21 (Anm.), 27, 39, 41, 75, 152, 180
Schu/Tefnut 30 (Anm.)
Seankhtauief 204
Sedeinga 50 (Anm.)
Septimius Severus 58
Serabit el-Khadim 49, 173 (Anm.), 196, 197, 199
Serapeum 144
Serech 38
Sesebi 112
Sesostris I. 84-86, 100, 151
Sesostris III. 105 (Anm.)
Seth 5, 7, 9-11, 75, 143-147
Sethos I. 1-16, 19 (Anm.), 23, 30, 74 (Anm.), 107, 181, 185, 186, 188, 189, 191, 192, 195, 196, 199
Sethos II. 179, 196, 199
Siegel 12, 13, 17 (Anm.), 137, 143, 145 (Anm.), 152 (Anm.), 153
Siegler 67
Silber 37
Siptah 196, 199
Sirius 206
Sistrum 49, 50
Skarabäus 17, 18 (Anm.), 22 (Anm.), 25, 31, 32, 58
Skorpionsbeschwörer 161, 170
Snofru 144
Sobek 117, 165 (Anm.), 175 (Anm.)
Sobekhotep IV. 183, 196
Soknopaiou Nesos 169
Sol 35 (Anm.)
Sonnenbarke 95, 191
Sonnengott 13, 92, 93, 95, 96, 98, 99, 100 (Anm.), 104-108, 142 (Anm.), 145, 148, 153, 154, 163 (Anm.)
Sonnenheiligtum 18, 102, 104, 141
Sonnenhymne 26 (Anm.)
Sonnenkult 96, 104
Sonnenlitanei 191
Sonnenscheibe 9, 50, 51, 58, 61, 65, 93, 98, 119 (Anm.), 120 (Anm.), 122 (Anm.), 123, 125, 129, 144, 145, 205
Sonnenuhr 34 (Anm.), 35 (Anm.)
Sothis 2 (Anm.)
Spätzeit 49, 50, 52, 162, 165
Speiseopfer 59, 75
Speisetischszene 190
Speiseversorgung 164
Speos Artemidos 29, 112, 115, 173-176
Sphinx 24 (Anm.), 50, 116, 118, 127 (Anm.), 142 (Anm.)
Spiegel 37 (Anm.), 54
Stab 49, 123, 127 (Anm.), 189 (Anm.), 190
Statue 17-19, 21, 23 (Anm.), 27 (Anm.), 35 (Anm.), 39, 84, 85, 88, 107, 111, 121, 126, 129, 152, 175, 183 (Anm.), 187-191, 193, 195, 202, 204, 205
Statuenkult 88, 190, 191
Steinbruch 173-175
Stele 2 (Anm.), 24 (Anm.), 60, 126 (Anm.), 127 (Anm.), 131, 144, 146 (Anm.), 162, 176, 180 (Anm.), 182, 187 (Anm.), 198, 205
Stern 168
Steuerruder 104
Straußenfeder 58
Synkretismus 110, 123, 131, 132
Syrien 3 (Anm.), 47, 48, 107
Tabuname 147
Taharqa 28, 29, 30
Talfest 99, 105
Tanis 7, 18 (Anm.), 165, 166, 196, 197
Tanutamon 202
Tausret 196, 199
Tebtynis 165, 166, 167, 169, 170, 171
Tefnut 16, 76
Tell el-Jahudija 196, 199
Tempel passim
Tempelbibliothek 167, 169-171
Tempelschreiber 64
Tent-diu-Mut 37 (Anm.)
Terrakotta 204
Theben 6, 7, 17, 25, 26 (Anm.), 52 (Anm.), 60 (Anm.), 72, 88, 99, 104, 105, 116 (Anm.), 117, 118 (Anm.), 119 (Anm.), 128, 129, 146 (Anm.), 179, 181, 182, 184, 186, 187 (Anm.), 192, 196, 197, 199, 201, 202, 204-208, 210
Theogamie 111
Thinis 196, 197, 199
Thot 8, 9, 60 (Anm.), 75, 87, 115, 121, 125, 168, 190, 191, 201-207
Thron 3, 16, 20 (Anm.), 24, 26 (Anm.), 36, 41, 99, 111, 113-120 (Anm.), 121, 122 (Anm.), 124 (Anm.), 125, 126, 127 (Anm.), 128, 129, 146, 147
Thronbesteigung 97, 99 (Anm.), 106
Thronname 2, 104
Thronsaal 166
Thutmosis I. 18, 20, 33 (Anm.), 36, 105
Thutmosis II. 87
Thutmosis III. 17, 23, 31, 32, 47, 48, 84 (Anm.), 86 (Anm.), 87, 88, 100, 106, 111 (Anm.), 123 (Anm.), 131, 151, 179, 196

Thutmosis IV. 23, 24, 26 (Anm.), 87 (Anm.), 104 (Anm.), 106, 196
Titulatur 17, 100, 104, 106 (Anm.), 120, 124 (Anm.), 154, 189
Tohfa 71
Tonnengewölbe 175
Topfaufschrift 182, 198
Tor 75, 76, 85-87
Totentempel 5 (Anm.), 102, 104, 179, 180, 183
Traum 15 (Anm.), 24 (Anm.), 40, 160
Tura 27
Tutanchamun 74, 107, 116 (Anm.), 131, 176, 196
Überschwemmung 94 (Anm.), 117, 123, 132, 174
Umfassungsmauer 66, 74, 76, 77, 84, 85, 98 (Anm.)
Umm el-Qa'ab 193
Unterwelt 1, 4, 12, 13, 39-41, 95, 100 (Anm.), 104, 165 (Anm.)
Unterweltsbücher 5, 13 (Anm.)
Unterweltsdämonen 193
Upuaut 8, 9
Uräus 50, 51, 58, 59, 61, 62, 64-66, 123, 129, 132
Urgottheit 193
Urwasser 16 (Anm.), 194
Usermaatre-Setepenre 126
Vierhundertjahrstele 7 (Anm.)
Vorfahre 5 (Anm.), 84 (Anm.), 146, 189-194
Vorlesepriester 161, 164
wȝb-Priester 162
Wadi Batn el-Baqara 173 (Anm.)
Wadi es Sebua 112, 113, 126, 130, 131
Wasserbecken 87
Weihrauch 114, 118 (Anm.), 119 (Anm.), 120, 121 (Anm.), 126, 129
Weinkrugaufschrift 181
Weinopfer 114, 117, 119
Weisheitslehre 167 (Anm.), 170, 171
Widder 40, 58, 65, 112, 113, 115, 116, 117 (Anm.), 119, 120, 122 (Anm.), 123, 125, 126 (Anm.), 127 (Anm.), 129, 131, 132
Zeugenunterschrift 165
Ziegel 83 (Anm.), 84-86
Zypern 47-53

Ägypten und Altes Testament

Studien zu Geschichte, Kultur und Religion Ägyptens und des Alten Testaments
Herausgegeben von Manfred Görg

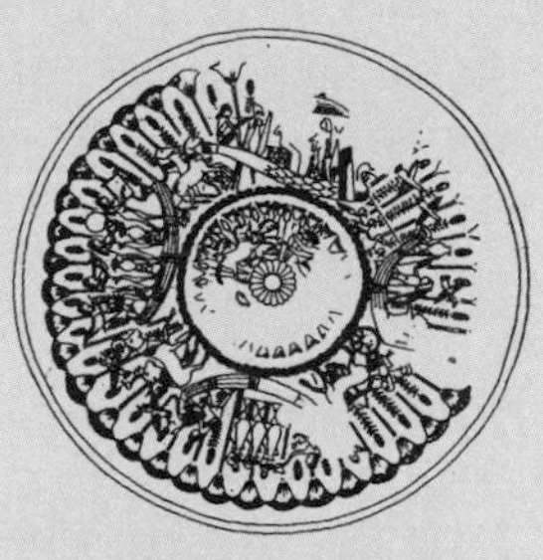

Band 37: Andrey O. Bolshakov
Man and his Double in Egyptian Ideology of the Old Kingdom
1997. 336 Seiten, 14 Abb., br
ISBN 3-447-03892-6
€ 79,– (D) / sFr 134,–

Band 38: Günter Vittmann
Der demotische Papyrus Rylands 9.
I: Text und Übersetzung
II: Kommentare und Indizes
1998. Zus. XX, 777 Seiten, br
ISBN 3-447-03969-8
€ 84,– (D) / sFr 142,–

Band 39: Gudrun Fischhaber
Mumifizierung im koptischen Ägypten
Eine Untersuchung zur Körperlichkeit im 1. Jahrtausend n. Chr.
1997. 274 Seiten, br
ISBN 3-447-03994-9
€ 64,– (D) / sFr 109,–

Band 40: Irene Shirun-Grumach (Ed.)
Jerusalem Studies in Egyptology
1998. IX, 409 Seiten, 8 Abb., br
ISBN 3-447-04085-8
€ 99,– (D) / sFr 168,–

Band 41: Emmanuel O. Nwaoru
Imagery in the Prophecy of Hosea
1999. XXI, 206 Seiten, br
ISBN 3-447-04227-3
€ 54,– (D) / sFr 93,–

Band 42: Thomas Schneider
Ausländer in Ägypten während des Mittleren Reiches und der Hyksoszeit
1: Die ausländischen Könige
1998. IX, 211 Seiten, 5 Abb., br
ISBN 3-447-04049 1
€ 49,– (D) / sFr 84,–
2: Die ausländische Bevölkerung
In Vorbereitung.

Band 43: Maria Theresia Derchain-Urtel
Epigraphische Untersuchungen zur griechisch-römischen Zeit in Ägypten
1999. IX, 396 Seiten, 9 Abb., br
ISBN 3-447-04173-0
€ 55,– (D) / sFr 95,–

Band 44: Manfred Görg, Günther Hölbl (Hg.)
Ägypten und der östliche Mittelmeerraum im 1. Jahrtausend v. Chr.
Akten des Interdisziplinären Symposions am Institut für Ägyptologie der Universität München 25.–27.10.1996
Unter verantwortlicher Mitwirkung von Stefan Wimmer
2000. 319 Seiten, 124 Abb., br
ISBN 3-447-04344-X
€ 74,– (D) / sFr 125,–

Band 45: Karl Jansen-Winkeln
Biographische und religiöse Inschriften der Spätzeit
aus dem Ägyptischen Museum Kairo
Teil 1: Übersetzungen und Kommentare
Teil 2: Texte und Tafeln
2001. 1: XII, 330 Seiten;
2: VI, 201 Seiten, davon 91 Tafeln, br
ISBN 3-447-04416-0
€ 78,– (D) / sFr 132,–

Band 46: Silke Roth
Die Königsmütter des Alten Ägypten von der Frühzeit bis zum Ende der 12. Dynastie
2001. XLVI, 584 Seiten, 117 Abb., 4 Tafeln, br
ISBN 3-447-04368-7
€ 84,– (D) / sFr 142,–

Band 47: Andrea-Christina Thiem
Speos von Gebel es-Silsileh
Analyse der architektonischen und ikonographischen Konzeption im Rahmen des politischen und legitimatorischen Programmes der Nachamarnazeit
Teil 1: Text und Tafeln
Teil 2: Architektonische Pläne und Umzeichnungen
2000. Teil 1: 692 Seiten, davon 108 Seiten Tafeln, gb; Teil 2: 8 Seiten, 26 Falttafeln, im Schuber
ISBN 3-447-04369-5
€ 224,– (D) / sFr 379,–

HARRASSOWITZ VERLAG · WIESBADEN
www.harrassowitz.de · verlag@harrassowitz.de